かつて、東京に、こんな戦争孤児施設があった

―戦後社会的養護の源流をたどる―

箱根児童学園・あづさ園・沼津児童学園・萩山学園・七生児童学園・中井児童学園・聖十字学園・愛聖園・六華園・治生学園

藤井常文

都政新報社

箱根児童学園

“旅館施設”の玄関前にて。児童と職員（昭和 25 年 11 月）

出典：東京都那古学園記念史誌編さん委員会
『那古学園 45 年のあゆみ―写真と証言で綴る学園の歴史―』
東京都那古学園 2000 年 3 月

箱根児童学園

半裸姿で農作業をする児童

出典：東京都那古学園記念史誌編さん委員会
『那古学園 45 年のあゆみ―写真と証言で綴る学園の歴史―』
東京都那古学園 2000 年 3 月

箱根児童学園

芦ノ湖畔から配給物を運ぶ半裸姿の児童（昭和23年8月）

出典：東京都那古学園記念史誌編さん委員会
『那古学園45年のあゆみ―写真と証言で綴る学園の歴史―』
東京都那古学園 2000年3月

あづさ園

園舎を背景に　昭和23年

出典：浅羽重雄「東京都小豆沢児童学園のあらまし」
『板橋の平和 戦争と板橋―語りつぐ苦難の日々―』
板橋区立郷土資料館 1995年

あづさ園
正門前での３人姉弟　昭和22年～23年頃
出典：浅羽重雄「東京都小豆沢児童学園のあらまし」
『板橋の平和 戦争と板橋―語りつぐ苦難の日々―』
板橋区立郷土資料館　１９９５年

沼津児童学園
沼津市片浜の旧養護学校に移転して
出典：積惟勝『はだかの教育―明日を創る子らとともに―』洋々社 1970 年

萩山学園
『戦災孤児の記録』を売る児童
出典：東京学童新聞 東京学童新聞社
1947 年 12 月 12 日

七生児童学園
農耕作業に精を出す児童
出典：『創立40周年記念写真集　ななお　自立へのみちのり』
東京都七生福祉園　1990年3月

萩山学園
野球部の児童と島田正蔵　昭和28年夏撮影
出典：長沼友兄「萩山実務学校・子どもと歩んだ１００年」
『萩山 創立１００周年記念誌』東京都立萩山実務学校 ２０００年10月

中井児童学園
お屋敷の前に立つ女児　撮影：門川美代子
出典：門川美代子「二つの星のもとにある子等―中井児童学園を訪ねて―」
『それいゆ』ひまわり社１９５３年5月

聖十字学園

園舎と児童

出典：小倉常明「現在の成田市内に存在していた戦災浮浪児収容施設『聖十字学園』に関する一研究」
『成田市史研究』三三号 成田市教育委員会 2009 年 3 月

愛聖園

三河島に移転した頃の児童

出典：『マーガレット保育園三十五年史 創立者山口リョウを記念して』
社会福祉法人マーガレット学園 1990 年 12 月

愛聖園

大泉学園に移転した頃の園舎

出典：『マーガレット保育園三十五年史 創立者山口リョウを記念して』
社会福祉法人マーガレット学園 1990 年 12 月

六華園

講堂での児童の朝のお勤め、仏前に義雄、最後列に隆子。

出典：「六華園の朝のひととき＝児童養護に生きる東福義雄氏夫妻＝」
『政界往来』政界往来社 1969 年 3 月

六華園

児童の朝食の光景

出典：「六華園の朝のひととき＝児童養護に生きる東福義雄氏夫妻＝」

『政界往来』政界往来社 1969 年 3 月

浮浪児が級長になるまで

若き師の愛に應う

むかしは脱走の礼つきも

治生学園

子どもたちと沖一道

出典：朝日新聞　1948 年 1 月 27 日付け記事

「浮浪児が級長になるまで」

序章

終戦の直前からその後にかけ、国も社会も大混乱に陥り、最も混迷を深めていた時期、市街をさ迷うおびただしい数の戦争孤児を前に、国は厚生省・文部省に、東京都は民生局・養育院・教育局に分かれて彼らの保護に当たった。しかし、国も東京都もその責務を充分に果たしているとは言い難い状況下で、彼らの保護と育成の任に当たったのが民間人による社会的養護であった。

東京都ではＧＨＱ公衆衛生福祉局の指令および厚生省の通知のもと、民生局は終戦直後から戦争孤児の保護を推進すべく、直営の養育院を別にして、既存の民間団体や個人に対し、戦前に創業した施設の転換を始め、増改築や新設を働きかけている。

具体的には、社会事業法や救護法に関わる育児院、救護施設、旧生活保護法に基づく児童福祉施設、文部省関係の国民学校付属学寮、司法保護事業法にもとづく少年司法事業などから、後の児童福祉法に基づく養護施設への転換であった。こうした転換を迅速かつ強力に図るには、事業をけん引する施設長の熱意と管理運営能力とともに資金や職員が必要であった。何よりも保護児童に提供する衣食住の確保の見通しを立てなければならなかった。

児童を受け入れた施設には国から事業費として生活扶助費が支給されたが、その額は驚くほどの少額で、必要最低限の食糧や日用品すら確保できなかった。配給品の欠配や遅配が日常化していた。敷地を畑にして自給自足の体制を敷いて乗り切る施設もあった。ララ物資の配給やＧＨＱ所属部隊の慰問品を当てにせざるを得ない状況であった。こうした実情は、体験した施設長が後掲の『養護施設30年』などで赤裸々に「証言」している。

東京都において、終戦直後に戦争孤児の保護と育成の任に当たることになった施設の草創期を振り返ったとき、創業者の動機を始め、経営主体や支援団体の実情とともに、その後の施設養護の展開過程によって、大雑把に八つに分けることができるだろう。

第一に、児童保護事業や少年保護事業の前史を土台に、戦争孤児の保護と育成という崇高な理念のもと施設養護に懸命に取り組み、八〇年におよぶ歴史を重ねて今日に至っている施設、

第二に、戦争孤児の保護と育成という初期の創業の目的を果たし、一定の役割を終えたと判断して数年後に廃止した施設、

第三に、戦争孤児の施設から、入所児童の実情を踏まえて「精神薄弱児施設」に転換した施設、

第四に、高い理念を掲げて戦争孤児の保護と育成に関わったものの、経営に行き詰まり、不本意な形で廃止に至った施設、

第五に、戦争孤児の保護と育成を振りかざして事業を起こしたが、その名目の裏で営利事業を企むなど、非人道的・非福祉的な実態が曝露され、解散に追い込まれた施設、

第六に、行政資料には掲載されているが、それ以外にほとんど世間に知られることなく廃業した施設、

第七に、終戦を機に戦争孤児を受入れて施設養護を開始したものの、施設長の病気や死去に伴い、廃止に踏み切ったり、他の経営主体に吸収合併されたりした施設、

第八に、東京都が直営で施設運営を開始したものの、その後、施設の統廃合などを理由に、数年でその役割を終えた施設、

本書で取り上げた一〇施設は、類型化した上記の八つのうちのいずれかに当てはまり、とうの昔に廃止され、児

童福祉の歴史では忘れられている。しかし、いかに忘れられた施設ではあっても、戦争の犠牲となって保護された子どもたちが、最も大切な成長・発達期を過ごし、悲しみを背負いつつ、ひたすら生きた施設であったことは紛れもない事実である。

子どもたちはどのようにして保護され、そこでどのような暮らしをして、社会的自立を果たすことができたのか。この史実をたどる作業は、社会的養護に関わってきた者の責務と考える。さまざまな事情を背景に廃止され、消えていった施設の歴史を掘り起こし、児童福祉の歴史に位置付けなければならない。歴史を振り返り、歴史的事実から教訓を得ることによって、今日の児童福祉をさらに前進させることができる。終戦から八〇年目の今年、本書刊行の意味はそこにある。それゆえ、いま、社会的養護を担い、現場で子どもたちと日々の生活を営み、彼らの育成と自立を支援している人たちに手に取って読んでいただきたいと思う。

第一部は、東京都の直営六施設を取り上げた。共通しているのは、戦争孤児を対象とした時限的な施設であったことから、施設の現場がそのときどきの事業計画や施策の変更に翻弄され、そのたびに子どもたちを落ち着かなくさせていたことである。なかには、集団的な規模で他施設への措置変更を強いられた場合もあった。

第二部は、東京都の民間四委託施設を取り上げた。いずれも東京都民生局が児童福祉法に基づいて認可した養護施設である。創設者が悪徳に手を染めたため、六年ほどで廃止に追い込まれた施設、東京都民生局から高い評価を受けていたものの、個人経営であったため、高僧の施設長の死去を機に廃止になった施設、創設者のカトリック修道女がり患し、経営に困難を来したことをきっかけに宗教団体に引き継いだ後、他種施設に転換された施設、仏教徒が財団法人を設立し、寺院を間借りして創設、後に他県に移転して県の認可も受けていたが、財団法人の撤退により個人経営を余儀なくされ、廃止された施設、の四か所である。

なお、戦後社会的養護の源流には、上記の施設養護のほかに家庭養護（里親委託）がある。それゆえ、多くの戦争孤児が関東近県を始め、山形県、秋田県、宮城県、福島県、長野県などの家庭に預けられた史実も取り上げなければならないが、本書では触れなかった。

執筆に当たって、今日の社会的養護では使われない収容、収容施設、児童処遇、浮浪児、精神薄弱児、精神薄弱児施設、保母、特殊教育、職業補導、更生指導、特殊児童、問題児などの表現については、歴史性に鑑み、そのまま使用した。〝戦災孤児〟〝引揚孤児〟〝浮浪児〟と呼ばれていた子どもの呼称は、引用文を除き、原則として〝戦争孤児〟とした。

目次

序章……10

第Ⅰ部　東京都の直営施設

第一章　箱根児童学園―地元の理解が不十分なまま終焉を迎えた〝旅館施設〟……26

はじめに……26

1　前史（健民修練所・健民保養所・委託保養時代）……27

（1）箱根健民修練所の設置と初代所長・立山広士

（2）箱根健民保養所への改変

（3）休業状態に立山所長が立ち上がる

（4）委託保養協定をめぐる衛生局、養育院、民生局間の交渉

（5）委託保養実施要領

（6）委託保養の開始をめぐって

（7）難題を背負った民生局児童課

（8）養育院、民生局間での「養育院の在り方」協議

（9）民生局の直営施設に

2　箱根児童学園の誕生、そして閉鎖へ……41

（1）療育施設として出発

（2）養護施設への変更と事業統計

（3）事業統計を読み取る

（4）施設養護の実態報告

1）収容児童の特質

2）建物の配置および周囲の環境
3）跡地とその周辺を探訪する
4）職員体制
5）処遇方針および日課
6）学校教育
①園内分校のための校舎建設
②便宜措置とその打ち切り
③教育委託をめぐる都知事と県知事との間のやり取り
④屈辱的な付帯条件
⑤変則方式
⑥冨士見分校として発足
⑦困難な本校通学の実現
7）職業教育
8）更生指導と「逃亡」の背景
9）課題
10）土地建物の買収問題
（5）突如の閉鎖方針とその背景
（6）転園と閉園の挨拶会
おわりに……77

第二章 あづさ園―里親委託に主力を注いだ九年の施設養護……79

はじめに……79
1 急がれた設置……80
（1）恩賜財団から直営に変更か
（2）名称をめぐる混乱と変遷
（3）設置場所と住環境
（4）設置目的と職員体制
（5）子どもの受け入れ状況

(6) 事業統計を読み取る
2 現場従事者からの聴取と作家・吉岡源治の手記……88
(1) 浅羽重雄氏の回想談
(2) 回想談に関わる補記―引揚孤児と心身に負った深い傷
(3) 回想談に関わる補記―委託児と里親委託
(4) 回想談に関わる補記―夏季錬成と後援会
(5) 新聞報道
(6) 妹を預けた作家・吉岡源治の手記
3 集団転園から廃止へ……99
(1) 天使園への唐突な集団転園
(2) 開拓の労働力として送り込まれた園児一〇名
(3) 学園の廃止をめぐって
おわりに……103

第三章　沼津児童学園―施設養護のあり方をめぐり、積惟勝が東京都に挑んだ一一年……104

はじめに……104
1 教育局・教育庁所管時代をめぐって……105
(1) 軽く扱われていた戦災孤児学寮
(2) 東京都教育局による学寮の新設と積惟勝の赴任の経緯
(3) 国民学校付属学寮として
(4) 教育局の方針転換と闘う覚悟
(5) 学寮改革案を提出
(6) 臨海教育に挑む
(7) 住職による追い出し策と移転交渉
(8) 整理・統合の危機に
(9) 実現した沼津への移転
(10) 法制度の大きなうねりにもまれながら
2 民生局所管時代をめぐって……121

（1）民生局への移管
（2）伝えられた閉鎖方針
（3）借家探しから買い取りへ
（4）庁議での閉鎖の決定と局長が提示した妙案
（5）「合併」案の行方
（6）一〇周年記念大会の開催
（7）約束した存続のための方策
（8）閉鎖に至らなかった背景
（9）事業統計に見る謎
（10）東京都同胞援護会への移譲
（11）難題山積のままで
（12）認可をめぐる県との交渉
（13）松風荘を舞台にした集団主義養護
おわりに……142

第四章　萩山学園―島田正蔵と少年教護院付設での三年七か月の生活教育……144

はじめに……144
1　戦時体制下から終戦後にかけて萩山実務学校の運営を主導した島田正蔵……145
（1）保護要綱に基づく児童収容保護所
（2）学園設置の事情と組織体制
（3）島田正蔵の経歴
（4）「懸命になって人間を作る仕事がしたい」
（5）瀬戸少年院への転身
（6）島田に課せられた教科承認問題
（7）戦時体制に組み込まれ、危機的状況に陥る
（8）受入れ開始と一時保護
2　島田正蔵の児童観・教育観……158
（1）安全性の確保は生長の基盤

（2）「安全性《セキュリティ》と生長の要求」の「権利」の実現のために
（3）家庭寮を中心とした生活教育の実践
（4）社会や親に求めるべきこと
3　『戦災孤児の記録』の刊行……165
（1）本書の性格と教育的な意義
（2）紹介された書評
（3）入園するまでの経緯を綴る
4　学園における生活教育の実践……179
（1）生活日課
（2）午睡、遊び、野球、日曜学校
（3）親代りの寮舎職員と子どもに親しまれた島田校長
（4）「萩山の生活」を綴る
（5）〝鉄の格子〟と〝愛の監視〟
（6）出版界で取り上げられる
（7）フラナガン神父の訪問
（8）フラナガン神父の提言
（9）異例な集団的な措置―稲富稔受と尚愛塾
（10）廃止をめぐって
（11）島田正蔵のその後と後任の堀文次
おわりに……199

第五章　七生児童学園―不就学のまま「精神薄弱児施設」に転換された一八年……201

はじめに……201
1　事業前史……202
（1）七生村の丘陵地に設置された満豪開拓団拓務訓練所
（2）帰農訓練所に転換される
（3）七生帰農訓練所の跡地を引き継ぐ
2　遅い創業と施設種別の転換……205

（1）年長児童と職業補導
（2）「精神薄弱児施設」への転換と増員
（3）転換の背景―放置されていた「精神薄弱児」
（4）転換の背景―都民の陳情・請願
（5）学校教育の問題―「園内教育開始」
（6）学校教育の問題―派遣教員から「分教室」の設置へ
（7）名称の廃止
3　「親を探そう」運動で紹介された子どもたち……218
（1）朝日新聞による「親を探そう」運動
（2）保護された経緯
（3）記事から読み取れること
おわりに……222

第六章　中井児童学園―〝豪邸〟に創設され、後に職業補導に転換した女子施設の行方……223
はじめに……223
1　女子の戦争孤児施設として……224
（1）豪邸を買収しての創設
（2）児童の受け入れ状況
（3）事業統計を読み取る
（4）文集『つぼみ』の刊行
（5）全国紙で取り上げられる
（6）皇室行事に招待される
（7）ジャーナリストのルポ
2　廃止移転反対運動……233
（1）公表された「統合廃止施設児童移動計画表」
（2）都議会への請願書の提出
（3）実施された集団転居
3　職業指導に主力を注ぐ養護施設への転換……239

(1)養護施設年長児を取り巻く厳しい進路
(2)『学園の紹介』をひも解く──読者対象と配布先
(3)『学園の紹介』をひも解く──通修による職業訓練
(4)『学園の紹介』をひも解く──三四名への減員と職員構成
(5)『食生活』の記事
4　定員開差問題……245
(1)再び都議会で取り上げられる
(2)民生局長の答弁
(3)突かれた定員開差
(4)定員開差の実態とその背景
5　終焉を迎える……252
(1)高校生・中学生を受入れる
(2)定員の大幅減と年長男子の受入れ
(3)運営委託から民間移譲へ、そして廃園
(4)職業補導施設に相応しい体制を整えていたか
(5)年史・記念誌のない五九年
おわりに……258

第Ⅱ部　東京都の民間委託施設

第一章　聖十字学園──国会で糾弾された悪徳財団法人と都外委託施設……260
はじめに……260
1　会計検査院の検査から国会問題に……261
(1)発覚
(2)国会で取り上げられる
(3)謎に包まれた三里塚本園
(4)「総合的社会事業」に対する東京都民生局の補助金

2　国会答弁と解散をめぐって……269
（1）証人として喚問された磯川義隆と渡辺敬吉
（2）三里塚本園の土地・建物と施設長
3　千葉県の認可施設および東京都の委託施設として……272
（1）千葉県と東京都の認可を受ける
（2）現地を視察した国会議員の証言
4　三里塚本園で暮らした体験者の証言……277
（1）神戸大空襲で母を亡くし、聖十字学園へ
（2）開墾生活と指導員の交代
（3）「分園」での労働、就学、そして「逃亡」へ
（4）戦争孤児綴方集への作文掲載
5　「磯川一派」の追放による経営主体の解散および変更……284
（1）東京都民生局による指導監査
（2）聖十字学園から不二学園への変更
おわりに……288

第二章　愛聖園―山口リョウと「精神薄弱児施設」甲の原学院、富士聖ヨハネ学園と継承された六二年……289
はじめに……289
1　謎を追って……291
（1）聖ヨハネ会・カトリック三河島教会・マーガレット保育園への問い合わせ
（2）山口リョウによる創業
（3）山口リョウの病気療養と財団法人・聖ヨハネ会との「合併」をめぐって
2　事業統計から読み取る……298
（1）『民生局年報』の統計に示されていること
（2）事業統計から分かったこと
3　聖ヨハネ会における施設養護……302
（1）小平町鈴木新田への移転
（2）修道女の回想録

（3）宗教教育と学校教育
（4）国際養子縁組とＧＨＱの慰問
4　愛聖園の終焉とその後……306
（1）「精神薄弱児施設」への種別変更を決断する
（2）甲の原学院の創設から富士聖ヨハネ学園へ
（3）山口リョウのその後―保育園長、保護司として
おわりに……310

第三章　六華園―少年保護事業から転換し、個人経営した東福義雄・隆子夫妻……311

はじめに……311
1　前史―少年保護事業としての創業……313
（1）東京真宗婦人会による運営
（2）荻窪移転と「御願」の提出
（3）創業をけん引した九条武子
（4）適任者不在で混迷するなかの着任
（5）東福義雄・隆子の経歴
（6）着任の動機と事前相談
（7）「ねずみと不良の巣」から「喜びの家」造りを目指す
（8）『父母の教養』の緒言での主張
（9）実際の処遇場面で心がけ、実践していること
（10）『光に生きる娘たち：保護少女の教化記録』
（11）文部省教化局の推薦図書
（12）霜田静志による高い評価
（13）著述と社会的活動
2　児童養護施設への転身―苦難の経営を乗り越えて開花する……331
（1）終戦前後の苦難と認可問題
（2）転換に応じる
（3）『民生局年報』の事業統計

（4）事業統計から読み取れること
（5）「喜びの家」の実現
（6）東京都民生局の指導監査で高い評価を得る
（7）全養協分科会で親代り論を展開する
（8）子ども向けの雑誌と国際児童福祉研究会議への出席
（9）浄土真宗による宗教教育
（10）多岐にわたる社会的な活動
（11）世界連邦建設運動に関わる
（12）原水爆禁止署名運動に関わる
（13）東福義雄の死去時期をめぐる誤謬について
（14）私塾の終焉
おわりに……354

第四章　治生学園―沖一道と日蓮宗寺院に間借りして営まれた施設養護の九年……355

はじめに……355
1　財団法人の理念と理事長・理事の経歴をめぐって……356
（1）財団法人設立の経緯および理念・事業内容
（2）理事長・長瀬貫公の経歴
（3）謎に包まれた常務理事・加藤正見の経歴
2　初年度事業計画概要と治生学園事業報告書をめぐって……363
（1）初年度事業計画概要
（2）東郷寺の歴史と終戦直後の事情
（3）治生学園事業報告書
（4）施設養護の目的と事業計画
（5）事業統計および行政関連資料が示すもの
3　マスコミで取り上げられる……372
（1）朝日新聞の記事と作家によるノンフィクション童話
（2）新聞記事と藤口作品から読み取れること―運営面

（3）新聞記事と藤口作品から読み取れること—隣村への通学
（4）新聞記事と藤口作品から読み取れること—実科教育、「逃亡」、遊び、偽名
4　移転と事業経営をめぐって……383
（1）施設長の交代と移転時期
（2）施設養護からの法人の撤退問題
5　平賀本土寺に移転した後の施設養護……386
（1）平賀本土寺の間借りと個人経営
（2）子どもたちの転校先をめぐって
（3）校長に代わっての返信
（4）閉鎖の事情および沖一道のその後
おわりに……392
主要参考文献……393
あとがき……404

第Ⅰ部　東京都の直営施設

第一章　箱根児童学園―地元の理解が不十分なまま終焉を迎えた〝旅館施設〟

はじめに

一〇年ほど前のことであるが、箱根の芦ノ湖を訪れた筆者は真っ先に箱根神社に向かい、鬱蒼と生い茂る木々の間の参道を北参道駐車場辺りまで歩いた。かつて戦争孤児施設・あづさ園で指導員として勤務していた浅羽重雄氏（故人）から、箱根神社に隣接した裏山に終戦後の一時期、東京都直営の戦争孤児施設・箱根児童学園があったことを教えられたからである。しかし、一面が樹木に覆われ、目当ての戦争孤児施設のあった場所は皆目見当がつかず、特定できなかった。

箱根の芦ノ湖にくだんの戦争孤児施設があったことを筆者が初めて耳にしたのは、それよりもずっと前の一九八〇（昭和五五）年一月のことである。勤務していた養護施設・むさしが丘学園（現、社会福祉法人二葉保育園・二葉むさしが丘学園）で、正月帰省のできなかった子どもたちによる箱根旅行を企画し、筆者はその引率の役割を担った。

芦ノ湖畔を見渡すことのできる旅館に一泊して帰園した数日後、終戦直後における、東京都教育局所管の戦争孤児のための小山学寮（現、児童養護施設・小山児童学園）の歴史に詳しい施設長から、箱根神社の傍に箱根児童学園があったことを聞かされたのである。しかしながら、以後、『民生局年報』の類を除いて、箱根児童学園の名を目にすることはなかった。

二〇年ほどの空白の期間を経て、東京都那古学園記念史誌編さん委員会編集の『那古学園45年のあゆみ 写真と証言で綴る学園の歴史』に、児童養護施設・那古学園の元園長・山田稔雄氏が「那古学園沿革史」を分担執筆し、那古学園の「前史」として「箱根児童学園」が添えられていることを目にした。通読して、多数の史料を始め、証言や写真を蒐集し、丹念に調査してまとめ上げた箱根児童学園史であることが分かった。「箱根資料目録」によると、それらの史料は二代目園長の今野光治を始め、かつて今野園長の下で施設養護に携わった指導員や保母から提供されたものである、という。

1　前史（健民修練所・健民保養所・委託保養時代）

（1）箱根健民修練所の設置と初代所長・立山広士

箱根児童学園の歴史をたどるには、終戦直前から直後にかけての前史となる、いずれも箱根の地に設置された健民修練所・健民保養所・委託保養の三事業にさかのぼる必要がある。

一九四四（昭和一九）年七月一日付けで東京都が設置した箱根健民修練所が一連の事業の嚆矢である。健民修練所は戦時体制下で国民の体力の管理をねらいに、一九四〇（昭和一五）年四月公布の国民体力法に基づいて設置された教練・療養施設である。一七歳から一九歳（後に一五歳から二五歳に変更）のすべての男子に体力検査を義務付け、このうち「兵役に適さない者」とされた筋骨薄弱者・結核要注意者などを対象に、おおむね二か月間の合宿による療養指導と入隊に備える生活および心身の教練を行うこととされた。

これにより、東京都は健民課修練係（後に民生局厚生課健民係）を所管として、健民修練所を熱海、宇佐美、伊東、多摩川など、都の内外に順次設置していく。箱根健民修練所は、神奈川県足柄下郡元箱根村二〇に設置される。元箱根バス停近くの芦ノ湖畔に面した金波楼旅館を借り上げての開所である。「箱根温泉 箱ピタ」によると、終戦前、箱根温泉旅館組合に加盟する多くの旅館が横浜市の学童疎開児を受け入れていたのに対し、金波楼旅館は、警察署との協議により一般営業の継続が認められ、営業していた、という。

箱根健民修練所の初代所長には、後に箱根児童学園開設を担うことになる立山広士が就任する。『都政人名鑑 1962年版』によると、立山は一九〇七（明治四〇）年七月二五日生まれで日本大学法文学部を卒業後、東京市に入職する。一九四三（昭和一八）年七月一日付け東京都政改革により、東京都職員の身分に切り替わる。箱根健民修練所の初代所長に就任後、箱根健民保養所長を経て、後に四〇歳で箱根児童学園の初代園長に就任することになる。

（2）箱根健民保養所への改変

箱根健民修練所は事業を開始したものの、その一年後に終戦となり、一九四五（昭和二〇）年一二月一一日付けで健民保養所に改変され、翌年の六月二二日付けで東京都健民保養所使用条例および東京都健民保養所使用条例施行細則が策定される。さらに一〇月には、東京都衛生局医務課予防係を所管として、都民向けに「東京都健民保養所案内 昭和二十一年十月」と題する冊子が刊行される。健民保養所の所管が民生局厚生課から衛生局医務課予防係に変更されたのは、健民保養所の事業内容が衛生行政の分野であると位置付けられたからである。また、都民向けの案内は利用促進の必要からである。

同案内は、健民保養所の役割について、次のように述べている。

「病院や療養所とは異り弱体者や病気に罹り易い者結核感染の虞れあるものに対して積極的な医学的養護を加へ合理的な体練若しくは軽い作業を課することによって健民生活を体得させ発病を食ひ止めると共に健康に対する自信を持たせ強い肉体の所有者として社会に送り出そうといふのである。」

入所期間は一か月とし、期間の短縮又は二か月以内の延長もできるとしている。入所者の範囲は、満一〇歳以上五〇歳以下で「病気勝の者」「今は病気で無いが放っておくと病気になる虞れのある人」「病気の恢復期が未だ本当に元気で働け無い人」「余り健康で無く勤めの疲れが抜け切れず困ってゐる者」などで、入所の要否を医師に診断してもらった上で申し込むこと、入所経費は往復旅費および日額五円としている。

なお、案内文には熱海、宇佐美、伊東、箱根、蓼科、保田の六か所の健民保養所一覧を添付し、定員、交通機関、所在地、環境について簡潔に説明文を付している。

箱根健民保養所の開設は一九四五（昭和二〇）年一二月一一日付けで、所長には健民修練所長の立山広士が横滑りで就任する。開所に当たっては健民修練所のあった金波楼旅館から、元箱根村九〇の芦ノ湖畔の旅館・冨士見楼（国土計画興業株式会社所有）に移っている。この旅館は、『箱根町教育史』によると、一九四四（昭和一九）年八月二六日から翌年にかけ、横浜市立井土ヶ谷国民学校（現、井土ヶ谷小学校）の学童疎開先であった、という。

（3）休業状態に立山所長が立ち上がる

山田「前史」によると、開所した箱根健民保養所には、体位向上のために健民修練所に入所していた第三商業学校（現、都立第三商業高校）の生徒三〇名がそのまま移動してきたに過ぎず、がらがらであったという。所管の衛生局医務課予防係が都民向け案内を作成して利用促進を図ったものの、都民に私費で保養するような余裕もなく、利用者がなかったのである。

『養育院八十年史』は、開所した健民保養所の状況について、「偶々衛生局所管の宇佐美、箱根、伊東の各健民保養所が当時の社会的経済的事情のため殆んど事業停止の状態にあった」としている。健民保養所は利用者がなく閑古鳥が鳴いていたのである。そこで所長の立山は一計を立てる。続けて『養育院八十年史』は、次のように述べている。

「これを委託する事とし、先ず宇佐美、次いで箱根、伊東の健民保養所と協定を交し、昭和二一年九月七日宇佐美へ児童三〇人を送ったのを皮切りに、一一月二二日箱根へ、一二月二〇日伊東へとそれぞれ同数の児童を委託した。」

「これを」とは、養育院付設の一時保護所に保護されていた戦争孤児のことである。当時、東京都ではこうした子どもたちの保護行政が分断され、窓口は民生局、保護所の役割を担う現場が養育院と一部は民生局であった。民生局はＧＨＱの指令を受け、保護者や家庭をなくして路頭をさ迷う戦争孤児の一斉保護に奔走していた。それに伴い、受け入れ先の養育院付設の幼少年保護所、石神井学園、安房臨海学園と民生局付設の一時保護所はいずれも恒常的に満床状態で、衣食住の確保に四苦八苦していた。

「殆んど事業停止の状態にあった」健民保養所を所管する衛生局に養育院と民生局が加わり、養育院が保護している児童の「保養」に関わる委託協定を交わすに至った背景について、山田「前史」は、その劇的な展開の経緯を、次のように明らかにしている。

「立山所長は養育院長に直談判し、浮浪児童収容を提案。院長は快諾し、直ちに養育院幼少年保護寮から30名の児童が送致されたという。受け入れたのは、昭和21年9月頃と立山氏は記憶している」

現場を預かる所長の立山広士が「殆んど事業停止の状態」の保養所に危機感を抱き、板橋の養育院に出向いて「直談判」した、というのである。立山の機転の利いた行動決起がなければ、保養所は早晩廃止の運命をたどることになったと思われる。なお、受入れ時期は立山の記憶違いで、箱根の受入れは『養育院八十年史』の記載通り一一月二二日である。

（4）委託保養協定をめぐる衛生局、養育院、民生局間の交渉

養育院が委託送致に着手したことを示す東京都公文書館保存の資料は、養育院庶務課企画係による順不同の「昭和二十一年度 宇佐美 箱根 伊東 保養所児童保養委託関係書綴」である。養育院長名で石神井学園長・安房臨海学園長に宛てた一九四六（昭和二一）年一一月一九日付け「児童保養委託実施に関すること」と題する起案文書は、「今般本院児童の保養委託に関し衛生局所管の左記施設と別紙要項を以って協定が成立実施のこととなったから本院庶務課と打合せの上可然御取計ひ相成たい」とし、宇佐美、箱根、伊東の三健民保養所が連記され、別紙で三か所の「戦災虚弱児委託保養実施要領」が添付されている。この起案文書では委託保養の対象児童を「戦災虚弱児」としている。

もうひとつの起案文書は、一九四六（昭和二一）年一一月九日付けで民生局保護課長・木田徹郎名による衛生局医務課長・寺田秀男に宛てた「戦災浮浪児の収容方依頼のこと」で、「浮浪児発生数は依然減少を見ず向寒季の折柄之が収容は都内の施設のみではその目的を達するに困難の事情にあります。付きましては箱根健民保養所に右浮浪

児の一部を左記に依り収容いたしたいと思ひます。何分の御配慮を煩したく存じます」とし、続けて「収容人員 約三〇名 期間 当分の間 経費（使用料）当課負担（一人一日当五円程度）」としている。注視すべきは、対象を「戦災浮浪児」「浮浪児の一部」としていることである。

さらにもうひとつの起案文書は、一九四六（昭和二一）年九月五日付け民生局保護課長・木田徹郎名による衛生局医務課長・寺田秀雄に宛てた「戦災浮浪児の収容方依頼のこと」で、「宇佐美健民保養所に右浮浪児中の虚弱体質者を収容し何分の御配慮を煩したく存じます」「収容人員 約三〇名 期間 三ヶ月 経費（使用料）一日一人当約六円」としている。注視すべきは、宇佐美の対象を「浮浪児中の虚弱体質者」としていることである。

衛生局から民生局に返送された回答には、委託保養を承知したことを伝え、期間を一一月一五日から三月三一日までと限定し、収容人員三〇名、使用料一人一日五円とし、使用料の項目には「別に栄養費として一人一日二円負担願いたい」としている。

これらの起案文書から、委託保養の実施に関わる協定を結ぶやり取りが養育院、民生局、衛生局の間でなされ、大きな食い違いもなく短期間に成立したことが分かる。

（5）委託保養実施要領

こうした協定交渉を進める一方、養育院では委託保養先である宇佐美、箱根、伊東の三健民保養所それぞれについて「戦災虚弱児委託保養実施要領」を策定している。これらの実施要領は、対象児童の規定を始め、委託予定人員、委託児童に対する処遇に至るまで、細かい項目を規定し、「当分三〇名程度」から逐次増員していく計画である、としている。

注視すべきは、対象児童や処遇について、委託保養先で内容が異なっていることである。この違いは保養所の地域の事情や環境を処遇にどう生かすかによるものと思われるが、事業開始が二か月ほど早かった宇佐美の実施状況を踏まえて部分修正したのであろうか。

「東京都箱根健民保養所戦災虚弱児委託保養実施要領」は、一九四六（昭和二一）年一一月二〇日付け養育院長・三好毅名で衛生局医務課長・寺田秀男に宛てた文書である。箱根健民保養所は元箱根村の旅館を借り上げた事業所である。

「事由」では、宇佐美は「養育院に保護する戦災児童中」となっている文言が、箱根では「養育院に保護する戦災児童及引揚児中」となっていることを除き同一の文言で、「これ等を施設の整った衛生局所管の健民保養所に移し健康を恢復せしめ次の世の重い負担に耐ゆる体に仕立て上げ度い」としている。「引揚児」を加えているのは、引揚孤児のなかに体調不良児童（虚弱体質児）が少なくないという実態に即したものであろう。

「対象」では、宇佐美は「八歳より一五歳までの学齢児にして身体虚弱の為保養を要する者」となっているのに対し、箱根は「一六歳以上の者にして身体虚弱の為保養を要し且将来農業に就かしむるを適当と認むる者」および「高学年学齢児にして身体虚弱の為高原保養を要する者」としている。「高原保養」の必要な身体虚弱の「高学年齢児」で、計画している農作業などの肉体労働が可能な年長児童ということである。

「委託予定人員」は宇佐美と同様で一五〇名、内訳は生活扶助一〇〇名、医療五〇名で、但し書きで「当分30名程度（生活扶助20名、医療10名）として逐次増員のこと」としている。また、委託使用料は養育院が支出するとしている。

「委託児の処遇」では、養育院長が親元で、健康が回復すれば各自の属する保護施設に復帰する一時的な委託を原則とし、次のような処遇を行うとしている。

「イ　年長児は夫々将来農業に就かしむる見込みなるにより支障のない限り所属の農場に於て農事に関する基礎訓練をなすと共に晴耕雨読の方針をもって農事を授けられ度い。
ロ　学齢児に就ては国民学校同様の教化訓育を行ひ度い。
所長に於て児童を民家に委託するを適当と認めらるる時は委託先を詳細調査の上養育院長に申出て之が手続きをとる様取計はれ度い。」

「事業開始」は、一九四六（昭和二一）年一一月二二日とし、続けて「事業の開始の上は児童保護事業の現実に鑑み永続施行のこととしたい」としている。注視すべきは「永続施行のこととしたい」の文言で、一時的な委託保養で終わらせることなく、本格的な児童保護施設への転換を図ることを強調している。農場を舞台とした大掛かりな農事基礎訓練を始め、「学齢児」対象の教化訓育や民家委託まで想定しているのは、そのためである。

(6) 委託保養の開始をめぐって

山田「前史」は、事業開始に伴う興味深い史実を明らかにしている。

ひとつは、所長である立山広士の「(東水園の子どもたち) 15～16名程がトラックで、暑い頃送られてきた」との証言をもとに、山田が「箱根健民保養所は、東水園児数名を含む孤児の受入れにより廃止を免れることになる」と述べていることである。これが史実ならば、箱根健民保養所は委託保養を開始した時期に、養育院の子どもたちとは別に民生局所管の東水園の子どもたちを受け入れていたことになる。

東京水上警察署が保護した「特質浮浪児」の処遇先をめぐり、GHQ芝浦駐屯部隊長の召集により、東京水上警察署や東京都民生局などの関係機関が参集し、保護施設設置のための協議を行ったのは一九四六（昭和二一）年一〇月で、東水園の名称で東京湾に浮かぶ第五台場において保護事業を開始したのは、その直後のことである。東水園の創設から廃止に至る経緯は、拙著『戦争孤児と戦後児童保護の歴史― 台場、八丈島に『島流し』にされた子どもたち』が明らかにした通りである。

立山のいう「東水園児」は、東京水上警察署が事実上運営していた東水園の子どもたちであるが、問題は受入れ時期である。「暑い頃送られてきた」とする立山の証言に記憶違いがなければ、一九四七（昭和二二）年の夏ころということになる。そうだとすれば、保養所の廃止を免れただけではなく、次の療育施設への橋渡しの役割を果たしたというべきであろうか。このことは後掲の『民生局年報』の事業統計が示している。

もうひとつの史実は、所長の立山広士が養育院長に対し、子どもの養育に慣れた職員の付き添いと、子どもの受け入れ前に雑草地の開墾と植え付けを要請したことである。これにより保母が着任し、実施要領の「農事指導員を派遣する」の規定により、大泉帰農訓練所から五名の農事指導員が派遣され、職員と子どもが実地指導を受けた、という。大泉開拓訓練所から派遣された農事指導員は開拓鍬と食糧を持参して駆けつけ、四か月ほど滞在した。

ここに登場する帰農訓練所の前身は、満豪開拓を目指す農民を育成するために設けられた拓務訓練所である。終戦後、拓務訓練所はＧＨＱの指令で直ちに閉鎖されたことに伴い、東京都は一九四五（昭和二〇）年一二月、経済局所管の帰農訓練所に転換している。同年一二月一五日付け東京都帰農訓練所庶務規程によると、拓務訓練所の職員は辞令なしにそのまま帰農訓練所での新しい任務に就いている。移民事業のための訓練機関が一転して、引き揚げ者を社会復帰させるための農事養成機関になったのである。

立山広士が養育院長に要請した二つの内容は、委託保養をきっかけに職業指導を主眼に置いた児童福祉施設構想を抱いていたことを示す。問題にすべきは、気候を始め土壌や風土などの観点から、箱根が農耕地として適しているかどうか、立山が事前に把握していたかである。また、帰農訓練所の農事指導員からの助言を受けていたのかどうかである。後に農耕に適さない地であることを知るので、立山の見込み違いといえようか。

箱根における委託保養が『民生局年報』に初めて登場するのは「昭和二二年度」版である。「虚弱児童施設別収容」欄の「箱根保養所」で、一九四七（昭和二二）年一月現在、一四歳から一八歳の男子七名となっている。七名は養育院から委託保養された子どもと思われるが、予定していた人数よりはるかに少ないのはいかなる事情によるのか。なお、ジャーナリスト・大谷進が東京都民生局の「村松氏」の協力を得て執筆した『上野地下道の実態 生きてゐる』では、箱根保養所を「特殊児童収容」所としている。

一方、山田「前史」によれば、一九四六（昭和二一）年一二月に復員してきた小林忠雄（健民保養所職員か）が、「復員当時、年齢18～22歳の者38～39名が在所し、保養所上の山林を開墾していた」と証言している。この青年たちは健民保養所の在所者であろう。それゆえ、箱根健民保養所はこの時期、本来業務の衛生局所管の健民保養所業務と養育院からの委託保養業務の二つの役割を担い、大人と子どもが混在していたということになる。

（7）難題を背負った民生局児童課

東京都公文書館に「児童施設関係 庶務課」と題する文書が保存されている。一九四七（昭和二二）年三月六日付け養育院の企画係長・渡辺寅八名による、宛先不明の「保田健民保養所利用に就て」と題する直筆文書で、次のように綴られている。

「本日衛生局医務課予防係長関田敏雄氏より標記保養所が空いて居るから宇佐美などと同様児童の保養所に使用希望あらば協力する。差し当たり三十名程度は如何なものだろうか。但し、六、七月頃より一般学童中の虚弱者を収容する予定であるから、その節はこれ等の子供達は『保田児童院』に移す様考へて置いて貰いたいとの申し入れがあった（略）」

この公文書は宇佐美、箱根、伊東における委託保養の実施を踏まえ、保田での利用を薦めてきたもので、その上、衛生局は委託保養した子どものうち、虚弱児のみを「六、七月頃」より「保田児童院」に移す計画というのである。これは児童福祉法の公布を目前にして、衛生局が委託保養の受け入れを機に保田健民保養所を、公布を目前とした児童福祉法上の施設に位置付ける計画であることを意味する。

実施要領で「当分の間」とされていた委託保養は、事業開始後七か月で終了する。一九四七（昭和二二）年六月二一日付け養育院長名による民生局長・上平正治宛ての「衛生局委託施設の措置に関すること」によると、養育院の保護状況が「平常状態に復した」ので、宇佐美を残し、箱根と伊東の委託保養を解除するというのである。

このころの箱根の収容人員は一八名で、内訳は七歳から一三歳二名、一四歳から一八歳一四名、一九歳から二〇歳一名、二一歳から三〇歳一名である。委託保養の終了は、健民保養所の存亡に関わる重大な事態である。前記したように、実施要領には、「事業開始の上は児童保護事業の現実に鑑み永続施行のこととしたい」の一文を付記している。

これは、養育院が衛生局所管の本来業務のあり方は別にしても、委託保養を足掛かりに「永続施行」の筋書きを描いていたことを意味する。しかも、実施要領の原案では「恒久的に継続」の表現になっていた。また、委託保養を受け入れる側の衛生局にも現場の健民保養所にも「恒久的に継続」する思惑があったと思われる。だからこそ、箱根では農場を確保し、委託保養の事業開始前から開墾に取り組んでいたのである。

養育院からの通知を受けた民生局児童課は難題を背負うことになる。このころ、保護課から独立した児童課は、収容児童数の増加を図るべく、民間児童保護施設の新規開設や里親委託に躍起になっていたが、その一方で直営施施設の運営予算は養育院に握られていた。委託保養の形ではあるが、児童保護施設としての基盤が築かれつつあったさなかでの事業の終了は児童課を困惑させるもので、何としても存続を図らなければならなかった。

(8) 養育院、民生局間での「養育院の在り方」協議

『養育院八十年史』によると、こうした難題を抱えた行政側にあって、民生局児童課は養育院の直営施設の運営のあり方に対し、児童課直轄という大胆な改革案を打ち出した、という。それが一九四七（昭和二二）年二月、養育院に提示した「養育院の在り方について」である。これに対して養育院側も「養育院は如何にあるべきか」と題する対案を提示する。これをきっかけに民生局と養育院の間で、児童保護行政の役割および児童保護施設運営の所管をめぐり協議を重ねることになる。

民生局児童課の提示した「養育院の在り方について」は、「実情を基礎として」児童課直轄の機関・施設（中央児童相談所、石神井学園、安房臨海学園、萩山実務学校、誠明学園）と、児童課から枝割れした形で児童保護院を置き、そこに保田学園、八街学園、あづさ園、東水園、長浦更生農場を集結させるというものである。この構想から箱根と宇佐美が抜けているのは、いずれもいまだ衛生局所管の健民保養所だったからであろう。

養育院側が対案として提示した「養育院は如何にあるべきか」は、養育院二分論を大前提にしているが、多数の老若男女の生活困窮者や障害者を始め、棄児や捨子らを保護してきた歴史性を顧みることなく、「大部分が心身の低格児童が多い」「自然売れ残りや屑ものを収容することになる」「売れ残り児童」など、保護児童の人格を落とし込めるような表現を用いている。

院・局間の協議は養育院・民生局業務協議会と称され、事業の理念、行政組織の繁閑と二重行政、保護の一貫性、綜合施設の得失など一〇項目の論点のもとに「白熱的討論が行われた」という。一〇数回にわたる協議の結果、同

年一二月一二日、養育院事業について「本来の使命に鑑み、成人に至るも引き続き育成保護を要する者のみを事業の対象とする」という結論を見るに至った。次いで同年一二月一七日、院長、局長ら幹部が一堂に会した形で協議を行い、養育院直営の石神井学園、安房臨海学園、八街学園、那須農場など四施設の民生局児童課への分離が決定され、実施は翌年の一九四八（昭和二三）年一月一日付けで確定した。東京都公文書館には、上記四施設の移管に関わる一冊の文書綴り「昭和二二年十二月三十一日 児童施設移管に伴ふ事務引き継資料」（企画係）が保存されている。

ここに登場する四施設のひとつである那須農場は当時、栃木県の養育院塩原分院の所有地で、終戦直前の一九四五（昭和二〇）年四月に石神井学園の全児童が集団疎開した塩原新湯（現、那須塩原市湯本塩原）にあった。終戦直後から石神井学園の年長児童が食糧確保のために開墾作業に当たっている。

同年一一月には、同学園児のうち疥癬と栄養失調状態にあって療養を要する一三人が園長・桑原圀順と保母に引率されてトラックで農場に向かう。このときに『婦人之友』の記者・吉田幾世が同道し、農場で開墾作業に当たっていた子どもたちをルポしている。吉田の「戦災孤児を浮浪の群れから救ふために—上野の山の子供たちと語る—」によると、園長の桑原は記者の吉田に「（農場に）将来学園の子供達が自力と協力によって大きく生きる天地を用意してやりたい」と語っている。

（9）民生局の直営施設に

民生局児童課は、上記のような養育院との協議の一方で、委託保養終了後の健民保養所のあり方について衛生局と協議する。その結果、衛生局は一九四七（昭和二二）年一〇月三一日付けで箱根と宇佐美の健民保養所を廃止し、残留の一部委託保養児を引き継ぐ形を取って、同年一一月一日付けで民生局に移管することになる。

児童保護行政に関わる東京都民生局の慌ただしい改革の背景には、多数の戦争孤児とその周辺児童など、要保護児童対策に関わる国の組織や法制度の動向が大きく影響している。

第一に、厚生省に児童局が設置されたことに伴い、東京都は民生局に児童課を設置し、児童保護行政の所管を明確にしたことである。

第二に、公布目前の児童福祉法に児童福祉施設として乳児院、療育施設、養護施設、教護院などの施設種目が規定されることが判明し、早急にその整備が求められたことである。これに伴い、東京都は民生局児童課を中心に整備を進める必要が生じてきたのである。

こうした経緯を背景に、箱根健民保養所は旅館借り上げのまま、一九四七（昭和二二）年一一月一日付けで、民生局児童課養護係所管の児童福祉施設に生まれ変わり、箱根児童学園として出発することになる。これまでの経過を整理すると、学園の開設に至るまでの背景には、次のような事情が絡み合っていたことが分かる。

第一に、終戦前後をはさんでわずか三年弱であるが、学園の「前史」として箱根の旅館を舞台に健民修錬所から健民保養所、委託保養に至る事業を重ねていたことである。

第二に、委託保養終了後の健民保養所のあり方をめぐって、養育院、衛生局、民生局間の協議と調整が短期間に集中的になされたことである。戦争孤児とその周辺の子どもたちの保護を最優先に、縄張り意識を越えて協議と調整がなされたのである。

第三に、民生局児童課が戦争孤児とその周辺の子どもたちの保護事業の管理運営の要として関わる体制が構築されたことである。民生局に事業が移管されていなかったならば、箱根児童学園は誕生しなかったというべきである。

第四に、初代園長に就任する立山広士が創業に向けた企画・立案・運営の舵取りを行ったことである。山田「前史」に綴られている逸話からも、立山が実践力、想像力、指導力、交渉力、調整力など、管理職としての手腕を遺憾なく発揮していたことがうかがえる。

2　箱根児童学園の誕生、そして閉鎖へ

（1）療育施設として出発

東京都民生局は、児童福祉法の公布を目前にした一九四七（昭和二二）年一一月一日付けで箱根児童学園庶務規程を定め、箱根児童学園において「戦災児及び浮浪児中虚弱体質者の保護収容及び教学指導」を行うと規定した。さらに、一九四八（昭和二三）年二月三日付けで東京都児童収容保護施設庶務規程を定め、箱根児童学園は保田児童学園、宇佐美児童学園、安房臨海学園とともに児童福祉法に基づく療育施設と規定された。

同法第四三条は療育施設を、「身体の虚弱な児童に適正な環境を与えて、その健康増進を図ることを目的とする施設又は身体の機能の不自由な児童を治療するとともに、独立自活に必要な知識技能を与えることを目的とする施設」と規定している。対象を「身体の虚弱な児童」または「身体の機能の不自由な児童」としたのである。

『民生局年報』の「昭和二三年版」事業統計によると、療育施設に種別された箱根児童学園は、開設して五カ月後の一九四八（昭和二三）年三月三一日現在で男子六〇名に達している。このなかには、前記した「東水園児」が含まれていたものと思われる。特筆すべきは、短期間での急増と一三歳以下四名、一八歳以下四七名、一九歳以上九名という年齢構成である。また、七名の「逃亡」、二名の「退院その他」の記載も目に付く。

山田「前史」は、開設当時の学園の喧騒と混乱の状況を、次のように綴っている。

「当園が療育施設として位置付けられたからといって、医療施設が整っていたわけではなかった。また、施設目的に該当する児童が入所してきたわけでもなかった。入所すると、その夜中から逃亡が始まり、職員は地下足袋を履

き、夜を徹して小田原や三島に探しに行き、駅で汽車を待っている児童を見つけ、明け方連れて帰ってくる状況だったという。当時は、食糧難であったため、途中で食べることもできず、職員は空腹で学園に帰って来た。立山園長は、雑炊を用意して帰りを待っていたという。（略）施設からの逃亡を根絶するどころではなかった。施設逃亡児童から、浮浪児仲間の間で、施設の状況が噂される。箱根児童学園は、子供たちから嫌われたようである。」

「虚弱児や身体機能の不自由な」子どもを対象とした療育施設とは名ばかりで、種々雑多な子どもたちが送致されたのである。学園の実態は、後記するように、当初から年長児童を主体に、山から間伐材を切り出し、運搬するという「辛い作業」を課す施設であった。その上、食糧事情も劣悪で、子どもたちの腹を満たせるものではなかった。こうした環境に耐え切れず、「逃亡」する子どもが相次いだ。後掲の事業統計に示されている「逃亡」数は氷山の一角で、直営施設では宇佐美児童学園とともに群を抜いて多かった。「浮浪児仲間」の間では施設の良からぬ噂が立ち、「嫌われた」というのである。

（2）養護施設への変更と事業統計

一九四九（昭和二四）年六月一五日付け児童福祉法の一部改正により、療育施設は虚弱児施設と肢体不自由児施設に区分され、施設種別における矛盾を抱えていた箱根児童学園は療育施設から養護施設に変更される。施設自体の設備条件や暮らしている子どもたちの実態からして、虚弱児施設や肢体不自由児施設では説明がつかないことは明白であり、やっと養護施設という実態に即した施設種別に収まったのである。また、虚弱児施設や肢体不自由児施設であれば学園は衛生局の所管となり、再移管しなければならなかった。

学園が施設種別を養護施設に変更した後、廃止されるまでの七年間、『民生局年報』に掲載された事業統計は、次の通りである。

「昭和二四年版」(昭和二四年三月三一日現在)

男子八六名を収容、その内訳は一三歳以下九名、一八歳以下六四名、二一歳以下一三名。退所五名、逃亡五名。

「昭和二五年版」(昭和二五年三月三一日現在)

男子九〇名を収容、その内訳は一二歳以下一四名、一六歳以下四五名、一九歳以下三一名。退所二名、逃亡二名。

「昭和二六年版」(昭和二六年三月末)

男子八九名を収容、その内訳は九歳未満三名、一〇歳未満八名、一一歳未満六名、一二歳未満六名、一三歳未満一一名、一四歳未満二〇名、一五歳未満一三名、一六歳未満一七名、一七歳未満五名。退所では親族引取一名、満年二名、その他六名。

「昭和二七年版」(昭和二七年三月末)

男子九三名を収容、その内訳は七歳未満一名、八歳未満二名、九歳未満五名、一〇歳未満八名、一一歳未満一四名、一二歳未満四名、一三歳未満九名、一四歳未満一〇名、一五歳未満二三名、一六歳未満八名、一七歳未満七名、一八歳未満二名、一九歳未満一名。退所では親族引取一名、二名移管。

「昭和二八年版」(昭和二八年三月末)

男子七九名を収容、その内訳は七歳未満一名、八歳未満二名、九歳未満八名、一〇歳未満五名、一一歳未満一七名、一二歳未満一三名、一三歳未満六名、一四歳未満六名、一五歳未満八名、一六歳未満八名、一七歳未満二名、一八歳未満三名。退所では親族引取二名、満年五名、死亡一名、移管一名。

「昭和二九年版」(昭和二九年三月末)

男子九六名を収容、その内訳は七歳未満四名、八歳未満五名、九歳未満四名、一〇歳未満八名、一一歳未満六名、一二歳未満一二名、一三歳未満二二名、一四歳未満一二名、一五歳未満七名、一六歳未満六名、一七歳未満五名、一八歳未満四名、二〇歳未満一名。退所では親族引取一名、移管三名。

（3）事業統計を読み取る

以上の事業統計から、いくつかの事実とともに疑問も浮かび上がってくる。

第一に、定員を明記していないことである。定員はあってなきが如き時代ではあるが、定員が設定されていないことはあり得ない。厚生省児童局刊行の『児童福祉施設一覧表（保育所、母子寮を除く）昭和二六年一月一日現在』では収容定員を五三名、収容現在員を一〇六名としているが、『箱根町教育史』の「補遺」は二代目園長の今野光治の備忘録を引用して定員を九〇名としている。事業統計の収容数からすると九〇名定員であったと思われる。

第二に、男子の養護施設であったことである。男子に限定したのは東京都民生局の判断であるが、初代園長の構想した農耕を主とした職業指導を踏まえてのことか、あるいは旅館という特殊な住環境の事情を考慮してのことか。

第三に、年少の学齢児童に比べて義務教育年齢を超えた一五、六歳から一八歳前後の年長者が少なくないことである。これは職業指導を踏まえてのことと思われる。

第四に、退所の「満年」の意味である。一八歳での退所ということなのか。また、一九歳未満、二〇歳未満の者が若干在籍しているが、一八歳を区切りに措置の延長がなされたということであろうか。こうした措置延長にはいかなる事情があったのか。

第五に、「親族引取」である。少数であるが、入所中に親族が判明したのであろうが、親族が引き取りを求めたのか、それとも措置機関が親族を探し出して引き取らせたのか。いずれの場合においても、引き取りに当たって子どもの意向を確認していたのかどうか。

第六に、「移管」である。東京都民生局所管の同じ児童福祉施設への転園や里親・職親委託（この場合は措置変更という）ではなく、子どもの出身地が判明して該当の道府県に身柄を送致した場合を指しているものと思われる。

第七に、「昭和二八年版」の「死亡」である。後掲の今野報告書は「開所以来1名の死亡者もない」としているが、山田「前史」は、「冬に逃亡児童が出、職員は2、3日懸命に捜索したが見つからず、登山者が駒ヶ岳で凍死しているところを発見した」と述べ、開所以来唯一の死亡事故としている。

第八に、「逃亡」数である。山田「前史」に掲載されている施設現場の証言と符合しないのは、職員が連れ戻した場合や自ら帰園した場合を除外しているからであろう。

（4）施設養護の実態報告

山田「前史」は、「昭和27年当時の運営状況」と題して、学園における施設養護の実情を記載している。一九五二（昭和二七）年五月二日付け民生局児童課長名で直営の各施設長に「児童施設の運営について」報告を求めたことに対して、箱根児童学園の第二代園長・今野光治が民生局児童課長に宛てた回答（報告書）をもとに山田氏が編集したものである。この二点の文書は今野光治から提供されたものとされ、一級の資料である。

児童課と学園の間でやり取りされた一九五二（昭和二七）年といえば、開設間もないころの喧騒状態を脱して養護施設としての体制が整い、園内分校教育を含めて、どうやら施設養護が軌道に乗り始めていた時期と思われる。児童課長名で園長に宛てた「児童施設の運営について」は、発信の意図を、次のように述べている。

「直営施設の運営については、統一せられた指導方針により一貫した運営が行われるべきものと考えられるのであるが、実際には施設所在地の気候、風土、人情、建物の規模、職員の素質等の差異がおのずから運営面に影響することは当然である。

これらの異なる情況を如何に児童福祉の上に活用するかの判断の下に施設の運営に当っておられることと推察せられるのであるが、本課においても全体的運営方針の中に、これら各々の特殊事情を摂取し、合理的、科学的な運営の充実を図りたいので下記事項について、詳細なる御意見及び実情を承りたい」

「合理的、科学的な運営の充実を図りたい」という児童課長名の発信の意図は表向きで、民生局の本当のねらいは、「本課においても全体的運営方針の中に」の文章に示されているように別にあり、直営養護施設の統廃合であった。今野光治が民生局の意図を承知していたからこそと思われるが、後記するように、回答内容にはやや誇張気味な箇所が散見されるものの、施設養護の現状を余すところなく記述している。

民生局児童課は、A現在（1）児童の育成、（2）児童と職業教育、（3）環境、（4）気候、風土、人情、（5）建物について、（6）対外的諸問題、（7）職員の問題、B将来（同左）、C特に強調すべき特殊事項、D従来特に恵まれている事項、E従来特に困難を極めた事項（除予算関係）、Fその他特に参考となる事項、に区分して報告するように求めている。

「昭和27年当時の運営状況」（以下、今野報告書）をもとに、1)収容児童の特質、2)建物の配置および周囲の環境、3)土地建物の買収問題、4)職員体制、5)処遇方針および日課、6)学校教育、7)職業教育、8)更生指導、9)課題、10)土地建物の買収問題の一〇項目に分けて学園の実情を明らかにしよう。

1）収容児童の特質

今野報告書は「本園児童の特殊性」と題して、子どもの実態を、次のようにまとめている。

「1　問題児、社会的不適応児（家出、浮浪、性行不良、学校、長欠廃学等）が70％を占めている。保護原因中、性行不良36・4％、家出浮浪29・5％、学校長欠廃学は60％（性行不良、家出浮浪と重複するものがある。）である。最近の入所傾向としては、性行不良がやや減ってきており、家出浮浪は激減した。学校長欠廃学の児童は、園内教育の関係で増えてきている。

2　廃学、学校長欠のため、年齢と就学学年との間に相当のズレがある。例えば、中学2年生は13歳〜18歳にわたっている。

3　孤児40％、片親のみ20％である。両親があるものの中、実父母の者はきわめて少なく、継父・継母、養父母が大部分である。児童の生活歴を見ると、貧困、父母の疾病、養父母、引揚げ・戦災孤児、捨子等家庭に恵まれない生活をしてきている。従って内心に寂しさを持ち、愛情に餓えている。また家庭的な躾に欠けている者が多い。

4　その他、児童の一般的傾向として見られるものに、感情粗野、言語粗暴、持続性、清潔感及び公共物尊重の観念の欠如がある。」

終戦後七年を経た当時にあって、戦争体験による傷を背負った子どもたちの荒んだ内面を明らかにしている。彼らは家族から引き離され、過酷な環境下をくぐり抜けて生き延びてきたのである。こうした生死の狭間を体験して保護された子どもたちの実態に即して応えることこそ、施設養護が果たすべき役割なのである。

注視すべきは、長欠児や廃学児の存在である。このことは、家庭をなくしたばかりか、長欠したり、空襲に遭って学校がなくなったりした結果、学籍のない状態にあることを意味する。『都政十年史』によると、都内の国民学校

いる。

で全焼が二六二校、残存が四五四校であったという。「園内教育の関係」で長欠・廃学の子どもが「増えてきている」のは、後記するように、園内分校教育を実施している学園であることから、措置機関が学籍の復籍手続きの困難な、あるいは手続きに時間を要する子どもを送致していたということか。

保母・本田コウが「昭和25、6年頃」の子どもたちの身辺や「無断外出」時の捜索について、次のように語っている。

「新規入所児童は、頭髪、衣類にシラミがいっぱいたかっており、そのままでは入寮できないので、身ぐるみ脱がせてシラミ煮沸用のドラム缶で衣類を煮沸し、頭は保母又は男子職員がバリカンで坊主にして頭を洗い、入寮者として紹介したものです。

寒い冬の入所のときの煮沸は、寒風に吹かれながら、遠い水場からバケツで水を何回も運びドラム缶に入れ、落木を集めて燃やしたもので、その大変さは忘れられません。

また、新入所児は東京が恋しくなると無断外出してしまうため、子供達に気付かれないように絶えず頭数を数えていました。自分のポケットの中のお金がいつの間にか無くなっていることなど度々あり、その様な時は児童もいなくなり必死で探します。

ある時、芦ノ湖畔をやり切れない思いで児童を探していると、その姿が自殺志願者に見えたのか、間違えられたときもありました。」

新規入所児童を迎えたときの逸話は、都内で保護した子どもが、一時保護所を経由せず、そのまま直送されていたことを示す。保護した後、子どもの身辺をきれいにし、身上調査をした上で送致する手順になっていたが、手間暇をかける時間的余裕がなかったからであろうか。

一九五〇（昭和二五）年一一月一日、三三歳の若さで東京都立誠明学園（教護院）の教諭から昇格人事で二代目園長として着任したのが今野光治である。『都政人名鑑』によると、一九一七（大正六）年一月二三日生まれの今野は一九三六（昭和一一）年、山形師範学校（現、山形大学地域教育文化学部）を卒業後、山形県と東京市で小学校教師として奉職後、法政大学高等師範部に入学、一九四三（昭和一八）年に同校を卒業して都立少年教護院（現、児童自立支援施設）・誠明学園の教護に就いている。

今野園長は、着任した学園と子どもの印象を、次のように語っている。

「朝礼終了の号令に、児童から『御苦労さんでした』との言葉があり、修練所時代の伝統のようであったので就任後半年で廃止した。職員が常に児童全員を掌握している状態ではないので、教護院から異動してきた当初はこんなことで大丈夫か常に心配していたが、逃亡は時たまある程度で、1日の日課は平常に行なえる状態であった。昭和30年頃は小さい子供も入所し、準教護から養護になっていた」

「逃亡は時たまある程度」は史実とは違い、指導員や保母が証言しているように常態化していた。連れもどした場合は「逃亡」に加えていなかっただけのことである。学園が「準教護から養護になっていた」のが「昭和30年頃」としているのは、養護施設らしくなってきた時期が閉鎖を間近にしたころであったということである。

指導員の高野孝は、「戦没軍人軍属の孤児（略）や、家庭環境が原因で生じたと思われる準教護的傾向の子供、また相当期間学業から遠ざかった子供達が大半でした」と語っている。処遇困難な子どもたちが少なくなかったということである。

一九四七（昭和二二）年一二月一日から一九五〇（昭和二五）年六月三〇日まで保健婦（現、保健師）として勤務した児島房子は、当時を回顧し、次のように証言している。

「昭和五十年頃まで、卒業生の就職や交通事故死、犯罪事件等々の際に『参考人』としてかかわった事例があとをたたなかったということに対し、人格形成期にあった『児童』に十分な愛情と教育を施し得なかった事が、慙愧に堪えないと思っています」

2）建物の配置および周囲の環境

山田「前史」には、今野光治と保母の提供した「東京都箱根児童学園平面図」と七枚の写真が掲載されている。本館宿舎と校舎、運動場が北側の農耕地と南側の農耕地に挟まれる形で配置され、東側は箱根神社境内、北側農耕地と本館宿舎の間には尻湖から元箱根・小田原・三島・熱海に通じる道路が走っている。

養護施設としては異色な設備で、広大な敷地に本館宿舎、校舎、運動場、篭球ポール、鉄棒、農耕地二面、静養舎、農具小屋、畜舎などを配し、農耕地は約三、〇〇〇坪、宿舎は二三二・八六坪、校舎二六・〇〇坪、畜舎四・七坪である。この平面図からも、農耕を主体にした職業指導に力点を置こうとしていたことが分かる。民間旅館を借り上げた学園は、広大な敷地と設備を有する施設に変貌を遂げていた。

七葉の写真のうち、「児童・職員（昭和25年11月）」「朝礼後の体操」「学園入口と建物玄関」の三枚は、子どもたちが居住する七つの寮舎や二つの教室などが旅館として使われていたことを示す。広大な開墾地であることは、子どもたちが半裸と短パン姿で作業に取り組んでいる「農作業」の写真からも分かる。「配給物の引き取り（昭和23年8月）」の写真も子どもたちは半裸と短パン姿であるが、半裸は「逃走」防止のためなのか。あるいは洗濯の手間を減らすための手段なのか。指導・管理上、両方の意味があったのではないかと思われる。

周囲の環境について、今野報告書は「恵まれている事項」として「児童が大自然と共に生活できること」を挙げ、次のように列記している。

「1、大自然の絶景は無言の中に児童の心情を陶冶してくれる。

2、山の木の実、草の実は当園児童のために熟してくれる。あけび、すいとうぼく、山ぶどう、栗等秋になると子どもたちは毎日毎日が楽しくなる。

3、山に登り、湖水に遊ぶ間に動植物の生きた生態を知り、かつそれにとけ込んで健全な生活体験を得ることができる。」

さらに、「当地にあるため恵まれていること」として、時々温泉にひたることができること、芦ノ湖の遊覧に安く、時には無料で乗せてもらえること、冬季はスケート場を利用させてもらえること、山で都会から離れ、空気や水が綺麗なため呼吸器以外の伝染病はほとんどないこと、の四点を挙げている。

今野報告書が列記するように、箱根の大自然の豊かさが子どもたちに潤いを与えていたことは確かで、その限りでは箱根は楽園であったと思われる。しかし、学園内に閉じ込められた生活は、子どもたちを満足させるものではなかったのである。

3) 跡地とその周辺を探訪する

筆者は二〇二〇年一〇月、箱根町教育委員会生涯学習課・郷土資料館長・鈴木康弘氏の助言を得て、箱根児童学園の跡地を確認すべく箱根神社を訪れた。

箱根神社の本殿を取り囲むように、うっそうと生い茂る杉林が林立している。本殿の東側に回って前方を眺めると、細い参道が見える。うねうねした参道をしばらく登っていくと、やがて車が頻繁に行き交う国道一号線に面した北参道駐車場が前方に見えてきた。国道一号線に出て、御殿場方面に向かって六〇メートルほど進むと、テニスコートらしき広い空き地が視覚に入った。側溝を飛び越えて空き地に立ち入った。傾斜地の杉林を切り倒して造成したと思われる跡でコンクリートしてある。

これが学園の跡地で、かつて富士見楼という旅館があった。この旅館の建物を活用して園舎や校舎、便所とし、その周辺に運動場、農耕地を配置したのであるが、建物の敷地としては狭い。国道一号線を挟んで、真向いにも農耕地を配置しているが、傾斜地である上に、中低木が生い茂っていたと思われ、農耕地用に開墾したとは想像すらできない。その東側には広大なゴルフ場が隣り合っている。後記するが、当時、学園の年長児童がアルバイトしたというゴルフ場はここではなく、現在も営業している湯の花沢ゴルフ場である。

筆者は、跡地にたたずみ、ここで暮らした園児たちのあれこれを想像してみたが、疑問だらけである。何よりも感じたのは、芦ノ湖畔からやや隔たった山中になぜ、使われていた旅館を借り上げて学園を設置したのかである。箱根神社に隣り合っているとはいえ、深い樹木に覆われ、周囲に民家はほとんどなかったと思われる。富士山や芦ノ湖を見渡すことができたのかどうか。また、もともと畑には馴染まない傾斜地である。ゴルフ場に隣接する形で元箱根別荘地に入る道路があるが、建物は全く見えない。

子どもたちは生活物資を受け取りにリヤカーを引いて国道一号線を小田原方面に向かい、現在、〝神社上〟というバス停の横から芦ノ湖畔に通じるうねうねと曲がりくねった坂道を下ったと思われるが、帰途、急な登り坂をどうやって重たいリヤカーを引いたのだろうか。

子どもたちは日中、どこで何をして遊んでいたのか。閉じ込められたような生活空間で、どのような楽しみを見出していたのか。東京で保護された子どもたちは、この山中に位置する学園まで、長時間をかけて、どうやって連れられて来たのか。電車を使って交通機関を乗り継ぐことはあり得ず、トラックに載せられたのであろうか。

4）職員体制

一九四八（昭和二三）年一二月二九日付け児童福祉施設最低基準に基づき、養護施設・箱根児童学園には園長以下、児童指導員、保母、職業指導員、書記、看護婦、炊事婦が配置されている。『箱根町教育史』の「補遺」は職員数を一四名～一七名としている。

山田「前史」は、今野報告書に添付されていたと思われる資料をもとに、一九五二（昭和二七）年当時の学園の事務分掌を掲載している。園長以下、一五名の職員と五名の分校教員の体制で、注視すべきは園内分校のための教員の配置である。

『誠明学園50年のあゆみ 創立50周年記念誌』の「職員在籍状況一覧」によると、今野の妻・八千代も誠明学園で教母（『東京都職員名簿 昭和二十五年一月十五日現在』によると「待遇保母」の表記）として勤務している。今野は山形女子師範学校（現、山形大学地域教育文化学部）出身で教師の資格を有する八千代を連れ立って園長として着任し、夫婦そろって寮舎勤務に就きながら分校の授業も受け持っていた。

施設養護の要である指導員と保母は、日常生活面の指導を担当するだけではなく、家庭学習の補助に当たったり、分校教員が欠席した場合には補講を行ったりした。指導員は行事などの園外指導や職業指導にも携わった。

今野報告書は、職員全員が住み込みで、静養舎には休養できるような部屋が確保されていないため、福利の面に欠け、職員の多くから「勤務替え」や「児童と共に他に移転」したいという異動希望が出ている、としている。しかし、多くの職員が「勤務替え」を望む理由は、静養室の問題だけではなかっただろう。「逃亡」の対応に示されているように、「準教護的」な子どもを教護院の枠のなかではなく、分校教育を加えた施設養護で対応することが容易ではなく、職員たちの心労を深めていたと思われる。また、「児童と共に他に移転」したいという職員の心情は、地域に馴染めなかったことを示すものであろう。

5）処遇方針および日課

生活日課を成り立たせる基盤は衣食住を確保することであるが、そのほかに燃料の調達が絶対必要要件であった。山田「前史」は、次のように述べている。

「当時、食糧、衣料とともに燃料の不足があった。箱根児童学園は、燃料用の薪に、杉、檜の間伐材を用いた。原木の切り出しは、1キロ程元箱根よりにあり、切り倒した原木を肩に担いで学園まで運んだ。慣れないと肩が真っ赤に腫れ上がり、職員、児童共々辛い作業であった。この運搬作業は、22年から25年（財務局のトラックを借用）まで続いた。」

交通機関が不便な上に農作物の収穫もままならない土地である。食料品は毎日、指導員と子どもで湖畔からリヤカーで運んでいたが、これ以外に燃料の運搬作業があった。指導員の松井正は、「食事は毎日さつまいも、とスイトン（モロコシ粉）、オカユであった。時にはララ物資の粉ミルクもあった。また、何よりの御馳走は、野兎、狸、蛇等の肉で、（略）満腹感を味わった」と述べている。こうした食料不足は、学童疎開の子どもたちも体験している。「箱ペディア 箱根温泉 箱ぴた」は、国民学校児童の箱根での疎開事情を、次のように伝えている。

「戦局の悪化は小さな疎開学童の体にも重くのしかかってきた。地方（元？）民の協力で、当初は比較的よかった食事も、芋や野菜の多い雑炊となり、やがてその野菜も不足しだすと、学童たちは、近くの野草採りに出かけ、ぎぼし、かんぞう、はこべ、山みつばなどの野草を摘み、また、季節によっては、竹の子、わらび、ぜんまい、くるみ、河原でとった沢がになどが食卓にのぼったこともあったという。」

学園での生活必需品を調達するための苦労は、今野が二代目園長として着任した一九五〇（昭和二五）年ころまで続いていた。今野の赴任に付き従い、子どもたちと寮舎で寝食を共にした妻・八千代は、『保育の友』編集者のインタビューに答え、劣悪な住環境や給食費に言及して、次のように証言している。

「箱根の梅雨は長く、時には畳やそろばんにもかびが生え、体の中までがかびくさくなりそうで、ひたすら梅雨明けを待ち望む日々でした。
成長盛りの園児の給食費が、捕獲犬の一日の食事代より安いと社会問題になって値上げになったことなど、今ではとても考えられないことです。」

箱根学園の食料事情がいかに劣悪であったかが分かる。今野報告書によると、養護施設としての体制がどうやら整い始めた状況を踏まえ、学園の処遇方針、指導目標、指導上の注意、毎週行事、毎月行事、年中行事を策定している。

処遇方針は、「生徒と共に学び、共に働き、共に遊ぶ体験を通して、児童を理解し、物心両面にわたって生活を豊かにするように努めている」とし、児童目標では、「社会性を養うこと」「よき学習指導を行うこと」「職業指導を行うこと」とし、指導上の注意では、「愛情をもって接すること」「長所を発見してやり希望を持たせ、劣等感を取り除いてやること」「全職員は協力一致、一丸となって児童の全生活についてあらゆる機会をとらえて指導を行うこと」「指導は時機を失せず、しかも適切であること」としている。「準教護」色から脱却し、施設養護に取り組めるようになったことがうかがえる内容である。

日課は、午前と午後の分校授業を柱に置き、寮での食事・おやつ、分校授業を終えた後の運動競技と農耕作業、寮での自習などで組まれている。「住込み保育職員の勤務時間並びに日課の実際（昭和27年）」の日課、職務内容（常時、臨時）の項目で目に付くのは、「命日法要日」である。当時、戦争で亡くなった親の位牌を持って施設に保護される子どもが少なくなかったといわれているが、そうした子どものために用意されたのであろう。

単調になりがちな集団生活に少しでも家庭的な潤いをもたらしたいと、花まつり、春季運動会、野球大会、お月見、秋季運動会、山の実拾い、学芸会、展覧会、クリスマス、餅つき、書初め、羽根つき、豆まき、精進湖でのスケート大会、竹そり遊びなど、季節の行事をふんだんに取り入れている。そのほか、春に退園生送別会、毎月上旬に映画観賞会、下旬に遠足温泉入浴を実施している。板橋の養育院グランドで行われる東京都民生局主催の児童福祉施設児童球技大会（野球、卓球）や運動会にも参加している。

一九五二（昭和二七）年からは夏季錬成キャンプを実施している。沼津我入道、真鶴岩海岸、湯河原の小学校を借り、現地まで徒歩で向かった。園長の今野光治によると、当時、夏季錬成キャンプは学園だけが実施していたこともあり、地元の学校関係者から「学園が小学校を使っているのに、学校がキャンプを行えないのはおかしい」という批判が出たという。錬成は今日の社会的養護の分野では死語になっているが、当時の養護施設では、余暇活動というよりも、集団活動や集団生活を通しての心身の鍛錬がねらいであった。

同じ直営施設で都内の板橋にあった戦争孤児施設・あづさ園は、箱根児童学園で夏季錬成を実施している。このことを筆者は、かつて同施設で指導員として勤務していた浅羽重雄氏（故人）から、次のように聴取している。

「夏季錬成には力を入れた。夏休みに箱根児童学園の協力を得て、身心の錬成をねらいに箱根でキャンプをやった。食料品などを調達し、駐留軍の米兵がときどきジープで学園に慰問にきてくれたり、バスで王子の部隊まで送迎してくれたりしていたので、駐留軍に交渉し、五台のトラックを借り受けることができた。子どもたちをトラックに乗せ、食糧とテントを積んで箱根に向かった。当時としては一大行事だった」

6）学校教育

①園内分校のための校舎建設

一九四七（昭和二二）年四月に学校教育法が施行されたこともあって、養護施設で暮らす箱根児童学園の子どもたちにも当然、国民学校に替わって新設された小学校・中学校に等しく就学の道が開かれるはずであった。ところが、地元校への通学を待ち望む学園の子どもたちの前には大きな問題が立ちはだかっていた。地元自治体に学園児童の通学を阻む大きな壁が屹立していたのである。箱根小学校での教育を要望する学園に対し、地元の一町二村で構成する役場事務組合が非協力の姿勢を貫いていたこと、当初、神奈川県教育委員会と東京都教育局に前向きな姿勢が見えず、共に現場任せであったことである。

学園側にも問題解決を困難にする事情があった。在籍児が東京の子どもで、地元民からすると〝よそ者〟であったこと、就学年次を過ぎた児童を始め、長欠や廃学による不就学児童が多く、学籍の復元手続きが容易ではなかったことである。この問題の根本は、子ども自身ではなく、もっぱら学校教育を所管する教育行政側にあった。

山田「前史」は、「戦後の教育復興の谷間に置き忘れられた児童」と表現している通り、「谷間に置き忘れられ」、学校教育の埒外に置かれた戦争孤児とその周辺の子どもたちは当時、大都市を中心に集中し、箱根児童学園の子どもたち特有の問題ではなかった。こうした難題に直面した初代園長の立山広士は、学校現場との交渉を継続する一方で、当面、園内教育による解決を図ろうと校舎の建設を決断する。立山は、次のように語っている。

「戦災孤児浮浪児を定着保護育成するためには児童の教育に挺身する以外にないと自覚し、和製ペスタロッチを自認して24時間の園内教育を実践することを決意しました。その第一着手が教室建設です。小田原営林署へ日参して国有林の間伐材の払下げをうけました。」

立山は園長として建築資材を確保するために自ら小田原営林署に日参し、国有林の間伐材の無償払下げを受ける。山田「前史」は、さらに次のように伝えている。

「伐採場所は、箱根神社向かいの芦ノ湖畔、三島側である。23年頃から伐採、切り出した材木は、筏に組み、湖水を渡して箱根神社まで運んだ。この作業は、職員、児童総掛りの危険な作業であった。運んだ原木は、大工さんに引き渡し、小学校1教室、中学校1教室の2分教場を建築した。」

園内教育に向けた園長としての強い決意と実行力を物語る逸話である。立山は校舎の建設に取り組みながら、その一方で地元の学校長と交渉を重ねる。当時、箱根町は周辺の元箱根村および芦の湯村と一町二村による役場事務組合を結成し、その組合が地元の教育行政を担っていた。『箱根町教育史』によると、役場事務組合（組合長・安藤好之輔）は箱根小学校に隣接し、組合議会は行政を点検する審議機関であった。立山が交渉を重ねていた相手は、役場事務組合立の箱根小学校長および箱根中学校長である。

②便宜措置とその打ち切り

山田「前史」によると、学園が地元の小・中学校の園内分校として認定されるまでの経緯をまとめた「箱根児童学園就学措置経過」（以下、「就学措置経過」）は、初代園長の立山が綴った備忘録で、二代目園長の今野光治が引き継いだという。

山田「前史」は、分校設立の経緯を、「就学措置経過」をもとに、次のようにまとめている。

「昭和22年4月から箱根小中学校長と協議を開始し、当該小中学校に仮入学の手続きをとり、就学の道を開いた。昭和23年4月より、園内に実質上箱根小中学校の仮教室を設置することとし、小学校教科は本都教育局よりの派遣教諭を以て担当せしめ、中学校教科については、神奈川県足柄地方事務所より箱根中学校に1名の教員の増員配置を認めてもらい、之を学園に充てることとし、毎日教科目別に担当教諭を1名当て学園に通勤授業に当たらせ、当分の間試験期間としたが、その成果は良好と認められたので、新学年初めより正規の手続きを経て分教場設置の運びとする予定であった。

昭和22年10月、箱根小中学校長の更迭があり、この便宜措置も打ち切られた。」

立山は粘り強く小学校・中学校の二人の校長と交渉を重ねたのであろう。現場のトップ同士では協議が進展し、試行の段階まで到達していた。ところが、どこからか横やりが入り、まとまっていた「便宜措置」は「打ち切られ」、それればかりか、二人の校長が更迭された、というのである。そろって配置転換されたのは、学校現場を所管する役場事務組合が、まとめ上げた「便宜措置」を認めず、潰しにかかったことを示す。

③教育委託をめぐる都知事と県知事との間のやり取り

立山は、民生局児童課に交渉が振り出しにもどった経過を説明し、学校教育の必要性を訴え、善後策を講じて欲しいと強く要請した。山田「前史」は、さらに次のように続く。

「昭和23年12月27日、都知事から神奈川県知事へ教育委託（分校設置）要請。昭和24年1月12日、箱根町外二ヶ村組合役場に於いて、組合会に諮る（ための）関係書類の（提出）要請もあったので、当該組合長宛て箱根学園園長からも（分校設置を文書で）要請した。しかし、財政上の問題と対象児童の問題から、組合長の了解が得られなかった。」

都知事から県知事への「教育委託」の要請があり、役場事務組合の組合長から、議会に諮るための分校設置に関わる書類の提出を求められた立山は、必要書類を整え、改めて分校設置を訴えた。しかし、組合議会も組合長も、財政上の問題と対象児童の問題という二点を理由に挙げ、分校の設置に前向きな姿勢を示そうとはしなかったのである。

都知事から県知事に宛てた要請文にある教育委託は、学校教育を都に代わって県に任せ頼むことを意味するものであり、その費用を都が負担するということである。それにもかかわらず、組合の議会も組合長も二点の理由をもって不同意の意思を示したのである。

山田「前史」は、「就学措置経過」をもとに続けて、次のようにいう。

「昭和24年11月17日、神奈川県教育委員会から、小中各1名の職員人件費を都負担で、との要請がある。東京都教育委員会及び民生局長は、承諾の回答を行った。

昭和24年12月24日、神奈川県知事、神奈川県教育委員会連名で、組合長宛て、『組合は費用を一切負担しない』、という条件で分校設置を要請する。」

教育委託費の負担について、神奈川県教育委員会が都に教員二名の人件費を求めてきたことに対し、都は承諾の意思を伝える。都の回答を受けた神奈川県は知事名と教育委員会連名で、費用の負担は一切しないという条件を付けて分校設置を認めるように組合長に要請した。県と県教育委員会が役場事務組合の説得にかかったということなのか。

④屈辱的な付帯条件

県からの要請を受け、組合長は組合議会に諮る。その結果、組合議会は一九五〇（昭和二五）年四月二二日、付帯条件を付けて承認する。これを受け、園長名で組合長宛て分校設置届が提出され、学校教育は園内分校の形式で発足することになる。『箱根町教育史』の「補遺」で補足すると、一九四九（昭和二四）年一二月二四日に神奈川県知事・神奈川県教育委員会連名で、箱根町外二か村組合長に対し分校設置の要請がなされたことを受けて、組合議会が協議を重ね、一九五〇（昭和二五）年四月四日、付帯条件を付して分校設置を承認したというのである。付帯条件は、次のような内容である。

「一　この分校を開設する費用、及び今後維持運営に要する一切の経費は、本組合において負担しない。
一　特殊な境遇にある収容児であるから、事情の如何を問わず、本校に就学させることはしない。
一　小中学校長が行う分校経営方針及び事務の内容については、本組合長に連絡を要する。
一　将来予測しない事態が発生した場合の措置は、神奈川県教育長の責任に於いて解決する。
一　左場合には分校廃止の権限がある。
1）分校経営に要する一切の経費負担を東京都が履行しないとき。
2）予測しない事態が発生し、これが解決しないとき。
3）本校の名誉を傷つける重大な事態が発生したとき。
一　分校のため、特に要する事務費の費用弁償を、東京都がすること。
一　分校に要する予算上の経費は、本組合においてしない。」

学園にとっても、学校教育を待ち望む子どもたちにとっても屈辱的な内容である。「将来予測しない事態が発生した場合」「特殊な境遇にある収容児」は、役場事務組合が学園の存在を迷惑視し、学園児童を危険扱いしていることを示している。役場事務組合との交渉の先頭に立っていた立山自身も、承服し難い思いであったと思われる。それでも、学校教員による授業を受けさせ、組合立箱根小学校および箱根中学校の卒業証書を子どもたちに持たせたい一念で、三年にわたって粘り強く交渉を重ね、東京都派遣の教員による園内分校方式にこぎ着けたのである。

⑤変則方式

本校には通えず、本校とは一切関係を持たず、卒業証書は組合立箱根小・中学校長がそれぞれ学園に出向き、児童・生徒に授与する方式である。子どもたちを園内に隔離し、地元の子どもたちとは接触させないという非情な措置であった。それでも教員の授業を受け、卒業証書を授与してもらえるようになったことをもって良しとしたのである。

山田「前史」によると、園長の立山は、「こういう変則方式が定着するまで、（略）交渉を続け、最後は都の本島教育長の英断で決定した」と語ったという。立山は「変則方式」を次善の策と理解し、その段階での到達点として受け入れたということである。

学園児童に対して偏見を抱くことは別にして、当時の役場事務組合の厳しい財政事情からすると、「変則方式」は止むを得ない措置だったようにも思われる。『箱根町教育史』は、「校舎なきまま箱根小学校及び役場庁舎の一部を借用して授業をしていた」箱根中学校が一九五〇（昭和二五）年に新設されたことについて、「物資に事欠く時代であったので、（略）大変なことでした」と綴り、厳しい財政事情であったことを語っている。

学園児童を危険視する意識は、「準教護」や学籍の不明な年長児童が少なくないことを始め、「逃亡」の事実を目の当たりにして高まっていたと思われる。今野報告書は、園内分校の設置にさえ強い難色を示し続けた役場事務組合が「当園収容児童は不良児であるから、一般家庭の子弟と、教育をともにさせることは甚だ困ると考え」ていたと綴っている。

学園児童の本校通学に強く反対した役場事務組合の姿勢について、学園が閉鎖になるまで在職した指導員の松井正は、「議会、組合長は大反対であったが、議会が賛成してくれた」と回顧し、「町の条件を了承して設置された」と述べている。

今日の児童養護施設の場合と同様、施設入所時に住所の異動がなされてはいたと思われるが、箱根児童学園の児童は箱根の住民とは扱われず、部外者でしかなかった。このような事情を考えると、「変則方式」は役場事務組合による精一杯の温情措置というべきかも知れない。

⑥冨士見分校として発足

一九四八（昭和二三）年四月に東京都教育局（同年一一月から教育庁となる）から派遣された二名は都立光明小中学校（現、都立光明学園）に籍を置く教員である。

園長の立山がその経緯を、山田「前史」で、次のように証言している。

「直接教育局に行き、採用決定名簿を見せてもらい、小・中1名、大島、八丈島へ赴任が決まっていたものを同じ僻地教育であるといって箱根に回してもらった。箱根から本人に呼出状を出し、面接し赴任させた。所属はどこにするかで、世田谷区の都立光明小中学校在籍とした。給料は箱根に送金してもらった。」

都立光明小中学校に籍を置く形で新任の教員が派遣されたのには、いかなる背景があったのか。『信濃路はるか―光明養護学校の学童疎開』によると、身体に障害を有する光明小中学校の児童・生徒は一九四五（昭和二〇）年五月から長野県上山田村（現、千曲市）の旅館・上山田ホテルで集団疎開をしていたが、世田谷の寄宿舎と校舎が戦災で焼失し、その再建が遅れていた。そのため、園長の立山が地元の役場事務組合との間で交渉を続けていた当時、光明の児童・生徒は疎開先に取り残されていた。校舎と寄宿舎が完成して東京に帰ることができたのは一九四九（昭和二四）年五月二八日のことである。二名の教員の派遣には、こうした光明小中学校の事情が背景にあった。

分校の正式名称は組合立箱根小学校・箱根中学校冨士見分校である。冨士見分校の運営体制について、『箱根町教育史』の「補遺」は、「分校開設と同時に、神奈川県から小学校に一名配置された。その後、中学校にも二名配置されて五名となった。学級は小学校二、中学校一となり、学園長は無給併任の箱根中学校教諭として、翌二十六年四月一日付けで発令され、実質的にも形式的にも分校責任者となった」と述べている。都派遣の教員のほかに神奈川県からも教員が派遣され、そればかりか、教員免許状を有する園長の今野が無給併任の形で教諭となり、分校の管理運営を任されたというのである。付帯条件に沿った形の措置なのであろう。

今野報告書では、一九五二（昭和二七）年当時の現状について、「小学生51名、中学生35名で、小学校2学級（1～3年、4～6年）、中学校（1～2年、3年）の編成」としていることから、中三生以外は複々式学校か複式学級であったことが分かる。

山田「前史」で、指導員の松井正は、「小学生は寺子屋式で、畳の上に長机を置いて、4人ずつ坐り勉強した」と述べ、同じく指導員の高野孝は、小学生の寺子屋式の授業は「児童居室と同棟の畳の部屋」で行ったと述べている。校舎が狭隘なため、中学生が教室を占用していたということなのか。いずれにしても、どの学級もすし詰めであった。

⑦困難な本校通学の実現

今野報告書は、開始された富士見分校の現状について、「学園の特殊性を生かして教育を行える点はよいが、社会性に欠陥を生じ易い」と述べている。また、神奈川県の派遣教員については「理解ある態度をとっている」とし、学園と分校で編成された組織の管理職として「当園勤務職員に対する監督関係、指導関係は複雑である」と管理・監督の難しさを明らかにし、向後のあり方について、さらに次のように述べている。

「現状では、都派遣職員を県派遣職員に切り替えることは、困難であるが、分校校舎増築による教員数の増加があれば、県では当然教員定数が増加するのであるから補充するであろうし、その際、都派遣教員の身分移管も可能になることと思われる。これは当園児童が地元学校（本校）に通学することになれば何の問題もない。」

園長の願いは本校通学の実現であった。今野報告書は、「現在、当園の児童も、分校設置当時と異なって、資質も良くなってきており、地元民も認識をあらためてきている。春秋2回の運動会、展覧会、学芸会、遠足、卒業式等は、合同で実施してきていることから、地元民の理解も深まってきたことと思う」と述べている。授業以外の年間行事が「合同で実施」できるようになったのは、学園側と分校・本校教員による着実な積み重ねがあってのことである。しかしその一方で、地元住民の認識については「全面的に差別感を持たなくなってきたとはいえない」といい、当時の逸話を、次のように語っている。

「昭和27年11月1日、創立5周年に学校、役場、バス会社、神社、駐在等の地元の人を招待したが、来たのは3～4人、折詰を用意していたのでその処分に困った。6周年には、地元実習により入所児童の変化を知り、警戒心が解け沢山集まってくれた。7周年（昭和29年）も同様であった。」

冨士見分校と本校との関係変化の背景について今野は、神奈川県の教育指導主事（足柄下郡教育事務所所属）と園長が山形師範学校の先輩・後輩の間柄にあったと述べている。しかし、こうした教育行政を担う上層部と施設養護を担う園長の間柄が関係の好転をもたらしたとしても、それは表面的なものに過ぎなかったであろう。懸案の役場事務組合や地域住民の偏見を取り除くには、さらに時間を要したのである。

東京都民生局が学園閉鎖の方針を固めたころ、一町二村の事務組合は合併により箱根町になっていた。学園が廃止される前年の一九五四（昭和二九）年一月である。このころ、役場内では「変則方式」のあり方をめぐって政策転換を画策していた。後記するが、役場担当者が、箱根小学校の新築費用を東京都の補助金で賄い、それを機に変則方式から本校教育への転換を図ろうとしていた、というのである。時すでに遅しというべきであろう。

学園児童の本校への通学をめぐって、最後までぎくしゃくしていたのは、地元住民というよりは、むしろ役場事務組合との間であったということであろうか。箱根小学校（現、箱根町立箱根の森小学校）校舎が新築されたのは一九五七（昭和三二）年五月である。

7）職業指導

学園は指導目標のひとつに「職業指導」を置いていた。今野報告書は職業指導について、次のように記述している。

「現在当園で行っているのは農耕、園芸、家畜飼育である。（略）当地は気候、土質が農耕に適していないのであるから、農耕は現在のままにとどめ、木工（玩具、お土産の類）に力を入れるのが至当である。箱根という観光地をひかえて、指導と生産を兼ねた生きた教育が出来ると思う。また、自動車の運転も修得させていきたい。職業実習、来春3月中学卒業予定の児童に対して実際の職場で働かせ職業への関心を高めると共に、実社会の一端に触れさせるために夏季休暇を利用して職場実習を行なっている。今年は地元の工場、会社、商店の協力を得て行なったが、児童にとって有意義であったばかりでなく、地元民が当園児童に対する認識を新たにした点に於いても多大な成果を収めた」

地元で職業実習に取り組んでいることを強調しているが、学校教育の一環としての職業実習を指したものであり、学園が指導目標に置いた職業指導ではない。ただし、生活（寮舎）と教育（分校）とを一体化させて取り組んでいたことからすると、職場実習の成果を取り上げた記述は不適切とは言えないだろう。

問題にすべきは、職業指導に触れた箇所で、「当地は気候、土質が農耕に適していないのであるから、農耕は現在のままにとどめ」るとしていることである。学園を開設するに当たって、農耕を主体とした職業指導を計画し、広大な農地を開墾したことが果たして妥当だったのかどうか。そして、子どもたちを農民に仕立てる構想が妥当だったのかどうか。何よりも、子どもたちが農耕に魅力を感じていたのかどうか。

指導員の高野孝は、職業指導について、次のように述べている。

「児童の勤労意欲を持たせ、社会人として自立出来るよう、日常の起床・洗面・掃除等身の回りの躾をはじめ、園の敷地内での残飯残菜による養豚飼育（高学年児当番制）と、農作業で大根・野菜の栽培（あまり収穫はなかった）等を行った程度で、これといった職業指導はしていなかった」

指導員の松井正も、次のように述べている。

「学園の上と下には農場があった。肥料は人糞、肥桶を天秤棒で担ぎ、農場に施したが、箱根は低温と霧と長雨のため野菜はあまり収穫できなかった。カボチャ、大根が収穫できた程度で、食糧不足の足しにはならなかった。」

指導員の証言は、箱根の地での職業指導の限界を具体的に語るものである。子どもたちの働く意欲を引き出したり、収穫の喜びを味合わせたりすることができなかったのである。

職業指導ではないが、山田「前史」は、今野が語った次のような逸話を紹介している。

「湯の花沢ゴルフ場が開設され、ゴルフ場側から児童をキャディにと要請があった。送り迎え、ケガの保障等を会社と取決め、日曜・祭日に中学生をアルバイトに送り込んだ。多い時で20人程、1日500円であった」

箱根という観光地に設置された学園ならではの逸話である。養護施設で暮らす中学生にとって、アルバイトによる現金収入はきわめて稀なことであり、教育的意義という点からすると功罪相半ばするものであったと思われる。

8) 更生指導と「逃亡」の背景

今野報告書は、学園の子どもが身に付けている「社会的不適応性」に着目し、「先ず不適応を起こしている原因を明らかにし、これを除去」すべく「更生指導」を行わなければならないとしている。更生指導ということばを用いているが、戦争孤児を対象とした施設養護において相応しい表現なのかどうか。戦争の犠牲者であり、家族を失ったり、家庭からはじかれたりして心中に深い傷を負った子どもたちの何を更生させようとしていたのか。

今野報告書は、「更生指導」について、具体的に、次のように述べている。

「個性を伸ばし長所を助長するよう個別的に、或いは団体的に指導して行く。これには精神衛生の立場から安定感を与え、問題を解決し、困難を突破する気力並びに方法を与え（劣等感除去、成功の喜びにより自信を得させる）

自己を社会の中に発見させ、個人我の認識から更に社会我の認識へと高めて行かなければならない。」

「社会的不適応」の実例で、真っ先に取り上げているのは「逃亡」である。対策に苦慮していたことが分かる。指導員・保母が語っている逸話を整理すると、「逃亡」の背景については、次の五つに整理できる。

第一に、児童相談所から「偽名の児童や教護児童が送致」されたことである。遠隔地ということもあって、非行傾向の進んだ「浮浪児」「不良児」を選別して送致したと思われる。措置機関に社会防衛的な考え方が潜んでいた証左であろうか。

第二に、東京から離れた「山の中の一軒家」という環境に、子どもたちが馴染めなかったことである。子どもたちが町に出て「娑婆の空気を吸える」機会は、配給米、味噌、醤油などの配給物資を受け取りに指導員といっしょに町に向かうとき、坂道をリヤカーで往復するくらいであった。子どもたちは東京に帰ることばかり考えていたのである。

第三に、学園の生活水準が劣悪だったことである。何よりも食糧の不足は子どもたちにとって耐えられないことであっただろう。遠隔地の都立施設ということもあり、民間からの物心両面にわたる同情や支援が届かなったことも大きい。今野報告書はララ物資以外、支援があったことには触れていない。この点では、都内の板橋区にあった同じ直営施設のあづさ園が、外部から多くの支援を得ていたのとは対照的である。

第四に、「狩込み」された「街頭児」で送致されてきたなかに、少なからず靴磨きや新聞売りをしながら自活・自立への道を歩き始めていた子どもがいたことである。こうした子どもにとって、拘束された学園での生活は耐え難かったのではないか。

第五に、職業指導とした農耕の失敗である。農産物の生産を期待したものの、さしたる収穫がなかった。このことが、子どもたちの生活意欲を減退させる要因のひとつになった。

9）課題

今野報告書は最後に、日常生活に関わる生活指導に支障を来している施設設備の問題点を、次のように指摘している。

「1、家庭寮の形態をとることが出来ず、寄宿寮的な形態となっている。これは、児童を寮ごとに団結させ、指導訓育を施すことが困難となる。全体の児童を対象とした指導が多くなり、寮毎の家庭的な躾が徹底しない。
2、各寮（1部屋続きである）の坪数、児童の数に比べ狭隘である。
3、押し入れのない寮が半数以上である。
4、洗面所は、2ヶ所しかない。しかも1ヶ所は、児童居室から離れているので、殆ど1ヶ所だけが使われている状況である。
5、便所の不足。
6、保母室の不足。」

以上の六点を挙げた上で、老朽化した建物の補修改造と教室・倉庫の新築を要望している。とりわけ教室（校舎の増築）の新築の理由については、児童を地元学校に通わせることが早急に実現しないこと、年齢と学年にズレの出来ている児童、地元学校に通わせるのに困難な事情にある児童が相当数あり、引き続き園内教育の必要があるとしている。旅館の設備改善だけではなく、分校教育の必要から教室の新築が迫られているというのである。

このことは、養護施設としての役割を越えた設備を用意しなければならなかったことを示す。また、狭隘な寮舎を始め、便所や洗面所の絶対的な不足は、施設内で日常生活を送らざるを得なかった子どもたちの不平・不満を、いっそう高めるものであったと思われる。

10）土地建物の買収問題

外見上は広大な耕作地と設備を有する養護施設であったが、その一方で、直営施設に相応しからぬ大きな問題に直面していた。

今野報告書は、学園が抱えた「土地建物買収問題」を、次のように述べている。

1　校舎敷地、運動場及びこれに接続する家畜飼育場農耕地の買収（本屋南側全坪数二一・〇三六坪）　土地所有者（国土計画興業株式会社）から無償使用の承諾書を徴した際に、昭和25年度内に買収せられたい旨の条件付要望項目であった。既にその期間も過ぎたのであるが、その間、至急実現するようにとの交渉がしばしばあったが、未だに実現せず今日に至っている。

2　静養舎（公舎）及び全宅地の買収問題　静養舎二四・五坪、土地五〇五坪、所有者箕輪馬之介氏　現在月額一五〇〇円で借用中であるが、箕輪氏は至急土地建物を処分したいので、買収せられるようとの強い希望がある。都で買収しない場合は、他に売却したい意向である。」

驚愕の史実である。直営施設が民有地にあり、土地建物の所有者が一会社一個人で、前者からは一九五〇（昭和二五）年以内の買収という条件付き無償貸与、後者には月額の賃料を支払ってはいるが、いずれも早急な買収を求められている、というのである。

園長の今野光治の備忘録に基づいてまとめられたとされる『箱根町教育史』の「補遺」によると、「本館敷地七九七・四五坪が都有地で、分校敷地百坪、運動場約八百坪、農耕地等約千五坪は、国土計画興業株式会社からの借地、園長公舎敷地五〇坪は箕輪氏、後に藤田史郎氏からの借用地で合計三、七〇七坪であった」としている。

このことは、今野報告書が提出された一九五二（昭和二七）年以降、少なくとも本館敷地だけは都による買収が成立し、それ以外は依然として借地だったことを示す。実に複雑な貸借関係であるが、なぜ、このような変則的な形で買収がなされたのか。判明しているのは、都が買収したとされる相手の国土計画興業株式会社（現、コクド）が、一九二〇年に堤康次郎が創業した箱根土地株式会社ということだけである。

（5）突如の閉鎖方針とその背景

山田「前史」によると、一九五四（昭和二九）年ころには「町の人々の態度も好転し、園児が本校へ通学してもよいとの合意が形成された」というのである。

山田「前史」は、次のような逸話を紹介している。

「この頃（昭和二九年）、小学校の改築を計画していた。改築を機に本校通学の方向に傾いたようだったが、役場からは何の連絡もなかった。学園閉鎖も29年には決まっていたが、地元には話さなかった。昭和29年暮頃、分校設置を強硬に反対していた役場の担当者が閉鎖の真偽を尋ねてきた。事実を伝えるとがっかりした様子だった。都の補助金を改築計画に組み入れていたようだった。」

ところが、東京都民生局においては「既に昭和29年度予算において移転計画は予算化されていた」という。民生局児童部（昭和二八年二月、児童課から児童部に組織改変される）が策定した「統合廃止施設児童移動計画表（昭和三〇年二月三日）」によると、箱根児童学園は小豆沢児童学園、中井児童学園、沼津児童学園とともに廃園対象となっており、残留児童の転園先も決められていたのである。

転園先は静岡県伊東市の宇佐美児童学園と千葉県館山市の第二安房児童学園である。こうした集団転園は当時、都が所管する戦争孤児施設では直営、民間を問わず、行政側主導でしばしばなされている。箱根児童学園が二度にわたり、東水園からの転園児童を受け入れているのがその一例である。その第一回目は前記した通りで、第二回目は、初代園長の立山広士が「昭和25年の寒い時期」で「15～6名位がトラックで移送されてきた」としている。立山の回想に間違いはなさそうで、おそらく同年の一月のことであろう。東京湾に浮かぶ台場に設置した東水園の閉鎖による集団転園であった。

学園が廃止対象になった背景には、いくつもの要因が絡み合っていたように思われる。

第一に、敷地の買収が進まず、大部分が借地のままになっていたことである。土地所有者との間で買収の手続きが進まなかったのは、所管する東京都民生局の存廃の方針が揺れていたのか。敷地の一部だけを買収したことも不可解で、いかなる事情があったのか。

第二に、建物が老朽化していたことと居室の狭さ、便所、洗面所の少なさなど、設備が子どもたちの集団生活の場として不適切だったことである。住み良い住環境が用意されなかったことは、まさに致命的な欠陥というべきであろう。

第三に、農耕を主体とした職業指導がとん挫し、継続困難になっていたことである。子どもたちの生活体験を拡げ、地域社会との関わりを持つ数少ない手段がなくなったのである。職業指導の構想は明らかに失敗というべきであろう。

第四に、本校への通学の見通しが立たなかったことである。前記したように、役場事務組合の拒否反応が徐々に薄れ、本校通学の合意が形成されつつあったころには、すでに東京都民生局が内々に廃止を決定していた、というのである。所管する民生局にとって、分校教育問題に代表されるように、学園が地域から好ましく思われていなかった事実は、その存廃を決定する上で大きく作用したと思われる。

第五に、終戦直前から直後にかけて実施された健民修錬所から健民保養所、委託保養に至る前史を引き継いだため、当初から児童福祉施設としての理念が不明瞭だったことである。戦争孤児の受け入れという点では一致していたものの、対象や役割が曖昧で児童福祉法に規定された施設種別をめぐって混乱を生んだ。開店休業の状態に陥っていた健民保養所事業の生き残りをかけた現場の立山広士が、養育院の一時保護児を受け入れた実績を基に、年長児童を対象に農耕を主体とした職業指導に力点を置いた養護施設を念頭に置いたのに対し、所管する東京都民生局が新規事業として療育施設の方針を打ち出したのである。

所管する行政側と現場との間のこうした齟齬は、表向きは療育施設を標榜することになった一方で、措置機関は、療育の必要な子どもとは異質な、不良傾向の強い子どもたちを送致する結果を招いた。受け入れた施設側にとっては困惑するばかりであっただろう。療育施設の看板をあっさり外し、養護施設に変更をしたのにはこうした背景があった。

第六に、子どもたちが終始落ち着かなかったことである。「逃亡」の多さは、施設現場はもちろん東京都民生局にとっても気がかりなことでことであった。しかし、施設養護を取り巻く周囲に子どもたちを落ち着かせるようなものは少なかった。何よりも園内での分校教育と職業指導の行き詰まりは子どもたちの不平・不満を高める要因のひとつになったと思われる。学園は子どもたちにとって楽園ではなかったのである。

（6）転園と閉園の挨拶会

山田「前史」によると、転園児童の第一陣は宇佐美児童学園に移った二三名で、一九五五（昭和三〇）年三月二四日、園長と二名の保母で引率している。「児童の動揺を少なくするために、遠足のようにして出発し、途中移転の事実を伝えた」という。なお、『宇佐美児童学園50年のあゆみ』では受け入れた児童数を二四名としている。

第二陣は、それから五か月後の同年八月二五日に第二安房児童学園に移った三三名である。千葉駅で小豆沢児童学園と中井児童学園の児童と合流し、館山に向かった。引率した四名は、そのまま第二安房児童学園の職員として赴任する職員であった。

何ら知らされないままで、山中の施設から一転して海辺の施設への転園は、まさに生活環境の激変であり、子どもたちの動揺は大きかったと思われる。その動揺を少しでも薄める役割を果たしたのは、付き添った保母がそのまま着任したことであろう。

園長の今野光治は、山田「前史」で、一九五五（昭和三〇）年八月、「学園の下にある山のホテル（2～3年前に建った）で関係者を招待し施設解散の挨拶会を開いた」と述べている。会場は一九四八（昭和二三）年、岩崎小彌太男爵別邸跡地に建てられた小田急山のホテルであろうか。招待された関係者がどのような構成だったのかは定かではないが、学校や町役場関係、それに地域の住民たちであったと思われる。

解散挨拶会の席上、園長の今野が参会者に対し、どのような思いを伝えたのであろうか。苦難の果てにここまで築き上げてきた学園と施設養護の足跡が消え去るのである。育て上げた子どもたちはすでに退園したり転園したりして姿はなく、職員たちも異動したり退職したりしてちりぢりになった。実に無念の思いであったろう。一方の地元住民は学園の廃止を、いかなる思いで受け止めたのだろうか。役場関係者はもちろんのこと、近隣の町民にも複雑な思いが交差していたのではないか。

箱根児童学園は、療育施設として開設されてから数えて七年九か月で歴史の幕を閉じた。学園の閉鎖に伴い、園長の今野光治は一九五五（昭和三〇）年六月六日付で七生児童学園の園長として転出する。今野が転出した後、閉鎖されるまでの学園について、『箱根町教育史』の「補遺」は、民生局児童課長の亀山憲二が学園長事務取扱となったとしている。さらに、山田「前史」は、残務整理に当たった指導員の松井正の証言を紹介し、東京都が所有する土地は一九五五（昭和三〇）年一二月二七日、箱根町に払い下げられ、翌年の九月二五日、箱根町からさらに国土計画興業株式会社に払い下げられたとしている。

おわりに

山田「前史」は、学園の残務整理に当たった指導員・松井正の「関係書類は中央児童相談所地下倉庫へ運ばれた。運ばれた書類は、その後処分され、箱根を知る文書類は個人が所持するものだけである」という証言を紹介している。中央児童相談所の地下倉庫にいったん保管された学園に関わる資料は、東京都公文書館に移管する手続きがなされないまま、廃棄されたのであろう。

古い歴史を有する民間施設の多くは実践の積み重ねを示すものとして資料保存に努めているようであるが、それと比較すると、都の直営施設に関わる資料保存のあり方をどう考えるべきなのか。大部分の公文書には保存年限があり、廃棄される運命にある。東京都公文書館に移管される場合もあるようだが、それは誰が、いかなる基準で、判断するのか。箱根児童学園の関係資料は、東京都公文書館の「歴史的公文書等」に該当するのではないか。

資料探しの過程で気になることがもうひとつあった。『都立養護施設の事業』は直営の養護施設の現状と課題を施設毎にまとめたもので、改訂版も刊行されているが、「沿革」および「年表」を目にして落胆した。養育院から直営養護施設の歴史に触れているにもかかわらず、終戦後、戦争孤児の養護施設として設置され、その後、廃止や転換の対象となった東水園、あづさ園、七生児童学園、箱根児童学園、萩山学園などの直営施設には言及していない。歴史を刻んだ施設であっても廃止されたものは「沿革」や「年表」から除外して良いのか。

都立養教護施設協議の会長で、当時、石神井学園園長職にあった大屋方は、発刊の辞で、「養護施設の体系的な理解に役立つ記述がほしい」という要望に応えて編集したとし、「施設の、今後の方向や運営のあり方などを検討するとき、また、新任職員の研修時など、多目的に活用」して欲しいと述べている。「養護施設の体系的な理解」を重視し、向後の施設の方向や運営のあり方を模索するというのであれば、なおさら終戦後の直営養護施設に言及し、そこから学ぶ必要があったのではないか。「沿革」とはそういうものではないだろうか。

第二章
あづさ園―里親委託に主力を注いだ九年の施設養護

はじめに

筆者が戦争孤児施設・あづさ園の名前を知ったのは『都政十年史』を目にしたことからである。そこにはカタカナ表記で「アズサ園」と綴られている。『戦後東京都教育史 上巻 教育行政編』も同様の表記である。カタカナ名の直営施設はいささか奇妙である。しかも、さらに不思議なことは、いくつか行政資料などを調べると、〝アズサ園〟のほか、〝あずさ園〟〝あづさ園〟〝あづさわ園〟〝小豆沢園〟〝小豆園〟〝小豆沢学園〟〝小豆沢児童学園〟など名称が一様ではない。都立施設なのに名称がなぜこうもまちまちなのか。

あづさ園の歴史を気にかけ始めていたとき、都立図書館で『板橋の平和 戦争と板橋 語りつぐ苦難の日々』に掲載の「東京都小豆沢児童学園のあらまし」（以下、浅羽「あらまし」）を目に止めた。浅羽重雄氏（故人）が戦争孤児施設・あづさ園の施設養護の概略を綴った回想録で、写真を多数添付した資料である。

浅羽氏からあづさ園に関わる逸話を直に聞きたいと思い、氏がかつて監事をされていた社会福祉法人東京蒼生会に問い合わせ、取り次ぎを依頼した。ご高齢のため、浅羽氏にお会いすることができず、電話でのインタビューになったが、貴重な施設養護の実践談を数回にわたって聴くことができた。その折、あづさ園に関わる所蔵資料を閲覧させていただく手筈が整っていたが、再度の連絡を怠っているうちに、お亡くなりになったことを伝えられた。お話してくださった卒業論文を含め、一次資料閲覧の機会を失ったのである。

その後、東京都那古学園の第四代園長・山田稔雄氏が『那古学園45年のあゆみ 写真と証言で綴る学園の歴史』の「第一編 那古学園前史」を執筆し、そのなかで「小豆沢児童学園」（以下、山田「前史」）に言及していることを知った。多数の史料や証言を蒐集し、丹念に調査された貴重な論文である。さっそく史料の在り処などについて知りたいと思い、友人を介して電話やメールで問い合わせたが、浅羽「あらまし」のほかはないとのことであった。

本章は、浅羽「あらまし」、筆者が浅羽氏から聴取した実践談、山田「前史」、東京都民生局の行政資料、板橋区史、国立国会図書館の保存資料などを基にまとめたものである。なお、あづさ園で暮らす子どもの表現について、園児、子ども、児童、年長児など適宜使い分けた。

1　急がれた設置

（1）恩賜財団から直営に変更か

あづさ園は一九四六（昭和二一）年六月六日、東京都民生局が板橋区志村小豆沢町二丁目七番地（当時）に設置した戦争孤児施設である。『板橋区史 通史編 下巻』では板橋区が設置したように取れる記述になっているが、これは明らかな誤記である。

設置主体に関わることで、謎めいた資料がもうひとつある。この資料は誤記ではないものの、不可解であることは確かである。社会福祉法人恩賜財団東京都同胞援護会資料室所蔵の『戦災援護会東京都支部原議綴り（昭和20年9月～）』の「恩賜財団同胞援護会東京都支部施設一覧（10月1日現在）」である。そのなかの「孤児収容所」にあづさ園が住所、定員とともに記載されているのである。『東京都同胞援護会のあゆみ』の「業種別職員数の推移」にもあづさ園が記載され、「昭和22年」の正規職員欄が「1」となっている。

これをどう読み取るべきなのか。東京都の直営になる前の一時期、恩賜財団同胞援護会東京都支部が経営主体になっていたということなのか。外地から陸続と引揚げて来る、いわゆる引揚孤児の保護に一刻の猶予も許されなかったため、いったん恩賜財団が引き受けた後、東京都に運営を引き継いだということであろうか。

（2）名称をめぐる混乱と変遷

一九四六（昭和二一）年六月六日付けの「あづさ園庶務規程」は、名称をあづさ園としている。浅羽「あらまし」には、「都立児童養護施設 東京都あづさ園」の大きな表札の掲げられた正門を横にして犬を抱いてたたずむ三人兄姉弟の写真が掲載され、撮影年を「昭和22年～昭和23年」としている。ところが、『民生局年報 昭和二一年度』の「都立、民間委託児童保護施設別収容状況表」は、名称を「アズサ園」とし、あづさ園の記載位置を、東京都養育院付設の石神井学園や八街学園とは別個に、萩山学園、東水園とともになぜか民間施設の間にしているのである。あづさ園も萩山学園も東水園も東京都の直営施設である。

この辺りの事情について、山田「前史」が実に明快に解いている。同じ都立ではあるが、創設時の実態は養育院から民生局への委託施設であったから、というのである。すなわち、「当時の児童保護の責任は養育院であり、養育院の本庁管理課は保護課であったので、統計的又は予算的には養育院（保護課）から（民生局）援護課への委託としたものであろう」という。部署の名称に若干の間違いはあるものの、実態は山田「前史」の通りであったと思われる。

ちなみに、『民生局二十年のあゆみ』によれば、あづさ園の設置当初、窓口である養育院の担当部署は庶務課保護係であり、実態としての所管は民生局援護課援護第一係か第二係であり、翌年に援護課は児童課に組織変更されている。

なお、「アズサ園」の名称について、山田「前史」は、上記の委託期に限定したものと論じているが、「庶務規程」からも無理な見解である。「アズサ園」は『民生局年報』の誤記と思われ、『都政十年史』は『民生局年報』の誤記をそのまま記載したものであろう。また、前掲の『戦後東京都教育史 上巻 教育行政編』は『都政十年史』にならったものであろう。

次に、「小豆沢児童学園」の名称についてであるが、「山田前史」は、「昭和25年11月1日に箱根児童学園から立山園長が赴任してきており、同じ養護施設であるので名称を統一したものと推測される」と論じている。しかし、「庶務規程」で定められた名称を管理職の一存で変更できるものではない。『東京都職員名簿（昭和26年2月10日現在）』での園長名は立山廣士で、所属は「あづさ園」となっている。

筆者が聴取した浅羽氏によると、氏が着任した一九五一（昭和二六）年四月一日には小豆沢児童学園という名称に変わっていた、という。なお、『民生局年報』の「昭和二八年版」および「昭和二九年版」では「小豆沢園」となっている。「庶務規程」の改正によって、正式に小豆沢児童学園に名称変更されたのはいつのことだったのか。いくつもの名称で表記されるようになったのは、小豆沢町の町名にちなんで付けたからであろうか。それにしても、都立施設で名称がこれほどまちまちなのは不可解としかいいようがない。本章では「庶務規程」に基づき、あづさ園の名称を用いることとする。

（3）設置場所と住環境

前掲の「庶務規程」によると、あづさ園が設置された住所は板橋区志村小豆沢町二丁目七番地である。『職員名簿

（昭和26年2月10日現在）』を始め、浅羽「あらまし」も「山田前史」も、所在地を「板橋区小豆沢町二ノ七」（現、小豆沢二丁目二三番地）しているのは、この間に町名変更が実施されたことによる。後掲の吉岡源治の著した『焼跡少年期』では、あづさ園までの交通機関を「国電山手線の巣鴨駅で下車し、駅前から都電に乗って志村橋の停留所でおりたところ」と綴っている。

山田「前史」によると、あづさ園の建物は「元農家を改造した吉川産業の独身寮」で、「既に老朽化し、占領軍の奉仕等により維持された」という。さらに、一九四六（昭和二一）年七月一日付けであづさ園に配属された保母・矢沢ハナの「敷地内外とも夏草生い茂る荒屋敷然としていた」という回想談を付け加えている。吉川産業は後に株式会社ＴＯＫに社名変更され、現在も板橋区小豆沢を拠点に営業が行われている。

浅羽「あらまし」は、園舎について、「老朽化の甚だしい2階建ての建物」で、「昭和27年頃には倒壊防止用に、前後左右に丸太で支柱が補強され、台風の時には子ども達に毛布を背負わせ、志村2中の講堂を借用、避難させ、一夜を明かすこともしばしば」であったと綴っている。浅羽氏所蔵の「昭和25年 七・五・三の祝いで」のキャプションの付いた写真には、二本のつっかえ棒をした建物と傾きかけた平屋の建物が写っている。

戦前、郷里の長野県の飯田で小学校の教員をしながら家庭に恵まれない子どもを個人的に預かった体験を経て、一九二七（昭和二）年、二七歳で上京したのが天野きぬえである。天野は東京府の幼少年保護所で要保護児童の処遇に当たっている間に終戦を迎え、一九四六（昭和二一）年六月六日、あづさ園の開設に合わせて着任する。

天野は一九四九（昭和二四）年四月、『婦人生活』に「薄幸の子等と共に三十年」を寄稿するが、着任したあづさ園の第一印象を「硝子は破れ、畳はぼろぼろなままの公共施設」と表現している。よほどひどい住環境だったのであろう。山田「前史」には、「初代保母 天野絹江（昭和24年3月）」のキャプションを付けた、園児を囲んだ割烹着姿の笑顔の天野の写真が掲載されている。天野は後に、創設されたばかりの七生児童学園に異動している。

（4）設置目的と職員体制

「庶務規程」によると、職員体制は「園長、地方事務官又は主事、看護婦、保母、その他必要な職員を置くことができる」としている。浅羽「あらまし」は、「昭和23・24年頃」から、園長のほか、保母六名、指導員一名、看護婦一名、炊事作業員一名、事務員一名の一一名体制であったとしている。

『職員名簿（昭和21年12月1日現在）』によると、初代園長は渡邊象次郎である。山田「前史」は、二代目園長の尾形倉吉の経歴について「小（または中学校）を退職された校長先生」で嘱託であった、という。三代目園長は、『東京都職員名簿』の「昭和25年1月15日現在」によると、一九四八（昭和二三）年四月に民生局の係長から昇格した三浦栄蔵で、一九五〇（昭和二五）年には安房児童学園長として転出している。四代目園長は、一九五〇（昭和二五）年一一月一日付けで箱根児童学園から異動した立山広士である。開設後わずか四年の間に園長が四人も交代しているのには、どのような事情があったのか。

「庶務規程」は、定員を五〇名、施設の目的を「戦災による孤児及び外地より引揚げた孤児等で適当な保護者のない者を収容保護する」とし、戦争孤児のほか、引揚孤児を主要な対象にしている。続々と外地から引揚げて来る孤児の受入れ施設として設置したのである。一九四六（昭和二一）年六月六日付け東京都告示第二七四号でも「戦災引揚孤児収容所」と規定している。

『東京都政概要　昭和二一年版』の「社会事業」の章は、あづさ園を設置した事情について、「戦災で罹災した孤児や外地引揚げなどで適当な保護者のないものを家庭に代って養育するため、本都では戦災孤児収容所あずさ園（板橋区志村小豆澤町在）を直営」にしたとし、「28人」の児童を「収容」したと述べている。

（5）子どもの受け入れ状況

浅羽「あらまし」は、園児の定員について、「昭和23・24年頃より90名となったが、実際は定員はあって無きが如きで、保護児童がでればいつでも受入れていた。最高は117名と聞いている」と述べている。しかし、『民生局年報』の「施設別児童収容保護状況」と題する事業統計で見る限り、この記述は浅羽氏の記憶違いと思われ、ほぼ定員内で収まっている。以下は八年間の事業統計である。

「昭和二一年度」（昭和二二年三月末現在）

三五名を収容、内訳は男子―一三歳～七歳二〇名、女子―一三歳～七歳一五名。

「昭和二三年版」（昭和二三年三月三一日現在）

五一名を収容、内訳は男子―六歳以下七名、一三歳以下二二名、一八歳以下七名、女子一六歳以下三名、一三歳以下一〇名、一八歳以下二名。

「昭和二四年版」（昭和二四年三月三一日現在）

八四名を収容、内訳は男子―一三歳以下四〇名、一八歳以下一七名、女子一六歳以下一名、一三歳以下二〇名、一七歳以下六名。退所（女子一名）、逃亡男子一名。

「昭和二五年版」（昭和二五年三月三一日現在）

九六名を収容、内訳は男子―六歳以下七名、一二歳以下四六名、一六歳以下一〇名、一九歳以下二名、女子一六歳以下四名、一二歳以下二四名、一六歳以下三名。退所（男子三名、女子七名）。

「昭和二六年版」（昭和二六年三月末現在）

八九名を収容、その内訳は男子―七歳未満一名、八歳未満四名、九歳未満一〇名、一〇歳未満八名、一一歳未満六名、一二歳未満五名、一三歳未満四名、一四歳未満七名、一五歳未満六名、一六歳未満四名、一七歳未満一名、一九歳未満一名、女子―七歳未満三名、八歳未満二名、九歳未満五名、一〇歳未満四名、一一歳未満六名、一二歳未満四名、一三歳未満二名、一四歳未満二名、一六歳未満四名。退所（親族引取五名、その他（男子三名、女子一名）。

「昭和二七年版」（昭和二七年三月末現在）

八五名を収容、内訳は男子―六歳未満一名、七歳未満三名、八歳未満三名、九歳未満一三名、一〇歳未満一二名、一一歳未満五名、一二歳未満五名、一三歳未満二名、一四歳未満五名、一五歳未満五名、一六歳未満二名、一七歳未満一名、一九歳未満一名。女子―六歳未満一名、七歳未満一名、八歳未満三名、九歳未満三名、一〇歳未満三名、一一歳未満三名、一二歳未満六名、一三歳未満二名、一四歳未満三名、一六歳未満二名。退所（その他男子一名、女子一名）。

「昭和二八年版」（昭和二八年三月末現在）

八四名を収容、内訳は男子―四歳未満一名、六歳未満三名、七歳未満四名、八歳未満四名、九歳未満五名、一〇歳未満一二名、一一歳未満一〇名、一二歳未満七名、一三歳未満二名、一四歳未満二名、一五歳未満一名、一六歳未満一名、一七歳未満一名。女子―七歳未満一名、八歳未満三名、九歳未満三名、一〇歳未満五名、一一歳未満三名、一二歳未満六名、一三歳未満八名、一四歳未満二名。退所（男子四名、女子三名）。

「昭和二九年版」（昭和二九年三月末現在）

八八名を収容、内訳は男子―六歳未満一名、七歳未満二名、八歳未満四名、九歳未満六名、一〇歳未満四名、一一歳未満六名、一二歳未満一三名、一三歳未満八名、一四歳未満六名、一五歳未満三名、一六歳未満二名、一九歳未満一名。女子―七歳未満五名、九歳未満一名、一〇歳未満二名、一一歳未満四名、一二歳未満四名、一三歳未満二名、一四歳未満五名、一五歳未満七名、一六歳未満二名。退所（親族引取三名）。

（6）事業統計を読み取る

以上の事業統計をもとにしながら、他の資料を含めて把握できたことを挙げよう。

第一に、戦前・戦中を通して難渋の運営を余儀なくされてきた養育院付設の児童保護施設を除き、直営施設では開設時期が早いことである。続々と引揚げてくる多数の引揚孤児の「収容」を迫られていた事情から、民間会社の老朽化した社員寮を急きょ借り上げての開設であった。しかも、前記したように、直営になる前の一時期、恩賜財団・同胞援護会東京都支部が運営を引き受けていた史実も明らかになっている。

第二に、学齢前の幼児を受入れていたことである。東京都民生局も引揚孤児のなかの多くの幼児を対象に里親委託を見込んで送致したのであろう。日中は少ない保母の手で園内保育が行われた。

第三に、学齢児童の通学先である。事業統計には示されていないが、浅羽「あらまし」によると、通学区は板橋区立志村第四小学校および板橋区立志村第二中学校である。学籍も氏名も年齢も学年も旧住所も、確認の困難な引揚孤児らの就学が容易でなかった時代である。板橋区と近隣住民の理解を得て、大勢の学齢児童が通学できたのである。

なお、一九四七（昭和二二）年三月に学校教育法が公布されて新制学校が成立し、志村第四小学校は同年四月一日、志村第二中学校は同年五月一日に開校式を挙げていることから、それまでの数か月は東京都志村第四国民学校高等科に通学していたのであろう。

第四に、義務教育を終了した一五歳以降の年長児および過年児に対する処遇である。浅羽「あらまし」では触れていないが、こうした年長児は、周辺に商店や町工場が立ち並ぶ地の利を生かして職業指導の一環として職場に通勤させていたのではないかと思われる。

第五に、退所の事情である。初期の『民生局年報』は「退院その他」「退所」と表記していたが、一九五一（昭和二六）年版から「退所」を「その他」「親族引取」「逃亡」に区分している。ただし、この「退所」には後掲の里親委託数と合致しないが、一部、里親委託や保護受託者（職親）が含まれていたものと思われる。当時の里親委託は今日の里親委託とは事情を異にし、大部分が養子縁組を意味していた。この里親委託は改めて取り上げよう。

2　現場従事者からの聴取と作家・吉岡源治の手記

（1）浅羽重雄氏の回想談

筆者は、二〇一四（平成二六）年一月一一日から三日間、一九二九（昭和四）年生まれで八四歳の浅羽重雄氏から、在職した当時のあづさ園の施設養護などについて聴取した。以下は、そのときの話をまとめたものであるが、熱を込めて語る逸話が飛び飛びになることが少なくなかったため、読み易くするため、語った内容を損なわない程度に整理した。

「私は一九五一（昭和二六）年三月に大学を卒業した。大学では社会事業を専攻し、卒業論文は浮浪児・者の生活をテーマにした。上野駅周辺に泊まり込み、ケーススタディをやった。原稿用紙で二〇〇枚から三〇〇枚にまとめ上げた。参考になる資料なんか何もない時代だったので、まとめ上げるのにひと苦労した。

その年に東京都民生局を受験し、入都した。戦災孤児の暮らす養護施設で指導員として働きたいと思ったからだ。当時の民生局長は磯村英一氏であった。配属先の内示は箱根児童学園だった。箱根児童学園は箱根神社に接した裏山にあり、当時、地域に通学する学校がなかったので、園内教育が実施され、指導員が教員の代わりに授業をやらなければならなかった。私は高等学校教員の免許を持っていたので、人事から行ってくれと言われたけれど、板橋区内に実家があり、親が反対したこともあって箱根児童学園の内示は断った。

講習会を受けた後、私の赴任先は板橋区小豆沢町のあづさ園になった。私が着任したとき、名称は小豆沢児童学園に変更されていた。園長は立山広士という人だった。

園舎は老朽化した二階建てで、園庭があった。五〇名の定員が九〇名に変更されていたが、常時九〇名を超えていた。私が在職した三年間で、親のいる子どもは一人もいなかったと思う。孤児ばかりで、親がいるような子どもの入所はなかったように思う。

開設して一、二年は引揚孤児など、親と哀しい別れを経験した孤児ばかりで、一目見て孤児と分かるやせ衰えた子どもや栄養失調で病気の子ども、精神的に気力をなくした子どもが少なくなかった、という話を先輩保母から聞かされた。

園長以外、男女の職員は全員が独身で、住み込みだった。ひと部屋一五名から二〇名の子どもを住み込みの保母一人で担当し、子どもは二畳に三名くらいの狭い部屋でひしめき合っていた。三度の食事は汚い小さな食堂で、いっせいに摂った。作法の悪い子どもが少なくなかったので、しつけた。一日二食が代用食で、朝はすいとん、昼はコッペパン、夜は麦飯だった。月毎の誕生会の夕食ではさかなが付いた。食糧のほか、寝具や衣類など、ララやユニセフの援助物資が届き、ずいぶん助けられた。風呂は三日に一回で、部屋毎に入浴した。燃料の薪割りや風呂沸かしは指導員らでやり、年長児にもやらせた。水道の出が悪く、炊事を最優先したので、最終の入浴時間が深夜になることもあった。子どもたちの散髪は職員が総出でやり、男子は丸坊主（いがぐり頭）、女子はおかっぱ頭だった。

施設養護の実際場面では気になることがいくつもあった。それで、気になっていたことを少しずつ改善していった。かっぽう着姿で勤務する保母を〝先生〟と呼ばせているのでおかしいと思い、〝〇〇お母さん〟と言わせるようにした。

衣食住すべてにわたってただ与えられている生活で、依存的で気力を無くしている子どもが多かったので、何とかしなければならないと思った。いっせいの食事から部屋毎に摂るようにした。子どもたちに役割を与えて手伝いをさせるようにした。だぼだぼのそろいの服装だったのを減らし、何とか一般家庭の子どもの服装に近づけたいと保母が手直ししたり、購入のときに気をくばったりした。それでも学園の子どもと分かるような服装が多かった。

日常生活の指導には特に力を注ぎ、週間、月間、年間行事などを配置して、生活のなかに変化と楽しみを与えるようにし、とかく画一的になりがちな生活を少なくするようにした。子どもたちの自主活動としてクラブ活動や自治会活動にも取り組ませた。地域住民に理解してもらう必要を感じ、子どもたちとリヤカーを引いて地域清掃をやった。

そんな活動もあって、地域の人たちが後援会を結成し、衣類の寄付など、何かと子どもたちを応援してくれるようになった。クリスマスには駐留軍の慰問や王子の部隊に招待されることもあった。高等学校の女子生徒の慰問もあって、子どもたちの楽しみになっていた。

夏季錬成には力を入れた。夏休みに箱根児童学園の協力を得て、心身の錬成をねらいに箱根でキャンプをやった。箱根児童学園に知り合いの指導員が務めていたので、そこから情報を得て必要なものを準備した。食料品などを調達し、駐留軍の米兵がときどきジープで学園に慰問にきてくれたり、バスで王子の部隊まで送迎してくれたりしていたので、駐留軍に交渉し、五台のトラックを借り受けることができた。子どもたちをトラックに乗せ、食糧とテントを積んで箱根に向かった。

幼児は園内保育、学齢児は地域の志村第四小学校と志村第二中学校に通学した。学校に馴染めない子どもや問題を起こす子どももいて、学校には何かとお世話になることが多かったので、園長がＰＴＡ副会長になるなど、指導員も保母も進んでPTAの役員になり、学校の行事には積極的に参加した。親のない子どもたちだったので、親代わりであった。PTAの会費は当初、一括して納めていたが、学園の子は納めていないというまことしやかなうわさが広がり、後に一人ひとりの子どもに持たせるようにしたが、大変な作業だった。

私が在職していたときに学園歌が完成し、行事のたびに子どもたちに歌わせた。正々堂々と社会に飛び出て活躍して欲しいとの願いが歌詞に込められていたと思う。

義務教育を終えた後は就職させて自立させるか、住み込み就職させるか、その途中で里子として里親に委託するかくらいの選択肢しかなかった。私は里子に出すように努力し、三年間で四〇名~五〇名を出したように思う。東京都に里親や職親として登録された人に学園に来てもらって面接し、その上で子どもに会わせ、徐々に外泊を増やすようにし、里親、子ども双方の意向を聴いて決めた。だいたい一か月から二か月くらいを仮委託期間とし、その後、双方の意思を確認して正式決定にした。里親や職親とはいえ、大部分が養子縁組だったように記憶している。里親に貰われた子どものなかには、現在、都内で呉服屋を営みながら民生委員として活躍している人もいる。施設にばらばらに保護されていた兄弟姉妹を探し当て、いっしょにさせたりしたことも多かった。

養護施設の勤務がきつく、二四時間勤務で、私生活はほとんどなかった。施設養護に打ち込み、休んでいるような暇はなかった。私は過労でとうとう結核に罹患し、三年ほど清瀬の療養所に入院した。退院して職場復帰したが、体力的に無理と思い、本庁の児童課に異動させてもらった。学園での勤務は結局、三年で終わった。

当時の児童相談所や児童福祉司は事務的な対応で、担当した子どもを学園に入れてしまえば、あとは疎遠になった。学園に児童福祉司がやってくることはなかった。子どもを里親に預けることに力を入れたが、児童福祉司が関係していたのかどうか思い出せない。」

（2）回想談に関わる補記―引揚孤児と心身に負った深い傷

浅羽氏が語る逸話から把握できた事実を以下、補記しよう。

第一に、保母の呼称を〝先生〟から〝お母さん〟に変更したという逸話である。創設時からあずさ園に奉職した四六歳の天野きぬえは、『婦人生活』に寄稿した「薄幸の子等と共に三十年」で、「お母さん」と呼ばれていたことを綴り、「母として共に生活を建設しようとしている」気持ちが子どもたちの心中に宿るように接することが大切だと述べている。

ちなみに、同じ直営の八街学園では、地元のことばにならい、保母を〝おっかあ〟と呼ばせていたことを、かつて筆者は、八街学園に勤務経験のある保母から聴いたことがある。

第二に、先輩保母から創設時に「収容」された孤児たちの心身の状態を聞かされたことを語っているが、親を亡くし、心身に深い傷を負って入園してきた子どもばかりであった。恩賜財団・同胞援護会東京都支部が編集刊行したガリ版印刷の『子供文集』には、あづさ園の園児七名の作文が実名で掲載されている。そのなかの「上海の思ひ出」と題する国民学校三年の「上海の思ひ出」と題する作文は、一九四六（昭和二一）年一月二日に上海の「ぼくの家」に「手に手に『ぢゅう』を持った人たち」が乗り込んで来て、両親と姉を連行した体験を生々しく綴り、次のように学園で生活する決意を表明している。

「その時はただおそろしいと思っただけでほかのことはなんにもかんがへませんでした。あとになってくやしくて、くやしくてたまりませんでした。そのまま日本につれられて来て、あづさ園へきて、やさしい今のお母さんや、兄さんがゐるのでさみしくありません。」

本土で親を亡くし、路上を彷徨していた戦争孤児とは違った引揚孤児ならではの悲惨さである。両親と姉を亡くしながら、「さみしくありません」のことばは精いっぱいの我慢を表現しており、心中に根を張った深い傷は簡単に癒されるものではなかっただろう。

あづさ園で暮らす引揚孤児の体験談については、林光編著の『母親たちの記録：生命を生み出す母親は生命を育て生命を守ることを望みます』に寄せた高山せい子の「組織労働者ってすばらしい」にも綴られている。終戦後の一九四六（昭和二一）年に国民学校高等科六年に在籍していた高山は、あづさ園の引揚孤児が語った体験談を、次のように綴っている。

「その頃、満州や台湾に行っていた人の子どもが孤児で引揚げてきて、あずさ園ってところに収容されていたのです。その子たちが私と同じクラスで、引揚げの悲惨な様子なんかいっぱい話してくれました。びっくりしちゃって、すごかったんだナと思いました。引揚げ船なんか男と女がいっしょにゴチャゴチャッとねている。そういうのを全部みてるんです。その時はよく分からなかったけど、今になってそういう話だったんだナと思うようなこともききました。あずさ園に遊びに行って、その子たちの文集をよんで、涙を流したことも覚えています。だから戦争のことといえば、この子どもたちのことと、食糧難で苦しかったことが、一番強く印象に残っています。」

具体的な「引揚げの悲惨な様子」は明かしていないが、ことばで表現することも躊躇したくなるようなむごたらしいできごとを引揚前後に体験していたのである。

（3）回想談に関わる補記—委託児と里親委託

第三に、「親のいる子どもは一人もいなかった」という回想である。これは記憶違いと思われ、実際には親がいる子どもの入園もあった。このことに関して、同僚で先輩保母の天野きぬえは、後掲の「薄幸の子等と友に三十年」で興味深い事実を綴っている。

天野は、在園児童を戦災孤児、浮浪児、委託児に三分類し、委託児を「闇屋の父が刑務所にいる間とか、母が家出して父の手で扱いかねるとかの子」と規定し、「しばらく委託されている」と述べている。親から委託されているという意味なのであろうか。こうした三分類は、里親委託に力を入れていたあづさ園独自のものだったのであろうか。なお、天野は、自分は戦争孤児と言い張っている子どものなかに、生活を共にしていくうちにそれが嘘であると告白する委託児がいた、と述べている。

第四に、里親・職親について語っていることである。浅羽「あらまし」でも、「当学園は、原則として身寄りのない『里子』に出せる子どもを優先収容した。従って、比較的年少児が多く、又、里親さんにも、かなりの子を委託した」と述べている。

あづさ園が里親委託を主眼に置いて施設養護を行っていたことを示す資料が残されている。『民生局業務統計年報昭和二七年版』の「委託児童の出身施設別表」である。あづさ園から里親委託された数は五九名で、収容定員で圧倒的に多い石神井学園の五八名を始め、安房臨海学園の三九名、宇佐美児童学園の一二名と比較すると格段に多い。なお、同書は施設がそれぞれ独自に行っていた里親委託のほかに、児童相談所が取り組む里親委託措置に触れ、「児童問題が解決されていること」に「期待がかけられている」と記述している。東京都民生局が里親委託に力を入れて取り組んでいたことを示す内容である。

池谷周一の著した『女性の幸福はここに』のほか、『婦人倶楽部』に寄稿した「里親先生の愛情の灯―五人の里子を育てる田中穣さんの夫婦愛」、『主婦の友』に寄稿した「血縁なき親子愛」は、一九五一（昭和二六）年四月、小学校に入学して一学期を終えたばかりのあづさ園の男児・健二を引き取った里親夫婦の養育に関わる逸話を、次のように紹介している。

「性質は素直だったが、成績が手のつけようもないほど悪かった。その上に臆病で寒がりやで、環境の変化にすっかりおびえきって、劣等感をもつようになっていた」が、（略）ここ数年にわたる夫婦の努力は健二君の心の中に、いきいきと愛情の血を通わせた。今ではもう肉親以上の離れがたい結びつきになっている。」

ここでは里子と里親夫婦の関係になっているが、実態は養子縁組である。ちなみに、この健二君と同名の子どもが、「健二くんのおくりもの」と題して『小学三年生』に登場する。三百円以上も貯めた小遣いを、かつて預けられていた「小豆沢園」のお友だちにあげて欲しいと板橋の警察署に届けた、という逸話である。

（4）回想談に関わる補記—夏季錬成と後援会

第五に、浅羽「あらまし」では触れていないが、箱根児童学園の協力を得て実施された夏季錬成について語っていることである。戦後、アメリカからわが国の社会事業界に導入されたグループワークの理論と技法を、大学で実地に学んだ浅羽氏がその成果を現場で試す一大行事であったと思われる。その息吹は聞き取った筆者にも直に伝わってきた。あづさ園の子どもたちも、グループワークを通して成長し、社会性を身に付けることができたのであろう。

第六に、学園歌である。浅羽「あらまし」でも大きく掲げている学園歌について、浅羽氏は「行事のたびに子どもたちに謳わせた。正々堂々と社会に飛び出て活躍して欲しいとの願いが歌詞に込められている」と語っている。

当時の児童福祉施設でこぞって創作された学園歌には、浅羽氏の言う願いが共通してあった。戦争孤児施設の時代を経て来た多くの児童養護施設には学園歌が備えられているが、今日では歌われなくなっている。

第七に、地元住民らの手で後援会が結成されたことである。浅羽「あらまし」によると、結成されたのは「昭和27年頃」という。直営施設で、園の運営を側面から支援する後援会が組織されるのは稀有なことであったと思われる。所管の東京都民生局による統廃合計画で対象となり、廃止の止むなきに至ったとき、後援会はいかなる姿勢を取ったのか。

第八に、後援会の結成と表裏の関係になるが、学園の職員が率先してPTAの役員になって地域の一員として学校教育に協力したり、地域清掃に取り組んだりしたことである。あづさ園と園児について、志村の住民の理解を得るために努力を重ねていたのである。

月刊雑誌『少女』は、「お星さまとともに！！夜まわり部隊のあとをつけて」と題する記事で、「小豆沢園」の子どもたちが、寒い冬の夜道を、交代でひょうし木を鳴らして夜回りし、地域住民の安全を守る活動をしていることを報じている。

第九に、GHQ所属のアメリカ軍人の慰問である。直営も民間も関係なく、地元にある戦争孤児施設ということで慰問したのであろう。とりわけ注視すべきは、夏季錬成でトラック五台をGHQから借り受けたという逸話である。浅羽「あらまし」によると、王子（現、東京都立北療育医療センター）に駐留していたアメリカ軍であったという。

第一〇に、児童相談所や児童福祉司については、筆者が敢えて尋ねたことへの回答である。記憶していなかったのは、施設養護の実際場面で児童福祉司との関わりがほとんどなかったからであろう。覚えているかも知れないと期待し、当時の児童福祉司の名前も尋ねたが、まったく記憶になかった。

（5）新聞報道

あづさ園は二度、全国紙の読売新聞で紹介されている。一九五二（昭和二七）年一一月一〇日付け読売新聞都民版は、「小豆沢学園で慰安会」「紙芝居や幻燈楽しむ」の見出しの記事を掲載している。志村警察防犯少年係の警察官が慰問し、約二時間にわたって「親子のように親しく」過ごし、鉛筆などのお土産をもらって園児が大喜びだったと報じている。あづさ園が新聞に取り上げられた事情は定かではないが、警察署防犯少年係の宣伝活動に新聞社が応えたのか。記事が「小豆沢学園」の名称になっていることに注視したい。

翌年の二月一日付け読売新聞全国版は、「陽のあたらぬ場所」「肉親の愛情を知らぬ子供ら」「〝学校の先生〟への夢に育つ」の見出しで、夕食後の団欒のひととき、保母を囲んで唱歌を歌う子どもたちの写真をはさんだ探訪記事を掲載している。

五、六本の丸太でつっかいをした古びた建物、部屋の真ん中にぽつんと置かれた火鉢、粗末なベンチの並ぶ小ホール、裸電球がカーテンのない窓ガラスに冷たく反射している、薄暗い治療室の片隅の棚の上に置かれた一〇近い位牌が並んでいる、勉強室にも食堂にもなる一五畳ほどの部屋に一五、六人ずつがいっしょに暮している、などの表現で、「都立小豆沢児童学園」の光景をいかにも暗いイメージで報じている。

子どもたちへのインタビューでは、記者から学園の生活で「楽しいことは？」と聞かれて、一様にお正月のお年玉とプレゼントと答えている。お年玉は百円札一枚、プレゼントは「男女ともに真新しい〇〇と〇〇（四字、判読不能）一つずつ」と報じている。

八五名の子どもを預かる園長・立山広士は記者に注目すべき発言をしている。亡くなった親の位牌を持って入園してきた戦争孤児に代わり、最近は「家庭の貧しさが原因で入園する子供が増えてきた」と語っている。要保護児童の家庭事情に変化が生じているということであるが、「家庭の貧しさ」の背景に依然として戦争の跡形が横たわっていたのである。

(6) 妹を預けた作家・吉岡源治の手記

前記したように、あづさ園は里親委託に主力を注いだ戦争孤児施設であるが、そうした里親に委託された園児のひとりが作家・吉岡源治の妹である。一九三二（昭和七）年生まれの吉岡には、幾多の辛苦を乗り越えて生き抜いた少年期から青年期の半生を綴った体験記『焼跡少年期』『さらば浮浪児青春奮戦記』がある。この二作品で、やむなく妹を養護施設・あづさ園に預けた経緯とその後を克明に綴っている。

吉岡は『焼跡少年期』の「あとがき」で、次のように綴っている。

「私たち家族の運命は、戦争によってその歯車が大きく狂ってしまった。戦争末期の昭和十九年、家が強制立ち退きになったのを皮切りに、母を栄養失調で亡くし、引越し先が空襲にあい、住む家さえ失ってしまう。戦後も姉の自殺、父の病没、復員してきた兄の衰弱死とたび重なる不幸に見まわれ、それと前後して、東京や横浜の各所を浮浪児の群れに入って転々とする日々がつづく。私にとっては何の喜びもない、暗い少年期であった。」

戦争に翻弄されて一家が押しつぶされた家族史をつぶさに描いている。一九四五（昭和二〇）年三月一〇日の東京大空襲で家を焼かれた後、母を栄養失調で、姉を自殺で、父を病気で亡くし、復員した兄は後に結核に罹患し、闘病生活を余儀なくされる。幼い妹と二人で上野地下道を根城に放浪生活を送りながら、長兄の看病に当たる。結核に罹患させてはならないという長兄の強い思いから、中学校にも行けていない、一四歳になっていた妹を、品川児童相談所に預ける決意を固める。

妹があづさ園に措置されたのは一九五〇（昭和二五）年一〇月から一一月にかけてのことで、源治がそのことを知ったのは品川児童相談所から届いた措置決定通知書からである。妹は一時保護所で過ごした後、あづさ園に措置されたのである。闘病生活の果てに死亡した長兄のことを知らせるために、深夜、妹の暮らすあづさ園を訪ねる場面では荒川という女性職員を登場させている。妹が退園したのは義務教育を終えた一五歳のときで、里親委託によって大学教授の家庭に引き取られ、そこから高等学校に進学し、卒業後、結婚している。

3　集団転園から廃止へ

（1）天使園への唐突な集団転園

あづさ園は開設して三年後、実に唐突な形で一部園児の集団転園を実施している。所管の東京都民生局児童課の決定にやむを得ず応えたものと思われる。この史実は、あづさ園や東京都民生局の事業概要などの資料には記載されていない。筆者は、児童養護施設・今井城学園がかつて「天使園」と呼ばれていたころに刊行した『瑞牆山少年の町 天使園概要』（以下、「天使園概要」）と題する小冊子の「沿革」に「昭和二十四年九月二十一日 収容児童十名を東京都あづさ園より入園せしむ」と綴られているのを発見して把握した。

『民生局年報』は「昭和二五年版」から「天使園」の名称で掲載され、「昭和25年3月31日現在」で月末計男一八名、女五名としている。このうちの一〇名があづさ園から転園した園児と思われる。『天使園概要』によると、天使園は一九四九（昭和二四）年四月一四日付で山梨県から、同年八月一〇日付けで東京都から養護施設として認可されている。

前掲の「天使園概要」のほか、一九四九（昭和二四）年一月七日の「参議院法務委員会（第四回国会継続）会議録第三号」、一九七二（昭和四七）年五月の『法曹』に掲載された「あの人この人訪問記―第一三八回―池田九郎さん」、二〇二一（令和三）年七月一〇日付け毎日新聞記事「山梨・瑞牆山 戦争孤児がたくましく育った『天使園』」により、創設の経緯を要約しよう。このうち、参議院法務委員会会議録第三号は、少年の町開設などをめぐり、検事正の立場にありながら、寄付金集めをしているといううわさが流れたことから、一九四九（昭和二四）年一月七日、法務委員会で問題として取り上げられ、証人に立った一八九二（明治二五）年生まれで五八歳の甲府地方検察庁検事正・池田九郎が詳細に証言したものである。

―戦争末期、那覇地方検察庁の検事正の職にあって、アメリカ軍が上陸して逃げ回っている間に、目の前で多くの人たちが死んで自分だけが生き延びた。カトリック信者の自分は神の命に従って生きなければならない、少年保護事業としての少年の町建設は、天から授けられた使命だと思うようになった。フラナガン神父の推奨もあった。甲府地方検察庁検事正に異動したのは一九四六（昭和二一）年七月である。

山梨県知事・斎藤昇（後に警視総監、運輸大臣、厚生大臣などを歴任）に掛け合い、山梨県の瑞牆山の四〇〇ヘクタールの県有地（恩賜林）を借用する。当初は最高裁長官の横田耕太郎さんを中心にカトリックの文化協会で経営する計画であったが、とん挫した。それで自分でやることになり、以後、寄付金集めをし、当初は少年保護事業の一環として、一人の犯罪人も出さないような社会にしようとボーイズ・タウンの建設を構想していたが、その後、周囲からの勧めもあって、児童保護事業を加え、主に東京の戦争孤児の保護施設を考えるようになった。

検事正を退職したのは一九四九（昭和二四）年五月。退職金を全部つぎ込んだ他、弁護士に転身して稼いだ金も使い、寄付金集めにも奔走して運営資金をやりくりした。一期生は一〇人で、職員は住み込み、松平牧場の馬小屋を二万円で購入して創業した。園児は野菜を育て、牛や山羊を飼い、薪や炭を作った。貧しい食事でしのいだ。戦災孤児はまたたく間に一〇〇人に増えた。—

(2) 開拓の労働力として送り込まれた園児一〇名

一期生一〇人は、あづさ園から転居した園児である。板橋区の志村で暮らしていた一〇名の園児は、なぜ、わざわざ山梨県の瑞牆山山麓(北巨摩郡須玉町小尾)の「馬小屋」の天使園に転居し、開拓の労を取らなければならなかったのか。あづさ園では通学できていた子どもたちは瑞牆山に転居後、学校が遠距離にあったため、通学ができなかったと思われる。一九四九(昭和二四)年一一月に刊行された文部省初等中等教育局初等中等教育企画課編『教育委員会月報』によると、天使園内に設置予定の分教室が「一時保留」の扱いになっている。

あづさ園の転園児童にとって生活環境はもちろんのこと、学校教育や養護環境の激変はかなりの重荷になったであろう。このような心情を顧みることなく断行したのである。もっぱら民生局児童部の養護施設の運営計画に沿った無謀な措置変更であったと思われる。創立者の池田九郎からの要請に対し、認可権限を有する東京都民生局が応えたのであろう。

山田「前史」は「都内施設のため無理な措置や措置変更が多」かったとしているが、都外民間施設の場合は委託ゆえ、なおさら無謀な措置変更が多かったのではないか。民生局児童部から転園の要請を受けたあづさ園は、園児一〇名をどのように選んだのか。「昭和二五年版」の『民生局年報』によると、園児の大部分は一二歳以下であるが、おそらく里親委託の困難な子どもたちが対象になったのであろう。

天使園はその後、一九五八(昭和三三)年一二月、山梨県北巨摩郡須玉町から立川市錦町四丁目一二番二四号(当時)に移転し、定員五〇名、職員一一名の天使園東京本院を設置、さらに一九六九(昭和四四)年三月、青梅市今井一丁目五四四番地に移転し、合わせて名称を今井城学園に変更して、今日に至っている。

（3）学園の廃止をめぐって

あづさ園が廃止されたのは一九五五（昭和三〇）年八月三一日付けである。地域住民からの根強い支援があり、後援会が組織され、常時、多くの子どもを保護・育成していた施設を閉鎖したのはなぜなのか。東京都民生局が立案した養護施設の統廃合計画に基づく決定であるが、その決め手となったのは土地・建物に関わる問題であろう。所管の民生局としては、交通機関の便利な、地域環境にも恵まれた施設の廃止は避けたいところではあったが、老朽化した建物である上に借地・借家ではいかんともし難い問題だったのであろう。山田「前史」によると、閉鎖に伴い「土地・建物を地主に返還」した、というのである。

あづさ園の廃止に伴い、民生局は千葉県館山市に安房臨海学園から名称変更したばかりの安房児童学園の分園のような形で、第二安房児童学園（後に安房児童学園那古寮に名称変更、さらに那古学園に名称変更）を開設させる。これに伴い、在籍児童の大部分が第二安房児童学園に転園する。なお、同時期に箱根児童学園も廃止され、在籍児童が同様に第二安房児童学園に転園している。また、中井児童学園からも中学二年生以下の女児が転園している。山田「前史」に、一九五五（昭和三〇）年二月三日、民生局児童部において第二安房児童学園への児童移転計画が協議された際の協議資料として「統合廃止施設児童移動計画表」が掲載されている。

この一覧表によれば、あづさ園六三名、中井児童学園六〇名、箱根児童学園五六名、沼津児童学園一三名の計一九二名が移動対象である。このなかの沼津児童学園からの転園計画は、東京都同胞援護会への全面移譲がほぼ固まったことから、後に除外される。

同年八月二五日、実際にあづさ園から何名の子どもが転園したのか定かではないが、山田「前史」によると、四名の職員が引率し、「大勢いたため混乱状態の中で」引き渡した、という。また、当日は長年、学園で飼っていた犬を連れての転園であったという。

おわりに

あづさ園の施設養護で評価すべきは、早い段階から里親委託に力点を置き、親を亡くした多くの子どもたちに新しい家庭を提供したことである。このことは、他の養護施設と比べて里親委託数が格段に多い統計数に示されているが、行政機関である児童相談所とはどのような形で連携していたのか、また児童相談所では、誰が里親家庭を開拓し、どのようにして里親と子どもを結びつける役割を果たしていたのかは明らかになっていない。

その反対に、批判されてしかるべきは、学齢の園児を山梨県瑞牆山山麓の天使園に転園させたことである。なぜ、このような明らかに児童福祉の理念に違反するような措置変更が断行されたのか。しかし、この問題は現場のあづさ園が批判されることではない。これを実施した東京都民生局児童課の問題であり、措置機関である児童相談所および関わった児童福祉司の問題であろう。

第三章
沼津児童学園―施設養護のあり方をめぐり、積惟勝が東京都に挑んだ一一年

はじめに

今日、静岡県沼津市本郷町で営々として施設養護に取り組んでいる児童養護施設・松風荘は、終戦直前から終戦後にかけての一時期、戦災孤児等合宿教育所二子玉川学寮、南養寺学寮を経て片浜学寮と称された後、東京都沼津児童学園と命名された。松風荘は俗称であって、所管の東京都民生局が定めた行政上の名称は沼津児童学園であった。確かにその行政上の名称は『民生局年報』などに記載されているが、その名称に覚えのある沼津市民は皆無と思われる。施設に沼津児童学園の門表が掲げられることが一度もなかったからである。

当時、民生局長を始め、局の幹部職員がしばしば施設を訪れている。そのたびに、東京都沼津児童学園ではなく、松風荘の門表が堂々と掲げられていることを目にし、由々しき問題と思ったであろう。なかには、その非なることを施設長の積惟勝に指摘し、取り換えるよう厳しく迫った幹部もいた。東京都の直営施設にあって、施設長が処務規程にない門標を独断で掲げることは到底許されざる行為であった。しかし、施設長はまったく意に介さず、門標を付け替えることはなかったのである。

二子玉川学寮を起源とし、南養寺学寮、片浜学寮、沼津児童学園を経て、正式に松風荘になる長い歴史をたどると、真っ先に思い浮かべる人物が施設長の積惟勝である。積がいなかったら、松風荘の存立はあり得ず、その前にとっくにつぶされていたはずである。積は集団主義養護理論を提唱し、わが国の施設養護の実践を先導した俊傑として広く知られている。

ところが、行政の担い手という面になると、謎の部分が少なくない。直営施設の長には養護実践者としての力量とともに、行政の末端を担う公務員としての手腕と良識が厳しく求められる。その点で、積は行政の担い手の上位に当たる本庁の部署に従い、歩調を合わせていたとは言い難く、むしろ対決姿勢を鮮明にし、公務員の身分をかなぐり捨て、自らの施設養護の考え方と方法を貫き通した。本章では、沼津児童学園の設立前史から、社会福祉法人への移譲による廃止に至るまで、もっぱら直営の時代に焦点を当てようと思う。

1　教育局・教育庁所管時代をめぐって

（1）軽く扱われていた戦災孤児学寮

学童疎開中に、親が空襲に遭って亡くなり、身寄りのない子どもたちを保護するために戦災孤児学寮を設置した東京都教育局（現、教育庁）は、当時の混乱した時代状況を反映して、終戦直前から終戦後にかけ、しばしば戦災孤児学寮を所管する課・係を変更している。

東京都公文書館の「東京都組織沿革」によると、一九四五（昭和二〇）年六月八日から国民教育課学童疎開係、同年一〇月二七日から国民教育課学童援護係、同年一二月一三日から廃止された国民教育課学童援護係に代わり福利課学徒福利係、一九四六（昭和二一）年八月一日には国民教育課学事係または総務課学事係、あるいは福利課学徒福利係、一九四六（昭和二一）年九月二日には総務課福利係、一九四七（昭和二二）年七月一二日には普通教育課学事係、一九四八（昭和二三）年一一月一日には教育局が廃止されて教育庁となり、総務課、一九四九（昭和二四）年二月一日には総務部施設課または学務部福利課となっている。

教育局内の担当部署の変更に伴って、戦災孤児学寮の直接の窓口になっていた北多摩地方事務所（立川市）内の部署変更も合わせて行われていたものと思われる。

なお、東京都教育局が一九四七（昭和二二）年に刊行した『東京都教育の概要』の「教育局各課事務分掌」では、初等教育課学事係が「戦災孤児学寮に関すること」となっており、前掲の「東京都組織沿革」の表記と異なっている。また、積の『青空を呼ぶ子供たち―戦災孤児育成記―』『陽よ、強く照れ 教育福祉の道50年』『はだかの教育―明日を創る子らとともに―』に登場する幹部職員の所属課・係も「東京都組織沿革」とは表記が異なっている場合が散見される。また、氏名を一部偽名にしており、確認が困難である。

松風荘のリーフレットに記載の「松風荘の歴史」は、「児童福祉法施行に伴い、昭和25年4月に東京都教育局より民生局に移管される」としているが、このときは教育局ではなく、教育庁になっていた。片浜学寮から沼津児童学園への引き継ぎは、教育庁総務部施設課または学務部福利課と民生局児童課との間でなされたものと思われる。

これだけ短期間のうちに担当部署が変更になったということは、たびたび施策の変更があり、戦争孤児の暮らす学寮が常に危うい状況に置かれていたことを想像させる。積は前掲の『青空を呼ぶ子供たち―戦災孤児育成記―』『陽よ、強く照れ 教育福祉の道50年』『はだかの教育―明日を創る子らとともに―』の著書で、何度も教育局や北多摩地方事務所に足を運び、担当者に学寮の生活の維持と存続を訴えた逸話を綴っている。そのなかで、担当の課長・係長とのやり取りも詳細に明かし、人事異動の内情にまで言及している。

教育局における施策の変更は、後記するように、早々に打ち出された学寮の整理・統合の方針に示されている。前掲の『東京都教育の概要』では、戦災孤児学寮を担当する部署が記載されているものの、第一章総説の「東京都教育の当面する基本問題とその将来」と題する一文には、学寮問題の記述はない。このことは、教育局内で早くも戦災孤児学寮は消え去るべき運命に置かれていたことを物語っているものであろう。

『東京都教育史 通史編四』は、学童疎開について、第七編第二章の「学童疎開」の第一節「学童疎開の施策」および第二節「学童疎開の実態」で、合わせて五四頁を割いて記述している。ところが、戦災孤児学寮については、第八編第五章「児童保護と教護」の第二節「東京の戦災孤児」で「東京都の戦災孤児対策」として、学寮に養育院と民生局による保護施設を加えてわずか四頁を割いて記述しているに過ぎず、学寮の実態には触れていない。このことは東京都の教育史のなかで学寮問題は軽く扱われたということであろう。

(2) 東京都教育局による学寮の新設と積惟勝の赴任の経緯

積の綴った『青空を呼ぶ子供たち—戦災孤児育成記—』(以下、『育成記』)、『陽よ、強く照れ 教育福祉の道50年』(以下、『道50年』)『はだかの教育—明日を創る子らとともに—』(以下、『明日を創る』)を始め、『まつかぜ 松風荘40年記念誌』(以下、『40年誌』)、『東京都教育史 通史編四』(以下、『教育史』)、『東京都戦災誌』(以下、『戦災誌』)などをもとに、教育局による戦災孤児学寮に関わる援護措置の経緯をたどろう。

『戦災誌』によると、東京都に東京都長官(現、都知事)を会長とする疎開学童援護会が発足したのは一九四五(昭和二〇)年一月六日のことである。教育局の施策を後援すべく、空襲の被害や不慮の災禍を被った保護者に替わって子どもの援護を任務とする組織で、商工経済会を始め、その他の財界有力団体を発起団体として設立された。

戦災孤児等合宿教育所二子玉川学寮が開設されたのは一九四五(昭和二〇)年三月である。文部省の施策を先取りする形で、東京都は教育局が集団疎開に参加できず、縁故疎開もできず、孤児になった者を対象に、世田谷区瀬田の身延山関東別院・玉川寺を借用し、事業を開始することになったのである。この学寮に片浜養護学園で教師をしていた積惟勝が着任したのは、都内各所が空襲を受けて壊滅状態になっていた同年七月七日である。

『道50年』によると、同年の六月中旬、教育局の国民学校課長・川崎周一から呼び出しを受け、「縁故疎開にも集団疎開にも参加できなかった子どもたちが都内にまだかなり残留している。すでに親を亡くした子ども二、三出ている。その子どもたちを寺院であずかってもらっているが、今後、こうした子どもたちが増える可能性が強い。そこで、この子どもたちの面倒をみてもらいたい」と要請され、即座に受諾した。

川崎課長の話を聞いて、自分が願っていた「真の生活教育」「生活を基盤とした人間教育が実践できる」と気持ちのたかぶりを覚えた。「不運な子どもたちを、一人でも多く受入れて、従来の『孤児院』式の育て方ではなく、家庭的に、平凡で自然な子どもとして、すくすく伸びるように育ててみたい。（略）これからが自分の本当の仕事なのだ」と考えた。

赴任に先立ち、同月下旬、教育局が実施した疎開先の戦争孤児の実態調査に加わり、宮城県の鳴子温泉に疎開していている本所区（現、墨田区）の子どもたちが、いっぱいの淋しさ、哀しさを抱え、厳しい心境のなかで暮らしている事実を把握した。子どもたちの思いや願いを学寮の生活にしっかり生かさなければならないと痛感した。

着任すると、二名の子どもが二〇畳の稲荷堂で生活していた。八月一日には六名になったが、空襲警報のたびに裏山の防空壕に退避させた。八月一二日の夜には、積が沼津の片浜養護学園に勤務していたときに寮母をしていた野田あい子が着任した。積が教育局に働きかけ、相談相手になる人物として本人に懇願したのである。一五日の終戦を迎えた後には一一名に増えた。子どもたちの学籍は転籍により二子玉川国民学校に置かれた。

終戦を迎えて一か月後の九月一五日付けで、文部省から文部次官依命通牒「戦災孤児等集団合宿教育所ニ関スル要項」が出された。これを受けて一〇月二四日付けで東京都教育局から「戦災孤児並ニ家庭引取困難ナル学童等ノ学寮設置ニ関スル件」が通知される。

（3）国民学校付属学寮として

教育局の計画によると、学寮の設置場所を都下の三多摩を原則とし、国民学校付属学寮として校長に経営および教育の責任を持たせることとされていた。対象児童を三〇〇名余りと見込んで、北多摩と南多摩に合わせて八か所の寺院を借り受け、そこで疎開先県別に子どもたちを生活させ、学区の国民学校に通わせるというものであった。また、学寮に付属農場を付設し、食糧の自給自足に努めることとされた。

教育局の方針に従い、二子玉川学寮は着任してわずか四か月で移転することになった。移転前、積は毎日のように局の会議に出席し、疎開先から引き揚げて来る孤児の保護方法や学寮のあり方などについて、現場教師の立場から子どもの思いを代弁する形で意見を述べた。国民学校長に責任を持たせるという方針については、「そうした便宜主義的な、依存的な受け入れ方や、煩瑣で、しかも方便的な官僚的な組織は、決して子どもたちのことを真に考えた対策ではない」と真っ向から反対し、それぞれの学寮が自主的に運営できるように予算措置を講ずるべきであると主張したが、一笑に付された。

移転する四、五日前、北多摩地方事務所の視学、子どもたちの通学する谷保国民学校長の仲介で、村長、農業関係の代表者らが谷保村の南養寺に集まり、それに住職と積を加え、子どもたちの受け入れに向けた懇談会が行われた。視学や校長が、親を亡くした子どもたちの不幸を強調し、孤児を売り物にしているような言葉と卑屈な態度、さらに地元の代表者の固い表情を前に、積は何ともやり切れないものを感じ、腹の中の腸がちぎれる思いであった。

地元民の本音は自分たちが生きるのに精いっぱいの実情のときに、戦争孤児を引き受けて面倒を看る余裕なんてない、ということであった。積は教育局の立てた対策に不安を覚えると同時に、今後は容易ならぬ問題が生ずるだろうと覚悟した。

一一月九日、一二名の子どもたちは北多摩郡谷保村（現、国立市谷保）の南養寺に移転した。谷保国民学校南養寺学寮の開寮である。大銀杏の樹木が鬱蒼と生い茂る広大な境内と、近くを多摩川が流れる恵まれた自然環境であったが、「寒々とした静けさが漂」っていて、子どもたちの暮らしには様々な面で不向きであることがわかった。炊事小屋も風呂小屋も不備で、トイレが戸外にあるため、子どもたちは夜間の利用を怖がった。

「これは、単なる集団疎開の延長に過ぎないのではないか、こんなことで、はたして落ち着いた教育が出来るであろうか。終戦後に気づいた『自然な家庭』生活から、だんだん遠のいてゆくのではなかろうか。これはじっくり考えねばならない、と思った。」

一一月二八日からは登校を開始し、子どもたちは学習に向かうようになった。恐るべき寒さと餓えとの闘いのなかにあっても、日常の生活が少しでも「自然な家庭」になるようにと、本堂の奥の一〇畳間を障子で区切って「子供部屋」を作った。子どもたちはこうした間仕切りをうまく使って遊ぶようになった。しかし、目指す「自然な家庭」生活とはほど遠かった。

（4）教育局の方針転換と闘う覚悟

積はさっそく北多摩郡の五学寮（谷保村南養寺、府中町東光寺、久留米村大円寺、大和村蓮華寺、東村山町梅岩寺）による寮長会議を呼びかけ、その第一回を一二月一〇日、府中町の東光寺学寮で行った。以後、毎月一回、定例的に実施することにしたのは、教育局が突然、方針転換を打ち出したからである。保護している子どもをできるだけ親戚・縁故者に引き取らせ、残りの子どもを統合して、八学寮を五学寮に縮小しようとする整理・統合案であった。これは明らかに子どもたちをモノ扱いする発想であった。

明けて一九四六（昭和二一）年二月一九日には、全寮長が教育局に招集された。福利課長の坪野から学寮の整理・統合計画案が説明された。縮小計画の背景として、二〇名弱の子どもを保護する学寮の運営に要する寮長・寮母の人件費など経費の問題を挙げた。積ら寮長たちはいっせいに反対したが、課長からは引取可能な親戚・縁故者の調査を指示された。

二月二五日には、南多摩郡忠生村の大泉寺学寮に全寮長、坪野課長、教育局職員、地方事務所職員らが参集し、合同会議が持たれた。教育局は向後の方針を決定する腹であった。積は調査結果を伝え、強引な引取りをさせる不合理と整理・統合の非なることを難詰し、戦争による極端な犠牲者である子どもたちに対して縮小という消極的な方針を立てる教育局の不誠意をなじった。坪野課長は調査の不充分さを指摘し、さらに厳密な調査を求めてきた。それに対し積らは、何ゆえにそこまで個々の家庭の内情に立ち入ってしつこく詮索しなければならないのかを追及した。課長の説明は、すべてが消極的かつ事務的な処理に関することばかりで、子どもたちの人格を考慮した話は一言もなかった。

最後に福利課長の坪野が口にした話から、教育局のねらいが明らかになった。

「福島のカトリック教団から女児百名ほどの保護を求められている。成績が良ければ女学校から大学まで進学させてやると言っている。立派な施設であることをこの目で確かめてきたので大勢を送り出したい。」

福利課長の言う福島のカトリック教団は、東京都民生局が都外委託施設として保護・育成を依頼した福島市花園町のノートルダム修道院のことである。『民生局年報』によると、一九四六（昭和二一）年から一九四七（昭和二二）年にかけ、都内の二〇名の女子の戦争孤児を受入れている。このノートルダム修道院は、一九三七（昭和一二）年に来日したヘレン・ケラー女史が訪問したことでも知られていた。

積は課長の話に胸のなかに煮えたぎるものを感じた。教育局の真意が単に引取り問題だけではないことを直感した。子どもたちを守るために首を覚悟で教育局と闘わなければならないと思った。寮長の強力な結束が必要であると感じた。まさに悲壮な覚悟であった。

（5）学寮改革案を提出

三月八日に南多摩郡七生村の金剛寺学寮で行った寮長会議では、積が中心になって学寮改革案を審議して取りまとめ、教育局に提出する手筈になっていた。ところが、この二、三日前に教育局から各寮長に、引き取りに関する再調査を求める文書が届いていた。この文書は改革案を提出しようと意気込んでいた寮長たちを落胆させる内容であった。しかし積の説得で改革案を作成し、強い意志をもって全寮長が署名して提出することになった。

四月二五日に南養寺学寮で開催した臨時寮長会議には、教育局から伊藤主事が出席したので、局の方針を出させた。会議でまとめ上げた改革案の骨子は四つである。

① 宿舎の改革―寺院生活は子どもを育成する上で問題が多い。集団疎開の延長に過ぎないので家庭的な雰囲気の作れる「子どもたちの家」を恒久的に設営すべきこと。

② 制度の改革―教育局福利課の所管なのに地方事務所が窓口であり、なおかつ国民学校の付属学寮であり、教育的にも事務的にも煩雑なので、学寮を従属的な立場から解放して、管理運営を寮長に任せること。また、民間施設に移管するような依存的な方針を捨て、教育局一本の直営にすべきこと。

③ 職員組織の改革―現行の学校長、寮長、訓導、寮母、作業員（炊事婦）の五階級は国民学校の延長であり、

集団疎開の残滓である。今後は、あくまでも「家庭」を基準とした父親代わりの寮長、母親代わりの寮母の組織に改めること。

④ 予算の増額―子どもたちの生活費（前渡金）は、必ず月初めに支給すること。現状の一人当たり三五円の食費、五円の雑費は非常識な金額である。東京都疎開学童援護会の補助金（一人七〇円程度）がなかったら学寮は、いずれも飢餓に瀕していたであろう。現状では最少額として一日一五〇円が必要であること。

教育局に提出された改革案は、教育局の方針に真っ向から戦いを挑んだ内容であった。しかも、この改革案に沿った形で学寮の現状を問題視した記事が、それから三日後の四月二八日付け毎日新聞に大きく掲載された。「愛よりも握り飯」「逃げた戦災孤児」の大見出しに「救護に政府自ら熱意を注げ」の小見出しを付した記事は、「食の問題」「宿舎の問題」「愛の問題」の三課題を挙げ、南養寺学寮の現地ルポによる鋭い問題提起であった。

これをきっかけに、局内には改革案と積に対する感情的な反発が一気に高まった。学寮を取り巻く問題を断りもなく記者に暴露した、というのである。そうした局内の事情を背景にしたものと思われるが、交代したばかりの福利課長の加藤精一（後に民生局長に就任）が突然、南養寺学寮を視察し、襖がない、仕切りがない、管理不充分だなどと難癖をつけた。

（6）臨海教育に挑む

寮長たちの反対意見や提出した改革案が功を奏したのかどうか、局の表立った動きはなくなり、整理・統合計画は棚上げになったかに見えた。南養寺学寮の子どもたちは総勢一九名になっていたが、衣類や燃料の不足を始め、食糧事情は日増しに悪化し、遅配や欠配のほか、北多摩地方事務所から手渡されるはずの前渡金の遅れなどは珍しいことではなくなり、日日の教育どころではなく、食生活の維持をどうするかが最大の問題になっていた。

積は後に『養護施設30年』に寄せた「疎開学童寮から養護施設へ」の一文で、当時を回想し、「まさに〝貧苦〟の二字につきる」生活で、「単なる教育愛とか熱意とかいった言葉で説明のつかない、血みどろの戦いの連続であった」と述べている。

六月末になると、ララから栄養のある缶詰類が届いて食糧事情がやや好転した。積はこの機会を利用して、かねてより計画していた行事を実行すべく動き始めた。この夏、寺院での堅苦しい生活から子どもたちを解放して海浜生活を経験させてやりたいと考えたのである。かつて積が在職したことのある、沼津にある東京都立片浜養護学園の宿舎を借用する交渉をし、許しを得た。一九四一（昭和一六）年四月に東京市が設置されたこの養護学園は、当時、閉鎖されたままになっていた。片浜養護学園で勤務した積は、『子らをまもる―或る養護学園の生活記録―』と題する実践記録を残しており、この地が生活教育の実践に最適の環境であることを熟知していた。旅費は教育局に根張り強く交渉して支給されることになった。食糧は一週間分をリュックに詰め込んで持参することになった。

学寮の教職員と子どもたちの準備がほぼ整い、いよいよ明日から沼津に出発だと、子どもたちがはしゃいでいた七月二五日の午後、福利課の望月主事が突然やって来て、「課長も係長もあなたの計画に反対しているから取りやめたらどうか」という。積は主事に向かって「子どもたちのあの喜びようを見てください、それでもあなたはやめろというのですか」と応じた。

それに対し主事は、「私は大賛成の気持ちです。心の糧こそ大事だと課長や係長にも話したけれど、とにかく行って説得してこいといわれたので来ました。子どもたちがこんなに喜んでいる行事をいまになってやめさせるわけはいきませんね。私から適当に報告しますから充分に気を付けていってらっしゃい」といい、理解のある言葉をかけてくれた。

実は後日分かったことであるが、望月主事は早くから取り止めを勧告するように課長、係長から指示されていたが、積の計画を何とか実現させてやりたいと直前まで延ばしていたのである。望月主事は、取り止めは困難と課長、係長に報告したという。

七月二六日から三一日までの五泊六日の海浜生活を体験させ、子どもたちから貴重な収穫を得た。海、山という大自然に恵まれた環境のもとでの教育のすばらしさも然ることながら、子どもたちに用意すべきものがごく当たり前の家庭生活であることを再認識した。実は子どもたちの宿舎として借用した臨海学園の近くに積の家族の住む家があったので、子どもたちに開放し、自由に行き来させた。遊びに来た子どもたちを見て胸打たれるものがあった。戸棚や箪笥、鏡台、調度品などを懐かしそうにながめたり、いじったり、触ったりしていたのである。子どもたちに必要なのは、家らしい家、家庭らしい家庭であった。こうした整った環境を用意してやらなければならない、と改めて実感したのである。

(7) 住職による追い出し策と移転交渉

五泊六日の海浜生活を終え、沼津から南養寺学寮に帰ってみたら、驚くべきことに、炊事場のかまどが壊され、その代わりと思われる、使えそうもないような石のかまどが青天井の下に作られていた。住職の説明では火災防止と仏像の保存のためということであった。止むを得ず七輪を購入し、風呂場を使って炊事をすることにした。

住職は積に向かって、「子どもたちをいつまでに寺院に置くことは決していいことではない」とも言った。いろいろ調べてみると、住職は北多摩地方事務所に出向き、学寮の立ち退きを求めていたのである。体のいい追い出し策であった。教育局の幹部たちもこれに便乗して学寮の整理を画策し、積に小学校への栄転を持ちかけてきた。

積は、これを恒久的な家探しの機会ととらえ、海辺のある沼津に的を絞り、何度も教育局に出向き、子どもたちの気に入った沼津への移転を交渉した。しかし桂川係長は、「都外移転は問題外」と言ってまったく取り合わなかった。これまで積の構想に理解を示してくれていた渡会視学が転任し、北多摩地方事務所の武田課長の異動の風評が立っていた。こうなると、移転交渉はいよいよ難航するだろうと思わざるを得なかった。

九月一五日、本所区で罹災した五名の子どもたちが同区主催の一泊の祭典に招待されたので、彼らを引率して出席した。この祭典に本所区の子どもたちだけを出席させることには、寮長としてうなずけないものがあった。招待されない他区の子どもたちの気持ちもさることながら、戦災孤児として特殊扱いされることが決して子どもたちのためにならないと考えたからである。しかし他の学寮との関係もあり、出席することにした。

この日の懇談会で、前任の桂川係長に替わって着任した橘係長と同席し、言葉を交わした積は、忌憚なく子どもたちの家構想について具体例を挙げて訴えた。意外なことに、橘係長は積の構想に共鳴し、「そうした方向で努力したい」という。積は思わず他の寮長と手を握り合って「今度の係長は本ものらしいぞ」と互いにうなずき合ったのである。

（8）整理・統合の危機に

一〇月一五日に日本橋の城東小学校で開かれた寮長会議に橘係長と局の職員が出席したので、積は懸案の学寮改革案を述べ、学寮運営の根本的な対策を立てるための会合の開催を求めた。橘係長は積極的に同意し、「ぜひ、そうしたい」ということであった。このとき、年長児童の男女を同じ学寮に置くことの可否が話題に持ち上がった。局の職員や寮長のなかに否定論をとる者が少なくなかったが、積は真っ向から反対し、次のように述べた。

「やがて日本の男女共学の方針をとろうとしているときに、男女別々の学寮をつくろうとすることは、わざわざ不完全な教育をするようなものである。ことに現在、兄妹のように結び合って暮らしているものを大人の勝手な考え方で分離するなどは、子どもの人格を無視するに等しい。要は指導の如何にあるのではないか。そんなことを考える人間こそ好色漢だと大先輩の双葉園の高島巌先生が言っている。すでに双葉園では実験済であるから、一度、双葉園を見学してから考慮してもらいたい。」

双葉園は一九三三（昭和八）年一〇月一日、児童虐待防止法による被虐待児保護施設として児童擁護協会が創設した「子どもの家」を源流とする施設（後に「子どもの家学園」に改称）で、高島巌は創設時から園長として養護実践をけん引してきた俊傑である。杉並区西荻南の双葉園（現、昭島市中神町）を訪ねた積は、「大先輩」の高島巌と語り合い、実践面で教えられることが少なくなかったのであろう。

橘係長は積の意見を素直に受け入れてくれた。何か新たな途が開けそうな気がした。しかし、その後も橘係長を交え、何度も寮長会議を持ったが、局の方針はあくまでも整理・統合で、寮長側の意見と折り合わず、一進一退の状況が続いた。そんなさなか、寮長の転勤、後任寮長の病気などの理由で、余儀なく南多摩郡堺村の福生寺学寮が南多摩郡七生村の金剛寺学寮に統合された。その一方で、北多摩郡府中町の東光学寮と北多摩郡大和村の蓮華寺学寮が、いずれも親戚・縁故者の引き取り手が現れるなどして在籍児童が一〇名足らずになっていった。全体的に移転による「子どもの家」の実現にはほど遠い状況になっていた。

一一月ころになると、蓮華寺学寮では引き取り手がつぎつぎに現れ、ついに五、六名の少数になっていた。統合必至という状況下で寮長たちはたびたび会合を開いて協議した。「できれば、この五、六名の子どもたちを他の寮に併合することなく、寮長か寮母何れか一人に個人委託の形式で養育させてもらうようにして欲しい」と教育局に申入れした。しかし、見通しはまったくなかった。そのうち、東光学寮、梅岸寺学寮、大圓寺学寮の寮長たちは何か希望を失ったような気持ちで腰を浮かし、転勤の気配を見せてきた。

積は、もうおしまいだと思った。そのような生半可な気持ちで子どもたちの養育に当たってきた寮長たちだったのかと思うと、むしろ反感の気持ちすら生まれた。こうなったからには自分一人でも今の子どもたちを守らなければならないと強く意を決したのである。

（9）実現した沼津への移転

年が明けて一九四七（昭和二二）年一月、教育局は既定方針を固め、ある宗教団体の運営する施設に子どもたち全員を移すか、あるいは別のどこか一か所に集めて安上がり行政の手を打つか、といった最終段階に来ていた。ある宗教団体の運営する施設というのは、前記した福島市花園町のノートルダム修道院のことである。

積の焦りは増すばかりで、沼津での家探しに奔走した。二月末になって、積がかつて教師として勤めていた片浜養護学園の職員住宅が三月末には空くという耳寄りな話を聞き込んだ。

片浜養護学園は沼津海岸の林のなかに建てられた広大な建物である。さっそく片浜養護学園に出向き、旧知の間柄である溝口園長に交渉し、教育局の川崎課長、長松二郎係長（医師）に相談し、橘係長に斡旋の労を依頼するなど八方狂奔し、粘り強く交渉を重ねた。

積の腹のなかは、一文の金もないなか、個人経営でいくしかないという考えで固まっていた。個人経営には多くの難点のあることが分かってはいたが、望みはただこの一点にかかっていた。大きくうなずいてくれた川崎課長の顔、「必ず尽力するから」と約束してくれた長松係長の声が、いつも積の脳裏に焼き付いて離れなかった。

いちるの望みは積を力づけてくれたが、三月の終わり近くになっても、移転問題は進展しなかった。橘係長は「あまり焦らない方がいいですよ」と何か含みのある言葉をかけてくれた。他の主事たちも積を元気付けてくれた。教育局が沼津移転に最終同意したのは年度がかわった四月一〇日である。南養寺の庭には春風が吹いていた。

その日からの子どもたちの夕食後の話題は、沼津の新しい自分たちの家のことで持ち切りだった。新しい家の名称は子どもたちと話し合って決めることにした。積はつねづね、〇〇学寮などという形式的で官僚的な名称は子どもたちにふさわしくないと思っていた。子どもたちの心情をおもんぱかって、何よりも戦争孤児の施設を連想させるような学寮や学園を避けたいと考えていた。

子どもたちは首をひねっていたが、名案は浮かばない様子だったので、積が一番下に荘という字をつけてみたらどうかと投げかけた。子どもたちに、どっしりと地に足をつけて生きる自信と誇りを持たせたいと願っていたからである。さっそく子どもたちから、臨海荘、海原荘、富士山荘などの名前が挙がり、最後に決まったのが松風荘であった。

四月一二日、いままで世話になった人たちを招待して送別会を開き、一四日には子どもたちを引き連れて教育局と北多摩地方事務所に挨拶に出向いた。積は川崎課長の前に子どもたちを並べて立ったとき、急に胸を塞がれ、口ごもってしまった。一五日の夜には庫裡に招待され、佐々木住職からご馳走でもてなしを受けた。子どもたちのなかから「お上人さんはやっぱりいい人だね」というささやきがもれた。

四月二三日は朝から晴天であった。南養寺学寮に別れを告げ、沼津市大諏訪にある都立片浜養護学園の宿舎に子どもたち全員を引き連れて出発した。矢川駅、立川駅、東京駅には子どもたちの友人をはじめ、校長、教員、近所の住民、教育局の職員など、たくさんの見送りがあった。蓮華寺学寮や梅岸寺学寮の寮長の姿があった。

(10) 法制度の大きなうねりにもまれながら

移転したのは、片浜養護学園の嘱託医師が住んでいた建物である。垣根をめぐらせた木造の一戸建ての明るい宿舎で、三つの畳の部屋に応接洋間があり、台所、風呂場、便所が備え付けられ、周囲には防風林と片浜海岸があり、運動場と菜園に使える畑が備わっていた。まさに教育的で文化的な生活環境として申し分のない立地で、南養寺学寮の暗く、厳粛で、沈鬱な雰囲気とは対照的であった。

正式名称は東京都片浜学寮であるが、手製で大き目の松風荘の門表を表門と運動場に続く裏門に備え付けた。一九四七（昭和二二）年四月下旬のことである。一七名の子どもたちと職員四名の生活が始まった。子どもたちは学区である片浜小学校に通学を開始した。

積の目指す本ものの生活教育がついに開始された。ところが、GHQによる占領期にあって、積と片浜学寮を取り巻いて、国の文部省と厚生省では大きな動きが始まっていた。東京都の教育局と民生局の動きも、そうした国の動向を踏まえてのものであった。

文部省では、一九四七（昭和二二）年三月に学校教育法が公布されたことに伴い、四月一日付けで国民学校が廃止され、名称が小学校に変更された。学寮の子どもたちは戦時体制下にあって国家主義的色彩の濃厚だった国民学校からやっと解放されたのである。

厚生省も、戦争の犠牲となった子どもたちの保護に関わる法制化を迫られていた。児童福祉法が公布されたのは一九四七（昭和二二）年一二月一二日、さらに同法第四五条の規定により児童福祉施設最低基準が公布されたのは一九四八（昭和二三）年一二月二九日である。積は、子どもたちの福祉に密接に関わるこうした法整備が、片浜学寮の向後のあり方に重くのしかかってくることをどのように考えていたのだろうか。

松風荘と命名した子どもたちの家は、あくまでも教育局が所管する戦災孤児学寮であり、しかもその廃止は必至であった。こうした実態を積は、どのようにとらえ、整理しようとしていたのか。児童福祉とは無関係に、学校教育における寄宿舎教育の延長程度で良いととらえていたのか、それとも、近い将来における児童福祉施設への転換を意識していたのか。すなわち、片浜学寮を児童福祉施設最低基準に合わせて整備しなければ法的な位置付けが困難になるという危機意識をどこまで抱いていたのかである。

『40年誌』は、このことについて「児童福祉の土台が、次々とつくられ、整備されて来たが、『松風荘』は教育というかかわりの中で、その波は、未だ押し寄せてはいなかったが、（略）大波が押し寄せるとは、想像だにしなかったと思われる」としている。

積は「想像だにしなかった」のだろうか。そうだとすれば、ただ単に見通しが甘かっただけのことということになる。そうではなく、積は「大波」を「想像」し、予見はしていたが、「教育畑」の学校教師としての誇りと身体全体から湧き立つ抵抗精神の方が優っていたのではないか。すなわち、法制度の荒波を受けつつも、それに抗いながら乗り切って打ち勝つ姿勢である。法制度による認可を進んで求める気持ちにはなれなかった、というべきか。

2 民生局所管時代をめぐって

（1）民生局への移管

厚生省による法整備に呼応した形で、文部省は一九四九（昭和二四）年、学寮の閉鎖および厚生省への移管の方針を打ち出した。文部省の新たな動きをつかんだ積は、大都市の教育合宿所（学寮）の教師たちに呼びかけ、沼津、名古屋などで集会を開催する。そこで児童福祉法や学校教育法に関する討論会を行い、閉鎖・移管の反対運動を展開する。文部省から厚生省への移管は、あまりにも形式的ではないか、学寮は子どもの育成の場であり、教育のしごとであると主張した。しかし、文部省の行政的圧力には太刀打ちできなかった。

文部省の方針を受け、東京都では前年に教育局から組織替えとなった教育庁と民生局と間で協議を重ね、学寮は一九五〇（昭和二五）年四月一日付けで民生局に移管された。東京都戦災孤児学寮処務規程が廃止されたのは一九五〇（昭和二五）年三月三一日付けである。移管をめぐって教育庁と民生局の間で協議された主な題目は、教育庁所有の土地・建物からの立ち退き、名称変更、職員の身分切り替えであったと思われる。

第一の立ち退き問題について、積は「即刻、立ち退かねばならない」状況に陥ったとしているが、真相はどうだったのか。局を異にするとはいえ、同じ都有地であり、都の建物である。問題にすべきは、「即刻」の立ち退きではなく、その背後に隠されていた閉鎖という別問題の方が大きかったのではないか。つまり、教育庁と民生局の双方で閉鎖という方針が定められていたがゆえの「即刻」であったのではないだろうか。

第二の名称は、片浜学寮から沼津児童学園に変更になった。東京都公報に記載がないため、いつからこの名称になったのか定かではない。松風荘のリーフレットに掲載の「松風荘の歴史」によると、教育庁から民生局に移管された一九五〇（昭和二五）年四月、『道50年』によると、香貫山の麓に転居した一九五一（昭和二六）年三月、沼津児童学園と名づけられたとしている。はっきりしていることは、民生局が定めた名称を積が受入れず、松風荘の門表を掲げ続けたことである。積にとって松風荘は子どもたちの家であり、一方的に決めた名称を押し付ける民生局に納得できなかった。本章では以下、正式名称の沼津児童学園を基本としながら、通称名の松風荘を前後の文面に応じて適宜使い分けることとする。

第三の職員問題は、教育庁から民生局への身分切り替えであった。寮母の野田あい子らが民生局の保母に切り替えられたものの、教員資格を有する積は教育庁に籍が置かれた。これは、民生局の内部事情によるものなのか、それとも積自身が教員の身分と教育実践にこだわり、身分の切り替えを拒否したのか。いずれにしても、教育庁と民生局との間の協議の結果、こうした変則的な形が取られることになったのである。

身分切り替えの時期について、『道50年』は香貫山の麓に移転した後のこととしているが、これが史実ならば、民生局に移管された後も一年間、職員の身分は教育庁に置かれていたことになる。なお、教育庁から民生局に移管された翌年の『東京都職員名簿（昭和26年2月10日）』には、民生局の事業所としてなぜか沼津児童学園も職員の名前もない。『東京都職員名簿（昭和30年11月1日）』では、民生局に沼津児童学園があり、園長の項がなく、ただ一人、技術吏員・野田あい子が掲載されている。園長職にあったはず積の名前が抜けているのは、積が依然として教育庁に所属する教員であったことを示すものであろう。

（2）伝えられた閉鎖方針

民生局への移管に伴い、子どもたちはすべて児童相談所の措置に切り替えられ、幼児の受入れも始まった。移管された年の九月からは、積を〝おとうさん〟、野田保母を〝おかあさん〟、ほかの職員を〝おにいさん〟、〝おねえさん〟と呼ぶことになった。家庭的な雰囲気づくりということもあったが、「学校でも先生、松風荘でも先生は困る、気楽に言えるようにしてほしい」という年長児からの希望と幼児への配慮もあった。

このような呼び名について、南養寺学寮で暮らしていたころ、積は否定的な考えであった。寮長を〝おとうさん〟、寮母を〝おかあさん〟と呼ばせている一部の学寮に対し、「強制的なやり方で、真実を曲げるものだ。自然にそのように呼びたくなったら呼ばせるのが本当だし、そこまで指導することが大事だ」と、いささか気負った発言をしていた。

不本意ながら移管を受入れた積であったが、民生局がはやばやと閉鎖の方向で画策し始めたことを知り、「できることならば、民生局の手で継続してほしい」と願うようになっていく。積によると、「行政側のきびしさは冷酷そのもので、民生局と教育局との話し合いによって」閉鎖の方針が決定されていたというのである。積は松風荘の養護施設としての体裁整備の緊切なことをいっそう自覚することになった。

『40年誌』によると、一九五〇（昭和二五）年四月一二日、積は民生局児童課養護係に呼び出され、係長の関根通仲から閉鎖方針を申し渡される。それに対し、継続を強く訴えたが、聞き入れてくれなかった。閉鎖の方針はとうに知っていたとはいえ、落胆の気持ちは大きかった。しかし、これしきのことでめげるような積ではなかった。密かに家探しを始めたのは、閉鎖させないようにするためで、民生局に買収させることを考えたからである。家の見取り図を持って局に乗り込んだのは、同年の一〇月も半ばを過ぎたころである。児童課養護係の関根係長に説明し、検討を申入れたところ、関根は「都の方針には都外の新設はない」の一点張りであった。積は持論の教育論を展開し、執拗に迫った。

積の強引さに負けたのか、関根係長は「どこかに借家があれば移転という形で存続も考えられる」という。これは民生局が閉鎖方針を撤回したのではなく、積の力をもってしても実現の困難な借家話に乗ってその場を逃げたに過ぎない。積はこの言葉に力を得て借家探しに奔走したが、住宅難のため、売家ならともかく二〇数人の住む借家は見当たらなかった。

一二月に入ったある日、積は民生局から電報で呼び出しを受けた。何事かとかけつけたところ、関根係長は、閉鎖の方針に変更のないことを伝え、三点の理由を挙げた。

①　わずか二〇数名の施設の直営は好ましくない。
②　遠隔地なので管理不充分になりがちである。
③　都外の新設を認めないのが都の方針である。

①と②とは理由としてはきわめて薄弱である。積は二点を伝えて強く反論した。

①　子どもを正しく養育しようとする場合、家庭的な小規模施設でなければならない。
②　六年間、寝食を共にしてきた子どもたちをモノ扱いしたくない。

『道50年』では触れていないが、積は③に関わって、東京都の施設養護施策の貧弱な現状を突き、数多くの戦争孤児が長野県や富山県などの都外施設に委託措置されている状況が向後も続くであろうことを指摘し、根拠が不確かであると訴えたのではないか。

感情を高ぶらせ、荒々しく反論した積に対し、関根係長は口調を和らげ、唐突に中井児童学園長への転勤話を持ちかけ、「これは内定している話だ。都営で特色のある大きな施設だ。小さな施設でやるよりも、はるかにやりがいもあるし、君の将来のためにもいい」と語りかけてきたという。栄転をちらつかせた懐柔策であり、積は転勤を断然拒否した。

（3）借家探しから買い取りへ

沼津にもどった積は、さっそく職員一同に民生局の閉鎖方針を説明し、一致して反対することを確認した。さらに子どもたちと相談会を持ち、彼らからも閉鎖反対の決議を得た。数日後、強い反対の意思を持った子どもたちの代表（高二生）と職員の代表（野田保母）を上京させ、民生局児童課で存続の陳情を行った。こうした運動が功を奏したのか、関根係長は積の実践を称え、「平和をかき乱してすまなかった。早く借家を探して移転の形をとろう」といい、再び借家による移転を提案して来たのである。

この言葉に勇気を得て、積は家探しに飛び回った。しかし、年が明けて一九五一（昭和二六）年を迎えても、子どもたちが暮らすにふさわしい借家は見つからなかった。これは推測に過ぎないが、関根係長が再び借家話を持ち掛けて、積らをその気にさせたのは、借家探しの困難さもさることながら、児童福祉施設最低基準に合致するような設備の整った借家を見つけることがほとんど不可能に近いと踏んでいたからであろう。

ところが、関根係長の思惑が外れ、児童福祉施設最低基準には到底及ばないものの、きわめて優良な物件を探し当てた。香貫山の麓に位置する上香貫中住町（現、本郷町）の家屋である。立派な建物で、一〇畳一間、八畳二間、六畳一間、四畳半一間と五部屋もあり、南側には一軒幅の広い廊下がある。庭の西側には樅の巨木が枝を広げ、美しい濃緑の葉を輝かせている。子どもたちの木登り遊びにはもってこいの樹木である。

積はすっかり気に入ったが、借家ではなく、売り物件であった。民生局が提案した条件は借家であったので、民生局が買い取りを認めるはずがなかった。ところが、『40年誌』によると、一九五一（昭和二六）年三月三一日付けで、積はこの物件を買い取ったのである。「職員と話し合った結果、買い取ることにまとまり、（略）知人、友人等のカンパをお願いし、不足分は、借金をして、やっとの思いで（略）引っ越しをした」という。

しかも、『道50年』によると、物件の買い取りに当たっては、職員による貯金の提供、職員の出張旅費に関わる手当分の拠出を行っていたという。民生局職員としての服務規定を逸脱するどころか、違反行為にまで手を染めたのである。

民生局が借家ではなく、買い取りを認めたのであれば、その手続きは本庁業務であり、かかった費用は直営の施設では当然、全額公費でまかなわれるべきものである。そもそも閉鎖の方針が確定している施設の土地・家屋の購入費として、東京都が予算措置をするのはあり得ないのである。個人への寄付も個人での借金もあり得ないし、職員による手当分の拠出もあってはならない行為である。非常識の極みともいうべき、積が主導する振る舞いは、明らかに懲戒処分の対象になる内容であった。

ところが、積はいかなる策をろうしたのか、買い取りをやってのけたのである。このような実に不可解なことが、沼津児童学園を舞台に繰り広げられていた。その実態は、東京都の措置児童が個人所有（おそらく積惟勝名義であろう）の借金を抱えた家屋で生活し、家屋以外にかかる運営費は全額公費負担でまかなわれた、ということである。細々とした経営面での処理について、積と民生局との間で秘密裏にいかなるやり取りや約束事がとり交わされたのだろうか。積の独断先行による私費購入について、民生局はやむを得ず事後黙認の形を取ったのであろうか。

こうして民生局にとって、積惟勝という人物と沼津児童学園の存在は、ますます重たく、大きなものになっていったと思われる。

（4）庁議での閉鎖の決定と局長が提示した妙案

子どもたちと職員で力を合わせ、リヤカーに荷物を積んで引っ越しを終えたのは一九五一（昭和二六）年三月三一日である。新しい家屋での生活が始まり、子どもたちの通学先は第四小中学校に代わった。積は永住する土地・建物を取得したことで、今度こそじっくり腰をすえて子どもたちの家で生活教育に取り組めると思った。しかし、その実態は前記したように、個人所有の土地・建物で東京都の措置児童と東京都の職員が暮らし、運営実態は東京都の直営という民設公営、あるいは半官半民のような不可解な施設であった。

それから一年後の一九五二（昭和二七）年三月、積は民生局から再び重大な問題を投げつけられた。同月の二四日、たまたま公務があって民生局を訪ねたところ、関根係長に呼び止められ、沼津児童学園のあり方に関わる衝撃的な事実を伝えられたのである。

① 庁議で直営困難の結論が出ている。

② 閉鎖か統合以外に道はない。

③ 都議会終了後、局長の視察を予定しているので話し合ってほしい。

やっとのことで家屋を購入して転居し、本腰を入れて生活教育に取り組んできたのに、それもつかの間、暗澹たる思いであった。統合とは聞こえはいいが、松風荘をつぶすことでしかないのだろう。子どもたちの暮らしを何ら理解しようとしない民生局と徹底して闘ってやろうと決意しつつも、並々ならぬ厳しさであることも覚悟せざるを得なかった。

積が上記の①の事実をつかんだのは、それから二か月後の五月の初旬である。一九五一（昭和二六）年度初めの庁議で沼津児童学園が都立の遊休施設の一つに指定されて閉鎖が決定し、東京都公報に掲載されている事実を確認したというのである。

筆者は、掲載が事実かどうか確認すべく東京都公文書館で当時の東京都公報で主に「告示」や「訓令」の欄を調査したが、いまだ確認できていない。それにしても、遊休施設とは何ともひどい表現である。子どもたちが現に暮らしている家屋を遊休施設に指定する感覚は、健全な常識のレベルからはるかに遠い。積の怒りは頂点に達していたと思われる。

それから一か月半ほどたった五月一日、積が民生局に出向くと、関根係長はひどく低姿勢で、「閉鎖する代わりにあなたの優遇策を考えている。局の立場としても（継続は）困る。すでに閉鎖が決定しているので、予算課がうるさいので……」という。優遇策の話は問題外としても、予算措置ができないという話を聞き、いよいよ来るところまで来たなと思った。

関根係長から伝えられた通り、一九五二（昭和二七）年五月一八日、民生局長の畑市次郎が沼津にやって来た。畑はこの年の二月、発覚した聖十字学園事件に関わった東京都側の一人として、衆議院行政監査特別委員会および参議院決算委員会決算審査に関する小委員会から喚問を受け、民生局長として聖十字学園の指導・監査の経緯を答弁した人物である。

敷地のなかで溌溂とした子どもたちの動きを眺め、心から感じ入った畑局長は、子どもたちの思いを代弁する形で閉鎖反対の思いを訴えた積に対し、「何とか存続の道を考えよう」といい、存続のための妙案を口にした。それが関根係長の口にした統合案であった。

畑が言うには、同じ静岡県の直線で二六キロほど隔たった伊東市にある東京都宇佐美児童学園に「形式的」に「合併」した形にして、「実質的には、問題となる措置費（運営経費）」を「流し」て沼津児童学園で「使う」という方式であった。積は『道50年』で、松風荘は「まぼろしの闇の存在として」運営されることになったと述べている。民生局長が直々に沼津にやって来て積と膝を交えて「対談」したことも異例であるが、民生局長が語った「合併」による運営経費の「流し」はそれ以上に異例であり奇計である。局長判断による苦肉の策というべきか、あるいは弥縫策というべきか。

民生局長がわざわざ沼津を訪れ、積と対談したのは、何よりも積が閉鎖に強く反対し、子どもたちの思いを盾に徹底抗戦をしていたからである。もうひとつは、要保護児童が溢れかえり、施設の絶対数が不足している状況下で、いくら二〇数名の小規模施設とはいえ、閉鎖は避けたいところであり、現場の実態を自分の目で確認したかったからである。

さらに、前記したような民設公営、あるいは半官半民のような運営実態に加え、後記するように、無認可のまま直営を維持することの問題も重大視せざるを得なかった。なぜならば、民生局はこれまで、民間施設に対して児童福祉移設最低基準を盾に、認可を大前提に強く指導してきていたからである。無認可問題は局長として到底容認できないことであった。

（5）「合併」案の行方

畑民生局長の打ち出した「合併」の相手とされた宇佐美児童学園では、この問題をどう扱っているのか。『宇佐美児童学園40年のあゆみ』および『宇佐美児童学園50年のあゆみ』（以下、『あゆみ』）の「学園史略年表」では一九五二（昭和二七）年ではなく、いずれも一九五六（昭和三一）年の七月一日付け、「東京都沼津児童学園（松風荘）廃止のため暫定的に当学園が事業一切を経営することになった」としている。

『道50年』は一九五二（昭和二七）年とし、『あゆみ』は一九五六（昭和三一）年としている。どちらが史実なのか。『あゆみ』の「学園史略年表」では、続けて同年九月一日に「松風荘は東京都同胞援護会に移譲される」としている。この記述からすると、宇佐美児童学園による「暫定的」な措置は二か月間になる。これが史実であるならば、畑局長の提案から五年も経て「合併」が成立し、しかも二か月の暫定である。なぜ、移譲前の二か月間、わざわざ「合併」して「事業一切を経営する」必要があったのか。

もう一方の『道50年』の「合併」が史実であるならば、以後五年にわたる「合併」となり、その詳細が『あゆみ』で明らかにされていなければならないはずである。ところが、宇佐美児童学園の歴史を綴った個所にも旧職員の回想録にも「合併」話は登場しない。「暫定的」措置が取られたとされていたときの園長は第二代目の矢内秀俊であるが、矢内の回想録「宇佐美児童学園の9年」にも触れられていない。「合併」による変形的な管理運営費の流用が五年にわたってなされていたのであれば、施設の内外で話題になっていたはずである。都議会でも当然、大きく取り上げられて然るべきであろう。

この問題の解明を困難にしているもうひとつの事情は、『道50年』が「合併」話のその後について抽象的な説明になっていて、「合併」が実際にいつの時点からなされたのかについて触れていないことである。その上、畑局長がその年の一一月一日付けで財務局長に異動し、後任の太田園局長になってから再び閉鎖問題が浮上したことを挙げている。そして、太田局長の視察と執り成しによって、積が「昭和二十九年七月まで、一応閉鎖問題に頭を痛めることもなく、歩み続けることができた」と綴っているのである。

これをどう読み取るべきなのか。畑の提示した「合併」は実際になされないまま、継続して沼津児童学園の運営費が維持されていたものの、局長の交代で再び閉鎖問題が浮上したが、視察した太田局長の執り成しで収まったということなのか。

なお、『明日を創る』によると、太田局長の視察時に積は以下の三点を訴えている。

① 庁議決定の理由となったという遊休施設には納得できない。
② 大施設が必ずしも経済的に有利ということではない。
③ 本質的な福祉教育は小集団のなかでこそ実を結ぶものである。

庁議で決定された①の「遊休施設」のらく印は腸が煮えくり返る思いであったであろう。積の力を込めた訴えに対し、太田局長は大きくうなずいた。積のなかに、閉鎖問題は何とか押し返せるのではないかという、不確かながら安堵感に近いものが生まれた。

（6）一〇周年記念大会の開催

ところが、一九五四（昭和二九）年七月一日、主税局長に異動した太田園に代わって加藤精一が教育庁の次長のポストから昇格で民生局長に就任したことで、閉鎖問題が再燃した。加藤局長は、南養寺学寮のころに積らが作成した「改革案」に立腹し、わざわざ南養寺学寮に視察にやって来て積を叱責した、あの人物である。

加藤は局長就任後、「俺が松風荘をつぶしてみせる」と豪語していた。積はいち早く沼津の現状を視察して欲しいと陳情した。加藤局長は、「すでに東京都公報に掲載されているものを闇の形で置くわけにはいかない」とはねつけ、挑戦的な姿勢を示したという。

積はぐずぐずしてはいられないと思い、職員や地域の人たちに相談を持ちかけ、対応策を協議した。子どもたちとも話し合った。沼津児童学園は松風荘と呼ばれ、沼津における教育文化活動の拠点として定着し、市民から圧倒的な支持を得ていた。

地域住民を交えた対策会議で出された結論は、地域住民の力で松風荘を守り抜くための一〇周年記念大会の開催であった。民生局長を始め幹部職員を招き、松風荘が沼津市に確かな基盤を持って運営され、市民の支持を得ていることを大会で示そうとしたのである。

積は何度か民生局を訪れ、加藤局長の出席を懇請した。しかし、局長は勝手に日取りを決めたと文句をつけ、代わりに児童部長を出すといって不機嫌であったという。

一九五五（昭和三〇）年一月一六日、沼津市公会堂で開催した一〇周年記念大会では、午前の子ども主体の記念式典には民生局から児童部養護課長の藤井高明が出席した。午後の記念祝賀大会になって、あれほど出席を嫌っていた局長が遅れて出席した。挨拶のなかで、「東京都として市民の支持に深く感謝したい。今後とも支援を願う」と述べた。局長と養護課長はその後、松風荘を視察した。養護課長が閉鎖の理由を説明したのに対し、病気療養中の保母の野田あい子が必死になって存続を訴えた。局長は無言のままであった。記念祝賀大会で大勢の出席者を前に今後の支援を要請した手前、局長は何もいえなかったのであろう。

(7) 約束した存続のための方策

ねらい通りに一〇周年記念大会を終えることができたことで年度末まで何の沙汰もなく、新年度になった。しかし、局内では水面下で閉鎖に向けて立案を終えていたのである。『那古学園45年のあゆみ』の「第一編　那古学園前史」をまとめ上げた山田稔雄氏は、その「終章」で、一九五五（昭和三〇）年二月三日、民生局児童部において第二安房児童学園への児童移転計画が協議され、その際の協議資料として「統合廃止施設児童移動計画表」が作成されていた事実を明らかにしている。この一覧表によれば、廃止する小豆沢児童学園（六三名）、中井児童学園（六〇名）、箱根児童学園（五六名）、沼津児童学園（一三名）の計一九二名を新設する安房第二児童学園へ転園させる計画になっていたのである。

『明日を創る』によると、三月末、民生局を訪ねたとき、積は閉鎖方針を繰り返す養護課長の藤井高明に対し、「閉鎖なさるのなら閉鎖してごらんなさい。私は知りませんよ。あなた方で子どもたちを移動なさるがいい。子どもたちは首に縄をかけてひっぱっても動きませんからね」といって、かなり高飛車に出たばかりではなく、さらに「そんなことをしたら、局長を刺して、私は切腹してみせますからね」と半ば冗談をいった。おどけて口にしたつもりであったが、加藤局長に対する本心はそのくらいの覚悟であった。

ところが、六月三〇日付けで加藤局長が突如異動となり、七月一日付けで新局長に富田滋が就任した。積によると、加藤は後に収賄事件が発覚し、処分されたという。

就任して間もなく沼津を訪れ、松風荘を視察した富田新局長は、一〇周年記念大会のアルバムを見ながら、積に向かい「福祉に欠ける子どもたちは、こうした（小規模の）施設で育てることが本筋。これだけ市民に支持されている施設をつぶすことはない」と語って積の養護実践に理解を示し、続けて「しかし、庁議で閉鎖が決定し、公示されていることをくつがえすこともできない。何とか存続の方策を考えよう」と語ったという。

閉鎖されようとしていた松風荘は、富田新局長によって何とか持ちこたえていたが、存続の見通しはなかった。積はその後、何度か民生局を訪ねたり、局長の自宅を訪ねたりして、宇佐美児童学園の分園案を提案してみたが、「それはできない」ということであった。もはや松風荘の生き延びる道は無きに等しかった。ところが、民生局はひそかに存続のための方策を模索していたのである。それが民間社会事業団体への移譲であった。

（8）閉鎖に至らなかった背景

民生局は長年にわたって松風荘こと沼津児童学園の扱いに苦慮してきた。早い段階で閉鎖方針を打ち出しながら、積の強い抵抗に遭い、閉鎖にこぎ着けられなかった。民生局が明らかにした三点の閉鎖理由は根拠の薄弱な内容であった。民生局が閉鎖やむなしと判断した理由はこの三点とは別にあったものの、積がその事実に言及していなかったことがある。

民生局が積の説得に難航した背景、言葉を代えて言えば、民生局が所管する沼津児童学園の運営に関して、いかなる弱点を抱えていたのか。以下、思いつくままを列記しよう。

①　教育局が所管していた時代を含め、民生局は子どもたちの家づくりを目指した積の生活教育の実践に一定の評価をしていた。

②　児童福祉法および児童福祉施設最低基準の公布・施行の後に民生局への移管がなされ、小規模・無認可という実態のまま引き継いだこと。

③　移管後の施設設備は児童福祉法による認可に耐えられる内容ではなかった。

④　児童福祉施設最低基準に沿った施設の整備・改善は、積の理念とする子どもたちの家を全面否定しかねない内容を含んでいた。

⑤　直営施設であるにもかかわらず、民設公営、あるいは半官半民のような運営である上に、無認可は民生局としてあってはならない問題であった。

⑥　子どもたちが沼津市民から愛されて育ち、施設自体が市民の圧倒的な支持を受けている事実を受け止めなければならなかった。

⑦　松風荘の門表を掲げていることは民生局として認めがたいことであった。

⑧　無認可である実態を積自身が大きな問題とはとらえていなかった。

民生局にとって最も重たい課題は②、③、④、⑤、⑦、⑧に関わることであった。積は言及していないが、民生局は積に対し、その都度、無認可問題を挙げ、実現の困難なことを承知の上で、児童福祉施設最低基準順守の重要性を指摘していたのではないか。積はそれに対し、児童福祉施設最低基準をはるかに越えた施設養護の実績を挙げて応えたのであろう。法制度の順守を求める民生局と現場実践の積との歯車がかみ合わなかった。

（9）事業統計に見る謎

沼津児童学園が民生局刊行の事業統計に登場するようになるのは一九五〇（昭和二五）年度からである。民生局児童課の『事業概観 昭和二五年版』の「養護施設」は「経営別」に「都営」とそれ以外の「財法」「個人」「会員組織」などに分類しているが、石神井学園やあずさ園などの「都営」にはなく、それ以外の民間施設の最後に再び「都営」が入り、そのなかに「沼津学園」（静岡県沼津市大諏訪、代表者・積惟勝）が「忠生学園」（南多摩郡忠生村根岸三三六、代表者・小巌伸）、「小山学園」（北多摩郡久留米村大字小山一二四一、代表者・小山久仁夫）とともに入っている。これは教育庁から移管される前日付けの分類であることから、民生局が養護施設の扱いにしなかったからであろう。

ところが、『民生局年報』の事業統計では「昭和二一年版」から「昭和二五年版」まで、どこにも登場しない。教育局の事業所であって養護施設とは認められていなかったということであろう。同年報が「沼津児童学園」の名称で初めて登場するのは「昭和二六年版」からで、六歳から一九歳まで男子一四名、女子七名、計二一名が在籍し、新入児童はゼロである。「昭和二七年版」では、五歳から一九歳まで男子一九名、女子九名、計二八名、新入児童はゼロである。「昭和二八年版」では、男子一六名、女子九名、計二五名、新入児童一名、「昭和二九年版」では、男子一八名、女子一〇名、新入児童五名となっている。

正式に養護施設に分類されたものの、松風荘の名称ではない。民生局が俗称の松風荘の名称を認めなかった確かな証左である。上記の事業統計にはきわめて不可解なことがある。公式に沼津児童学園の名称になったこの時期は、施設長の積惟勝と民生局児童課との間で、職員と児童も巻き込んで、閉鎖方針をめぐって激しい戦いが繰り広げられていた。それにもかかわらず、在籍児童数に若干の変動がある上に、「昭和二九年版」では新入児童五名（男子一名、女子四名）という記載になっている。これをどう読み取るべきなのか。

早くから閉鎖方針を決定していた所管の民生局児童課が入所措置の停止を打ち出すのは当然の成り行きであろう。子どもの自然減を待つだけの状況下にあっても、児童相談所による措置を一部、例外的に黙認していたということであろうか。一方の松風荘は、施設の存続策のひとつと考え、進んで受入れたのであろうか。

(10)　東京都同胞援護会への移譲

民生局長の富田滋が約束した存続のための方策が社会福祉法人恩賜財団東京都同胞援護会（以下、同胞援護会）への移譲であった。積は「これ以上の闘いはムリだと断念し、局長のあっせんに応じた」と綴っている。名を捨てて実を取ったと言うべきであろうか。子どもたちの家づくりを目指す積の「闘い」は、いよいよ正念場を迎え、「あっせんに応じた」というのである。

『40年誌』によると、一九五六（昭和三一）年七月一四日付けで同胞援護会から東京都民生局長宛て経営管理をする承諾書が提出され、合わせて静岡県知事に児童福祉法に依る認可申請が出された。同年九月一日付けで東京都民生局から同胞援護会宛て経営移譲の承諾書が出され、同日付けで事務引き継ぎ書が交わされて移譲が完了した。ここに初めて公式に松風荘という名称の児童養護施設が誕生したのである。

『道50年』によると、職員の給与関係は九月分まで東京都が負担し、備品類は一切無償貸与となった。個人所有であった土地・建物は同胞援護会に寄付された。職員四名と子どもたち二五名はそのまま同胞援護会に引き継がれた。これによって施設長の積と四名の職員が民生局から同胞援護会の職員に切り替わった。

この時点で積の身分が教育庁にあったか民生局にあったかは判然としない。すでに教育庁から民生局に切り替わっていたのであろう。なお、一九五六（昭和三一）年に大蔵省印刷局が刊行した『職員録 昭和31年下』は、積を東京都沼津児童学園長として記載している。いずれにしても、積がこのたびの身分切り替えに進んで応じたかどうかは定かではないが、子どもたちの暮らす松風荘を守るには同意するしかなかったと思われる。

いつのことか定かではないが、視察に訪れた民生局の某幹部が、沼津児童学園の門表がなく、松風荘となっていたので、沼津児童学園の門表を送り付けたという。この逸話は当時、東京都箱根児童学園の園長であった上野光治が紹介している（『那古学園45年のあゆみ』）。送り付けた某幹部は「松風荘をつぶす」と豪語していたと言われている加藤精一局長であろうか。

東京都沼津児童学園の門表は最後まで掲げられることなく、直営一一年の歴史に終わりを告げた。引き継がれたのは、俗称の松風荘と積の掲げてきた子どもの家づくりであって、沼津児童学園ではなかった。

『40年誌』によると、移譲に先立って、民生局長の富田滋は沼津を訪れ、子どもたちに向かって、次のような挨拶をしたという。

「いよいよ、諸君は私たちの手をはなれることになった。それは、先生方や君達にとって悲しいことにちがいない。しかし、それ以上に哀しいのは、この私である。どうしても手放したくなかったが、こんな結果になったことを、心からお詫びしたい。」

現職の民生局長が、自分の立場を超えて個人的な心情を語ったということであろうか。積はこの言葉を聞きながら、閉鎖の通告を受けてからのおよそ五年、東京都の直営で生き続けてきたことを不思議な気持ちで思い返していたという。

(11) 難題山積のままで

沼津児童学園の運営を引き継いだ同胞援護会は、民生局から移譲の打診があったとき、いかなる対応をしたのか。積極的に受ける姿勢をもって応えたのか、それとも後ろ向きのまま民生局の主導で移譲が進められたのか。このことについて、『東京都同胞援護会のあゆみ』は「年表」で移譲年月日を表記し、「児童養護施設のあゆみ」の項で、二子玉川学寮から沼津児童学園に至る「転々とした施設」の歴史に触れ、「移管され」たとしているだけである。

確かなことは、民生局から移譲の打診があったとき、沼津児童学園には山積する難題があり、迅速かつ適切な解決が求められていたことである。同胞援護会は移譲に二の足を踏んでいたのではないか。『40年誌』の「松風荘と私」のなかで当時、同胞援護会直属の児童養護施設・双葉園の園長職にあった星野卓郎が「祈りいま新たに！」を寄稿し、注視すべき逸話を綴っている。「東京都同胞援護会に東京都宇佐美児童学園松風寮が養子縁組する、そう聞いたのは、その年の春だった」とし、民生局長・富田滋と同胞援護会の会長・横瀬精一との間で「正式の縁組が成立」した、というのである。

その年とは一九五六（昭和三一）年である。「東京都宇佐美児童学園松風寮」は、前記した「暫定的」な「合併」を意味するのであろうか。星野の回想が正確ならば、民生局と同胞援護会との間で移譲に向けた協議が水面下で続けられ、一九五六（昭和三一）年の「春」にはほぼまとまったことを示すものである。「東京都宇佐美児童学園松風寮」も、「暫定的」な「合併」が実際に行われていたことを示すのであろう。

同胞援護会は移譲されて早々から解決すべき難題にぶつかった。直営の時代に迅速かつ適切に処理されるべき無認可問題である。前記したように、直営施設でありながら、児童福祉法による養護施設として認可されていない事態は、民間養護施設を管理・監督する東京都民生局としては誠に面目のないことであった。

(12) 認可をめぐる県との交渉

一九五六(昭和三一)年七月一四日付けで静岡県知事に児童福祉法に基づく認可申請が提出されたが、現地調査を行った静岡県は保留とした。その結果、松風荘は以後、毎年、県の指導検査を受けながら最適基準に達するように努力を重ねることとなり、一九五九(昭和三四)年三月に食堂、便所、厨房などを増改築した。

一九六二(昭和三七)年六月三〇日には、静岡県沼津児童相談所長名による「措置児童数も相当あるため早急に認可されるように」との副申書を添えて、認可に関わる事前協議の申請をしたところ、県から将来計画の提出を求められた。松風荘は同胞援護会本部と協議の上、一九六三(昭和三八)年三月一五日付けで、県知事宛て、鉄筋コンクリート造二階建て、一二〇坪、定員四〇名という将来計画書を提出した。そして、同年三月二八日付けで、次のような五項目の確約事項を添えて認可申請を再提出した。

① 現状のままで認可を認めてもらいたい。
② 一九六五(昭和四〇)年度までに改築し、定員四〇名とする。
③ 改築後の措置は年度協定により、その数を定める。
④ 一九六五(昭和四〇)年度までに改築が実施できない場合には、認可取り消しでも差し支えない。
⑤ 認可後は県の指導監督のもとに運営する。

こうして一九六三(昭和三八)年六月一日付けで、五項目の確約事項の履行を条件に県の認可を受けることができた。ここに松風荘は、児童福祉法による養護施設(定員二五名)として認められたのである。『全養協20年の歩み』の「年表・資料」は、「昭和三八年(一九六三年)」の六月一日を、何の説明も加えず、「松風荘(静岡)」と記しているだけである。

地域に根差した養護実践の実績を有しながら、これほどに長期間にわたって無認可の状態が続いた施設は前例のないことであったと思われる。児童福祉施設最低基準の内容と行政による認可に対する積の不満・不審が渦巻いていたのであろうか。

積は認可に向けた県との交渉で、東京都民生局の協力も得ているが、そのことについては詳しく触れていない。その一方で、静岡県沼津児童相談所長に認可のための副申書を作成してもらったことを挙げている。松風荘の子どもたちは東京都の措置児であり、静岡県の措置による子どもではない。それにもかかわらず、沼津児童相談所長名の副申書が添えられたということは、松風荘が沼津において圧倒的な支持を得ており、子どもたちが沼津市民の一人として愛されていたことを示すものであろう。

児童福祉法の定める範囲で支給される事業費などの経費は、直営の時代と比較してかなりの格差があり、積は「相当の苦労をした」と述べている。児童福祉法に基づく社会福祉法人に対する民間委託事業の実態を初めて知ったのである。

積と民生局との間で繰り広げられた「闘い」は、社会福祉法人への移譲の形で決着がついたとはいえ、閉鎖方針を撤回させた結果からすると、月並みな表現ではあるが、積の粘り勝ちというべきか。高い現場実践を武器に行政の廃止方針に敢然と立ち向かい、軌道修正させ、勝ち取ったのである。松風荘は積惟勝と教育局・教育庁・民生局との激闘の歴史の上に生まれ、築かれた児童養護施設なのである。

なお、松風荘は二〇〇五（平成一七）年四月一日付けで経営主体が同胞援護会から社会福祉法人共生会に移管されている。移管後の松風荘で、施設長に就任した村松信知氏は、ホームページで、次のように挨拶している。

―松風荘は、（略）開設当初から「一人はみんなのために、みんなは一人のために」という積先生の思いを今に伝え、家族会議を実施し、子どもたちの自主性を重んじ、子どもの意見を汲み取りながら生活をしています。現在では、本園を含めた4拠点で生活を送っていますが、子どもたち一人ひとりを大切にしていく事は、不変です。（略）地域の皆さまや支援者の方々から温かな見守りによって生活が出来ている施設です。今後とも、ご支援やご協力の程、何卒よろしくお願い申し上げます。―

(13) 松風荘を舞台にした集団主義養護

創設に連なる学寮から積惟勝がけん引して運営された松風荘は、沼津市の児童文化運動の原点といわれ、児童文化の発祥の地とも言われている。戦争孤児として終戦後を生き抜いた作家の西村滋は、『40年誌』に寄せた「わが原点」と題する一文で、一九六〇年代に沼津に住んでいたとき、自転車で松風荘の前を通ることが「励ましになっていた。（略）松風荘は、いわば私の生きるテーマを保護してくれていた」と述べている。その沼津で執筆したのが『雨にも負けて風にも負けて　戦争孤児十三万人の歪められた軌跡』（双葉社　一九七五年）『お菓子放浪記』（理論社一九七六年）である。松風荘は西村に限らず、沼津の市民たちに文化の匂いを漂わせていた。それほどまでに輝いた存在だったのである。

東京都民生局を相手に不退転の「闘い」を繰り広げながら養護実践を展開してきた積は、民生局から同胞援護会に移譲され、文字通り松風荘となって八年後の一九六四（昭和三九）年、全国養護施設長研究協議会で「集団主義養護理論」を提起する。

集団の持つ優れた面を最大限に生かし、家庭に優るとも劣らぬ施設を創ることこそが生きる道であるとの考えに基づく施設養護理論である。積の提唱した施設養護論は、終戦後、熱誠を込めて戦争孤児の保護に当たっていたなかで、ホスピタリズムが提起され、施設養護の否定面が指摘されるようなこともあって、以後、施設養護の新たな理念や方向性が見出せずに低迷していた全国の養護施設界に新風を巻き起こす。

集団主義養護理論の問題提起をきっかけに、積は一九六八（昭和四三）年には全国養護施設研究会を設立し、集団主義養護の理論化を図り、現場の施設養護をけん引すべく、初代会長に就任する。その一方で、一九七〇（昭和四五）年四月から一九七六（昭和五一）年三月まで日本福祉大学社会福祉学部教授として兼務の形で就任し、大学教育に従事する。その間の一九七一（昭和四六）年には定年退職して名誉園長になり、一九七二（昭和四七）年には養護問題研究会を組織し、初代会長に就任する。

一九七七（昭和五二）年五月、七一歳で松風荘を退職した後は、沼津市内に積教育福祉研究所を立ち上げ、市民の一人として引き続き施設養護の実践研究と児童文化の発展に貢献する。集団主義養護の実践現場である松風荘は、実践によって構築した理論を全国の養護施設に発信する基地の役割を果たした。

積が七七歳で死去したのは一九八三（昭和五八）年八月のことである。なお、松風荘にたどり着くまでの経歴は、一九五二（昭和二七）年に「養護施設松風荘園長」の肩書で積が編集・刊行した『われらかく育てり―戦災児童の手記』の「編者略歴」によると、「早大中退、法大卒、教員生活約10年、虚弱児童との養護学園生活約7年、戦災児童との養護施設生活約6年」としている。「教員生活」は生活綴り方運動に打ち込んだ「約10年」であった。

おわりに

積惟勝は輝かしい足跡を残した教育福祉の実践家であり、沼津の松風荘はその実践舞台であった。そのような名士であるだけに、沼津市立図書館は積の綴った五冊の実践記録と短歌関連の三冊を「郷土資料」として所蔵している。しかし、施設養護の実践および研究のほかに、沼津の市民のひとりとして市の児童文化の発展に貢献した積は、これ以外にもいく冊もの名著を始め、共著や編著、論文、エッセイ、報告書などを残している。「郷土資料」と銘打っているのであれば、上記の八冊では物足りない感じがしないでもない。

東京都公文書館には沼津児童学園関連の資料は保存されておらず、教育庁から民生局への移管や沼津児童学園の閉鎖に関わる資料は見つけられなかった。直営の養護施設長が執拗に都の所管部署に盾突き、指導・要請に従わず、最後まで抵抗し続けた挙句、最後は民間移譲のかたちで折り合いをつけた。このような例は唯一無二であり、直営の施設養護の世界では向後もありそうもない。そうであるだけに、筆者は沼津児童学園をめぐる顛末を示す資料が「歴史的公文書等」として何か保存されているはずだと大いに期待していたのである。

積が自著で赤裸々に綴っている教育局、教育庁、民生局の幹部連中とのやり取りについては、わずかに『職員名簿』や『都政人名鑑』による氏名および所属部署の確認は一部できたものの、そうした事情があって、公的な資料による裏付けが取れなかった。本章が、積の一方的な主張や思いを綴った文章に沿った内容で埋め尽くされているのはそのためである。

第四章
萩山学園―島田正蔵と少年教護院付設での三年七か月の生活教育

はじめに

萩山実務学校は児童福祉の分野、とりわけその源流である感化教育・教護の世界では広く知られ、今日も児童自立支援施設としての役割を果たしている。ところが、本章で取り上げる萩山学園がかつて終戦後の一時期、萩山実務学校に付設されていたことを知る者はあまりいない。萩山学園の存在を知って驚く者も少なくない。筆者も萩山実務学校に勤務していたとき、大先輩の教護（現、児童自立専門員）から、かつて使われていた和光寮のあった辺りを歩いていたとき、戦争孤児を保護する施設・萩山学園があったことを初めて教えられた。

今日では忘却の彼方にある萩山学園であるが、その創設当時をたどると、島田正蔵という著名な教育者によって率いられ、島田正蔵の教育理念とともに、子どもたちの生活の様子が全国紙の新聞に写真入りで報道されたことがあった。そこで繰り広げられていた教育内容は、いまだ成立していなかった児童福祉法や児童憲章の理念を先取りする形で、斬新な教育・福祉実践として展開され、全都・全国に知られた存在であった。

ところが、萩山学園は今日では児童保護の歴史では忘れられた存在になっている。その背景には、わずか三年七か月で廃止になり、子どもたちの大部分が外部の施設に転居することなく、そのまま萩山実務学校に措置変更されるという特殊な事情があったからである。

本章では、第一に、戦時体制下の萩山実務学校を牽引した島田正蔵に焦点を当てた。第二に、『戦災孤児の記録』から島田正蔵の児童観・教育観を浮き彫りにした。第三に、萩山学園における生活教育実践を子どもたちの作文によって明らかにした。

終戦後、萩山学園は少年救護院に付設の形で唐突に創設されたこともあって、その歴史は戦時体制下の萩山実務学校の実践を抜きにたどることはできないし、戦時体制下の萩山実務学校をけん引した島田正蔵を抜きに取り上げることもできないのである。

1　戦時体制下から終戦後にかけて萩山実務学校の運営を主導した島田正蔵

（1）保護要綱に基づく児童収容保護所

萩山学園は一九四六（昭和二一）年九月一日、戦争孤児を保護・育成する施設として少年教護院・萩山実務学校（以下、実務学校）に付設して設置された。正式な名称は、同年九月一九日付け主要七都府県各地方長官宛厚生次官通牒「主要地方浮浪児等保護要綱」（以下、「保護要綱」）に基づく「児童収容保護所」である。

「保護要綱」によって東京都に設置された児童収容保護所は、萩山学園（北多摩郡東村山町野上）のほか、中央児童相談所付設保護寮（豊島区西巣鴨三の八五八）、八街学園（千葉県八街町）の三か所である。また、合わせて児童鑑別所として中央児童相談所が指定された（松崎芳伸『児童福祉法』）。これら四施設に関わる東京都の主管係は民生局保護課保護係である。

「保護要綱」によると、「一斉発見」や「巡回発見」（いわゆる〝狩り込み〟）によって保護した「幼少年」については先ず「児童鑑別所」に送り、そこで「児童の性格、心理、知能、健康等綿密な検査を行い、その特性に適応する施設」に「収容又は委託する」となっており、その施設のひとつが児童保護収容所となったのである。

児童保護収容所では、対象児童を「戦争孤児、引揚孤児、その他家庭生活を失った児童等」と限定した。そして、「児童の年齢特性等により適宜の細別に分け、それぞれ指導員及び保母を配置して家庭的構成となし、収容後約1カ月乃至2カ月間起床、食事、運動、娯楽、慰安、休息、入浴、就寝等訓練計画を定め専ら正常生活の訓練を行い、規律生活の習性を体得せしめると共に、此の間情操と品性の陶冶を図り純情、従順な素地を培養する」とし、「児童の向上心を喚起するように努め」、児童の成績に応じて「保護所内において普通教育を行うと共に、可能な時期において近隣学校に通学せしめ普通教育の履修を図る」としている。

設置場所については、「管内のみに限定することなく農耕、授産等も考慮し、教育、保健、衛生等に適する地を選定し真に児童の楽園たらしめる」としている。さらに、おおむね普通教育を修了した者については、保護所内の職業補導施設や農園等を活用して職業補導を行うなどして「独立自営の生活を確立せしめ健全な良国民たらしめる」としている。

特筆すべきは、「戦争孤児、引揚孤児、その他家庭生活を失った児童」を総体として「浮浪児」ととらえ、収容保護所での処遇の要点を規律訓練とし、普通教育を二の次としていることである。悪事を働いた子どもを扱う更生施設、あるいは矯正施設のような記述であり、戦争の被害を受けた子どもという発想は見当たらない。

（2）学園設置の事情と組織体制

学園設置をめぐる事情について『萩山実務学校五十年史』（以下、『五十年史』）は、次のように述べている。

「終戦前数ヶ月前から終戦後一二年にかけて浮浪少年、不良少年の未曾有の氾濫状態を現出するに至った。当時は殆ど毎日のように入院児があったが、一斉に多数が入院する場合も少なくなかった。その主なるものを挙げれば昭和二十年九月十一日十七名（上野地下道に於る一斉収容に本校職員三名協力し、学校に連行したもの））、二十一年二月一日石神井学園より七名、九日同じく四名、五月二十日養育院より十名、五月三十日同じく六名等である。かくして本校はどうしてもその施設の拡張を図らざるを得なくなった。

然るに当時厚生省は教護院の拡張はその経費上の関係から之を許可せず、都としては止むをえず戦災孤児対策費を以て戦災孤児、浮浪児等の収容保護施設として新に萩山学園なる養護施設を開設し（た）。」

東京都民生局は当初、少年教護院の学校の拡張を厚生省に働きかけていたが、厚生省が認めなかったというのである。終戦直後の混乱期にあって、同じ公費の支出でも主管係および支出科目の違いが大きく影響していたということである。場所は実務学校に隣接する戦前の「大東亜省の萩山道場なる四ケの建物付属地共四千百坪」で、東京都が買収した。確保した四棟の建物は大きな二階建てが昭光寮、和光寮、萩光寮と名付けた三棟（八五畳、八〇畳、七〇畳の畳敷）、平屋建ては陽光寮と名付けた一棟である。

『五十年史』の「萩山実務学校敷地建物全図（昭和25年4月1日現在）」を見ると、学園と実務学校の間に本館、運動場、校舎、遊技場、農場、雑木林などが散らばっていて、二つを切り離した配置になっている。浴場は学園専用になっていて寮の傍に設置されている。

実務学校に隣接して設置したのは、国有地の緊急買収ができ、広大な敷地を有する学校の教育環境と人的資源を活用して職業教育や普通教育に取り組めると考えたからである。しかし、このことは一方では利点であったが、他方では問題を生む要因にもなったと思われる。

学園はその性格上、「保護要綱」に基づく児童収容保護所で（『五十年史』の「養護施設」は正確な記述とは言い難い）、少年教護法に基づく少年教護院（一九四七年一二月一二日付けで児童福祉法に基づく教護院となる）としての実務学校とは別個・独立の施設であった。しかし、校長の島田正蔵が園長を兼務し、実態は実務学校の「延長」であった。

「処務規程」には「戦災孤児、浮浪児のなかでも不良行為を為す虞ある者を収容する」とある。ぐ犯行為を主眼にする点では学校の対象児とほぼ同じであったが、街頭を彷徨する戦争孤児の生き延びるためのさまざまな振る舞いがぐ犯ととらえられていたことを意味する。

「萩山学園規則」第二条は教育方針を「独立自営の生活態度と民主的国民の基礎修得をなす」としている。後段の「民主的国民の基礎修得」は注視すべきことばで、島田正蔵の掲げる教育理念を示すものであろう。処遇体制は、実務学校が夫婦家族制を採っていたのに対し、学園は建物の構造上、寄宿舎制を採らざるを得なかった。実務学校側から職員を配置替えさせたほか、若い保母を新規に採用し、「独身者の大家族制」の体制を採った。

前記したように、実務学校と学園は組織上別個・独立し、支出科目は別立てであった。実務学校は戦前からの伝統を誇る少年教護院ゆえに強固な土台の上にしっかりとした予算措置が取られていたのに対し、学園は時限的に創設されたため、貧弱な予算配分の上に、執行上さまざまな制約があったと思われる。

（3）島田正蔵の経歴

実務学校と学園の運営を兼務の形で任せられることになった島田正蔵とは、どのような経歴の持ち主なのか。全国教護協議会刊行の『教護事業六十年』は、島田を「教護事業を支えた人々」の一人として紹介しているが、経歴には触れていない。萩山実務学校の元校長・長沼友兄氏は、創立百周年記念誌『萩山』に寄稿した「萩山実務学校・

子どもと歩んだ100年」と題する玉稿（以下、「長沼論文」）で、断片的に取り上げている。『五十年史』で見る限り、島田の経歴には分明でない部分が少なくない。その理由は、何よりも本書が島田の在任中に刊行されたものだからである。しかし、島田はわが国が戦時体制下に突入する直前の緊迫した時期に学校の主事（後の校長職）に就任して以後、終戦をはさんで戦後、学校の運営と処遇体制の基礎を築き、教護実践を先導した第一人者なのである。

島田は私立小学校の教師から少年矯正教育を経て教護の世界に飛び込んだ人物である。東京市の養育院や社会局、あるいは東京府学務部の役職からの異動で着任したのではなく、外部からの登用である。どのような人脈を背景に、いかなるねらいがあっての登用だったのか。島田を学校に導いた人物は誰だったのか。島田を一七年の長きにわたって引き付けた教護事業とは島田にとって何だったのか。終戦をはさんで、島田の教育理念はどのように変化したのか。そうした変化があったとすれば、それは学園の教育にどのように生かされたのか。

こうした問題を探るには、まず島田の経歴をたどる必要がある。島田の戦前の経歴は、前掲「長沼論文」のほかに、教育史の立場から、広島大学の木原成一郎氏の二つの論文「大正末から昭和初期にかけての成城小学校における体育教育の改造―島田正蔵の低学年教育を中心に―」および「1920年代後半の成城小学校における島田正蔵の『遊戯による教育』に関する一考察」（以下、「木原論文」）が一九三四（昭和九）年前後まで明らかにしている。

（4）「懸命になって人間を作る仕事がしたい」

島田は一八九五（明治二八）年一月、熊本県の生まれである。一九一一（明治四四）年九月、満一六歳で同県玉名郡坂下尋常小学校准訓導となり、教師としての道を歩み始める。一九一八（大正七）年三月、熊本県第二師範学校（現、熊本大学教育学部）を卒業し、同年同月、熊本県第二師範学校訓導兼出水尋常小学校訓導に就任する。訓導として体操科の教材編成に関わっていたが、とかく他律的になりがちな体操授業のあり方に疑問を抱き、体操における遊戯の効用に気づくようになる。「体操科の授業を子どもたちがおもしろがるのは、体操教材ではなく遊戯教材があるからであると考える」ようになる。

一九二〇（大正九）年、デューイの『民主主義と教育』を原書で読み、アメリカの進歩主義的な児童中心主義教育論に出会う。一九二一（大正一〇）年四月、広島高等師範学校教育科（現、広島大学教育学部）に入学し、体育の研究に取り組む。二年後の一九二三（大正一二）年三月に卒業、修身科及び教育科中等教員免許を取得し、同校の体操教員に就任する。

「長沼論文」ではこの後、一九二三（大正一二）年四月、広島高等師範学校研究科に入学し、同校助教授（体操）となり、一九二五（大正一四）年三月、同研究科修了となっている。

一九二五（大正一四）年六月、成城小学校訓導として赴任する。赴任の理由は、成城小学校を創設した澤柳政太郎の掲げる教育理念に共鳴したからである。「教育の先生がどれだけ人間を作れるか」という観点から「懸命になって人間を作る仕事がしたくてたまらなくな」って、「その教育欲を満足したい切実な要求からであった」という。島田の切実な「教育欲」を「満足」させられる場が成城小学校であった、ということである。

翌年七月、広島高等師範学校研究科在学中に作成した研究論文を骨子として、大同館書店から『体育原論』を刊行する。また、成城小学校の教員集団によって刊行されていた『教育問題研究』誌に教育方法や遊戯・体育研究などの論文を多数発表する。

島田の問題意識は、子どもの成長・発達における子ども自身の有する能動的かつ自発的な活動の意義をないがしろにしている既成の学校体育・体操教材の改造にあった。遊戯を幅広い教育的な価値を有する活動ととらえ、遊戯を学習教材として組織化する研究に打ち込むようになる。一九二七（昭和二）年四月、文化書房から『低学年の新教育』を刊行する。

一九二七（昭和二）年八月、澤柳政太郎の紹介でアメリカ留学に出発する。留学の成果は、一九三一（昭和六）年一月、中文館書店から『現代革新教育の進展』として刊行される。序文で島田は自らを「新教育研究者の一人」と位置付け、本書を「生命ある活動」として新教育をいかにして実現するかを問うたものであるとしている。

アメリカ留学中の一九二八（昭和三）年五月には、同僚の松本浩記とともに、子ども向け読み物として学習室文庫第五期全巻を編集・執筆し、中文館書店から刊行している。島田と松本の肩書は成城小学校訓導で、澤柳政太郎ら五名の文学博士が推奨人として名を連ね、アメリカに出発する前に完成させていた。収められた作品は、以下の題名の全三〇冊である。

―杜子春、銀の皿、中江藤樹、吉田松陰、西郷隆盛、聖徳太子、リンカーン、ルーテル、二宮尊徳、娘シャロン、日蓮上人、親鸞上人、明治天皇、孔子、ナイチンゲール、ベートーベン、汝自身を知れ、ワシントン、賛美歌物語、険校の誠心、徳川斎昭、源　頼朝、百合の主、黄金の河、ウイッチトンとその猫、マホメットと其の宗教、孟子、聖クララ―

それぞれの「はしがき」で、作品の概要とその意義を簡潔に綴っている。ルビを付してはいるが、難解な漢字を多用している上に、その内容や硬い文体からすると、小学校の高学年以上を対象にした読み物であったと思われる。

一九二八（昭和三）年一〇月、帰国した島田は数か月、夜間中学の経営に従事した後、神奈川県師範学校（現、横浜国立大学教育学部）の英語教師となる。成城小学校に復職しなかったのは、成城の大黒柱である澤柳政太郎が死去し、「新興勢力の統一するところとなった」からであるという。小原國芳が主導するようになった成城小学校は澤柳政太郎が掲げた「実験学校」「研究学校」からかけ離れたものになっていた、という。

（5）瀬戸少年院への転身

「木原論文」は、これ以後の島田の経歴についてほとんど触れていない。「長沼論文」では、一九三一（昭和六）年六月、「東京府学務部社会課社会事業事務嘱託」とし、秋山正美編『初めて知った戦争 敗戦のあとさき』の「解説 戦争孤児たちは生きる方法を学んだ」でも同年、「東京府の社会事業事務を手伝う」としている。『東京府職員録』の一九三〇（昭和五）年七月版および一九三一（昭和六）年七月版を調べたが、島田正蔵の氏名はない。

「長沼論文」によると、一九三四（昭和九）年二月、瀬戸少年院の第二課長に就任する。重松一義の『少年懲戒教育史』（以下、『懲戒史』）は、瀬戸少年院の開庁を同年の五月一一日としているので、開庁前に着任したものと思われる。重松は『懲戒史』で、開庁したばかりの瀬戸少年院で「最も力量を発揮した」人物として島田を挙げ、「土山学園の医師池田千年、心理学者の寺田精一、石井俊瑞、杉江薫、三宅紘一、それに教育病理学の権威で広島学院顧問・文学博士富士川游ら、先覚者の諸研究を十分に咀嚼し、これに少年院の実務をふまえ、実践的な指導理論にまで集成した第一人者」で「その一途な学究的態度と情熱に深い敬意を表するところ」と紹介し、島田の「代表的二論文」を引用している。

島田がいかなる事情から矯正教育の事業に転身するに至ったのかは定かではない。「長沼論文」は、島田が成城小学校時代の一九二六（大正一五）年一〇月、『教育問題研究』に「不良児について」と題する論文を掲載し、「児童保護問題に関心を寄せて」いたとしているが、そのほかに島田を少年院の矯正教育に引き付ける何かがあったはずである。その手掛かりになると思われるものが前掲の『懲戒史』に引用されていた「代表的二論文」のひとつ、『少年保護』に寄稿した「矯正事務の教育学的考察」と題する論文である。

島田はこの論文で、「殊に十有余年の伝統は其の善悪良否を問わず相当堅固なものを作っている。時代は流転した。教育思想も変転して居る。革新以て朗らかな少年保護の殿堂を形成したいと念願」する立場から、矯正院の教育目的を規定する矯正院法第九条の「性格の矯正」について「妥当ならざる」ことを指摘する。そして、矯正現場にはびこっている具体的な「臭味」を列挙し、それに代わって「個性に基く生活訓練」を目的とすべきことを提言し、矯正現場においてそれを目的概念とした場合の具体的な例を箇条書きにしている。

それらの実例は、着任後二年にわたる矯正現場での島田の教育実践から得た成果というべきであろうか。島田を矯正現場に引き付けたのは、成城小学校などの学校現場での教育実践を踏まえ、「性格の矯正」を目的とする矯正現場の改革に自ら力を発揮したいと考えたからではないか。それが「個性に基く生活訓練」の対置と実践である。「長沼論文」によると、島田は一九三九(昭和一四)年三月、多摩少年院第一課長に就任する。当時、多摩少年院長であった小川恂臧から赴任を要請されたのであろうか。ところが、着任してわずか八か月後の一九三九(昭和一四)年一一月、東京市養育院・萩山実務学校主事(後の校長職)に就任する。矯正教育から教護教育への転身である。

(6) 島田に課せられた教科承認問題

前記したように、就任の事情や背景が明らかになっていないため定かではないが、六年弱におよぶ少年院での実務が島田を教護に導いたのか。あるいは島田の教育実践の業績を伝え聞いた東京市養育院が、学校改革の必要性から島田を主事(校長)として招請したのか。筆者の推測であるが、島田の就任の背後に多摩少年院長・小川恂臧の仲介があったと思えてならない。浪速少年院および多摩少年院の院長を歴任してきた小川恂臧はその前、国立感化院・武蔵野学院の教諭の職にあり、萩山実務学校とは深いつながりがあったからである。

これ以後、終戦までの萩山実務学校での島田の業績は『五十年史』に詳述されており、そこから島田就任の事情が浮かんで来る。戦時体制一色の状況下にあって、少年教護院の舵取りを任された島田が第一に着手したことは、文部大臣の教科承認に関わる問題であった、というのである。文部大臣による教科承認とはいかなることか。

少年教護院を退院する子どもに対しては小学校（後の一九四一年三月から国民学校に改称）の卒業証書が付与されなかったため、少年教護院長がそれに代わる卒業証書を付与できることになっていた。ところが、卒業証書を付与するには文部大臣の承認が必要要件となっていた。その承認を得るには、文部省の定める必要教科目および毎週教授時数、参考書、教授用器具、模型、標本目録などの標準を上回っていなければならなかったのである。

萩山実務学校は一九三四（昭和九）年一一月二一日付けで承認申請をして以来、いまだ教科承認が得られていなかった。そこで島田は学則、家庭寮教育要項、実科教育要項、健児団訓練要項、処務規程の制定に乗り出し、それらを整えた上で、一九四〇（昭和一五）年三月二八日付けで東京市養育院長を通じて文部大臣に申請を行った。ところが、承認を得ることは容易ではなく、諸規定の改正をさらに重ね、やっと文部大臣の承認が下りたのは一九四二（昭和一七）年一二月二三日で、翌年一月八日付け『官報』第四七九一号に掲載された。教科承認までに約八年、島田が着任してから三年が経過していたが、教科承認は初等科（小学校）だけで、高等科（中学校）は除外された。それでも学校教育に関しては、どうやら国民学校並みの扱いを受けることになった。

島田は、実務学校を退院して社会に出ていく子どもたちに、たとえ不利な面のある証明書であっても、学校教育以上に中身の詰まった卒業証書を持たせることが必要事であると思っていた。ここまで到達できたのは、師範教育を受け、学校教育に関して高い知見を有する島田の功績といわねばならないだろう。

（7）戦時体制に組み込まれ、危機的状況に陥る

萩山実務学校が国民学校並みの扱いを受けることになったことは、戦時体制下の学校教育に組み込まれたことを意味する。文部大臣の承認を受けた教育内容で特筆すべきは、島田が着任した翌年に健児団訓練要項に基づき健児団を結成したことである。島田主事（校長）を団長、各寮の寮長を班長に配置し、学校の子どもたち全員で構成さ

れた。訓練を体錬、芸能、奉公の三項目、体錬は教錬、武道、運動競技、体操、勤労の五種目、芸能は音楽、美術、謡吟を三種目、奉公は警防、自治の二種目とした。これらの種目が日課に組み込まれ、午前と午後に実施された。学級編成は八学級とし、初等科六学級、高等科一学級、青年部一学級とし、授業は教護の理念を生かした複式あるいは複複式学級編成で行った。

実科教育要項に基づく実科教育では、実社会が求める職業に就けるように農業、園芸、木工、縫工、工作の五科目を配置し、編成では子どもたちの年齢、適性、経歴、性向、希望、家庭の事情、訓練関係などを勘案した。これらの科目は国民学校の実業科を包含したものであった。また、子どもたちには勤労賞与金を用意して貯金させるような工夫をした。

戦時体制が長きにおよび、敗戦が濃厚となりつつあったなかで、退院した子どもの召集のみならず、在校生の入営、教職員の応召があり、学校独自に壮行会を行った。一律の夫婦制の寮舎運営が困難となり、併立制による運営を余儀なくなされた。食糧不足にも陥った。

東京都公文書館に「萩山実務学校生徒一五名開墾作業の為旅行挙行の件」と題する、一九四三（昭和一八）年の非公開扱いの公文書が保存されている。学校の生徒一五名が職員に引率されて長浦更生農場（現、千葉福祉園）開墾作業に奉仕隊として参加した記録である。東京市養育院付設の施設はどこも食糧の確保に懸命であったが、とりわけ長浦更生農場は「精神薄弱児施設」として食糧増産のための開墾は至上命題であった。

一時的な非行少年の減少もあって、少年教護院に対する軍閥の目には厳しいものがあった。『五十年史』が「本校等は殆ど無視された形であった」とし、「よく学校を守り通した」と述べているように、校長としての島田の舵取りは困難をきわめ、在籍する生徒の衣食住を確保することでせいいっぱいであった。

なお、戦時体制下の一九四三（昭和一八）年七月に帝都防衛の目的のために、東京府・市制度の改編が行われたことに伴い、養育院および学校の名称が市立から都立に変わり、さらに翌年三月には学校の主管課がそれまでの養育院から民生局厚生課に変更になっている。

（8）受入れ開始と一時保護

恩賜財団・同胞援護会刊行の『孤児名簿（昭和二十二年九月一日現在）』には、実務学校に保護された子どもの氏名、年齢、引揚前・戦災当時の住所が記載されている。保護先が実務学校と記載されているなかには、学園であった子どももいたのであろう。引揚前・戦災当時の住所を見ると、都内だけではなく、関東近県や東北に及び、なかには不詳もある。

『東京都職制沿革』によると、萩山学園の設置を一九四六（昭和二一）年九月一四日付けとしているが、事業は九月七日に養育院から三〇名の子どもを受入れたのを皮切りに開始している。この日は島田正蔵のほか、数名の職員が養育院に子どもを迎えに行っている。当初は無断外出が絶え間なく、学園全体が落ち着かない状況であった。喧騒を倍加させたのは、同年一〇月一四日から二二日までの九日間に一時保護を実施したことである。都内の一時保護施設がパンク状態に陥ったため、急きょ学園が受入れることになったのである。

その内訳は、一四日四七名、一五日二二名、一六日一八名、一八日二五名、一九日一〇名、計一二二名である。受入れのため、学園の子どもを学校の寮舎に分宿させ、炊事も共同炊事から個別炊事に変更し、特別に職員体制を編成した。受入れた子どもは一八日から鑑別し、順次別施設に移送した。その内訳は、一八日三五名、一九日一二名、二〇日九名、二一日一〇名、二二日一〇名、計七六名である。この間に無断外出が続出したので、職員は「不眠不休の努力と協力一致」で取り組み、まさに「戦争状態」であったという。

学園が学校教育や職業教育の設備が整っていた少年教護院に付設されたこともあり、「浮浪少年、不良少年」のほかに、勉学意欲のある戦争孤児や実科に関心の高い子どもが、保護所職員の説明を受けたり、説得されたりして入園する場合が少なくなかった。

入園に当たっては、集団の場合には保護所や他施設からトラックやバス、単独の場合は電車が使われた。学園に到着すると、講堂で歯磨き、手拭い、箸が支給され、担当職員が迎えに来て寮舎に案内された後、風呂に入り、着替えをした。その後、校長室で島田との面接があり、こと細かく生活歴を聴取された。子どもたちが暮らす寮舎は、変則的な寄宿舎制で先生（寮長）と保母、それに寮長家族で構成され、一か寮一五名から一八名ほどであった。

『民生局年報』によると、子どもの受け入れ状況は、次の通りである。

「昭和二二年度版」（昭和二二年三月末現在）

萩山学園は開設されているが、学園名での統計はない。開設初年度で学校と学園が混然とした状況下にあったことにより、学校の男児一五六名に組み込まれていたものと思われる。

「昭和二三年版」（昭和二三年三月三一日現在）

収容八四名（内訳―一九歳以下一二名、一八歳以下四〇名、一三歳以下三〇名、一三歳以下女児二名）。

「昭和二四年版」（昭和二四年三月三一日現在）

収容八三名（内訳―二一歳以下二名、一八歳以下五六名、一三歳以下二五名）。

「昭和二五年版」（昭和二五年三月三一日現在）

収容九九名（内訳―一九歳以下二五名、一六歳以下四二名、一二歳以下三二名）。

上記の事業統計で特記事項を挙げよう。「昭和二二年度版」（昭和二二年三月末現在）を除いて定員の記載がない。初年度に女児二名が入所しているが、兄妹の例外ケースと思われる。また、一八歳を超えた少年が少なからず入所していたことも目につく。なお、東京都民生局児童課の『事業概観　昭和二五年版』の「施設別児童収容保護現況

（昭和二十五年三月三一日現在）」では、学園は「養護施設（都営）」に分類され、月末計が九九名となっている。実務学校と学園を合わせると、全体で三〇〇名を超える大規模施設であった。

2　島田正蔵の児童観・教育観

（1）安全性の確保は生長の基盤

学園で展開された生活教育実践の土台となる島田の児童観・教育観は、後掲の『戦災孤児の記録』の「はじめに」と「あとがき」に端的に表現されている。前者が総論であり、後者は子どもたちに語りかけるような体裁で綴った具体論である。

以下、「まえがき」から総論の部分を抜粋して紹介しよう。

「子供は安全と生長を要求する……衣食住に就ての安全は勿論、信頼の対象を得て安心の境地を確保し幸福感にひたらせなければならない。そして身体的にも、精神的にも、社会的にも存分の生長を遂げさせなければならないのである。安全性の確保は生長の基盤であって、外的条件の具備のよって完成されるものである。吾々は外部からそれを刺激し、促進するの外ないのであるが、この外部性が教育となり、安全性の確保となり、子供の幸福増進の資となるのである。

両親を亡くしたり、別離したりしている子供達は先づこの安全性確保の重大用件を喪失しているものであって、他の何物を以てしても補償し得ざる欠如事情にあるものである。だから満腔の同情を注ぐことは勿論、人間の力で出来ることは何でもやってやらなければならないのである。（略）

幼少時に安全性を確保し得なかった子供等は満足な生長を遂げないで、凡ての点が萎縮状態に於て発育する、だから心性が豊かでなく、小心となり恐怖症を形成する。このまま青年となり大人となれば全く個性を没却し、自発性、自己活動性のない人間になってしまうのである。かくては文化人たることも出来ないし、極端になると自己保存に終始し、所謂不良化したものなる。

両親の存否ばかりが安全性確保に影響する唯一のものではない。貧困もその一つ、養育法もその一つ、教育も教養もその一つ、社会状態もその一つである。不良化した子供等は必ずこの安全性の不確保即ち不安定な育ち方、幸福感を満たされない生育に基因している。浮浪児も、孤児もこの条件の中にあへいでいるものである。

吾々の保護乃至教育は、幼少時喪失し欠如してゐる安全性乃至幸福感を再確保すべく又補償すべく、物心全面に努力すべきである。これに就ては現実の幸福をみち得させなければならないと共に子供の自己活動性に基く教育即ち自力性の助成としての教育と教養を図らなければならぬ。」

七〇年以上前とは思えないような斬新かつ清新な児童観・教育観が提起されている。戦争体験をくぐり抜けてきた戦争孤児の抱える心身の問題（「安全性」を欠いている）を指摘し、彼らの保護・教育に当たる者は、その解決（「安全性」の再確保と補償）を図り、自己活動性に基く教育に取り組まなければならないという。

（2）「安全性《セキューリティ》と生長の要求」の「権利」の実現のために

「あとがき」は上記の基本的な児童観・教育観に立って、「安全性《セキューリティ》と生長の要求」の「権利」を有する子どもたちに対し、学園が子どもたちをどこで、どのような方法を用い、どこに導こうとしているかを、「君達」に語りかけるように綴っている。ここでは、「安全性」にわざわざ「セキューリティ」のルビを振っていることと、本書が学園を開設してわずか一年二か月後に刊行されたことに留意する必要がある。

「君達は、どこに居ても、安全性《セキューリティ》と生長の要求を、権利として有っている。このことは君達自身も意識的には知らないだろう。亦大人もそれを理解し、それを意識して居ないのだ。
君達は、いつも、それを潜在意識的に要求しているのに、君達を取り巻いている大人達が理解して居ないから問題が起る。即ちその要求を満足させないために、君達は、たまりかねて、家出し、浮浪し、野宿し、果ては自分自身を自分で護るために、将又自分が生きて行くために、嘘もつくようになり、ゴマ化すこともおぼえ、種々な手段を考へ出して居る。私は気の毒でならない、そして、そんな無理解な人に対して憎悪の念さえ起るのだ。おお、君達の不幸は君達自身が創り出したのでなく、君達の周囲の人達が不幸の淵に追い込んだのだ。そしてその人達も亦不幸の感を深め、双方不幸の深淵に沈みつつ喘いでいるのだ。（略）
君達の中には小さい時、両親に別れた人もあるし、戦争で別れた人もある。そんな人は、君達のセキューリティ確保の上に、一番大きなものを喪失しているのである。即ち両親は君達の安全性《セキューリティ》を確保して下さる最大にして最も直接的な人だからである。その人に別れたのだから君達は暗夜に電燈が消えた様になって、君達のセキューリティは漸次喪失の一路を辿って来たのである。
君達は悲しかったでせう、君達は寂しいでせう。君達の身の上を思ふと私も、たまらなく悲しく、痛々しく、胸に迫って来る。
君達の中には、幼い時から物に恵まれないで、不足勝な暮しをやって来た人もあろう。（略）又君達の中には、一寸したことで、大人から虐げられた人もあろう。（略）
君達が肩身せまく思ひ、或は小心者になってしまった生活経験は、すっかりセキューリティを喪失してしまったのだ。そして、ビクビクした恐怖心を有った子供になってしまったのだ。その恐怖心から自尊心を失い、劣等感で一ぱいになり、『もう自分は駄目だ』といふ心理にもなり、浮浪も、乞食も、掻拂も、すべて恥ずかしいこととは思はない様になってしまったのだ。そして、亦、自己保存―自分で自分を護る―より外、他の何物にも頼ることで出来なくなったのだ。だから人を疑ひ、人を信頼することも出来なくなり、嘘を言ひ、逃げかくれ、敢へて人に迷惑をかけ人を嘲弄し、人を敬愛することを忘れてしまったのである。（略）

しかし君達は考へなければならない。人のせいでこうなったといふものの、如何に人がセキューリティを得させなくても、正しく立派に生長した人が少なくないといふことだ。又自分で立派に生長し得るといふことだ。（略）

私も他の先生方も保母さん達も、みんな君達のセキューリティの確保に懸命になっている。先づ君達の失ったセキューリティの補償だ、そして君達の内的生命に新しくセキューリティを確保してやらうと努力しているのだ。

お父さん代り、お母さん代りになることも、代用品には違いないが、真の両親よりも、何か一ことでも優れ、君達のセキューリティを確保するのに最も都合のよい役割を果したいと思っているからだ。丁度、庭園に於ける諸種の草花は君達で、水を灌ぎ草を取る園丁が私達である。私達は君達がセキューリティを確保し、すくすくと生長して行くのを此上なき楽しみとしているのだ。しかもその成長は君達の要求であり、権利であるから、それを満足させてやり、神様からいただいたままの君達を正直に保持して行かうと努めているのだ。又祈りつづけているのだ。

君達の寮を家庭化し、君達を団欒家庭の雰囲気にひたらせ、何等不安のない家庭となすことも君達の家庭的安全性を確保するためなのだ。食糧でも不足しないように、満腹するように、又調理も変化をつけて飽かせないように、所持品でも、服装でも、学用品でも、娯楽用具でも不足しないように、殊に物資不足の今日、親の家庭に居る者は兎角不足勝だけれども、君達には不自由させないようにと、懸命の努力を捧げている。これも君達のセキューリティの補償と更新のためである。又出来るだけ自由な生活活動をと考へ、そのうちに寛厳よろしきを得た訓育の方法を執っているのであるが、これも、いふまでもなく君達のセキューリティ確保と君達が自体的に、精神的に、社会的に完全に生長して行くためである。
又学校で、よくわかる学習、面白い学習、生活の学習に仕組んだり、職業部門を十科も作って君達の各性能に合致する様に指導していることも、或は又特別な行事を作ったことも、君達の自治会を援助していることも、毎日曜日に日曜学校をやって宗教教育をやっていることも、すべて君達の安全性を確保するためと健全に生長させるためである。種々のスポーツ奨励指導も、遠足も、映画観覧も、毎月の創作発表会も、運動会も、すべて右に述べた君達のために考へられた教育のはからいである。（略）」

（3）家庭寮を中心とした生活教育の実践

「はじめに」で提起した児童観・教育観を踏まえ、学園が取り組むべき生活教育実践の内容と方法を、学園の教育環境から具体化して述べている。

注視すべきは冒頭で「安全性《セキューリティ》と生長の要求」を子どもたちの「権利」として規定していることである。問題は、「安全性《セキューリティ》と生長の要求」を権利として有しているにもかかわらず、大人が理解していないために、学園の子どもたちはそうした要求を満たすことができず、さまざまな問題が生じているという。その点で、学園の子どもたちは「セキューリティ確保の上に、一番大きなものを喪失している」というのである。

そこで、学園の教職員は全力を挙げて、子どもたちの失った「セキューリティの確保」と「補償」、すなわち子どもたちの「内的生命に新しくセキューリティを確保」するために懸命に努力しているとし、学園が用意している多種多様なメニューを挙げている。

学校を取材した詩人の森三千代が、社会や親たちに望みたいことは何かと問いかけたのに対し、島田校長は次のように語っている（「愛の芽生え」）。

「一口に言えば、社会の人達も親も、もっと子供を敬愛してほしいということです。（略）不良児は、乳幼児の頃不安な状態に置かれ、充分な幸福感にひたれなかったことが大きな原因になるのです。その当時の恐怖感がのこって、いじけた、無個性、不活発な子供が出来上がるのです。衣食住の安全、両親の存否、その影響は大変なものです。戦争は、たくさんな浮浪児をつくりました。あの学童疎開というのも、どんなに子供達の愛情の生活を傷つけ、いためたかわかりません。

ここでは、可哀そうな子供達に、父代りになり、母代わりになって、失った安全感と幸福感をとりもどし、与えてやろう最大の努力を払っているつもりです。」

特筆すべきは、島田校長が学童疎開も子どもたちを深く傷つけたとし、戦争の犠牲体験と位置付けていることである。学園に保護された子どものなかに、学童疎開中に、あるいは学童疎開に加われないまま残留中に親を亡くした者がいたからである。

（4）社会や親に求めるべきこと

島田はこの後、実に率直に、子どもを取り巻く国や社会の事情と、子どもが生来的にそなえている個別の事情にも言及する。

「ところが私達は私達の力でどうすることも出来ないことがある。それは君達が生来的にそなえて来ている素質の点だ。

もう半世紀にもなるが、エレン・ケイ女史といふ人が、『二十世紀は児童の世紀だ』と云ひ、更に『子供は親を選ぶ権利を有っている』と云った。（略）児童は必ずしも敬愛されていない、此の事実は児童の世紀実現にまだ遠いことを物語っている。わが国は平和国家、文化国を目標に進んでいるのであるが、児童敬愛の国にならなければ、文化国家となったとは云へないのだ。先づ児童敬愛の国となり、『児童の世紀は日本から、』の標語で進まなければならないと思ふ。この点も全く絶望的な悲しみの一つであるが、次の問題―子供は親を選ぶの権利がある―は仲々解決が出来ない。

君達は、たとえ、親を選ぶ権利があっても、自ら選ぶことは出来ない。此の問題は子供に斯うした権利があるから、親はそれを認めて自ら粛正し、子供のために良い親になることを要求したものである。（略）

君達の知能は親から与へられたもので、今更どうすることも出来ない。（略）

この問題で今一つある。それは君達の性格と教養は誰が作ったかといふことである。勿論君達が作ったに違ひないが、その主要な環境となったのは君達の家庭であり、親達である。

子供は親の子供であり、家庭の鏡であると云っているが、正しくその通りである。君達の性格や教養状態を見ると、君達の家庭や親達の姿が、はっきりわかるような気がする。君達が社会秩序の中で真面目な生活をやって行けなくなったのも、そのせいである。そこにも、『子供は親を選ぶの権利がある』を肯定せずにはいられない。（略）

吾々は―君達も私達も―親と呼び、子と呼びかはす奇しき因縁を思ふ時、敢へて何も親を恨み、親に反感を抱くの愚を知っている。吾々は吾々の運命を愛するのだ。そしてその運命を、これから自分の力で、更新して行くのだ。その気魄が今与へられつつあるのだ。（略）」

最後に島田の要求は、子どもたちを敬愛しない社会や、わが子をかえりみず、ふがいない暮らしをする親に向けられる。心底からの願いを訴えたものであろう。そして、子どもたちに「運命」を愛し、自らの力で「更新」して行こうと呼びかけているのである。

3 『戦災孤児の記録』の刊行

(1) 本書の性格と教育的な意義

戦時体制下の困難をきわめた学校運営を乗り切った後、戦争孤児たちを引受けることになり、島田はやっと自分の目指す子ども中心の自由主義的な教育現場を創り出すことができると考えたのではないだろうか。戦時体制下で取り組まざるを得なかった教育内容に対する反省を込めつつ、島田の内心の喜びと引受けた子どもたちに対する期待感が一九四七(昭和二二)年一一月に刊行された『戦災孤児の記録』に込められている。

荻山学園長島田正蔵・文明編集長田宮虎彦共編の本書は、戦争孤児たちが学園に保護されるまでの経緯と学園での生活を、拙いながら実直に綴った作文集で、五九篇が収められている。島田は「はじめに」で、「子供等の云うところ綴るところ、子供が自らの構成でなければならない。本書は子供等の自由な言葉であり、自由な作文である。子供等は技巧は頗る拙い、だが、真実を言ふ点に於ては児童の純粋性から一歩だって脱していない」と綴っている。子どもたちの作文は「自由」に綴られたもので、指導の加わらない、まさに生原稿なのである。

本書には、子どもたちの作文のほかに、指導員・保母の実践記録、森三千代(詩人)の「愛の芽生え」と渋川驍(文芸評論家)の「胸せまる子供たち」と題する学園訪問記も掲載されている。田宮虎彦は「共に編して」と題するあとがきで、「戦争孤児の悲痛な現実は、わたくしたち自身の問題なのだ」といい、次のように述べている。

「私は、降伏した日本の現状がみぢめだとも、或ひは思ったよりも幸福だとも、別にそんなことをことさら議論したくない。だが現実に身のまはりをみて、そして、私自身も戦争の犠牲者のひとりとして、人間の誠実、人生の真実といふものを叫びたい。叫んだとて何になろう―とも思ふ。併し、そういう心の底から、叫びたい気持はひとしほ思ひまさってくる。

私がこの本を島田園長と共に編む気持になったのは、かういふ心からであった。」

表紙裏の「本書を少年の村萩山を訪ねてくださって少年たちの頭をなで、明るい希望をおあたへくださった……………フラナガン神父に捧げる」の綴りも、本書の特徴を際立たせている。島田がいかにフラナガン神父に心酔していたかが読み取れる。本書はフラナガン神父に対する学校・学園の実践報告書の性格を有していたといえようか。

本書のもうひとつの特徴は、学園の子どもたちが〝オレたちの綴った作文集〟という誇りを抱き、自分たちが懸命に生きていることを社会に訴えようとしていたことである。そのことを示すものが、「風の中の真剣な叫び」の大見出しと「〝ボクらの本を読んで下さい！〟」「戦災孤児の記録を売る子供たち」の小見出しを付した一九四七（昭和二二）年一二月一二日付け東京学童新聞（東京学童新聞社）の写真入りの記事である。

―木枯らしの吹きすさぶ師走に、学園の子どもたちが丸の内や銀座の人通りの多い街角で、四、五人寄り固まり、寒そうに首をちぢめて「ボクらの書いた本をどうか読んで下さい」と声をからして売っている。しかし、ときどき立ち止まる人があっても買って行く人はほとんどいない。子どもたちは、この本を売って、学用品やボール、バットなどを買おうとしている。戦災孤児が元気で大きくなって行けるように心からの応援をしようではないか。―

写真にはキャプションはないが、帽子を被り、手袋をはめた厚着姿の数人の子どものほかに職員らしき大人も写っている。野球道具や学用品を購入することを待ち望んで、子どもたちは懸命に声をはらして「ボクらの本」を売りさばこうとしていたのである。

本書が資料的価値の高い文献であることは、一九七一（昭和四六）年に太平出版社から刊行されたシリーズ・戦争の証言の第二巻として、さらに一九九三（平成五）年に日本図書センターから刊行された『「戦争と平和」少年少女の記録』第七巻 秋山正美編『初めて知った戦争 敗戦のあとさき』で、さらに二〇〇七（平成一九）年に日本図書センターから児童福祉文献ライブラリー・児童養護第八巻として復刊されていることに示されている。

（2）紹介された書評

『戦災孤児の記録』は刊行後、児童福祉や社会事業に限らず、教育や文学など多方面に静かな反響を巻き起こしている。書評の形で表されたいくつかを紹介しよう。

国立国会図書館の『戦後記録文学文献目録稿』（考査事務参考資料四号）は、「都下北多摩郡『萩山学園』に収容せられている浮浪児と戦災孤児たちの偽らざる感想を集めたもの。浮浪時代もの三十篇、学園の生活を描いたもの二十九篇。冷酷な社会に対する薄幸な少年からの抗議や、学園における勉学、畠作り、野球の楽しみ等、子供らしい率直な文章が多い。これらの文章のほかに、保母と編者のことば、学園を訪ねたことのある作家渋川驍、森三千代氏らの文が載せられている」と述べている。

婦人運動家・山高しげりの編集した『こどものしあわせ　児童福祉法とはどんな法律か』は、五人の子どもの作文を引用し、「こうした子供達の綴る言葉は誰の胸をも等しくえぐるにちがいない。萩山の子供の村は島田校長以下全職員が、自分の家庭を捧げてこれらの子供達に愛と保障の明るさを與へていて下さる」と述べている。

社会事業史研究で多大な業績を残した吉田久一は、『社会事業理論の歴史』の「戦後社会事業対象論の研究」で、本書を収容児童の記録の「興味深い」一冊として取り上げている。また、吉田は『日本貧困史』でも、「戦争」（中一生）の作文を全文引用し、「正確に敗戦直後の状況をいい表わしている」と高い評価を加えている。

『日本子どもの歴史　七巻』で五章「児童問題と児童福祉」を分担執筆した山手茂は、小五と中一の二人の作文を引用し、戦争末期から終戦後にかけて、悲惨な状態に置かれていた戦争孤児が「子ども自身によってなまなましく証言」した手記集と評価している。

『「戦争と平和」少年少女の記録　第七巻』の『初めて知った戦争　敗戦のあとさき』を編集した秋山正美は「解説　戦争孤児たちは生きる方法を学んだ」で、綴った子どもたちの作文を詳細に解説し、「ここ（注「少年の村」）にある三十三編をよく読み、味わっていると、一種ふしぎな明るさ、生きる喜び、といったものが感じられるのではないでしょうか。それは、これらの作文が、生きる方向を与えられた少年たちによって書かれたからではないか、と思われます。少年たちの、大都市での放浪の記録だけで、「少年の村」の記録がなければ、『戦災孤児の記録』という本そのものが、出版されずに終わったでしょう。フラナガン神父の「少年の町」や日本の「少年の村」のような、少年たちの生活の場を、もし、だれも作らなかったとしたら、戦災孤児、戦争孤児などといわれた子供たちの人生は、救いようもないほど悲劇的なものになっていたかも知れないのです。」と述べている。

このように『戦災孤児の記録』を高く評価している理由は、何よりも子どもたち自身が思いを込めて綴った作文だからである。大人の手を加えず、子どもたちが率直に綴ったそのままを活字にしたものであるがゆえに、そこに真実の姿を見たのではないかと思われる。

このことは、一九四六（昭和二一）年に恩賜財団・同胞援護会東京都支部が刊行した『子供文集』と比較すると一目瞭然である。『子供文集』は、子どもたちがそろって漢字を多用していたり、施設や公的機関の名前を正確に綴っていたり、子どもらしくない題名が散見されたりなど、大人の手が加わっている痕跡があること、応募してきたなかから入選作品を選定していることなど、『記録』とは体裁も性格も異なるのである。

（3）入園するまでの経緯を綴る

『記録』の「少年たちの記録」から、子どもたちがどのような戦争体験を経て学園に保護されるに至ったかを見よう。

①「しゅう・しゃいん」（中二生）

「ぼくは、三つの時に、お父さまに死に別れました。父は満州事変で戦死したので、それからは毎日お母さんといっしょに暮してましたけれど、ちょうど五つの時、遂に心臓病でお母さんが死んでしまひました。それからは親類のおばさんの所でそだちました。でも時どき父母の事を思ひだすとなんとなく淋しくなりました。すると、おばさんがどうしたの、とぼくをなぐさめてくれました。八つの時に松江国民学校にあがりました。毎日一生懸命で勉強しておりましたけれど、昭和二十年四月二十五日の日に、江戸川で戦災にあひました。おばさまは防空壕で死んでしまいました。ぼくたちは川の方へ避難していたので、助かりました。ぼくは、これからどうしていこうかと考がへると自分もおばさんと一しょに死ねばよかった、と思ひました。

まもなく戦争がおわった時進駐軍が日本に進駐してきた時、ぼくはとてもかなしかったけれど自分一人でどうすることもできないので、どうして日本が負けたのだと考へずにはいられませんでした。

それから東京駅でくつをみがいてゐると、進駐軍がぼくの所へ来て英語でなにかぼくに一生懸命で話しかけるのですが、ぼくにはぜんぜん英語ができなかったのでおこっているのだと思ったのでぼくはすぐ逃げました。その内だんだんなれてきて進駐軍の所へいって「しゅう・しゃいん」といって、くつをみがくようになりました。今年の六月、ある夜、やっぱり東京駅でくつをみがいてゐると、いきなりぼくのうでをつかんで「ぼうやちょっと交番までおいで」と言ったのでした。なにも悪るい事しないのにと心の中で思ったけれどこいと言ったのでついていきました。ぼくの友達がいっぱい交番の前にいるのでなんだと思っていたら、一人のおまはりさんが君の家はときいたので「ない」と言ったら、ぢやここでまってなといってまた東京駅の方へ行ってしまひました。まもなく十時頃トラックがきて十数名をのせて麹町一時保護所へつれていかれました。

二十日ほどたつと、所長さんが君勉強したいかときいたので、ぼくは「したいです」と言ったらでは明日萩山学園にいきなさいと言ったので、なんだかうれしいやら淋しいやら心の中ではへんな感じがしました。午前九時半新宿で乗りかへる時、もう東京も当分見られないと思ったとき、あんなこと言はなければよかったなあと思いました。」

空襲に遭って独りぼっちになって以後の「ぼくの友達」とくつみがきには触れているが、路上生活にはいっさい触れていない。言葉で表現できないような辛い体験だったのであろう。大部分の子どもが学園に入る前に、〝狩り込み〟と呼ばれていた一斉保護に遭い、保護所で生活した体験を赤裸々に綴っている。なかには、保護所を何度も飛び出し、いくつもの保護所を渡り歩いた体験を綴っている子どももいる。

②「父と母を思う」（小三生）

「ぼくが二年生まではいたお母さまは、昭和二十年の三月の戦災で死んでしまひました。ぼくはお母さんがいないとたいへんさびしくてたまりませんでした。それからとゆうものはしばらくはルンペンをしてゐてもお母さまを思ひました。それからアメリカ人にひろわれ、半月ほどお世話になっていましたが、そのアメリカ人がかへっていったので、またルンペンをしなければなりませんでした。ルンペンをすればやっぱりお母さまを思ふのでした。それから、東京へきました。そしてある人にひろはれてそこで半月ほどいましたが、それから麹町一時保護所へいって、二三日いましたが萩山学園にきましたそれからここへきて校長先生にいろいろなことをきかれたときぼくはすこしなみだがこぼれました。ああお母さまと口にでさうになりましたがこらへていました。それからというものはお母さまお父さまのことを思ひました。ああお母さまがいればなあと思ひます。」

小二の年齢での痛切な体験である。母親を一九四五（昭和二〇）年三月一〇日の東京大空襲で亡くしているが、小二ゆえ学童疎開の対象ではない。父親については何も触れていないが、出兵したまま安否が不明なのか、あるいはすでに戦死していたのか。この子どもは自らを「ルンペン」と表現しているが、小二生の路上生活は何とも痛々しい限りである。保護された麹町の保護所から学園に到着して、島田校長から慰めのことばをかけられている。

③「思ひ出」（小六生）

「僕は三月九日にお母さんを失ひ、四月二十五日に、お父さんに別れてしまひました。僕はこの時泣いて泣いて泣いても泣ききれずと方にくれてゐました。

丁度その時、同級生の木村君にあったら、木村君が「僕にまかせておけば心配なんかないから安心しな」といはれて、その木村君につれられて、山手線に乗って上野に行きました。

僕はその子と一しょに歩いてゐると何だか気味わるいやうな気になってたまりません。どうしてかといふと、その子は近所の人のお金をとったりする子ですから。僕は生まれてから人のお金なんか窃ったことはない。もしそんなことにさそはれたりしたら、今居ないお父さんやお母さんに申しわけないと思ったから僕は電車の中ではぐれやうかと思って、つないだ手をはなさうとしたが、どうしてもその子が手を放しません。僕はしかたがないからがまんして上野の駅で下りて闇市に行った。僕はこの時とばかり手をはなして人の大勢行ったり来たりしてゐる中を一もくさんに走って行きました。その子はどうしたのか僕が行ったのをだまって見て向ふへ行きました。僕は一いきしてから上野の駅の中にある待合室をさがしながら駅の中に入って行きました。すると、びっくりしたのは、僕みたいな子がたくさんゐて、ぼろぼろの着物を着てコンクリートの上にすはってどこかへ行くお客さんにおいさうなパンとご飯をもらってゐました。僕はうらやましさうに見ていたら、うしろの方で僕のかたをたたく者があります。

僕はびっくりして後をふりかへると若いお兄さんとそばに僕ぐらいの子がチョコレートを食べてゐました。そのお兄さんはいひました。

「おいおまへ、おなかがすいてゐるんだろう？　お兄さんがご飯をたべさせてやるからおいで」僕はよその人にもらったことがないので、えんりょして「お兄さんおなかが一ぱいなんです」とことはりましたが、ほんとのことはおなかがすいてゐたのです。又さっきみたいにわるいことがあってはと考へたからです。しかしお兄さんのかっこうを見ると、りっぱな着物を着てゐるのでした。お兄さんが、

「大丈夫だよ、お兄さんはそんなわるいことなんかをしへないから安心してついておいで」と言ったので、僕は、これまでいふのだから大丈夫だらうと思ってあとについてあるいでゐると、地下鉄の食堂の前まできた。お兄さんはそばにゐた子供に

「今食券を持って来るから、この子におれのめしをたべさしてやれ」といって、そのお兄さんは待合室の方に行きました。僕は心の中で、またごまかされたのかな、と考へたが、こんなに親切にしてくださるのだから安心して食堂の中に入って行くと、同じやうな子や汽車に乗って行く人達が一ぱいは入ってゐて、御飯をたべてゐます。そのそばへ行ってねだって御飯をもらってゐるものもゐた。僕はその子につれられておぜんの前に行って御飯を食べさしてもらひました。まもなくそのお兄さんが来て又食券で御飯を持って来て僕の前にをいて、「おまへのうちはやけたのかい」と聞いたので、僕は「さうだよ、お母さんやお兄さんがやけ死んじゃったんだ」といひました。

それからそのお兄さんにお金をもらって新聞を買って来て一枚を二十銭で買ってそのお金で御飯をたべてその日その日を送ってゐました。ねる時は待合室で、働いて食べ働いてねて、その日その日をくらしてゐました。しかしそんなことをして毎日くらしてゐたら、いつ死ぬかわかりません。そのたびに、待合室でお兄さんとねている間にだんだんさびしくなると共に駅のまはりに飛行機が来て弾丸の雨をふらしたりしたので気持がわるく、又そのたびにお母さんを思ひだして泣いたことが何べんかありました。その間に世話をして下さったお兄さんやその子が見へなくなってしまひました。

僕は朝四時半の一番の地下鉄に乗って新橋駅に行って一枚十銭の新聞を仕入れて来て一枚二十銭で売るのです。その日もいつものやうに新聞仕入れに行って帰って来て地下鉄の入口で新聞を売った。売りをはって食堂には入ってい言ってみると、いつも食券買って僕のまで取って下さるのに今日にかぎってお兄さんも子供も来てゐません。僕はしかたがないから自分で食券を買って食べました。それからといふものはそれっきり上野にも来ませんでした。それからは待合室にもは入れず、上野の駅の中のコンクリートの上に新聞紙をしいてねてゐました。いつまでもそんなことをしてゐてもいつかは病気になってしまひます。

上野ばかりにゐてもつまらないので新橋に行ったり、浅草に行ったりしてその日をくらすやうになりました。

丁度その日は八月十五日でした。

浅草から歩いて上野の駅の中にすえつけてある拡声器から特別ニュースがあると聞いたのでその拡声器のそばに行って聞いた。

今までがやがやしていた上野駅が急にしづかになって、だれも居ないかのやうにしづまりかへって、皆くびを下げて、天皇陛下のお言葉を聞いてゐます。放送が終って又同じことをお話になってゐました。駅員はじめ駅の中にゐた人達は皆泣いた。僕は「この戦争のためにお父さんもお母さんも死んだのです」と考へるといくら子供でもかなしくてたまりません。僕も泣きました。

それから二ヶ月位たってからの事である。夜いつものやうに夕刊を売って食堂で御飯を食べて闇市で遊んでゐた。暗くなって来た。そして寒くなったので駅に帰って駅の中で遊んでゐるとお巡りさんが子供達をつれて行きました。僕は何だらうと思って行って見たら、かりこみでした。僕は心配して、かりこみで遠い所につれられて上野になんか来られないのかと思ひました。

僕もお巡りさんにつれられて夜本願寺に行きました。本願寺には大人でも子供でも一ぱいゐました。僕もその中には入ってそこのお医者さんにはだかになって、からだを見てもらった。

本願寺のえらい人が「みんなこっちへおいで、おなかがすいてゐるだらうから御飯をあげるから、」といったので、みんな走って行きました。僕は、その時、ここに来る前に一ぱい食べて来たのでたべたくないけれど、またあとで食べるのにとってをこうと思って僕も行きました。そのうちに小さな男の子がゐて、大きな軍隊の洋服を着てはだしになってゐました。僕は気の毒になってその晩はその子と一しょにねました。

夜なかにその子が僕を起こしたので何だらうと思っておきました。その子がお便所に行きたいといっておこしたのでした。僕はその子と一しょに新聞を売って御飯をたべては夜になると本願寺に帰ってゐました。その子も僕と同じやうにかはいそうな子だったそうです。しかし僕ぐらひになってゐればどうにかしてたべて行かれるが、こんな小さな子はどうしても生きて行かれるでせう？　その子は僕と一しょに新聞を売ってゐたら人にすくはれて、いなかに行ってしまひました。

僕は又一人になってゐました。日がたって昭和二十年はとうとうすごしてしまひました。年の暮には夕刊を一ぱい仕入れて来てそのお金で二十一年の新しい年を迎へました。

三十一日の晩は本願寺の人がみんなおいでと言ったので行って見たら、かんづめのはこが一ぱいつんでありました。そこのおぢいさんに僕はいつも新聞を持って来てやったのでそのおぢいさんがかんづめをわけてゐて僕の顔を見て「坊やサケのかんづめと豆のかんづめとどっちがよいか」と聞いたので僕は「豆のかんづめの方がいいや」といったら豆のかんづめを二つ下さった。僕はそのかんづめをもらってねどこには入ってねました。

その晩はぐっすりやすみました。僕はあしたがくれば十三歳になります。正月だ、正月が来るのだと思ふとうれしいやうですが寂しい気になりました。正月が来ました。しかしいくら年をとっても正月が来てもいやな気がしました。それはなぜかといふとコンクリートの上にむしろをしいてその上で毛布をかけてねるのです。もしもお父さんやお母さんがゐたらこんなことなんかしてねません。だが、まだ御飯なんか食べさせてくれるのでいいなとも思ってゐましたが、だんだん上野にゐるうちに大へんな気持を持つやうになって来て、もう本願寺にかへるのがいやになって帰らないでゐました。

それからといふものは、毎日朝早くから夜の十一時ごろまで、時には夕食もたべないで働いたそうしても働いてためたお金を窃られてしまったことが何回かあった。僕はそのたびに、せっかく働いたお金を一たい誰が盗るんだらう、と思ふとくやしくてくやしくてたまりません。又あしたから御飯が食べられませんから、みんなからもらってたべなければならなくなってしまふ。僕はくやしくて泣いてしまひました。

さうやってゐるうちに、こんどは上野の待合室にねるやうになって来ました。「ああこんなところにねたりなんかするからお金なんか盗られてしまうのだな、」と思ひました、が本願寺にゐればわるい人がゐて、夜僕等がねてゐるすきに、お金でも、新聞を売ってもらったおにぎりまでもとってしまうのですからいやになって上野になんかねたりするやうになったのです。さうしてゐるうちに、今は名をかへて桜会といふ名にかはりました。その会の遠藤さんといふ人が、親分でしたがその遠藤さんは僕のことをずいぶんかはいがって下さいました。遠藤さんは僕のことを親分親分といって何でも買って下さいました。お金がほしいといへばいくらでも下さいました。

その子分の中に柏原さんといふお兄さんがゐました。そのお兄さんは、わるいことはちっともしない人でありました。それに僕を夜おそくまで御飯をたべないで待ってゐました。又シャツ一枚になってかぜなんかひくといけないよといって自分のオーバをぬいで着せてくれました。手拭を僕の頭の上にあててくれたりしました。それに僕が夕食の前の四時半ごろからいつもの地下鉄にのって新橋や神田の駅で夕刊を買って来て、それから食堂に入って、お兄さんは僕が帰ってくるのを待って僕に御飯をたべさせました。僕の買って来た新聞を四枚が一つになってゐる新聞を一枚づつにそろへてくれるのです。そこで僕が御飯をたべ終ってからその新聞を持って売りに行くのです。そのお兄さんは遠藤さんに僕を育ててくれとたのまれたので僕はその柏原さんに育てられたのです。僕は何回もその親切なお兄さんのそばをはなれて遠くに行ってしまひました。それはかりこみのたびに石神井学園に行ったり、養育院に行ったりしたからです。

そのかりこみのたびに僕はお巡りさんに「僕のお兄さんがゐるんだからいやだ」といったけれどお巡りさんは「おまへの兄さんなんかろくな兄さんぢゃないだらう、どうせあとから来るから早く行け」と云ふのです。とうとう一番最後のかりこみで石神井学園に行きました。」

この子どもは九頁におよぶ長い作文を綴り、その描写も実に詳細である。脳裏にこびり付いた体験を自分のことばで率直に綴っている。以下、特記事項を五点挙げよう。

第一に、書き出しの一文から一九四五（昭和二〇）年三月一〇日の東京大空襲で母親と父親を相次いで亡くしたことが想像される。学童疎開中に卒業式に出席するために一時帰京して遭遇した両親との別れだったのか。

第二に、終戦を迎える前から、すでに上野駅周辺には親を亡くしたたくさんの戦争孤児がさ迷っていたことを綴っている。戦争孤児は終戦後に突如として出現した子どもたちではない。また、八月一五日の「玉音放送」を聞いた場面を実にリアルに綴り、戦争で両親を喪った悲しみと怒りの気持ちを「僕もなきました」と表現している。

第三に、戦争孤児が生き延びるための手段として新聞売りのしごとに従事していることである。この子どもは上野駅の待合室や地下道で寝泊まりし、いわゆる悪徳の「お兄さん」のピンハネに遭いながら懸命にしごとを続けるうちに、何度か「かりこみ」に遭っている。警察に捕まるたびに、「お兄さん」を悪しざまにいう警察に対し、悪い人ではないと懸命に弁護している場面は、生きることに懸命であった当時の境遇を踏まえる必要がある。

第四に、収容された本願寺というのは、浅草東本願寺更生会を指していると思われる。そのなかでの大人の醜い姿を目の当たりにして嫌気がさし、再び路上生活を選んで「かりこみ」に遭い、養育院や石神井学園を何度か出入りしている。

第五に、「かりこみ」の後の保護先である。養育院や石神井学園については何も触れていないが、そこではどのような生活を送っていたのか。出入りしたということは、施設の生活に馴染めず、「トンヅラ」(無断外出)を繰り返していたということである。

④「保護所の話」(小六生)

「僕わ萩山にくる前、上野保護所にいました。まだ僕が保護所に来たばかりの時、唯ぼっとしていました。それから一週間目になりました。保護所の先生が『何をしたいと思ふ』と聞いたので僕は『働きたい』といひました。すると先生が働くようにしてやるとおっしゃいました。又もう一人の先生が『まだ○○君わ小さいから、勉強もしなければだめだ』とおっしゃいました。するとさっきの先生が働きたいといっているからいますぐ学校へ行っても半端だし困るから行くなら四月の始がいいじゃないでせうかといっておりました。それまで勤めさしてやりませうと先生が二人でそうだんをしておりました。それから勤めるようになりました。僕はうれしくてたまりませんでした。それでどこで勤めるようになったかと思って聞いてみると上野のプラチナ万年筆工場に勤めることになっていました。僕わ万年筆工場といふところわ始めてだから早く行きたくてたまりませんでした。

先生に連れられて万年筆工場にいった時わなんとも云えへないほどうれしかったです。なれていない所だから恥ずかしかったです。それから毎朝通勤して一週間めの朝いった時社長さんが一寸きてごらんといったので僕わ行きました。その社長さんが『君わ偉いぞ、一生懸命にやるんだね』と励ましてくれました。僕わ有難うございますといって仕上場の方え行きました。すると朝の集合の鈴が鳴りましたので、朝のあいさつをしました。それから仕事場で仕事を始めました。そこの万年筆工場でわ、いろいろな物をつくっております。アメリカへの見返り物資もつくっております。僕わそれを見て、此処の工場わ随分大きな工場だと思いました。やがて帰る時間になりました。保護所に帰ると保護所のお姉さんがお帰りといってくれました。僕わその時とてもうれしかったです。それから月日がたつにつれて半月になり、丁度四月の中頃になりました。すると保護所の先生が〇〇〇君わ学校に行かなければならない。義務教育をやらないと大きくなって困るからと僕に言ひました。そして萩山実務学校に連れてってやるとおっしゃいました。僕わ四月のある日先生に連れられて萩山に来ました。僕わプラチナ万年筆の技師になりたいと思ってゐますので人に負けないで勉強する決心です。」

この子どもは家族のことには触れていないので、いかなる事情があって保護所で生活するようになったのか不明である。特筆すべきは、子ども本人の意向を聞き入れて保護所から通勤させたことである。短期間とはいえ、保護所からの通勤は異例なはからいである。本人との間に強固な信頼関係が構築されていなければ到底できないことである。新学期に合わせ学業生活への復帰を実現させるために学園にやってきたのである。

4　学園における生活教育の実践

(1) 生活日課

萩山学園の生活日課は、生活教育をもっぱらとする寮生活と、学習活動の学校生活の二つで成り立っている。島田の児童観・教育観に基づいて展開された学園の生活教育は、『記録』の「少年の村」で、子どもたちが生活日課を浮き彫りにして生き生きと綴っている。

学園の指導方針である健康、正直、調和の三つは、子どもたちが作文で具体的に綴っている。一日の生活の流れは、起床から始まって就寝まで、寮舎と校舎を中心に広大な敷地のなかで営まれた。起床は春・秋は六時、夏は五時、冬は七時で、起床後は全員で乾布摩擦を行っている。寮舎で朝食を取った後、集団で登校し、午前の学習後、寮舎に帰って昼食をとり、昼食後は三時まで午睡の時間であった。目覚めた後、おやつを食べ（作文では「ララ食」と表現）、その後は作業（実科）に取り組んでいる。

科目は農科、木工科、縫工科、プレス科、ロクロ科の五科で、一九四八（昭和二三）年からはさらに農産加工科、印刷科、玩具科、洗濯科、竹細工科の五科が加えられた。職業教育に力をいれたのは、手に技術をつけ、自活の道を切り開くためである。

三度の調理は保母と子どもたちで当番を決め、炊事場で行った。夕食後の団欒では保母とトランプ、カルタ取りに興じたり、夕涼みに出かけたり、談笑したり、歌の会、ピンポン競技、将棋会などを行っている。就寝は八時で、その前に静座による反省会が行われた。

土曜日はクラブ活動に充てられ、野球、ハーモニカ、英語、ドッチボール、園芸、文芸、ブラスバンドのグループに分かれて行われた。日曜日はキリスト教と仏教に分かれて朝の礼拝が行われ、自由参加で日曜学校が開かれた。礼拝後、午前中に寮舎とその周辺の清掃作業が行われ、午後は寮舎対抗で野球や相撲をやったり、さまざまな遊びに興じたり、村山貯水池（現、多摩湖）まで遠足に出かけたりすることもあった。また、ＮＨＫラジオで連続ドラマ「鐘の鳴る丘」を聴くことが楽しみのひとつだったようである。

学校および学園に共通した夏季日課について、島田は「学園の夏季学校」と題する論文を『教育』に寄稿している。夏季に特別日課を組むのには、「教育能率をあげるため」「生活教育乃至生活学習を（略）最も有効適切に展開せしめんがため」「単調を避け最も多彩的に変化ある教育乃至学習生活を形成せんがため」という三つの理由があるとし、一九四七（昭和二二）年の七月から九月までの一〇週間を例に具体的に紹介している。

これを読むと、「先生達と子供等の自治委員とで協議して」決められた日課は、学習、スポーツ、文化クラブワーク、芸能活動、実習、自由研究、臨海教育や遠足など、多彩なメニューで編成され、子どもたちにとっては実に充実した夏季生活を過ごすことができていたことが分かる。特筆すべきは、最終日の一日を発表会と展覧会として使い、夏季学校で取り組んだ結果を子どもたち一人ひとりに発表させていることである。

また、少数ではあるが、毎月第一日曜日を保護者面会に充てているが、夏季期間にはこの行事に半日を当て、保護者を加えて小運動会や学芸会を行っている。

臨海教育は一九四七（昭和二二）年には五月一二日から六月二九日まで保田の東京都健民保養所（現、児童養護施設・勝山学園）で、一九四九（昭和二四）年には七月五日から七月二六日まで養護施設・宇佐美児童学園（二〇〇〇年、廃止）で実施している。

自治会活動も月二回行われ、取り上げられるテーマは多種多様で、学園の生活上の決まり事に就いて話し合ったり、芸能コンクールや健児祝いなどの行事の企画、喧嘩の仲裁、無断外出した子どもに弁護人役を立てて裁判を行ったり、村新聞の発行を行っている。

日課ではないが、退園に当たっては島田の指示により、綿密な調査を行っている。子どもたちの将来の幸せを第一番に考えた家族・親族や就労先の調査であった。子どもたちの作文には綴られていないが、予後指導も行われていたものと思われる。

(2) 午睡、遊び、野球、日曜学校

日課で注目すべきは午睡である。萩山実務学校に勤務したことのある筆者の体験では、午睡は教護では弊害と見なされ、禁止されていた。怠け癖をつけ、深夜の無断外出を惹起する元凶とみなしていたので、日中はクタクタになるまで活動させたのである。禁止は子どものためではなく、職員側のためであった。学園が午睡を大切にしたのは、子どもたちの健康回復のためであるが、日課にゆとりを持たせるねらいもあったのであろう。

日曜礼拝や日曜学校も直営の施設にあっては実に異例である。子どもたちの作文には島田校長が聖書を配布したという綴りがある。文芸評論家の渋川驍によると、日曜学校は、キリスト教では島田が牧師の代わりを務め、仏教は僧侶の先生が受け持ち、出席は子どもたちの自由に任せている。宗教教育の重要性を熟知した島田ならではの生活日課である。

広大な敷地に運動場と遊戯場を配置し、スポーツと遊戯(遊び)を重視していることも特徴のひとつである。学園の子どもたちに寮舎対抗の運動会や野球大会を取り組ませ、思う存分遊ばせようとしたのである。子どもたちの野球熱は作文に綴られている。素晴らしい野球場は整っているが、グローブやミットがそろっていなくて我慢しているとし、寮舎対抗野球大会のほか、国立武蔵野学院との対外試合の場面を詳しく綴っている。

「長沼論文」には「昭和一八年夏撮影 校内Aグランドバックネット前での島田正蔵」のキャプションを付した大型の写真が掲載されている。応援の子どもたちを背後に、野球部の子どもたちはユニフォームで身を包み、島田はバットを持って満面の笑みを浮かべている。

また、寮舎毎に遠足を行い、村山貯水池まで徒歩で出かけている。遠足は子どもたちの心身の成長に必要な生活日課であるとともに、とかく単調になりがちな学園生活に潤いを持たせる意味もあったのであろう。

(3) 親代りの寮舎職員と子どもに親しまれた島田校長

子どもたちは作文で、暮らしている寮舎を〝寮〟あるいは〝家〟と表現している。外出先から学園に帰ると「家へ帰って」「家へあがって」などと綴っているのは、戦争で家族を失った子どもたちに〝わが家〟という意識が生じていたのか。

寮長（先生）がお父さん代り、保母がお母さん代りとなり、何かと親身になって世話をやき、日常生活に自発的に取り組めるように仕向け、自信を持たせるように工夫している。保母は子どもたちに対して絶対信用の態度で臨み、校内であればどこにでも平気で出入りさせている。子どもの成長を信じ、子どもとじっくり語り合っている。病気の子どもの看護も実に行き届いている。また、無断外出した子どもを校長や指導員が直接、迎えに行き、連れ帰った後、保母があたたかく迎え、子どもをほっとさせている。

小六生が、「僕のうちの人達」と題する作文で、「よいこともわるいこともかくしだてなくはだかになって胸へとびこんで来なければお互ひが向上しないといはれます。だからよくほめられる代りによく注意もうけます。」と綴っている。

子どもたちにとって暮らしやすい、のんびりとした雰囲気で、しかも広大な畑を備えていたことで食糧に事欠くこともなかったからであろうか。無断外出数が少ない。前掲の『民生局年報』によると、「逃亡」の欄が何れも「一」の表示になっている。この数は無断外出したものの、職員が迎えに行って帰校した場合は加えなかったのであろう。子どもたちにとっての島田は校長でありながら、実に身近な存在だったようである。そのことは子どもたちの作文に逸話として綴られている。

「その日自動車で学校に来た。その時、顔のやさしさうな、めがねをはめて、頭ははげてゐる先生がゐらっしゃった。その先生は、子供がすきさうで、いつも、子供とあそんでゐる。（略）だんだん月日がたち、その顔のやさしさうな先生が校長先生だと、はじめて知った。」（「萩山」中一生）

「少年の村の島田校長先生はいつもニコニコしているのでニコニコ先生と綽名がついてゐる。島田校長先生はアメリカへ行っていたので英語はとても上手です。朝、朝会の時英語の会話を教へてくださる（略）。ニコニコ先生は野球がとても上手でいつもショートでニコニコしながらがんばっています。またはしりっこになるととても速くてスポーツずきの先生です。フラナガン神父さんがきた時は神父さんがニコニコしているしニコニコ先生がニコニコするし二人でニコニコきやうそうをしているやうでした。」（「ニコニコ先生」小五生）

（4）「萩山の生活」を綴る

『記録』の「萩山の生活」二九編から三編を紹介し、学園で子どもたちがどのような生活をしているかを、子どもたち自身の綴ったことばで見よう。

①「勉強」（小六生）

「僕は昭和二十一年九月七日萩山学園に来ました。その時わ、たしざん、引きざん、ぐらいしきやしらなかったのが熱心に先生の教えを聞いてかけざん、わりざん、分数、応用問題まで出来るようになりました。国語もずいぶん漢字をおぼえて先生がよめとおっしゃるとすぐよめるようになりました。おとなになっても新聞がよめなかったり、子供がきいたばあいわすぐに答へられなかったりするとこまりますから、今から勉強をいっしょうけんめいにやって立派な人になるようにどりょくするつもりです。

算数、国語、地理をおぼえ勉強わきりのないものです。すればするほど頭がよくなります。

僕は夏季学校で英語に入りました。僕わ英語がすきなので英語をいっしょうけんめいやってだれにも負けない人になるのです。

午後は工作に入りました。工作も皆からじょうずだなあといわれるようにやって行くつもりです。英語工作のほかわ寮でやるつもりです。それから僕わ夜は頭にはいらないので早く寝て朝早く起きます。クラブわ音楽にはいりました。音楽も又楽しみです。」

戦争で学校と家庭からはじき出され、学習に意欲をなくしたり、学力が低下したりした子どもが少なくなかった。この子どもは学ぶことの喜びを綴り、自立心の旺盛なことを明らかにしている。学習活動は、いわゆる〝見なし教育〟が行われていたが、子どもたちの学籍はどこにあり、退園時にはどのように処理されたのであろうか。

②「ここが萩山です」（中一生）

「食事をすましてから校長先生の所へ行った。校長先生が『よろしい』と言ってくれたのでぼくはおもはず涙が出た。ぼくは今日から萩山の生徒になった。ぼくの寮は萩光寮だ。保母さんにあいさつした。ちょうどその時木内先生が病気だった。萩山はすみきった林の中でとてもいい気持がした。ちょうど三時の時ララをぼくにくれた。そうしてみんながぼくのところへ来てたのしくおはなしをしてくれた。萩光寮は時間がくるときちんとお掃じを始めるので、ぼくはまた感心した。

その晩保母さんは一生懸命で新しい服に名前へをつけてくれた。その夜は眠れなかった。翌日みんなに朝礼に時間にあいさつした。その時自分が大きいのではづかしかった。

その内にだんだんなれて来て野球したりした。ぼくたちの寮には至誠、自律、協同と書いた寮訓がある。そのいみを自分でかいしゃくした。至誠はうそをつかないこと、自律は自分の事は自分でせよ、協同はみんな心を一つにして、りっぱな萩山の名をたてようといふいみだなと。

毎日お腹一ぱい食べて、勉強して農業をやったり野球もするので、なんていい所だろう思った。六日ばかりたって展覧会が開かれた。ぼくは工作で一等の十番でせんすを賞品にいただいた。ぼくももっともっと萩山の名をあげようと思って毎日勉強してます。十三日の日ぼくは生まれて初めて講堂で食事した。村の会食である。たのしいえんげいなどをやった。

これからもっともっと少年の村を東京の人々にみせたいと思ひます。」

学園に入ってから体験した生活のあれこれを綴った作文である。「毎日お腹一ぱい食べて」のことばは、飲まず食わずであった入園前の生活を裏書きするものであろう。おやつに支給されるララはララ物資のことである。学園の名をあげようとか少年の村を東京の人たちに見せたいと綴っているのは、学園での穏やかな生活を実感し、誇らしい気持ちになったからこそであろう。

③「少年の村について」（中一生）

「僕等はいつもきまった時間におきたり又はねたりしています。春は六時、夏は五時、秋は六時冬は七時に起きています。ねるのわいつも八時です。夏の学校は希望学習です。九月から普通の学課が始まります。みんなまじめにやっています。あとからどんどん新しい生徒や先生方が入いって来てくれるので、校長先生を初め先生方保母さん僕達もうれしいです。学科の方はずんずん進歩していきます。

それからスポーツ実科などもやっています。野球の方面でいふと第一チームや第二チームや第三チームなどといふものがあって、それにきめられた人はいっしょうけんめいに練習して上手にならうとがんばっています。そのほかの人はスポーツもやりますが、一生けん命勉強や実科にはげんでいます。高学年の人はいそがしい時は学課もやらず朝から農業をはげんでいる時もあります。そのほか土曜日にクラブがあって自分のすきなグラブにいくのです。クラブではハーモニカだとか、キリスト教だとか、英語、それからドッヂボール、園芸、文芸、ブラスバンドなどというものがある。

そのほか学校の相談をする委員が出来ています。その名を自治委員と名づけています。そこで自治委員会の委員長副委員長を選挙するのです。そうして毎月曜日は委員会を開きます。各寮とも始めは二人づつ自治委員がいたが今では三人になりました。その名のとほり先生方にはせわをやかせないでその委員の人達だけできめて朝礼の時やみんなが集まっている時、委員長か副委員長が発表することになっています。そのほか毎月一日十五日にわかならず、自治会といふものをやる。自治会といふものわこんどやってもらいたい事ややってもらっちゃこまることなどをいってよす事わよすし、やる事わ大いにやるといふ会なのです。その時委員会できまったことをしらせる事もある。

このごろわほかの学園や小学校と野球の試合をして、スポーツのうでをみがきあげています。そのほか健康正直調和といふ萩山３ＨＳをかかげて元気でやっていっています。」

学園の生活を紹介する作文で、スポーツ、実科、学科、クラブ活動、自治会活動について活き活きと説明している。とりわけ誇らしく感じている自治会活動は詳しく紹介している。

（5）〝鉄の格子〟と〝愛の監視〟

萩山学園は当時、メディアでは戦争孤児保護のモデル施設の感があった。子どもたちの綴った作文集『記録』が言論界で注目されていたからである。萩山学園が開設されて一年七か月が経過した一九四八（昭和二三）年四月八日付け朝日新聞は、「浮浪児への二つの在り方」の大見出しに「当局も迷う対策」「〝鉄の格子〟と〝愛の監視〟」の小見出しをつけ、戦争孤児の保護に取り組む静岡の葵寮と東京の萩山学園という二つの対照的な施設を紹介した。萩山学園の教育理念を浮き彫りにした記事なので、抜粋して紹介しよう。

「最近収容所の傾向は脱走に手を焼いて既報の東京都中央児童相談所ハダカ戦術以上のむごいことが各所で行われている事実が最近参議院厚生委員会の調査で判った。

静岡県浜松市の葵寮では全収容児童を鉄格子をはめた厚壁の部屋に一日中監禁、短くて五十日、長いのは百七十日も放置、管理者たちは〝厚生省公認の医学的措置〟だとうそぶき、葵寮以外の各収容所でもこれに似た考え方をするところが多く、福祉法実施の今日、この行き方には各方面の批判がある。

また、これと対照的なものに鉄窓や鉄則によらない〝愛の監視〟一本で行って成功を収めている都下萩山学園の例もある。岐路に立っている浮浪児対策の行き方について、この二つのいずれをとるか」

以下、「二つの現地報告」として、次のように報じている。

〈葵寮の場合〉

「所員はこの施設のお陰で静岡県には一人の浮浪児もいないと自慢している。浜松市三方原元海軍将校集会所を改造、昨夏から県の委託で開所した収容所。所長には不良児取扱になれた山内一郎氏、副所長には市脳病院長の藤井綏彦氏が就任、浮浪児絶滅を目的に収容児の精神鑑別に主力をおいた。統計によりその五割が精神薄弱児で、さらにその二割が環境性異常児であることをつきとめ、藤井氏が精神痴愚患者を扱った方法で監禁室を三つ作り、そこに入れたあと軟禁開放とすることになっていた。監禁室は一〇畳で便所つき、一時に十五人ぐらいが同居、鉄窓とカギで脱走は全体不可能。おとなしくなると軟禁室に移し、作業の熱心な者だけは開放室にいれるが、この間約二ケ月平均はかかる。苦しさに開放と同時に脱走してしまう者も多い（略）。

　参議院では、三月十七日、厚生委員・井上なつゑ氏ほか六氏が「人権ジュウリンだと現地に談じ込み、同二十五日、厚生省でも捨て置けずと関係者を招いて検討したが、児童局でもこれ以外に策はなしと結論、監禁室存置の方針と決まったが、二十九、三十の両日、軍政部と検事局の警告で、ついに鉄窓の取りこわしとカギの開放が実現。解放された現在は逃亡によって三八名しか収容していない。軟禁状態は依然続いて幼い児に労働のクワをふるわせている」（添付写真のキャプション「葵寮で労働をするコドモ」―上半身裸で鍬を振るう子どもたち）

＜萩山学園の場合＞

「ここではフラナガン神父流に困難ではあるが、子供達のフトコロに飛び込んで行く方法をとっている。現在、二百二十名収容の大施設にしては逃亡数は驚くほどすくない。二十年秋の創立から今日まで十数人しか逃げていないが、逃げたものもその半数はまた帰って来た。保母の寺沢正子さん（二四）は結婚をすすめる父（江東区某大会社の取締役）の手を振り切って〝私の相手はきたない顔の子供たちです〟と困難なこの世界に飛び込んで来た。

　彼女はウソを平気でいい、人を決して信用しない子供たちを決してしからない。早く両親を失い、北海道や埼玉の農家で強制労働を強いられた山口少年など、浅草で拾われ今では五年生だが、どうしてもお母さんになってくれとせがまれ、寺沢さんは自分の子供として籍を入れてやった。そして今年の春からは突然級長になって彼女を驚かせた。」

（厚生省小島児童局長談）―「愛情のある人を」

「葵寮のやり方はいまのところ他によい方法が見当たらなかったのだ。本来なら愛情のある多数の人をほしいが、得られないのだ」

（萩山学園・島田園長談）―「遊びを与えよ」

「監禁により浮浪性を直す方法は精神病研究医としてまじめな考え方かも知れぬが、人間的な自覚を呼び起こすものではない。戦争が生んだ社会の罪がこの子供たちを作ったもので、遊びを知らぬ子には遊びを与え、社会の安全感を失った子供にはそれを与えることが根本だと思う。私達の仕事は決して能率的には行かぬが、われわれはそれを覚悟で取っ組んでいる。」（添付写真のキャプション「萩山学園でコドモたちと楽しくくらす寺沢さん」―縫物をしている保母の周りを子どもたちが取り囲んで談笑している）

（6）出版界で取り上げられる

萩山学園はわずか三年七か月で閉鎖されたが、その短い間に出版界が学園と学園で暮らす子どもを取材し、大人向け子ども向けを問わず、多くの雑誌などで紹介される。

大人向けの雑誌では、森三千代が作文集『記録』に掲載された「愛の芽生え」とほとんど同じ文面の作品を、一九四七（昭和二二）年一一月の『婦人生活』に、「不良児はどうして救われるか―東京西郊萩山に『少年の村』を訪ねて―」の題名で寄稿している。ただひとつ作文集『記録』と異なるのは、「朝陽を浴びて校長の訓辞」「松林に囲まれた学園の一部」のキャプションを付した二葉の写真が添付されていることである。

「少年の村」を訪れた森は、島田園長（校長）の下で教頭職にある松岡登の案内で園内を見学する。のっけから「逃げ出す」子どもの行動が話題になり、松岡の「私達は子供に対しては絶対信用の態度で、どこへでも平気で出入をさせている」「ここでは、模範生に皆を追いつかせようと駆立てるやりかたは効果がなく、より低いものをみんなで引上げてやる責任と自負心を養成してやる方が効果的なんです」いうことばに、森は「これが、子供達の安全感なのだ、幸福感なのだ」と思う。教師家族と子どもたちがいっしょに暮らす家庭寮、工場、教室を一巡した森は、締めくくりに「ひろびろとした武蔵野の一隅に、ひっそりと、しかしはげしい熱意で営まれている一つのしごとに頭が下がる思いがした」と綴っている。

子ども向け雑誌では、伝記作家の清閑寺健が一九五二（昭和二七）年一月の『太陽少年』に掲載した「母をよぶ声―萩山のこどもたち―」がある。掲載年次は萩山学園の閉鎖後であるが、作品では萩山学園と表記しているので、学園の子どもなのであろう。「感激事実小説」と銘打った短編小説の話は、清閑寺健が〝母〟という作文の発表会を行う萩山学園講堂を訪れ、五番目に登壇した、熊本生まれの子どもの朗読を聴くところから始まる。

作文は朗読する本人も聴き入る講堂を埋めた子どもたちもすすり泣くような感動の内容である。その朗読に母親を思い出したのか、一二歳の広江次郎がその日の夕方、家庭寮から「脱走」する。四歳で父が戦死、六歳の時、東京大空襲で淀橋の家が被災し、母が行方不明になり、生死が分からなかった。広江は、浅草の仲見世で悪さをして保護所に入った後、一昨年、萩山学園に送られ、和光寮で暮らしていた。「脱走」して二〇キロ近くを歩いてお爺さんの暮らす家にたどり着くが、警察官が手を回して探しに来ていることが分かり、入れない。空腹に耐えられず、八百屋でトマトを盗んで捕まり、留置場に入れられる。そこに学園の先生が迎えに来てくれ、再び学園の和光寮で暮らすようになる。夏も過ぎ、秋が深まったころ、お爺さんが突然、学園にやって来て、母が生きていたと知らせてくれる。

子ども向けのもうひとつの作品は、児童文学作家・来栖義夫の『あたらしい出発―小学生のおはなし日本歴史―14』である。作文集『記録』に掲載されている春澤光夫の綴った前掲③「思ひ出」（小六生）を題材に、戦争孤児になって上野の地下道を根城に生き延び、萩山学園で暮らすようになったまでを、臨場感あふれるタッチでまとめ上げたものである。

このほかに、毎日新聞社が写真入りで萩山学園を紹介している記事は、一九四七（昭和二二）年五月一日付け「少年の村、萩山学園で食事をする戦災孤児」、一九四八（昭和二三）年一一月一日付け「戦災孤児・萩山タイムスを印刷、外は音楽隊」および「戦災孤児・萩山学園で発行の萩山タイムス」である。

（7）フラナガン神父の訪問

占領期の真っただ中にあった一九四七（昭和二二）年四月二三日、GHQのマッカーサー司令官の招請により、アメリカのカトリック神父・エドワード・ジョゼフ・フラナガンが来日した。フラナガン神父の役割は、わが国の立ち遅れていた児童福祉行政及び社会的養護全般にわたる指導・助言で、主要都市の児童保護施設を巡回した。

フラナガン神父の萩山への来校は当初、四月二四日か二五日頃とされていたが、延び延びになり、来校したのは一か月後の五月二二日である。この日、東星学園（現、児童養護施設・ベトレヘム学園）の視察を終えた一行が乗用車で到着したのは午後二時で、子どもたちによるブラスバンドの演奏で出迎えた。随行者はキャロー女史などGHQ幹部のほか、厚生省児童局長・米澤常道、東京都民生局長・上平正治、新聞記者、ニュース撮影者らであった。

雨が降り出したため、講堂で歓迎会が行われ、子ども代表の歓迎のことばの後、長身のフラナガン神父が威風堂々とした姿で壇上に立った。『五十年史』によると、約一〇分間のあいさつで、神様を尊ぶ人間になることの意味をわかりやすく語りかけ、平和の意義を説いた後、一転して野球の話におよび、〝君たちの学園と私の少年の町のチームで試合をやりたい〟と話し、子どもたちを大いに喜ばせた、という。

これより少し前の五月一五日、箱根湯本・三昧荘で開催された孤児援護対策全国協議会に出席した島田は、「悪い子どもは一人もいない。子どもたちには温かい愛情をもってホームと食事を与えよう」という四〇分におよぶフラナガン神父の熱弁を聴いていた。神父は一九一二年、ネブラスカ州のオマハ市郊外に一六〇エーカーの土地を求め、「少年の町」という自立支援施設を創設し、子どもたちの教化善導に献身していた。

島田はフラナガン神父にならって萩山を「少年の村」と命名した。フラナガン神父の来日に合わせ、映画「少年の町」が公開された。学園では、フラナガン神父が離日した後、往路は徒歩、帰路は電車を使って、子どもたちが三鷹の映画館に出かけ、映画を鑑賞している。「少年の町」や「少年の村」に関わる逸話は子どもたちの作文にいくつか綴られている。

『五十年史』は「萩山学園とフラナガン神父」の写真を掲載している。キャプションには「マッカーサー総司令官の要請により来日したフラナガン神父が、昭和22年5月戦災孤児施設、萩山学園を訪れたことは、この後のGHQの指導で展開されることになる新しい児童福祉事業に大きな影響を与えた」とある。

（8）フラナガン神父の提言

一九四七（昭和二二）年五月二二日付け朝日新聞によると、フラナガン神父は全国の児童保護施設を視察し終えたこの前日、新聞記者団と会見し、感想を次のように語っている。

「日本のこれら施設での子供の保護方法に失望した。愛の手がさしのべられているのはわかったが適当な衛生設備のないところが多かった。子供たちには学問および職業を学ぶための学校教育、精神指導、運動および娯楽を通じての体育について政府はある標準を定めるべきである。政府は家のない子供の数をすぐ調査しなければ保護計画はたてられない。

各府県は青年福祉局を開設し、各府県の少年保護の基金はできるだけその地方地方で集められるべきである。福祉局は単に家なし子の保護ばかりでなく不良少年防止の計画をたてねばならない。新しく収容された子を独房に入れるなどもっての外で、憎しみを増すばかりだ。『少年の町』におけるように教育、精神指導、体育を保護するような施策をし、絶えず何かをやらせ、十分な食事を与えれば子供は逃げて行かない。日本の将来は一に子供たちの双肩にかかっている。かれらに民主主義を教え、家庭での自治を教えることが大切である。」

フラナガン神父が指摘しているように、児童保護における「国としての標準」（ミニマム・スタンダード）の策定や実態調査の提言は早急に取り組まなければならない事項であった。『五十年史』では触れていないが、フラナガン神父は、視察した実務学校と萩山学園に対しては、粗末な設備ながら、子どもの人権に配慮した学科教育、英語教育、職業教育、スポーツ、遊び、自治活動が実践されていることを評価したのであろう。

（9）異例な集団的な措置―稲富稔受と尚愛塾

『五十年史』は、子どもの受け入れに関わる意外な逸話を伝えている。わずか三年七か月の学園の歴史で、決して忘れてはならない史実として「年表」にも加えられている。

一九四七（昭和二二）年五月一五日、島田は前記したように、箱根で開催された孤児援護対策全国協議会に出席し、家庭学校社名淵分校（現、北海道家庭学校）、若松園、有隣学舎、安房臨海学園、久留米勤労輔導学園など、全国各地から参集した現場従事者を前に戦争孤児援護のあり方について発言する機会があった。この協議会に福岡県小倉市（現、北九州市）から出席していたのが戦争孤児施設・尚愛塾の稲富稔受である。島田の話に共鳴した稲富が同年八月七日、突如、塾生二〇名を引率して上京し、東京駅からトラックで萩山に乗り付け、学園に一時保護委託を依頼したのである。一年ほど前から戦災孤児や引揚孤児を引取って養育してきた稲富であるが、経営難で切羽詰まった事情に陥っていた。

島田はこれを受け入れるべく民生局児童課と交渉し、いかなる理由付けをしたか定かではないが、一時保護委託の扱いとした後、同年一二月一日付けで正式に学園児童として引き受けることになった。稲富稔受の奮闘にもかかわらず尚愛塾の再建が困難であることが明らかになったからである。都内の施設が満床状態で、施設の数自体も不足し、都外の施設を割愛の形で委託措置していた事情からすると、都外の子どもの集団的受入れは誠に異例なはからいであったと思われる。東京都民生局児童課と福岡県との間で解決のための協議が続けられたのであろうが、いずれにしても島田の意向が働いたことは間違いなかろう。

『記録』に掲載されている「昔の友だちへ」は、尚愛塾に在籍していた小五の子どもの綴った作文である。かつての仲間に、小倉駅で「ルンチャン」をやっていて「稲富先生にたすけられ」た後、尚愛塾から萩山学園に来て勉強と運動に頑張っていると綴っている。

朝日新聞社の『戦争と庶民 第四巻 進駐軍と浮浪児』には、「福岡県小倉駅に集まる戦災孤児たちに、福岡第二師範の学生団体『尚愛会』が食事をふるまった（1946年10月）」のキャプションを付した写真が掲載されている。このキャプションにある「福岡第二師範の学生団体『尚愛会』」が尚愛塾と創設者の稲富稔受につながっているのであろうか。

筆者は資料の在り処を求め、北九州市立図書館に問い合わせ、一九四六（昭和二一）年一一月一七日付け朝日新聞西部版に、小倉市下到津に尚愛塾を開設した元福岡第二師範学校生・稲富稔受の記事が掲載されていることを知った。「荒ぶる寒風に點る愛情の灯」の大見出しと「学業捨てた青年の熱意薫る」「『孤児の家』小倉に近く竣成」の小見出しに写真の入った記事がそれで、稲富稔受と尚愛塾の創設の経緯を、次のように詳細に綴っている。

―終戦四か月後の一九四五（昭和二〇）年一一月、福岡第二師範本科三年に在籍する稲富稔受は戦争の犠牲になった孤児たちが路頭に飢える姿に強く心を引かれた。間もなく学寮を出て、小倉市三萩野の清風荘アパートに移り、街に飛び出して孤児救済の第一歩を踏み出した。なけなしの学費を割き、書籍や机を売って金に換え、孤児たちに食物を与え、靴磨きや新聞売り、占領軍人夫などの職を紹介して収入の道を立ててやった。

そうした救済活動の一方、活動の輪を広げるべく、学友に孤児救済に決起するよう説いて回った。その結果、同志が次第に増え、今年三月の初めには学生同盟北九州支部を結成し、孤児救済活動を組織的に行うようになった。しかし、稲富は学生の身分のままでの活動に限界を感じ、退学を決断する。師範学校とも学生同盟の仲間とも決別し、独自に活動を続ける。八月には学友だった二一歳の吉田豊が女房役として加わった。

ところが、面倒を見ていた孤児たちが九月一四日の一斉収容で若松市外脇田の緑園に強制収容された。稲富に会えなくなったばかりか、鉄条網に張り巡らされた施設生活に耐えきれず、稲富のもとにもどってくる子どもが相次ぐようになった。

そこで、一〇月初め、市当局の計らいで市の公会堂が一時的な宿舎として提供され、五〇名の子どもたちとの共同生活を始めた。これに稲富は尚愛少年塾と命名する。市内の自治会、婦人会、女学校、専門学校、婦人警官などからの物心両面の支援を受け、さらに篤志家から一軒家のアパートの提供がある。一一月末に食堂、浴場、読書室などの改造工事を終える予定で、稲富らに引率されて子どもたち全員が新居に移る手はずになっている。――

稲富が戦争孤児に対する一途な思いから、協力者も支援団体も資金もないなかで事業に立ち上がった、というのである。稲富稔受の年齢が表記されていないが、女房役の吉田豊と福岡第二師範（現、福岡教育大学）で同学年であることから二一歳であったと思われる。前掲書に掲載の写真のキャプションにある尚愛会は、学生同盟北九州支部に直結していたのであろう。

(10) 廃止をめぐって

学園が児童保護収容所としての役割を終え、一九五〇（昭和二五）年四月一日付けで廃止になったことが、同年四月四日付け東京都公報に掲載された。当初から時限的に設置された施設であったとはいえ、所管の民生局児童課に存続の方針はなかったのかどうか。そのような疑問を抱くのは、当時、東京都では児童福祉施設の整備がはかどらず、養護施設の絶対数が不足し、都外近県や東北地方の里親を始め、養護施設に割愛の形で多くの子どもを委託措置していたからである。しかし、そもそも対象児童の異なる二つの施設を同一敷地に併置し、同じ生活教育を行うこと自体に無理があったというべきである。

一〇〇名ほどの大規模施設の廃止は、他の直営施設や民間施設を含め、少なからず混乱が生じることを想定しなければならなかったはずである。だからこそ、そうした混乱を回避するため、他の施設に分散させず、児童全員を実務学校に移籍させる措置を取ったのである。しかし、この方法は簡便とはいえ、適切な手法だったのかどうか。学園に残留していた九八名の子どもについて、『五十年史』は学校に「吸収合併」されたとしている。その内訳は九五名が学校に措置変更、三名が退園してアフターケア施設（財団法人・萩朋会）への移籍である。残留児童の思いを踏まえ、子どもたちの生活環境を激変させてはならないとする島田の意向が働いたのであろうか。

『五十年史』は、廃止を自明のこととして取り上げているが、一部では存続策を模索しながら、最終的に廃止に向けた策が協議されたというのが真相ではないか。教育的環境に恵まれ、人的配置も十分であり、児童福祉施設最低基準を越える施設整備を誇る学園を養護施設に転換することは容易であった。それをしなかったのは教護院付設の施設だったからであろう。緊急に設置された当初は、付設による利点ばかりが目に付いていたが、事業が開始されて以後、利点とともに弱点が目に付くようになったのではないか。

教護院と養護施設では対象の子どもを異にし、何よりも学校教育の保障体制も異なる。一方は院内教育で教育権が保障されずに〝見なし教育〟が行われ、他方は地域の学校への通学が保障されることになる。実際問題として、運動場や遊戯場、学校、実科を共通にしながら、学校と学園の寮舎が別棟であることにより、さまざまな問題を誘発する可能性を秘めていたと思われる。『五十年史』はこのことには触れていないが、現場の職員のなかでは何かと問題が俎上に載せられていたのではないか。

当然、最終的に学園児童を受け入れることになった段階で、学校側の課題が論議されたのではないか。何よりも子どもの福祉に適う措置なのかどうかである。たとえば、教育環境に申し分がなかったとはいえ、子どもたちの教育権はどうなったのか。

他の養護施設に分散措置されたのであれば、そこで地元の学校に通学でき、教育権が保障されたであろうが、萩山実務学校への措置変更ゆえ、〝見なし教育〟を行っていた学校では教育権の保障はなかったのである。「長沼論文」によると、「島田校長時代には児童の学籍は萩山実務学校への学籍移動が主流をなしていた」という。したがって、学校に措置変更された子どもたちの多くは萩山実務学校卒の証書を受け取って巣立っていったのである、

廃止されるまでの三年七か月の間に保護した子どもは二五五名で、この間に学校への措置変更が五六名、家庭引取三八名、無断外出したまま帰ってこなかった子どもが二四名、アフターケア施設への移籍が一三名、その他の施設措置変更が一九名である。

(11) 島田正蔵のその後と後任の堀文次

「長沼論文」に添付されている「島田正蔵略歴」によると、島田はそれから六年七か月後の一九五六(昭和三一)年一一月、六一歳で校長を退任している。実に一七年におよぶ長期の在職であった。それから四年後の一九六〇(昭

和三五）年九月、六五歳で死去する。

「長沼論文」によると、島田は実務学校に在職中、「教育学の立場から教護理論を確立展開しようとかねてから思索を練っていて、未刊におわったもののすでに『教護教育学』（稿本）をまとめて」いて「職員集会の場でも講義を続けていた」という。長沼氏のいう『教護教育学』の原型になったものかどうか定かではないが、島田は在職中に「不良児の教護」「浮浪児の生活―その成立と発展」「教護方針をたてるまで―事例の研究」「不良児と浮浪児のしつけについて」「学校と不良児の問題」などの論文を専門誌に寄稿し、さらに東京都民生局児童課からは『教護の特質と指導』と題する冊子を刊行している。

島田の後任の堀文次は養育院生え抜きの実践者で、なおかつ理論家である。一貫して院内の児童保護現場に身を置いた後、石神井学園の第一二代園長に就任し、民生局への移管をはさんで、九年間にわたって施設養護をけん引して来た。

石神井学園在任中の一九五〇（昭和二五）年四月、六月、『社会事業』に「養護理論確立への試み―ホスピタリスムスの解明と対策」を寄稿したのを皮切りに、翌年、『社会事業研究』第一集に「ホスピタリスムスの諸論点―養護施設の限界とホスピタリスムス」、一九五三（昭和二八）年一〇月、『社会事業』に「施設児童の人格形成について」、一九五四（昭和二九）年五月、『社会事業』に「施設児童とその人格」、一九五五（昭和三〇）年三月、『社会事業』に「施設児童の養護理論」、同年五月、六・七月、九月、『社会事業』に「寮母の呼称とその根底にあるもの―高島巌氏の所論に駁す」、一九五六（昭和三一）年一月、『保育の友』に「施設の子どもに明るい笑いを」と題する論文を発表したことで、施設養護の現場人や研究者から相次いで問題提起がなされ、施設養護理論確立のきっかけを作っている。

養護施設と教護施設は同じ児童福祉施設として密接な関係にあり、島田は堀の論文に大いに関心を向けていたはずである。同じ養育院を源流とする萩山実務学校と石神井学園とはいえ、教護界の第一人者である島田色に染まった実務学校に、施設養護の理論および実践で一家言を持つ堀が着任する人事異動は、現場では大きなできごとであったであろう。教護と養護の実践現場には理念を始め処遇方法にも大きな違いがあったからである。

島田を引き継いだ堀の業績について、『教護事業六十年』は「渋沢精神の鼓吹に努め、自らも実践教育の範を垂れた。児童の処遇を改善すると共に長期の整備計画を推進」したと述べている。「長沼論文」によると、堀は着任して四か月後の一九五七（昭和三二）年三月、長年、男子教護院として運営されてきた実務学校の印象を「実に殺風景」であるといい、「男女別収容は前近代的な収容法のような感じを禁じ得ない。最近萩山は何故女児の収容を拒否しているのかといった（児童）相談所長の声をきくにつけても、本問題は慎重に考慮して善処したいと考えている」と民生局児童部長に報告した、という。しかしその後、この問題提起は「さた止みとなってしまった」という。男子教護の伝統を重んじる現場の長老教護や退職教護たちの激しい反対に遭い、つぶされてしまったのであろうか。

おわりに

三〇数年前に筆者が勤務していた教護院・萩山実務学校では、いわゆる〝見なし教育〟が行われていた。中学校と高等学校の教員免許を持つ筆者は、二年の寮舎勤務を経て小学部と中学三年生の学級担任となり、授業も受け持っていた。子どもたちを送り出す卒業式で、区部・多摩交代という慣例に従い、その年は区部の校長が在籍校を代表して祝辞を述べた。

「私は戦争で両親を亡くした戦災孤児で、この近くにある養護施設で育てられた。そのときの生活体験がもとで子どもの教育に就きたいと思うようになり、教職の道を選んだ。施設に優しさと厳しさを併せ持った保母さんがいて、私の生きる手本になった。」

校長はそのように言い、戦争孤児の当事者として施設で暮らした生活を語り、退所後、歯を食いしばって勉学と就労を両立させた苦難を語り、締め括りに熱く〝自立〟を説いた。校長が育った近くの養護施設とは、小山学寮（現、小山児童学園）のことで、寮長（後に園長）の小山久仁夫の教えを受けたのであろう。

退院を目前に気分を高揚させ、自立に向かって頑張らなければならないと決意している中学三年生には誠に印象深い話であったと思われる。教室にもどってから、「親がいないのにすごいよな。オレは親がいるのにさあ、……」とつぶやく子どもの声が筆者に聴こえてきた。

第五章
七生児童学園─不就学のまま「精神薄弱児施設」に転換された一八年

はじめに

七生福祉園が東京都の直営の知的障害児・者の施設として重要な役割を果たして今日に至っていることは、障害福祉の現場に関わる者の知るところである。しかし、その前身が戦争孤児を対象とした七生児童学園と称する養護施設であったことを知る者は少ない。

筆者は、かつて心身障害者福祉センターに勤務していたとき、先輩の末益昭夫氏から、七生児童学園と七生福祉園が併置されていた頃の逸話を聞き、七生福祉園の起源が七生児童学園という戦争孤児の養護施設であったことを初めて知った。

七生児童学園の歴史を調べ始めて疑問に思ったことがある。直営の戦争孤児施設としては遅れて創設されていること、交通の辺鄙な南多摩郡七生村の丘陵地に設置されたこと、養護施設の数が圧倒的に不足していたのに、創設後わずか三年で養護施設から「精神薄弱児施設」に転換されたこと、学齢児童が受けるべき学校教育の実態が見えないこと、である。

これら疑問を解明する作業は、七生児童学園の歴史をたどることに直結する。七生児童学園と呼ばれた一八年は、戦争孤児のための養護施設とされながら「精神薄弱児施設」でもあり、「精神薄弱児施設」とされながら養護施設でもあるという不得要領な歴史であった。

1　事業前史

（1）七生村の丘陵地に設置された満豪開拓団拓務訓練所

養護施設・七生児童学園の事業には前史がある。その前史に、七生児童学園が都下南多摩郡の僻村に、終戦後しばらく経ってから、遅れて創設された事情が隠されている。それゆえ、七生児童学園の創設には、背景としての前史から解き明かす必要がある。

東京都下南多摩郡七生村程久保の丘陵地（現、日野市程久保）に、東京府学務部によって満豪開拓団拓務訓練所が開設されたのは、一九三九（昭和一四）年四月のことである。『日野市史 通史編四 近代（二）現代』（以下、『日野市史』）によると、一九三〇年代に始まった世界恐慌の波がわが国にも押し寄せ、失業者が続出し、多くの農民が苦境に陥っていた。東京府は、こうした不況問題を打開する道を「移民事業」に求め、職のない青年を現地に送り込むために短期訓練所を設置したのである。この短期訓練所にはさらに前史がある。

それが多摩川農民訓練所で、一九三四（昭和九）年、東京府学務部が「失業して転落した青年、ルンペンになった独身青年を一定の期限で軍隊式に団体訓練して秩序だった移民団を満州に送ろう」と計画して蒲田区と大森区（現、大田区）を流れる多摩川べりに設置した。六か月の期間で農業と精神の両面の実地訓練に当たったこの訓練所が不充分な設備であったことから、一九三九（昭和一四）年四月に男女別に分かれ、女子は練馬区の大泉に移転して大泉女子拓務訓練所となり、男子の訓練所が七生村に移転した拓務訓練所である。

同年七月一日付け東京府拓務訓練所規程には「本所ハ満州農業移民ヲ志望スル者ニ対シ必要ナル訓練ヲ行フ」とあり、入所資格は「徴兵検査を修了した者で、東京府下に居住し、身体強健で満州農業移民たらんとする志操堅固なる者」となっていた。

翌年の一月から二月にかけては、満豪開拓青少年義勇軍入隊を目的とした拓務訓練講習会が実施されている。これには、府下の学校から校長・教員に引率された児童・生徒も参加して訓練を受けているが、校長、教職員への訓練も開始されている。

（2）帰農訓練所に転換される

終戦後、拓務訓練所はＧＨＱの命令で直ちに閉鎖され、『東京都職制沿革』によると、一九四五（昭和二〇）年一二月一三日、東京都経済局所管の帰農訓練所に転換・開設されている。同年一二月一五日付け東京都帰農訓練所庶務規程によると、それまでの拓務訓練所の職員が辞令なしにそのまま新しい任務に就いた。移民事業のための訓練機関が一転して、引き揚げ者を社会復帰させるための機関になったのである。

なお、『創立40周年記念写真集　ななお　自立へのみちのり』（以下、『40周年写真集』）の「沿革」によると、一九四六（昭和二一）年四月に経済局所管で七生帰農訓練所に東京都農業科学講習所が併設されている。七生帰農訓練所と講習所は東京都の公報によると、一九四九（昭和二四）年三月に廃止されている。

ちなみに、大泉の女子帰農訓練所は、一九五〇（昭和二五）年七月一日付けで、土地・建物の一部が経済局から民生局に移管されたのを機に、財団法人みかえりが借り受け、女子保護施設・大泉寮を開設する。さらに一九五二（昭和二七）年三月、大泉帰農訓練所が廃止されたことに伴い、残りの土地・建物もすべて民生局に移管されたので、社会福祉法人みかえり（現、社会福祉法人・東京蒼生会）が借り受け、同年五月、収容定員を大幅に増やし、生活保護法に基づく女子保護施設・大泉寮として発展していく。

（3）七生帰農訓練所の跡地を引き継ぐ

七生児童学園（以下、七生学園）が、民生局直営の「戦争孤児を保護する養護施設」として創設されたのは一九四九（昭和二四）年四月一日付けである。終戦時から三年八か月が経過したなかでの遅い創業である。これに伴い、同年八月二三日付けで東京都児童収容保護施設庶務規程が改正され、養護施設として七生児童学園が加えられる。名称を学園ではなく児童学園としたのは、先行の小山児童学園にならったものであろうか。東京都民生局の直営戦争孤児施設の名称は、東水園とあづさ園を除き、学園および児童学園の二本立てにしている。ちなみに、児童保護施設に学園を付した嚆矢は、知的障害児施設・滝野川学園で、発案者は創立者の石井亮一といわれている。

設置場所は七生帰農訓練所跡地で、広大な丘陵地と建物の一部が経済局から民生局に引き継がれ、転用されることになった。『40周年写真集』掲載の二階建て木造寮舎の写真のキャプションには、「寮舎は、都内で強制疎開後空いていた建物を解体移築したもので（後に校舎として使用）、他に主な建物としては事務所があるのみであった」とある。

一九七〇（昭和四五）年に七生福祉園に福祉指導員として入都した伊藤勲氏が、「日本平和学会２０１６年度秋季研究大会」で語ったところによると、「戦後25年経過していたにも関わらず、当時の七生福祉園は拓務訓練所時代の建物を『分教場』（みなし教育）として使用され、かつての養豚・養鶏の農場も障害者の『更生・自立』の場として活用して」いた、という。この伊藤氏の「『分教場』（みなし教育）として使用され」の語りは誤認である。後記するが、伊藤氏が七生福祉園に着任した一九七〇（昭和四五）年四月には、その三年前から「分教室」ではあるが、「みなし教育」から正規の学校教育に変更されていた。

養護施設の設置には場違いと思われるような立地である。なぜ、僻村の七生村程久保に戦争孤児施設を設置したのか。立地の問題も然ることながら、さらに不可解なのは、戦争孤児を対象として設置されながら、終戦後三年八か月を経て創設されたことである。直営では九番目である。東京都民生局は財政事情を勘案しながら順次、直営施設を設置していたが、七生学園の設置が遅れたのは、帰農訓練所事業の廃止を待っていたからなのか。あるいは、事業の廃止を知って、にわかに戦争孤児のための施設養護に乗り出すことになったのか。

2 遅い創業と施設種別の転換

(1) 年長児童と職業補導

『日野市戦後教育史』(以下、『戦後教育史』)は、七生学園の対象児童を「家庭や地域において生活することが困難な児童」とし、戦争体験という歴史的事情を捨象しているが、実態は戦争孤児とその周辺の、いわゆる〝浮浪児〟といわれる年長の男子であった。一九四九(昭和二四)年当時にあっても、都内の駅周辺や繁華街には戦争の犠牲となって放浪する、年長の〝浮浪児〟のほか、商売に精を出す〝街商児童〟がいた。こうした子どもたちの多くが困苦に耐えながら自活への道を模索し、生き抜こうとしていた。しかし、自力で生活できそうもない子どもが少なからずいて、いわゆる〝狩り込み〟に遭っていたのである。

前掲の『40周年写真集』のキャプションには「24年8月、4名の児童が児童相談所より初めて正式に措置されている。措置理由は、浮浪が多く、戦災孤児の保護に追われていた時代である」とある。学園の創設が同年四月であることからすると、この説明は不可解である。寮舎の建設・整備など、子どもを受け入れる準備期間として四か月を要したとも考えられない。

『東京都職員名簿(昭和二五年一月一五日現在)』によると、七生学園は、園長・阿部勇吾郎、事務吏員・守屋徳三郎、技術吏員・天野絹江、西城糺となっている。技術吏員は保母、指導員である。天野絹江はあづさ園に勤務していた職員である。

七生学園が『民生局年報』に掲載されるのは「昭和二五年版」からである。養護施設（都営）に分類され、同年三月三一日現在で男子三八名が措置されている。その内訳は、一九歳以下三二名、一六歳以下六名、逃亡一名となっている。なお、同年版の東京都民生局の『事業概要』の内訳では、一九歳以下三二名、一五歳以下六名となっている。

この事業統計から、対象を年長男子に置き、広大な丘陵地を用いた職業補導をねらいにしていたことが分かる。前掲の『事業概要』の「児童養護事業」では、「職業補導」に力を入れる養護施設として七生学園が挙げられ、その科目を「農業」としている。前掲の『40周年写真集』は、初期の「職業補導」には「農耕科」と「養畜科」があり、「養畜科は牛、豚、鶏が主で、子供達が牛乳を川崎街道の集乳場まで運ぶ、豚の資料になる残飯を高幡まで取りに行く。また、農耕科も、肥え担ぎから田植えまでやりました」と綴っている。

「昭和二六年版」では、同年三月末現在で男子三七名、内訳は一五歳未満六名、一六歳未満一〇名、一七歳未満一五名、一八歳未満四名、一九歳未満二名となっている。

「昭和二七年版」では、同年三月末現在で男子五一名とし、その内訳が細分化され、九歳未満五名、一〇歳未満三名、一一歳未満四名、一二歳未満三名、一三歳未満五名、一四歳未満七名、一五歳未満六名、一六歳未満五名、一七歳未満六名、一八歳未満六名、一九歳未満一名、退所二名となっている。前年と比べて学齢児童の増加が目に付くが、後記するように、同年四月から施設種別を「精神薄弱児施設」に変更しているので、そのことと関連しているのか。なお、退所二名の理由は不明である。

七生学園の子どもたちの生活日課であるが、前掲の『40周年写真集』などによると、農業を主体とした「職業補導」だけで、養護施設時代を含め、後記するように、学校教育は行われていなかった。『40周年写真集』には、創設当時に勤務していた保母三名による「辛かった仕事」と題する、次のようなキャプションが掲載されている。

「この頃は独立した保母室もなく、児童と保母は24時間文字通り寝食を共にしていました。早朝から、児童と一緒に家畜の世話をし、炊事、夜尿の始末、無断外出児の捜索、衣服の繕いと何でもやりました。特に辛かったのは冬の洗濯で、毎朝、夜尿した子の軍隊毛布を手でゴシゴシと洗い、シャリシャリと霜のついた竿に干す時の辛さは忘れられません。しかし、今思い出すと、子供と一体になって苦楽を共にしたその頃が一番楽しくまた懐かしい気がします。」

ここでは触れていないが、学校教育がおこなわれていなかったので、子どもたちは「職業補導」の合間に、豊かな大自然を背景に思いきり遊び回っていたのであろうか。

(2)「精神薄弱児施設」への転換と増員

厚生省家庭局の『児童福祉施設一覧（保育所を除く）』（刊行年月不詳）は、七生学園について、養護施設から「精神薄弱児施設」に転換され、新事業を開始した時期と児童福祉法に基づく認可年月日を一九五二（昭和二七）年四月一日、収容定員二五〇名、職員七五名としている。同年六月三日付けで東京都児童収容保護施設庶務規程も改正され、七生学園は施設種別を養護施設から「精神薄弱児施設」に変更している。

転換に際して事業の中断はなく、児童の入園が継続され、施設の規模は拡大していく。このことを示すのが「昭和二八年版」の『民生局年報』である。七生学園は「精薄児施設」の欄に移り、同年三月末現在で男子八二名と、

児童数が急増している。八二名の内訳は、六歳未満一名、八歳未満二名、九歳未満五名、一〇歳未満六名、一一歳未満七名、一二歳未満八名、一三歳未満七名、一四歳未満五名、一五歳未満一二名、一六歳未満八名、一七歳未満九名、一八歳未満八名、一九歳未満四名である。

「昭和二九年版」の『民生局年報』では、同年三月末現在で一二一名に増えている。その内訳は、七歳未満五名、八歳未満九名、九歳未満六名、一〇歳未満一五名、一一歳未満八名、一二歳未満一二名、一三歳未満一七名、一四歳未満八名、一五歳未満一一名、一六歳未満九名、一七歳未満九名、一八歳未満七名、一九歳未満五名である。

養護施設時代と比べると、年齢幅は六歳未満から一九歳未満と大きく広がっている。学齢児童は五二名（昭和二八年版）、九一名（昭和二九年版）と大幅に増え、義務教育年齢を超えていると思われる年長児童は二九名（昭和二八年版）、三〇名（昭和二九年版）である。

東京都民生局の「七生児童学園の拡充整備」（『知事事務引継』）によると、一九五九（昭和三四）年度、「施設の整備拡充に伴い、本園は本年度40名の定員増をはかり増築することになった」としている。要保護の「精神薄弱児」が断然多かったことを示すものである。

なお、前掲の『民生局年報』の事業統計では判然としないが、七生児童学園と呼称されていた「精神薄弱児施設」時代の中期に入って、女子を受け入れるようになった。前掲の『40周年写真集』の「七生児童学園職業補導クラス昭和30年代」に、女子の「手芸編物科」の作業光景と「女子職業補導舎」の写真が掲載されている。

前掲の『40周年写真集』の「昭和30年代」の学園の写真に、保母・指導員四名による「忙しくてものんびりと」と題する、次のようなキャプションが添付されている。

「昭和30年代に入って保母は24時間断続勤務で、同僚が公休の日は全くの一人勤務でした。新築の高年児寮には両脇に保母室が付き、個室を貰って嬉しくもあり寂しくもありました。児童定員は250名満杯。寮も学習・職業補導クラスも職員一人で17~18名を受け持ち大変でしたが、野うさぎ、自然薯、うなぎ、きのこ等自然の恵みで疲れをいやし、のんびりとした雰囲気でした」

一九五四（昭和二九）年九月から一九六三（昭和三八）年三月まで、看護婦（現、看護師）として勤務した池田トシによると、「着任当初、毎年のように赤痢が発生し、その対策に看護婦として着任した。医務室も薬もない状況下で病児の看病に駆け回る日々であった。静養室ができ上がったのは一九五九（昭和三四）年であった」という。児童福祉施設最低基準が精神薄弱児施設に静養室の設置を義務付けていたことからすれば、直営の七生児童学園は最低基準を満たさず、別室を用いて応急処置をしていたことになる。

（3）転換の背景―放置されていた「精神薄弱児」

養護施設として後発ながら創業した七生学園は、わずか三年で「精神薄弱児施設」に施設種別を変更する。所管の東京都民生局が転換を短兵急に行ったのはなぜか。終戦後七年が経過しても、依然として要保護児童が減少せず、需要の高かった養護施設であるにもかかわらず、それを廃止してまで断行した種別変更の背景には何があったのか。これには、相互に密接に絡み合っている七つの要因があったと思われる。

第一に、要保護状態に置かれた「精神薄弱児」が少なくなかったことである。保護した一時保護所が彼らを鑑別して要保護の「精神薄弱児」と判断しても、後記の第三の事情を背景に受入れてくれる委託先が確保できず、処遇に苦慮することがままあった。

第二に、多くの要保護状態に置かれた「精神薄弱児」が学校教育を受けられず、在宅のまま放置されたり、虐待されたり、終戦後の生活苦により、親子心中に巻き込まれたり、遺棄されたり、悪の道に染まったりするなどの問題が多発していたことである。彼らは学校教育から疎外されていたばかりではなく、世間からもつまはじきされていたのである。

第三に、「精神薄弱児」を対象とする東京都の直営施設が一九四七（昭和二二）年六月に開設された養育院付設長浦分院児童寮（千葉県君津郡長浦村、現、福祉局・千葉福祉園児童寮、令和六年度末廃止予定）だけで、施設数のみならず保護される児童数も圧倒的に少なかったことである。一九四六（昭和二一）年度の『民生局年報』によると、長浦分院児童寮として整備される前の長浦更生農場に、男子、七歳から一三歳七名、一四歳から一八歳二七名、女子、一四歳から一八歳一名の計三五名が保護されているに過ぎない。『都政十年史』は、終戦後のいつの時点を指しているか判然としないが、「推定三万と言われる都内精神薄弱児童数に比して、わずかに定員四六〇名の施設ではすでに超満員の状態である」と述べている。

民生局は自前の施設を持たず、藤倉学園（大島元村）、滝乃川学園（北多摩郡谷保村）、八幡学園（千葉県市川市）、愛泉会（神奈川県三浦郡葉山町）、白王学園（杉並区阿佐ヶ谷）を始め、「他県の民営施設久美愛園（埼玉県浦和市）・筑波学園（茨城県筑波郡小田村）」などに「委託収容することで当面を糊塗してきた」（『都政十年史』）のである。「当面を糊塗してきた」のことばは、当時の実情を率直に述べたものである。

第四に、一時保護所での鑑別を経て送致された養護施設で生活しているうちに「精神薄弱児」であることが判明し、処遇上の困難を抱える施設が少なくなかったことである。なかには、「精神薄弱児」であることを理解して受入れる養護施設もあった。前掲の『都政十年史』は、「精神薄弱児」の保護に関する当時の事情について、次のように述べている。

「精神薄弱児施設が極度に不足しているため現在はＩＱ（知能指数）の比較的高いものは養護施設その他（約七百名）に収容するの止むなきに至っている。」

一九五二（昭和二七）年三月から一九五八（昭和三三）年三月にかけ、社会福祉法人あけの星会から引き継いで、小平で養護施設・愛聖園を運営していた社会福祉法人聖ヨハネ会の『聖ヨハネ会50年誌 創立の精神を忘れずに』は、「精神薄弱児が大変多いのが目立つ、通常児といっしょに育てて行くことは、どちらのためにも非常に困難だ、この問題を早急に何とかしなければ―と、再三、再四相談の結果」、養護施設から「精神薄弱児施設」・甲の原学院への転換を実現させた、と述べている。戦争孤児施設・聖十字学園でも経営主体を変更した後に、在籍していた「精神薄弱児」を排除せず「精神薄弱児施設」・不二学園への転換を図っている。ここには、民間施設の開拓性を見て取ることができるが、東京都民生局が「精神薄弱児」養護の必要性を認識しながら、手をこまねいていたことを示すものでもある。

第五に、農業による職業補導に取り組む下地ができていたことである。傾斜の多い土地であったが、七生学園は、東京府拓務訓練所から帰農訓練所に至る前史を受け継いだ養護施設なので、耕地と建物が用意されていた。それゆえ、事業開始前の大規模かつ長期にわたる施設整備を要しなかったのである。ただし、農業による職業補導が、独立・自活を求められている年長の「精神薄弱児」に相応しいメニューだったかどうかは別問題である。

第六に、農業に重きを置く生活教育を重視していたことである。養護施設での農業による職業補導を引き継ぐ形で、「精神薄弱児施設」での農業を主体とした生活教育の取り組みをねらいにしたのである。そうしたねらいからすると、七生は最適の地であったといえよう。『40周年写真集』の「昭和30年代」の、子どもたちが笑顔で畑仕事に取り組んでいる写真は、職業補導というよりも生活教育のひとこまのような印象である。

（4）転換の背景―都民の陳情・請願

第七に、都議会に対する都民の障害児福祉施策に関わる陳情や請願が増えていたことである。『東京都における戦後社会福祉事業の展開』によると、一九五二（昭和二七）年七月に、大きく遅れていた精神薄弱児福祉に関して、児童問題研究会から都議会に「精神薄弱児に対する福祉施策に関する請願」がなされ、同年九月一八日付けで採択されている。

『全日本精神薄弱者育成会要覧』によると、都議会に請願書を提出した児童問題研究会は、一九五〇（昭和二五）年七月、「精神薄弱児」を養育する三人の母親の呼びかけで始まった活動グループで、後に学校教員や施設職員らも加わって全国規模の育成会に発展していく。

請願で注視すべきは「精神薄弱児保護収容のための福祉施設の設置」で、「精薄施設の経営は、非常に困難で従って民間施設で戦後設置されたものは本都では一ヶ所もない実情である。本都においては、昭和二六年度都立精薄施設を建設し、昭和二七年度から事業を開始し、その後、昭和二七年度、昭和二八年度共に新寮舎の増築を実施している外、なお既存施設（精薄）の政治拡充に努力している」と述べ、合わせて「精神薄弱児保護補導に関する指導養成機関の設置」を求めていることである。

なお、請願にはさらに注視すべき事項が盛り込まれている。「精神薄弱児出生防止に関して優性保護法の適用強化」を加えていることである。障害児に関わる福祉と教育制度の進展を望む親が、その一方で四年前に成立した優生保護法の「適用強化」を訴えているのである。

これら七つの事情を背景に転換された七生学園は、東京都の直営「精神薄弱児施設」としては養育院付設長浦分院児童寮に次ぐもので、民生局では第一号であった。民生局の新規事業であるが、『民生局年報』の「児童福祉事業」でも、『民生局二十年の歩み』でも、『東京都の社会福祉事業』でも記載がない。養護施設と比較して「精神薄弱児施設」は、要保護児童対策のなかでは重要度が低かった、ということなのであろうか。

（5）学校教育の問題――「園内教育開始」

七生学園の学齢児の学校教育に関して看過できない問題がある。『東京都七生福祉園のしおり』の「園の沿革」には、抽象的表現ながら、その実情をうかがい知ることのできる記述がある。七生学園が養護施設から「精神薄弱児施設」に転換された一九五二（昭和二七）年四月の箇所に「園内教育開始」とある。この記述は、一九四九（昭和二四）年四月、養護施設として創業して以後、学齢児童に学校教育を施していなかったことを示す。

石神井学園、小山児童学園、安房臨海学園、八街学園、東水園、あづさ園など、終戦後に設置された直営の養護施設は、大部分が地元自治体や通学予定校と協議を重ね学校教育の実現にこぎ着けている。地元の七生村との間でどのような協議を重ねたのか定かではないが、七生学園は学校教育を用意できず、職業補導に重点を置いた施設養護を行っていたのである。

さらに問われるべきは、一九五二（昭和二七）年四月からの「園内教育開始」の内実である。学校教育ではなく、文字通り「園内教育」の「開始」で、学校教員による正規の学校教育ではなく、学園の指導員・保母による〝見なし教育〟なのである。『戦後教育史』は、当時の「園内教育」について、「保育、学習、職業補導の三クラスに分けて行われ」たとしている。「保育」は就学前の幼児を、「職業補導」は年長児童を、「学習」は「軽度及び中度」の学齢児童を対象としたメニューであったと思われる。

職業補導は、前記したように、養畜科と農耕科で取り組んでいる。「学習」について、前掲の『戦後教育史』は何も触れていない。『40周年写真集』には「学習」場面をうかがわせるような写真が一枚もない。「軽度及び中度」の

「精神薄弱児」（当時、知能指数によって「白痴」「痴愚」「魯鈍」の三種に分類）には職業補導と生活教育に重点を置きつつ、読み書き計算など、何らかの「学習」活動が指導員・保母らによって行われていたのであろう。

もうひとつ問われるべきは、七生学園が養護施設として事業を開始した一九四九（昭和二四）年四月から受入れた学齢児童・生徒の学籍である。「園内教育」を受けることになった子どもたちの学籍は、そもそもどこに置かれていたのか。また、子どもたちに授与されるべき小学校・中学校の卒業証書はどのように扱われていたのか。

（6）学校教育の問題―派遣教員から「分教室」の設置へ

七生学園における学校教育体制が一歩前進するのは、それから三年後のことである。前掲の『東京都七生福祉園のしおり』の「園の沿革」は、一九五五（昭和三〇）年度から東京都教育委員会が七生学園に「三名の教諭」を派遣したとし、『戦後教育史』は、さらに「指導目標は小学校三年生程度の学習や基本的な生活指導を通して好ましい人格を育成することにあった。学習内容は、生活、情操、健康、生産、言語、数量の六領域で年・月・週ごとに単元が設定された」と詳述している。

学習クラスに専任の三名の教諭が派遣された形ではあるが、これが学籍を持たせた正規の学校教育であったのか、それとも前記した、いわゆる〝見なし教育〟の延長であったのか。日野市の学校教員ではなく、東京都教育委員会派遣の教員である上に、二冊の前掲書がいずれも学籍に言及していないので、この辺りの事情は分からない。

『40周年写真集』で、当時、園長であった今野光治は「昭和30年頃のこと」と題する回想録で、「昭和32年5月頃」の学園について、児童数は男一二九名、女六七名、計一九六名、クラス編成は、職業補導六（男四、女二）、学習指導四、生活指導三（重度、最重度）の一三クラスで、寮は男女各二棟、程度別では軽中度一二二名、重度、最重度七四名としている。このなかの「学習指導四」が学習活動を行っていたクラスであろう。

今野が述べている中軽度、重度、最重度の「程度別」区分については、付言を要する。東京都が「精神薄弱児」の四分類（軽度、中度、重度、最重度）による「愛の手帳」を制度化したのは一九六七（昭和四二）年四月のことである。今野の「程度別」区分は愛の手帳の分類とは異なり、「重度、最重度七四名」は学園独自の区分で、愛の手帳の中度から重度レベルであったと思われる。

七生学園の児童・生徒の一部に学校教育が保障されるようになったのは、それよりさらに一二年後のことである。前掲の『戦後教育史』によると、一九六七（昭和四二）年五月、日野市教育委員会が学園内に分教室として潤徳小学校、七生中学校に一学級ずつ設置し、「従来の学習クラスの六領域の指導等を引き継いだ」というのである。この間の事情と経緯について、『日野市の推移と現況 1967』は、次のように詳述している。

「特別な措置として市立七生中学校と潤徳小学校にそれぞれ1学級を新設した。これは都立七生児童学園に収容されている児童生徒のみを対象としたものである。同学園に収容されている児童生徒は、知的程度も高く、当然学校教育法に基づく教育（特殊学級）を受ける資格があったが、通学距離、全寮制、などの理由で、就学猶予の措置をとらざるを得なかった。そのためここ数年父母からの強い要望もあり、これらの児童生徒の将来も十分検討した結果、上記小中学校の分教室として同学園内に設置したものである。」

別表は、潤徳小学校は一学級児童一五名、教員二名、七生中学校は一学級二五名、教員二名としている。前掲の『戦後教育史』は、分教室について、「予算は乏しく建物は老朽化していた。教室は学級数だけで特別教室などはなかった。しかし、子どもたちは恵まれた自然環境を最大限に生かし、山の中でカブトムシを採り、田んぼに出かけてオタマジャクシを追いかけ、生きた教材によって学んだ」と述べている。

それにしても、七生の子どもたちを「知的程度も高い」と表現し、比較的軽度の子どもが少なくなかったことを述べているが、知的レベルと教育権の保障はまったく別問題である。日野市教育委員会が決定した小中二学級四〇名の数は、七生学園の児童数からすると、学齢児童・生徒の全員就学ではなく、選別であったことを示す。四〇名をどのような尺度で選り分けたか定かではないが、知的レベルの高い子どもを優先したのであろう。そうだとすれば、学校教育は一部の軽度の子どもたちに保障されたに過ぎず、知的に軽度ではない子どもたちは選外となり、依然として学校教育から除外されていたのである。

学籍問題には触れていないが、就学猶予の扱いを受けていたこと、保護者からの「強い要望」があったことも明らかになった。なお、日野市教育委員会の新施策は、東京都教育庁および民生局心身障害者福祉部との連携を背景に打ち出されたものと思われるが、同時期に制度化された「愛の手帳」とも関連するのかも知れない。

学園におけるこうした経緯を見ても、「精神薄弱児」に対する学校教育の保障がいかに立ち遅れていたかが分かる。養護施設の創設時から数えると実に一八年もの間、七生学園の学齢児は、学校教育のらち外に置かれていたのである。東京都の児童保護の歴史、そして知的障害児教育の歴史において、決して看過できない問題というべきではないか。

分教室に絡んで、もうひとつ見落としてはならないことがある。学齢児童・生徒にとって、それぞれ一学級の分教室の設置という、画期的な制度改正が実施されることになったにもかかわらず、肝心要の日野市立潤徳小学校も日野市立七生中学校も「学校の沿革」に加えていないのである。七生学園内の分教室に教員が派遣されたに過ぎないので、学校内部の歴史的事項ではないと捉えているのであろうか。

さらに驚くべきは、前掲の『東京都七生福祉園のしおり』の「園の沿革」も、このことに触れていないのである。前記したように、養護施設時代も含めて一八年もの長きにわたり、学校教育から疎外されていた学齢児童・生徒の一部に、分教室とはいえ、初めて正規の学科教育が用意されたのである。これほど画期的な事項を省いているのは、今日の七生福祉園が園史に七生児童学園時代の学校教育導入の変遷を位置付けていないからではないか。

（7）名称の廃止

一九六三（昭和三八）年四月、七生児童学園は「精神薄弱者更生施設」・七生福祉園を併設する。児童福祉法に基づく七生児童学園に「精神薄弱者福祉法」（現、知的障害者福祉法）に基づく七生福祉園が加わり、二枚看板になったのである。さらに七生児童学園は一九六八（昭和四三）年四月に七生福祉園に吸収されて児童寮となったのに伴い、児童学園の名称は同年三月をもって廃止された。二つの法律を背景にすることに変わりはなかったが、施設を直営で運営する上で二枚看板を掲げることに何かと支障があったのであろう。

養護施設にならって「知的障害児施設」の七生学園で用いて来た児童学園の名称は、七生学園をもって消滅したわけではない。七生学園が「精神薄弱児施設」に転換された一九五二（昭和二七）年四月から五年後の一九五七（昭和三二）年五月、東京都で初めて「精神薄弱児通園施設」が開設された。同年四月の児童福祉法の改正により、「精神薄弱児通園施設」が児童福祉法に基づく児童福祉施設として位置付けられたことによる。

東京都民生局は以後、就学猶予・免除の扱いを受けた「精神薄弱児」を対象に都内に順次、「精神薄弱児通園施設」を整備していく。第一号の施設が北児童学園で、以後、開設された施設名がすべて児童学園であった。筆者が福祉指導（現、福祉）という職種で入都して最初の職場が杉並児童学園である。児童学園の名称は誠に心地よい響きを持っていたが、通園する子どもたちは全員が就学猶予・免除の扱いを受け、学校教育のらち外に置かれていた。

3　「親を探そう」運動で紹介された子どもたち

（1）朝日新聞による「親を探そう」運動

七生学園が「精神薄弱児施設」に転換された後、在籍する子どもたちの一部が朝日新聞で大きく報道された。一九五六（昭和三一）年二月二五日付け朝日新聞の「この子たちの親を探そう」と題する記事である。同紙は同年二月二三日から五月二四日まで一八回にわたり、「この子たちの親を探そう」と題し、大きく紙面を割いて、子ども一人ひとりの写真と実名のほか、保護の経緯を施設名入りで紹介した。これによって、子どもたちがどのような事情で七生学園に措置されるに至ったのかを知る手がかりが得られたのである。

終戦後、親を失ったり、親とはぐれたりして家族・親族との再会を待ち望む子どもたちと、離れ離れになったわが子を必死の思いで探している親や親族の願いに応えようと、恩賜財団・同胞援護会などを中心に、ポスター、写真展示会などを通して親探し運動を展開していた。しかし、これらの運動は期間も一時的で、場所も限定的であるため、全国的かつ組織的な運動にはならず、成果を挙げたとは言い難かった。

『この子らのために—朝日新聞の親探し運動』および『福祉事務所十年の歩み』によると、その後、一九五六（昭和三一）年二月に兵庫県が実施した孤児の親探しが効果を挙げたことから、「全国的に運動を実施することについて、全国知事会懇談会の席上提案されたことがきっかけとなり、新しい構想で（略）全国的な運動を展開すること」にし、朝日新聞が紙面を大きく割いて運動を継続的に実施することになった、というのである。

（2）保護された経緯

同年二月二五日付け第一回の記事には、「七生児童学園（東京都南多摩郡七生村）」の小見出しで、二二名の子どもたちが実名と写真付きで掲載され、保護された経緯が略記されている。子どもたちの措置年月日は、大部分が養護施設時代と思われる。また、氏名が旧名不詳、年齢推定となっており、「精神薄弱児」ゆえに、親と離れ離れになったり、家族から遺棄されたりしたことが推測できる。以下、保護に至る経緯を、実名を伏せて紹介しよう。

・MG（一六歳、男）戦災孤児らしい。一九四六（昭和二一）年四月一日、下谷区役所から浮浪児として送致。石神井学園に姉がいるらしい、といっている。

・IT（一〇歳、男）捨て子らしい。一九五一（昭和二六）年一月二六日、三鷹署で保護。千葉県銚子市に母親のM子さんがいる、といっている。

・MY（九歳、男）捨て子らしい。一九五二（昭和二七）年一〇月九日、神田署に保護された。

・IM（九歳、男）一九四九（昭和二四）年一月六日、迷子で上野署に保護された。

・AE（九歳、女）一九五〇（昭和二五）年八月六日、本所の映画館に生後二か月のとき、置き去りにされていた。

・KM（七歳、女）捨て子らしい。生後間もない一九四八（昭和二三）年一〇月一五日、浅草公園で保護された。

・SK（一〇歳、女）迷子らしい。一九四九（昭和二四）年三月、上野駅で上野署員に保護された。

・TK（一二歳、男）捨て子らしい。一九五〇（昭和二五）年八月二二日、板橋区役所から送致された。

・TK（一二歳、男）戦災孤児らしい。一九五三（昭和二八）年五月、放浪中を愛宕署に保護された。千葉県に親兄弟がいるというので調べたが、分からなかった。

・OI（一三歳、男）捨て子らしい。一九四三（昭和一八）年九月二七日、下谷区数寄屋町で下谷署員に保護された。

・TM（一五歳、男）迷子らしい。一九四七（昭和二二）年一月一四日、目黒区役所から送致された。

・KT（一七歳、男）戦災孤児らしい。一九四六（昭和二一）年七月八日、滝野川署に保護された。京都から来たと言っているが、そのほかは何も分からない。

・YK（一六歳、男）一九三九（昭和一四）年八月一八日、神田区役所から送致された。母親Aさん、姉K子さんが板橋方面にいるらしい。

・KY（一六歳、男）戦災孤児らしい。一九四五（昭和二〇）年四月二〇日、蒲田区役所から送致された。

・KM（一六歳、男）戦災孤児らしい。一九四四（昭和一九）年一一月九日、板橋区役所から送致された。

・MT（一五歳、男）戦災孤児らしい。一九四七（昭和二二）年一二月一日、台東区役所から送致された。

・SK（一六歳、男）捨て子らしい。一九四五（昭和二〇）年七月二三日、板橋区役所から送致された。

・UM（一七歳、男）捨て子らしい。一九四二（昭和一七）年七月二〇日、浅草署に保護された。

・IR（一四歳、男）迷子らしい。一九四四（昭和一九）年五月一日、下谷区役所から送致された。

・SK（一四歳、男）戦災孤児らしい。下谷署に保護されたもの。

・IA（一四歳、男）迷子らしい。一九五四（昭和二九）年一月二〇日、上野駅構内で上野署に保護された。

・OY（九歳、男）戦災で両親と別れてしまったらしい。一九五五（昭和三〇）年八月二〇日、放浪中を愛宕署に保護された。父は水道屋をし、母は日本橋付近にいるらしいが、よく分からない。

（3）記事から読み取れること

これらの記事から、次の一〇点を読み取ることができる。

① 大部分が警察や区役所など公的機関が保護のきっかけとなっていること、

② 保護された場所が浅草、上野、下谷、板橋、神田、本所、愛宕などであること、

③ 捨て子や迷子、置き去りの扱いを受けて保護されていること、

④　放浪中に「浮浪児」として送致されていること、
⑤　氏名も年齢も推定で就籍の手続きが取られたと思われ、保護された場所が特定できるような名前が付けられている子どももいること、
⑥　就学していたかどうかが不明であること、
⑦　学童疎開に触れていないこと、
⑧　親や家族・親族とともに空襲を経験していた可能性があること、
⑨　一時保護所や児童相談所に触れていないこと、
⑩　一五、一六、一七歳の年長児童が少なくないこと、

このなかで、⑩の年長児童は、養護施設時代に入所したものの、知的障害ゆえに自立の道に踏み出せず、長きにわたる学園生活を余儀なくされていたことが推察される。⑨は一時保護所を経ず、〝直送〟であったことを示す。③の捨て子、置き去りが少なくない背景に、障害児を抱えた親を取り巻く世間の偏見の目と親自身の苦悩が読み取れる。⑦は学童疎開から取り残されたことが考えられる。

朝日新聞は、親探しの大キャンペーンを行った後、その成果を大々的に報道している。七生学園の子どもたちについては、同年三月一五日付け「すでに五十七人が家に」と題する記事で、一六歳のＳＫについて関東近県に住む伯父から引き取りの連絡があったことを報じている。また、一八歳になったＫＴは東京に親がいることが確認されている。

なお、前掲の『福祉事務所十年の歩み』によると、一九五六（昭和三一）年の二月から一九六〇（昭和三五）年の一一月までに、氏名と写真を掲載した子どもの数は四、四五一名、連絡のついたものが三四五名であった、という。

おわりに

二〇一八（平成三〇）年五月八日、東京都福祉保健局（現、福祉局）は、報道機関に対し、「旧優生保護法に関する保存記録の調査について」と題して調査結果を公表した。都内の病院、診療所、福祉施設、保健所、福祉事務所などを対象に旧優生保護法に関連する記録の保管状況を調査したものである。

東京都七生福祉園に関しては、「5名の健康記録カード又は入所時の書類の中に、2名については優性手術実施の記載があり、3名は優性手術の可能性もある記載があった。なお、いずれも、手術が実施された年月日や手術を受けた理由などは不明である」というのである。五名は児童福祉法に基づく七生児童学園時代に措置された子どもであろうか。そうであるならば、施設に措置される以前に手術を受けていたのか、それとも措置後に受けたのか。この辺りの事情は判然としない。

第六章 中井児童学園―〝豪邸〟に創設され、後に職業補導に転換した女子施設の行方

はじめに

二〇〇六（平成一八）年三月三一日、中井児童学園は東京都の直営施設としての役割を果したという名目で廃止された。理念も名称も事業内容も継承されることなく、建物だけが民間社会福祉法人に移譲される形での廃止であった。養護施設では那古学園に続く廃止であり、児童福祉行政を担う東京都の施設養護からの撤退であった。

筆者が直営養護施設に勤務していた一九八〇年代前後、中井児童学園は職業指導に主力を注ぐ年長女子養護施設として知られていたこともあり、戦争孤児施設としての歴史を踏まない歴史の浅い、特殊な養護施設とばかり考えていた。ところが、同時期、中井児童学園を訪問する機会を得た筆者は、そこで、後発の特色のある養護施設という知識が間違っていて、終戦の翌々年から戦争孤児施設として創業した史実を知ったのである。

教えられたもうひとつは、職業指導に主力を注ぐ養護施設といわれていたその実態である。こぢんまりとした二階建ての、職業指導の場にしては不似合いな、学生寮のような雰囲気の園舎で、就労指導を受けている少数の年長女子のほかに高校生や中学生が暮らしていたのである。女子に限定しているとはいえ、就労指導に主力を注ぐ養護

施設というよりも、高校生の多い寄宿舎というような印象を抱いた。

後年、『那古学園45年のあゆみ 写真と証言で綴る学園の歴史』の「第二部 那古学園沿革史」を執筆した山田稔雄氏による、「那古学園前史」としての「中井児童学園」（以下、山田「前史」）の箇所を目にして、筆者の知らない中井児童学園の史実に行き当たった。直営養護施設では前例のない一九五五（昭和三〇）年に持ち上がった一連の史実である。学生ボランティアや地域住民、教育・文化団体などによる廃止反対請願運動が起こり、都議会で取り上げられるまでになり、後に職業指導に主力を注ぐ養護施設に転換された歴史である。

1　女子の戦争孤児施設として

（1）豪邸を買収しての創設

中井児童学園（以下、中井学園）は、東京都が直営する戦争孤児施設として一九四七（昭和二二）年一一月一日付けで、新宿区下落合三の一八〇五の一（現、新宿区中落合一丁目七―一）の住宅街に設置された。名称に付した中井は行政地名から採ったものである。

同日付けの処務規程によると、「事業の目的」は「戦災児及び浮浪児中女児の収容保護及び教化育成」とし、「収容保護」の他に「教化育成」を加えている。同じ直営施設のあづさ園が「事業の目的」を「収容保護」としているのとは違いを見せている。幼児や低学年学齢児を対象にしたあづさ園に対し、中井学園は学齢児や年長児を主な対象としていたため、教え導いて変える意味の「教化」を加えたのであろう。

『都立養護施設の事業』の「年表」によると、一九四六（昭和二一）年一一月に東京都が中井学園専用の土地・建物を買収、翌一九四七（昭和二二）年八月に中井学園としての事業を開始、同年一一月に児童の受け入れを開始、一九四八（昭和二三）年一月一日付けで児童福祉法に基づく養護施設として認可されている。また、中井学園の『事業概要』は、一九四七（昭和二二）年一一月三日に開園式を実施した、としている。『東京都職員名簿 昭和二十五年一月十五日現在』および『養護施設30年―第30回全養研協記念出版―』によると、初代園長は五味喜富で、在任期間が一九五一（昭和二六）年四月までの三年八か月である。

前掲の「年表」で不可解なのは、土地・建物を買収してから事業開始までの七か月間が空白になっていることである。この謎は『全国社会福祉名鑑』で解けた。買収後、翌一九四七（昭和二二）年七月まで「私立児童施設に貸与」した、というのである。

山田「前史」によると、買収した土地・建物は当時の時価で「一億円」とされ、敷地面積が一五〇〇坪の「立派な日本庭園と檜作りの屋敷」を有し、「檜作りの屋敷」は三〇畳の四部屋で、襖を取り除くと一二〇畳の大広間になった、という。このような豪華な住環境を背景に、事業目的の「教化育成」に関わって、いかなる施設養護を展開しようとしていたのか。

山田「前史」は、対象を女子に限定したことについて、伝聞として「掃除などの躾に女子が適切」と判断したとしているが、「檜作りの屋敷」を転用することになったことから、家事＝躾＝女子という性役割の考え方を反映させたものであろうか。

ジャーナリスト・門川美代子が一九五三（昭和二八）年五月の『それいゆ』に寄稿した「二つの星のもとにある子等―中井児童学園を訪ねて―」（以下、「門川ルポ」）によると、「満六歳から満十七歳までの少女が、九十六人も居る」事情を尋ねたところ、「事務の小林先生」が「浮浪児が増えた際に、男の子が余りに粗雑なので、女の子だけを別にしたのがそのまゝになって、今も続いている」と答えている。しかし、これは史実に相違する話と思われ、当初から女子専用の施設であった。

対象を女子に絞ったのは、大広間という住環境から、生活空間を男女に分離することが物理的に困難だったからではないか。「満八歳以上の児童については、男子と女子との居室は、別にしなければならない」と規定する児童福祉施設最低基準に照らし合わせても、大勢の男女児童を大広場で起居させることに無理があった。

なお、山田「前史」によると、一九五一（昭和二六）年四月、初代園長・五味喜富（注　前任は誠明学園教諭）を引き継いだ二代目園長の板山兼光（注　前任は片瀬幼児園長）は、それまで行っていた濡れ雑巾でのふき掃除を禁止し、空拭きを厳しく指導したという。ふき掃除から空拭きへの変更にどのような意味があったのか。

（2）児童の受け入れ状況

『民生局年報』の「施設別児童収容保護状況」統計および山田「前史」に掲載の「児童福祉施設別調」で、創設後七年間の子どもの受け入れ状況を見よう。

「昭和二三年版」（昭和二三年三月三一日現在）

二四名を収容、内訳は六歳以下一名、一三歳以下一一名、一八歳以下一〇名、男子一三歳以下二名、退所一名、逃亡二名。

「昭和二四年版」（昭和二四年三月三一日現在）

六七名を収容、内訳は六歳以下四名、一三歳以下二二名、一八歳以下四〇名、男子一三歳以下一名。

「昭和二五年版」（昭和二五年三月三一日現在）

八八名を収容、内訳は六歳以下八名、一二歳以下四六名、一六歳以下二七名、一九歳以下六名、男子一二歳以下一名、退所三名。

「昭和二六年版」（昭和二六年三月末）

九〇名を収容、その内訳は八歳未満五名、九歳未満八名、一〇歳未満七名、一一歳未満八名、一二歳未満一五名、一三歳未満八名、一四歳未満一四名、一五歳未満七名、一六歳未満一二名、一七歳未満五名、一八歳未満一名、退所（満年六名、その他五名）。

「昭和二七年版」（昭和二七年三月末）

七三名を収容、内訳は九歳未満六名、一〇歳未満一一名、一一歳未満五名、一二歳未満八名、一三歳未満一二名、一四歳未満七名、一五歳未満九名、一六歳未満七名、一七歳未満七名、一八歳未満一名。退所（親族引取八名、逃亡一名）。

「昭和二八年版」（昭和二八年三月末）

八九名を収容、内訳は六歳未満一名、七歳未満二名、八歳未満四名、九歳未満四名、一〇歳未満一〇名、一一歳未満一八名、一二歳未満九名、一三歳未満九名、一四歳未満一一名、一五歳未満五名、一六歳未満一一名、一七歳未満三名、一八歳未満一名、一九歳未満一名。

「昭和二九年版」（昭和二九年三月末）

九〇名を収容、内訳は六歳未満一名、七歳未満七名、八歳未満四名、九歳未満六名、一〇歳未満六名、一一歳未満一三名、一二歳未満一三名、一三歳未満一〇名、一四歳未満九名、一五歳未満九名、一六歳未満六名、一七歳未満三名、一八歳未満一名、一九歳未満一名、二〇歳未満一名。

（3）事業統計を読み取る

以上の事業統計から分かったことを五つ挙げよう。

第一に、中井学園は創設時、東京都民生局直営の戦争孤児施設のなかで、唯一女子専用であったことである。なお、委託施設では、かつて福島市花園町にあったノートルダム修道院が一九四六（昭和二一）年から一九四七（昭和二二）年にかけ、前掲『民生局年報』によると、都内の二〇名の女子戦争孤児を受入れている。ノートルダム修道院は、一九三七（昭和一二）年に来日したヘレン・ケラー女史が訪問したことでも知られている。

第二に、創設後一九五〇（昭和二五）年までの二年間、一、二名の男子を受け入れていたことである。姉弟を分離せずに特例で保護したものと思われる。前掲の「門川ルポ」に、中井学園の門を入って目前に広がる「美しい緑の庭園」の片隅で土いじりをしている八つ位の少年」に出会い、「遊びにきていた近所の子供」と見間違える箇所がある。なお、「昭和二十八年版」の統計では男子の在籍はないが、確かに在籍していたのであろう。

第三に、学齢児童の就学先である。事業統計には示されていないが、後掲の読売新聞記事は通学校を新宿区立落合第一小学校と落合第二中学校としている。学籍も学年も氏名も年齢も前住所もはっきりしない戦争孤児の就学には困難が付いて回っていた時代、民生局の直営ということもあり、新宿区と地元住民の理解を得て、早々に通学の体制を整えることができたのであろう。

第四に、義務教育を終了した一五歳から一八歳未満の年長児および一八歳を過ぎた過年児（措置延長）に対する処遇である。前記した「教化育成」にも関わることであるが、園内での家事のほか、周辺に商店や町工場が立ち並ぶ地の利を生かし、職業指導の一環として職場に通勤させていたのであろうか。なお、前掲の「門川ルポ」には高等学校に通学する生徒の在籍をうかがわせる箇所がある。

第五に、退所の事情である。一九五〇（昭和二五）年は「退所」、一九五一（昭和二六）年は「その他（満年、その他）」、一九五二（昭和二七）年は「親族引取、逃亡」と表記している。判然とはしないが、これらの分類には里親委託や保護受託者（職親）が含まれていたのではないか。なお、保護受託者（職親）は二〇〇四（平成一六）年に廃止されている。

戦前の養育院で保母長の職にあったときから里親委託に力を注いでいた東京都中央児童相談所の金城芳子は、一九六一（昭和三六）年一月、厚生問題研究会の『厚生』に寄稿した「我が家の年賀客」と題する一文で、「空襲で両親を失い兄と二人生き残ったが、兄と仲たがいして家出浮浪していたところを狩込みに会い、中井学園に保護された」H子について、「エンジニアであるT家に里子にむかえられて高校も卒業させてもらい、今では或る会社に事務員として勤めている」と紹介している。

なお、前掲の「門川ルポ」によると、在籍児九六人中、孤児が二一人で、大部分は親がいても貧困その他の理由で養育できない事情に置かれているとしている。終戦から八年が経過した状況下で孤児の比率は減ったとはいえ、依然として戦争が子どもとその家庭にさまざまな影響を及ぼし、多くの要保護児童を生み出していたことを示す。

第六に、東京都公文書館所蔵の中井学園の『事業概要』が、創設時から一九五六（昭和三一）年までの戦争孤児施設に連なる九年間を省いていることである。後記するように、一九五五（昭和三〇）年九月、直営養護施設の統廃合計画で中井学園が廃止対象となり、集団転居を経て職業補導施設に転換されるが、この大改革を機に戦争孤児施設に連なる九年間を削除したのであろうか。もしそうだとするなら、施設史を歪曲する所業であり、その時代を懸命に暮らした子どもたちの人生を無視することではないか。

（4）文集『つぼみ』の刊行

中井学園は創設後、入園児童と職員で綴る文集『つぼみ』を定期的に刊行するようになる。東京都公文書館には、一九七八（昭和五三）年三月の三一号から一九八五（昭和六〇）年三月の三七号までのＢ５判、タイプ印刷の六冊が所蔵されている。閲覧できた六冊の内容から、創刊は一九四八（昭和二三）年度と思われ、以下のことが確認できた。

入園生の卒園・卒業・就職を祝して職員が編集し、年度末に刊行していること、歴代の園長を始め、卒園生、在園生、現職の保母・指導員、旧職員が頁を飾っていること、三三号までは卒園生の氏名、就職先、住所、職員名や住所が記載され、三四号からそれらがすべて削除さていること、「一年のあゆみ」として入退園生の氏名を記載していること、通修生よりも通学生の方が多いこと、通修生の就職先の大部分が個人営業の美容・理容関係であること、一文を寄せている園生の数から大幅に定員を下回っていること、などである。

長年にわたって刊行されてきた文集であるが、学園の運営が東京都社会福祉事業団に委託されたころには、すでに途絶えていたようである。廃刊の事情は分からないが、中井学園のその時どきの施設養護の実際を対外的に伝え、ここで現に暮らしている通修生や通学生たち、そしてかつてここで暮らして自立した女性たちのアイデンティティを確認する役割を果たしていたのであろう。

（5）全国紙で取り上げられる

創設されて三年七か月後、中井学園は全国紙で取り上げられた。朝日新聞が一九五〇（昭和二五）年三月四日付で報じた「孤児にもうれしいヒナ祭」、副題が「〝二世の父〟からプレゼント」の記事がその最初である。記事よりもはるかに大きな扱いの写真のキャプションには、「中井学園で大喜びの園児にとりまかれたフィンチ氏」とある。次が、一九五一（昭和二六）年一〇月二九日付朝日新聞の「孤児達にお人形」、副題が「太平洋市長会議に出席のサッター氏」「進駐当時の念願果す」の写真付き記事である。キャプションには「サッター副市長からお人形をもらって喜ぶ孤児たち」とある。占領期におけるＧＨＱ所属の軍幹部らによる戦争孤児施設の慰問は珍しいことではなかった。

次に取り上げられたのは三年後で、一九五四（昭和二九）年三月九日付読売新聞夕刊の「孤児院（中井）に集団赤痢」と題する記事である。年長児が順番に炊事場に入って調理を手伝っていたことから、事故は起こり得ることであった。全国紙のほかに日本伝染病学会誌や『日本医事新報』などの医学専門誌でも取り上げられる。園内における集団感染ゆえ、医学会が感染症学的な立場から取り上げるのはやむを得ないが、読売新聞記事の「孤児院」の表記はどう読み取るべきか。児童福祉法が公布されて六年以上が経過しても、養護施設の名称が一般化していなかった証左なのか、あるいは作為的に孤児院としたのか。

(6) 皇室行事に招待される

中井学園の園児が皇室行事で招待されたこともマスコミで取り上げられた。共同通信記者・小澤武二が一九四九(昭和二四)年に刊行した『新生日本記録写真集』(日本義肢協会)に掲載された「薄幸の子に一日だけの親心」と題する記事は、次のように報じている。

「戦災や引揚で、親を失った可愛そうな子供達は各所の収容所で育てられているが、薄幸のこれらの子供にせめて一日だけでもあたたかい家庭のいつくしみを味わせようというので東京都ではじめての試みとして五月五日からの児童福祉週間中『一日里親』と称して子供達を家庭に招待した、第五日の九日には高松宮邸でも都内の中井学園の男女二十名とサレジオ学園から十名を招き中庭で妃殿下を中心に楽しい親子の宴をひらいた」

同書には招待された子どもたちが職員をはさんで笑顔で駆け出そうとしている写真が掲載されている。『東京都の社会福祉事業』の「福祉年表」では、一九四九(昭和二四)年五月に「こどもの週間実施さる(二週間)」、『全養協20年の歩み』の「養護施設年表」では、「はじめての『こどもの日』」と記されているだけで、養護施設の子どもたちが皇室行事に招待されたことも「一日里親」のことも触れていない。

この翌年には皇室が児童福祉関連の施設や機関を訪問している。一九五〇（昭和二五）年九月六日、高松宮宣仁親王が中央児童相談所を皮切りに、中井児童学園、萩山実務学校、緑成会整育園、杉並学園、康生保育園の六か所を訪問した。慰問ではなく、都内の児童相談所付設一時保護所、養護施設、教護院、肢体不自由児施設、保育所など、児童福祉に関わる行政機関と児童福祉施設の視察であった。中井学園が視察先のひとつに選ばれたのは、数多い養護施設のなかでただひとつ、女子専用の施設だったからであろうか。

（7）ジャーナリストのルポ

中井学園が月刊の専門雑誌や週刊誌で取材されたこともある。直営施設でありながら関心を持たれたのは、女子養護施設という外見が目を引いたのであろうか。外見が注目されるという特徴は、年長女児を対象に職業指導に主力を注ぐ養護施設に転換された後も変わらなかった。ここでは、戦争孤児施設時代に限定して取り上げよう。

ひとつは、一九五三（昭和二八）年五月の『それいゆ』に掲載された前掲の「二つの星のもとにある子等」と題する「門川ルポ」である。ジャーナリストの門川美代子が中井学園を訪れたのは、桜の花が散り始めた四月である。以下のような長文のキャプションを付した六葉の写真は、子どもたちの施設生活の一コマ一コマを忠実に浮き上がらせている。

「中井児童学園の表玄関。桜の花びらの散敷くその辺りには明るい表情の子供達が四五人ずつてんでに仲良く遊んでいるのに出会った」

「床の間に長い折畳み式の机を出して勉強する子供達。あまやかされがちな家庭にいる子供より、規則正しく自治的な生活を送っている園児達の成績はなかなか優秀である由」

「このような整理箱が子供達に割当てられ、学用品や衣類等個々の手廻り品を整頓させていた。小さい子供にはお姉様格の少女がついて指導する微笑ましい光景も見られた」

「炊事場は広く、炊事当番に決められた子供達は、その年齢に応じた仕事をさせられていた」

「食堂でおやつの牛乳を飲んだ子供達。保母さんの厄介にならず食事当番の手で食卓の用意がされる」

「数少ない明日の衣類をと、のえる少女達。こんなに幼い子供までが、と胸をつかれる光景」


門川は子どもと職員にインタビューし、生の声を聴き取って施設養護の実態をルポしているが、本文で在籍児九六人のうち二一人が孤児で、「孤児院」という呼び名は「冷たい」と綴りながら、児童福祉法に規定された養護施設であることを読者に伝えていない。また、一般家庭の子どもと対比させて規律一辺倒でしつけを重視し、「理想的な団体生活」を通して行儀の良い子どもたちに育て上げていることに「何だか悲しくなりました」と違和感を抱いている。園長・板山兼光による厳しい躾方針が浸透していたことを示すものであろう。

そのほか、豪華な庭園に囲まれているお屋敷だとか、学園で最も贅沢な備品のピアノを子どもたちが交代で弾いているだとか、一日置きに入浴しているだとか、当時の養護施設では見られないような格別な実例も紹介している一方で、低額な補助金（一日一人六七円の生活費のうち食費は四八円）、児童福祉施設最低基準による収容児童の定員は三六人なのに、すし詰め状態の住環境下で生活していること、平均年齢二八歳の保母が四人で過酷な二四時間勤務をこなしていることなどをルポしている。

2　廃止移転反対運動

（1）公表された「統合廃止施設児童移動計画表」

中井学園に関わる、こうした慰問や園内事故、皇室招待、視察の類いとは異質で、施設養護の分野では誠に異例な報道がなされた。一九五五（昭和三〇）年二月一〇日付けおよび同年五月二日付け読売新聞記事がそれである。一九五五（昭和三〇）年二月三日付けで策定された「統合廃止施設児童移動計画表」は、東京都民生局児童部が立案した直営養護施設統廃合計画で、中井学園が廃止対象として挙げられたことで、廃止と施設児童の移転の情報を伝え聞いた学生ボランティアが廃止移転反対運動に立ち上がった、というのである。

写真入りの報道によると、学生ボランティアによる決起をきっかけに、近隣住民や教育・文化団体を巻き込んだ運動に拡大し、地元の新宿区社会福祉協議会が東京都民生局に陳情書を提出したり、都議会に請願書を提出したりするまでに発展した結果、請願が採択され、中井学園の廃止移転は免れた、というのである。

一九五五（昭和三〇）年二月一〇日付け「〝子供を守る学生先生〟」の大見出しと「中井児童学園の引越しに反対」の小見出し、「大学生からコーラスの指導を受ける中井児童学園の子供たち」のキャプションを付した写真入り記事によると、五歳から一七歳までの女子八六名が暮らす中井学園に、一九五四（昭和二九）年の秋から都立西高校を卒業した大学生で組織する草の実児童文化研究会一〇名ほどが、毎週土曜日の夕方にボランティア活動で訪問し、合唱の指導をしていた。その際にボランティア学生が中井学園の廃止と園児の転居話を耳にしたとして、記事は、次のように続く。

「地の利、建物も移転先よりもはるかにすぐれ、引越しの理由は全く考えられない。逆に移転先では五、六十人も定員からはみ出すので、学力もおち、就職もきわめて不利になるという。通学先の生徒とも親密になりかけたばかりだ。『別れるのはイヤ』と涙を浮べて赤いホオをすりよせる子供たちに学生たちもじっとしておれず、日本子どもを守る会の清水陽子さんや窪寺都議会議長に相談をもちかけ、地元の新宿区社会福祉協議会でも陳情書を都に出しているが、お役所仕事でどうなることかわからない。

清水陽子さんの話『純真な学生たちの気持をなんとか生かしてあげたいと心を痛めています。ほんとになんとかならないものでしょうか』

都民生局の話『学園の移転は決定したわけではないが、施設の統合問題は起きており、二十九年度予算に組み込まれている。移転するなら六、七月になろう』」

中井学園に異変が起きていることを学生ボランティアに訴えたのは子どもたちか、あるいは職員がそれとなく伝えたのか。いずれにしても、耳にした学生ボランティアが園長の板山兼光に尋ねて真偽のほどを確認し、子どもたちの代弁者として立ち上がった。その動きをつかんだ新聞社が記事にしたことで、広く都民に知られることになったのである。

記事に登場する日本子どもを守る会は、ペスタロッチ研究で知られる元広島文理科大学（現、広島大学）で学長を務めた長田新を会長に、子どもたちの健全育成と幸福を実現することを目的に児童憲章が制定された翌一九五二（昭和二七）年五月一七日に結成された民間団体である。会の基本目標のひとつに、「私たちは、子どものしあわせをはばんでいる悪い環境や条件をとりのぞくことにつとめます」とある。学生ボランティアの呼びかけに賛意を表し、行動を共にすることになった。学生ボランティアに端を発した廃止反対運動は盛り上がりを見せ、とうとう都議会に請願書を提出するまでに発展していったのである。

（2）都議会への請願書の提出

学生ボランティアによる運動のその後は、一九五五（昭和三〇）年五月二日付け読売新聞の「引越し中止に大喜びの中井学園の孤児たち」のキャプションを付した「〝町の皆さん、有難う〟」「中井児童学園の引越し中止」「願いがかない孤児らこおどり」の見出しの記事で報じられる。二月一〇日の記事を読んだ近隣住民から支援の声が上がり、学生ボランティアがガリ版印刷による陳情書やパンフレットを作成して、役所や個人・団体を回って支援の輪を広げ、都議会に陳情書を提出し、中井学園の子どもたちの転居を中止させた、というのである。記事には日本子どもを守る会副会長で、この年、青木書店から『売春 この実態をどうしたらいいか』と題する作品を刊行するノンフィクション作家の神崎清の名前もある。

『会議録速記録』『東京都議会史』によると、都議会への請願書の請願者、付託日、結果は、次の通りである。

①「中井児童学園移転反対について」第一九七号
一九五五（昭和三〇）年六月一〇日付託
請願者 新宿区草の実児童文化研究会代表 小林清治

②「中井児童学園移転問題について」第二二五号
一九五五（昭和三〇）年六月一〇日付託
請願者 千代田区神田一ツ橋教育会館 日本子どもを守る会会長 長田新 外四名

請願を受理した厚生委員会（厚生委員長 内田雄三）は、上記二通の請願書について審査し、一九五五（昭和三〇）年六月二三日、採択の上執行機関に送付すべきものと議決し、東京都議会議長・二宮久吉に送達している。

なお、『東京都議会史』によると、同じ一九五五（昭和三〇）年、上記二件の前に請願された「都立中井児童学園の存置について」第九六号が採択されているが、付託月日、請願者の記載がない。東京都民生局が立案した直営養護施設の統廃合計画で中井学園が廃止対象になっていることに反対して「存置」を願い出たもので、これが前掲の学生ボランティアや教育・文化団体の請願の先駆けになったと思われる。

(3) 実施された集団転居

学生ボランティアや教育・文化団体、近隣住民を巻き込んだ廃止反対請願運動は都議会を動かし、請願は採択されたものの、統廃合計画の一部が見直されただけであった。中井学園は廃止を免れたが、子どもたちの嫌がった転居(措置変更)は撤回されなかった。新聞報道は誤報で、子どもたちをぬか悦びさせたに過ぎなかったのである。そもそも読売新聞の五月二日付け記事は、都議会に請願書を提出する一か月も前である。「引越し中止」というような誤報記事になったのはなぜなのか。前記したように、学園存置の請願が採択されたことを取材で確認した記者が、子どもたちの残留に結び付けたのか。

山田「前史」によると、五名が家庭引き取り、五名が他の民間施設への措置変更、中三生以上の九名が残留となり、その他の幼児および学齢児四七名は同年八月二五日付で、千葉県館山市に新設された第二安房児童学園への措置変更となったと、いうのである。

山田「前史」は、中井学園が統廃合の渦中に巻き込まれていた当時、園長であった板山兼光が、同人誌『児童の福祉』四号に、子どもたちの転居時とその二か月後の生活の様子、そして中井学園のその後について寄稿した手記を転載し、次のように紹介している。

「8月25日は私の生涯で忘れることの出来ない日、即ち中井児童学園の中学三年以上9名の子供を残して47名が(略)館山に新設された第二安房児童学園に移転した日であった。その日は折悪しく雨が強く、夏とはいえ肌寒い位の朝であった。午前六時学園を出発して、未だ表通りの戸が開かぬ中を九年に亘って住み慣れた第二の故郷、中井を離れて行く時は､子供達もどんな淋しい気分でいたことであろう。『これが夏季錬成で行って帰れるのならいい。』など子供の言っている話声が聞かれた。

箱根学園、小豆沢学園と千葉駅で落ち合って目的地に向かった。途中兄さんが保田学園にいるU子を下車させた。職員と兄さんが出迎えてくれたが、一人だけ友達と離れていくのも淋しそうだった。間もなく那古船形駅着、雨は一層激しくなった。三浦園長始め多勢の市役所、学園の職員の方々に出迎えられ、御好意のバスで新学園に到着した。厳粛な入所式のあと、子供達はそれぞれ部屋に案内された。少し落ち着いて、子供が町の風呂へ行ったあと、責任を果たしたような安心と大切なものを忘れたような淋しい気持ちで、逃げるように帰途についた。

さて、あのあわただしかった移転も済んで丁度二ヶ月になるが、子供達の便りに、元気で通学し、新しい友達も出来て楽しい毎日を送れるようになったとのこと、すぐ新しい環境にもなれてほんとうによかった。（略）

終わりに、児童保護施設に対する小中学校の理解と近隣の方々の協力なしには学園の運営に期し難いが、幸い当学園は地元の方々の御支援によって満八年大過なく、恵まれない子供達に家庭の子供さんに劣らぬような生活をさせていただいたことに対して感謝している次第である。なお、当学園の今後の在り方については、いずれ児童部の御指示を得て中学卒業以上の年長児の職業補導施設として再出発する予定であるので、従来通り皆様の御援助と御指導をお願いする次第である。」

電車と蒸気機関車、バスを乗り継いでの長旅による四七名という大人数の転居は、東京都民生局所管の児童福祉施設では後にも先にも実例がない。行政の都合を最優先し、子どもの意向を無視した一方的な転居に、子どもの気持ちを代弁して異を立て、組織的に立ち上がった大人たちが存在したのも前例がなかったであろう。

子どもたちが転居した第二安房児童学園は、形の上では独立していたものの、実質的には安房児童学園と一体で、大部分の職員が兼務という複雑な組織体制になっていた。そこで一九六〇（昭和三五）年四月、この二つの組織を統合して安房児童学園養護課第二係、那古寮と呼称するようになった。一九七八（昭和五三）年六月に那古学園として独立したものの、二〇〇〇（平成一二）年三月三一日付で閉園し、四五年の歴史を刻んで幕を閉じている。

3　職業指導に主力を注ぐ養護施設への転換

（1）養護施設年長児を取り巻く厳しい進路

板山兼光の手記で紹介されているように、残留児九名を抱えた中井学園はその後、一九五五（昭和三〇）年九月一日付けで、義務教育を終えた年長女子児童を対象とした職業指導に主力を注ぐ養護施設に転換される。『都立養護施設の事業』は、「女子の職業訓練生等を入所させる養護施設」と表記している。職業指導に主力を注ぐ男子の養護施設として品川景徳学園が一九五三（昭和二八）年一月二〇日創設されて二年八か月が経過していた。

以下、一九五五（昭和三〇）年九月一日以後の中井学園の新規事業については、園長の板山兼光の手記にならい、「職業補導」と表現する。所管の民生局児童部養護課から新たな施設運営を任された板山兼光は、先行の品川景徳学園の取り組みを参考に職業補導施設への転換を図る。板山は職業補導施設としての土台を築いて一年後の一九五六（昭和三一）年一二月、中井学園の経営を三代目の園長に就任した女性の土橋喜代に引き継ぐ。土橋は以前、板山が児童課福祉係に勤務していたときの同僚である。山梨県女子師範学校（現、山梨大学教育学部）出身の土橋の就任は、女子専用の養護施設で、職業補導施設への転換を軌道に乗せるべく期待されての人事異動だったのか。

当時、養護施設で暮らす子どもは、義務教育を終えると、措置費に高校進学の経費が計上されていなかったため、例外的に高校進学する場合を除いて施設退所が通例であった。中井学園が新規事業を開設したころから一四年後のことなので、参考にするには正確性に欠ける嫌いがあるが、『養護施設30年―第30回全養研協記念出版―』の「資料編」に、一九六九（昭和四四）年一一月、全養協が全国の養護施設を対象に、同年三月、中学校を卒業した児童の進路に関する調査を実施した結果を掲載している。

それによると、全日制高校進学九・四％、定時制高校進学一三・九％、職業訓練校五・六六％、就職六七・九％、東京都に限ると、定時制高校を含めた高校進学を三三・四％としている。この結果を一見しただけでも、昭和四〇年代にあって、養護施設児童の高校進学がいかに困難なことであり、大部分の子どもたちが中卒で退所していたことが分かる。

養護施設児童を取り巻くこうした厳しい社会状況下にあったことから、中卒児を施設から一律に放り出すのではなく、高校進学を保障したり、彼らの手に技術を習得させて社会に送り出す職業補導の場を用意したりすることは、全社協養護施設協議会や東社協児童部会から厚生省や東京都に要望が提起されていた。そうした社会的な要請に応える形で、東京都民生局は男女別に職業補導をねらいとする養護施設を創設したのである。ただし、施設内に職業補導の場を用意するのではなく、施設外の事業所や各種専門学校への通修を保障する形態であった。

（2）『学園の紹介』をひも解く―読者対象と配布先

中井学園がそのような特徴を持つ施設であることを示す資料が残されている。中井学園が独自に刊行した『入園のしおり―昭和43年版―』で、謄写版印刷一六頁のポケットサイズの表紙が桃色の小冊子である。この事業案内から、いくつかの事実とともに疑問点も浮かび上がってくる。

第一に、刊行の背景である。創設して一三年が経過したこの時期に、なぜ、このような小冊子が刊行されたのか。品川景徳学園でも同時期、『学園の紹介（入園のしおり）』が刊行されている。この刊行の背景については、後で改めて取り上げる。

第二に、小冊子の読者対象と配布先である。「まえがき」で「養護施設や児童相談所などにいる中学校卒業の……皆さん」の「ため（略）案内しましょう」と綴っていることから、中井学園への入所を希望し、現に施設で暮らしているか、一時保護所に保護され、家庭復帰の困難な中卒予定児童の案内書として刊行されたものであることが分かる。それゆえ、東京都民生局所管の養護施設、虚弱児施設（一九九七年、養護施設に統合）、教護院（現、児童自立支援施設）、児童相談所などを通して年長女子に配布されたものと思われる。

第三に、学園の沿革を削除していることである。戦争孤児施設として創業した年月日にも、職業補導施設に転換した年月日にも触れていない。沿革をないがしろにする養護施設は、実践や史実を積み上げることの意義を軽んじるものではないか。

（3）『学園の紹介』をひも解く──通修による職業訓練

第四に、全一六頁のうち養護施設についての記述はわずか二頁で、残りの一四頁は職業訓練所、理容学校、美容学校、家事サービス公共職業補導所の紹介になっていることである。学園紹介が簡略なのは、入園を希望する年長女子が現に他の児童福祉施設で暮らしている当事者だからであろうか。もう一方の品川景徳学園の小冊子は、養護施設としての日課、クラブ活動、年間行事のほか、就職先や基本給などを紹介し、卒園後の生活が具体的に想像できるような記述になっている。

第五に、訓練期間が最短の三か月から一年～二年、さらにそれ以上の年月を要する職種があることである。訓練期間が短期の場合には訓練終了後、即退園になるのか、それとも一定期間、施設から通勤するのか。実態として、訓練職種の違いで在園期間（措置期間）がまちまちであったのかどうか。この辺りのことが綴られていない。

一九六五（昭和四〇）年に刊行された前掲の『全国社会福祉名鑑』によると、この当時、通修生の多くが職業訓練所の洋裁科、洋服科、和裁科の一年、理容の一年、写図（トレース）科の六か月を選択していたようで、将来は美容学校や家事サービス公共職業補導所を希望する者を受入れたいとしている。「受入れたい」という文言から、訓練が比較的長期に及ぶ訓練科目を希望する者が少なかったのであろうか。ちなみに、中井学園の『事業科目』の「年度別在学状況」によると、一九六五（昭和四〇）年度は、訓練校九名（洋裁七、和裁一、写図一）、理容学校四名、美容学校二名、家事サービス三名となっている。

第六に、学園の紹介文である。名称、位置、環境、電話番号、交通機関を除き、通修生の日課について、項目に沿って転載しよう。

定員：三四名、居室：六〜八畳の小室に三〜四名が起居、行事：花道・茶道教室、誕生会、映画鑑賞、春秋のハイキング、夏季錬成など、起床・洗面・清掃：六時〜、登所：八時〜、帰園・清掃：一七時〜、夕食・入浴・団欒：一八時〜、自習・趣味・娯楽：一九時〜、夜礼：二一時、消灯・就寝：二一時三〇分

紹介文にしては何と簡略なことか。この内容で学園生活の全容を把握できると考えていたのだろうか。また、通修生にとって負担になっていたと思われる炊事当番などについては何も触れていない。

(4)『学園の紹介』をひも解く—三四名への減員と職員構成

第七に、学園への入園手続きについての記載はあるものの、児童相談所が措置変更に関わることについて触れていない。入園のための絶対必要用件である通修先の選考試験に合格することを強調したのか。措置変更に触れないのは手抜かりというべきであろう。

第八に、退園後の進路先についての記載がないことである。就職した企業名の他、基本給、平均給与額まで紹介

している品川景徳学園の小冊子とは大きな違いである。企業への雇用が豊富な男子と異なり、大部分が個人経営者への就職だったからであろうか。

上記の紹介文で取り上げられていない項目や判然としない箇所は、『入園のしおり』より一一年前の一九五八（昭和三三）年に国際通信社から刊行された『二十世紀の回顧と展望 教育編第1巻』掲載の「東京都中井児童学園」（以下、『回顧と展望』）で補強しよう。

受入れ定員は、『回顧と展望』で四〇名と紹介されていることから、一一年後には六名減の三四名になっていたことが分かる。減員は児童福祉最低基準に合わせた措置であると同時に、定員開差の対応策であったと思われる。中井学園の『事業概要』は、一九五七（昭和三二）年以後の「年度別在学状況」を明らかにしているが、一九五八（昭和三三）年の現員は五名、一九六一（昭和三六）年の現員は二名（訓練校一名、理容学校一名）と、驚くべき実態である。入園を希望する年長女子が極少であったというべきなのであろう。

職員構成は園長、主事、主事輔、保母（二名）計五名としている。保母二名の配置は当時の処遇のあり方を知る手掛かりになる。職業補導施設を看板にしながら、職業指導員が配置されていなかったことが分かる。二名の保母でやりくりできたのは、しつけと称して通修生に洗たく、清掃、炊事など家事一切をさせていたからであろうか。『回顧と展望』によると、炊事が当番制、掃除が分担制で、洗たくや裁縫は各自に課している。

第九に、入園生の呼称に関わる問題である。〝通修生〟と呼ばれていたことは前記した通りであるが、前掲の『回顧と展望』によると、何らかの事情で通修できない女子は「観察中の児童」として区分けされ、別日課で生活していたことを明らかにしている。通修生らの何を、どのくらいの期間、どのように「観察」したかは判然としないが、職業補導とどのように関わるのか。この問題は再度取り上げる。

（5）『食生活』の記事

中井学園の『入園のしおり』が刊行される三年前の一九六五（昭和四〇）年一月刊行の『食生活』に掲載された無署名の「ある少女たちの食生活―東京都中井児童学園の場合」（以下、「食生活ルポ」）は、職業補導に主力を注ぐ女子養護施設を取り扱った、興味をそそられる内容のルポである。

園舎は「ブロック二階建ての明るい寮舎」と紹介していることから、かつての豪華な屋敷はすでに解体され、全面改築されていたことが分かる。『都立養護施設の事業』の年表によると、「同敷地内に新園舎落成・移転」したのは、一九六二（昭和三七）年九月である。居室には、すいれん、ひなげし、はぎなどの花の名が付けられ、「女子学生寮」とも見まがうほどである、とも述べている。

中井学園で生活する通修生と通学生について、「あちこちの養護施設から集まった」少女たちで、なかには「入園経路が最高十四年、つまり赤ん坊の時から家庭の味を知らない人もある」といい、現員の二二名を、洋裁、男子服、理容の技術を習っている人、中学生でここから通学している人、就職して通いの人、就職に失敗した人、素行不良で観察中の人、の五グループに分けている。

このうち「素行不良」のグループは前掲の『回顧と展望』に登場する「観察中の児童」と重なる。「素行不良」児の何をどのように「観察」していたのかは判然としないが、反省生活中の態度や言動を問い質していたのであろうか。「就職に失敗」のグループは、就職して定着できなかった者である。このような場合、学園は新たな職場開拓に力を入れたと思われるが、職員の誰がどのように関わったのか。「就職して通い」のクループは給料を得ていたと思われるが、貯蓄や使い方について、前掲の『学園の紹介』では何も触れていない。

注視すべきは二つ目のグループで、中学生を受入れていることである。『事業概要』の沿革も『都立養護施設の事業』の年表も、一九七四（昭和四九）年四月の高校生に続き、一九七八（昭和五三）年四月に中学生を受入れたとしているが、これは史実に相違する記述である。同じ『事業概要』の「年度別在学状況」では、高校生は一九六〇（昭和三五）年から、中学生は一九六二（昭和三七）年から受入れているのである。

八木甚克が一九六四（昭和三九）年一二月の『週刊少女フレンド』に寄稿した「おかあさんどこにいるの」は、中井学園に在籍する新宿区立落合中学校二年の母親を探す女子を実名で紹介している。この年、学園にはこの女子のほかに中学生三名が在籍している。

上記の多様性に富む五グループを相手に施設養護を展開するのは容易ではなかったと思われ、「食生活ルポ」は「それだけに学園生の指導もむずかしいようで」と述べている。通修生に中高生が加わった混成集団で、職業補導に主力を注ぐにはかなり無理があったように思われる。

さて、本題の食生活では、事前に中井学園の在園児を対象に行われた嗜好調査結果を明らかにし、一般家庭の子どもの食生活との違いを浮き彫りにしている。好きな食べ物の筆頭に紅ショウガと梅干を挙げ、以下、卵、豆腐、イカ、トマト、いちご、夏ミカンを、嫌いな食べ物は、キャベツ、アジ、ピーマン、さといも、ねぎ、かぼちゃ、トマト、ケチャップとし、紅ショウガや梅干しを挙げているのは、おかずがなくてもごはんさえあれば腹をみたせるからで、食生活の貧しさを示すもの、としている。

また、野菜や焼き魚が嫌いなのは、調理に手間暇をかけなければならないからであろうと推測している。さらに偏食が多いことを挙げ、中井学園の栄養士は、「今になって偏食を直すことはなかなか困難」と語っている。長年の施設生活でも偏食を改善できない子どもたちの特徴というべきであろう。

4　定員開差問題

（1）再び都議会で取り上げられる

移転反対請願運動で注目を浴びた一九五五（昭和三〇）年から一三年後の一九六八（昭和四三）年、中井学園は再び都議会で俎上に載せられる。問題は恒常的な定員開差に関わることで、中井学園の「入園のしおり―昭和43年版―」および品川景徳学園の『学園の紹介（入園のしおり）昭和44年版』の刊行に絡むことでもあったと思われる。二冊の小冊子が、東京都民生局所管の児童福祉施設で義務教育を終える予定の年長男女の募集のための刊行物であったことは前記した通りであるが、問題にすべきは、職業補導施設に転換して一三年が経過した時期に、なぜ、このような小冊子が刊行されたかである。

一五歳以上の職業補導施設を表看板にしているとはいえ、児童福祉法を根拠とした、れっきとした養護施設であるにもかかわらず、なぜ、このような小冊子を用意しなければならなかったのか。必要に迫られて刊行したと思われる事情は都議会の速記録から読み取れる。

『東京都議会史 第7巻下』によると、一九六八（昭和四三）年三月一日の東京都議会第一回定例会の一般質問で、公明党の大川清幸議員（後に参議院議員に転身）が中井学園職員の「事務」について、次のように質問している。

「中井児童学園は定員三四人であるが、現在員一九人で、これに対して職員は一三人である。この一三人の一日の事務は一体どれだけのことをやっているのか。」

『事業概要』の「年度別在学状況」によると、一九六八（昭和四三）年度の在籍女子はわずか一四名（内訳は訓練校三名、理容学校二名、美容学校七名、家事サービス二名）である。前記したように、この当時、定員は四〇名から三四名の減員になっていた。大川は、職員の一日の「事務」の中身に焦点を当てて定員開差を問い質したのであろう。これに対し都知事の美濃部亮吉は、次のように回答している。

「人事管理をもっと科学的にし、近代的にすることが必要である。行財政の調査会の専門委員の意見を聞き、人事管理の科学化を実現したい」

直接処遇職員の保母と事務職など間接処遇職員が協働して取り組む施設養護の実態を踏まえ、大川が問い質したかったのは、現行の職員配置が通修生らの在籍数と比較して適正かどうかということではなかったか。都知事の「人事管理の科学化」の答弁は抽象的で、中井学園の現場を浮き彫りにするものではなかった。

一九六八（昭和四三）年二月刊行の『東京都議会委員会速記録』によると、同年三月一五日に開催された都議会厚生文教委員会で、「昭和四三年度当初予算」の民生局所管分が取り上げられ、公明党の三宅政一が大川清幸の質問を引き継ぐ形で、中井学園の職員定数をやり玉に挙げ、新設の職員配分に絡めて、次のように問い質している。

「中井児童学園のような、大人の部類のような子供の収容施設に一三人配置しているということが一つ出されましたが、この予算書を見ていきますと相当数新設されておりますので、そういったものへの配分についてのお考えを、局長からお伺いしたい」

（2）民生局長の答弁

三宅は「大人の部類のような子供」の養護施設である中井学園に配置されている一三人の職員定数を疑問視し、新規事業に配分すべきではないかと投げかけているのである。これに対し民生局長・三宅泰治は、次のように答弁している。

「ただいまお尋ねがございました中井児童学園の例でございますが、これはきわめて特殊な例でございまして、特に義務教育を終えた児童につきまして、すぐ一般の事業所等に勤務する者もございますが、場合によってはさらに職業補導所等に通いまして、一定の職を身につけてから就職する、こういう方法をとっているわけでございます。そうした方法をとりますと、すぐ就職はできませんけれども、そうして技術を身につけたことによりかなりいい方面に就職ができるということで、都ではそうした施設を二ヶ所持っているわけでございます。男のほうでは品川にございます景徳学園でございます。ここにおいてはほとんど定員を満たしている状態でございますし、今回訓練所を経ましてそれぞれかなりいい職場に就職できる予定になっております。

ただ、中井におきましては、児童のうち女性でございます。したがいまして訓練期間が一年でなく半年のものもあるということで、すでにもう児童が出てしまっているという現状、それからまた、女性のそうした訓練を経て就職いたします職場がきわめて限られている、そういうために現状定員に満たないということで、非常に申しわけなく存じているわけでございます。そうかと申しまして、この職場をそのまま他の施設へ、例を申し上げますとアフターケア施設のほうにでも転用するのがいいのかどうかというようにも考えますけれども、これは女子がやはり男子と同じように同等の条件でいい職場へ就職ができるようにということで現在やっておりますので、そうした将来の見通しとか現状とかいうものをもう少し分析いたしましてから、そうした問題については検討をしてまいりたい、かように考えているわけでございます。」

局長の答弁は何とも苦しい。定員に満たないが、養護施設出身の女子の雇用機会を男子と均等に確保する必要があるので、施設の転用は将来の検討事項にしたい、というのである。

（3）突かれた定員開差

これを受けて、三宅政一は、さらに次のように問い質している。

「大いに検討していただきたいのですが、それにつけ加えて職員の配分についても実績を見て、必要、不必要という点が相当数あると思うのです。（略）

いま一例をとった中井児童学園というのは、局長さんご存じのとおり一五歳以上で、洗たくから一切がっさいできるわけでしょう。そして三十何名中一一名しかいないわけですよ。その一一名は女性ですから、やらせれば何でもできる。そういうところに一三人の職員を配置しておくというのは不均衡ではないか。ある施設にいけば全然足りないために、せっかく収容したがどうしても欠員を生じているのだという現状、今後の施設整備に対してもその点を勘案していかなければならないのではないか。その点を聞きたいといっているんです。」

三宅委員は、家事労働を通修生らに担わせている現状を踏まえ、職員配置の不均衡を挙げているのである。続いて質問に立った公明党の板倉弘典も、次のように問い質している。

「三宅さんの質問の中の定数の問題ですが、公立はほとんど収容定数に満たない。反面、民間の社会福祉施設においては一ぱいか、ないしは多少オーバーしている。こういう状態ですね。これはどういうところからこういう現象が起きてくるのか。」

民生局長・三宅泰治は、次のように答弁している。

「ただいまのお尋ねでございますが、おそらく児童の養護施設につきましても、あるいは母子寮につきましても、最近のそうした情勢と申しますか、孤児等が少なくなっている。あるいは戦争等で配偶者をなくされた方が当時はありましたけれども、現在は非常に少なくなっている。こういうことで、都の直営の施設ばかりではなくて、民間施設も含めて、児童関係の一般的な養護施設の関係、それから教護は公立だけでございますが、そうした関係は減少の一途をたどっているというのが現状でございます。」

（4）定員開差の実態とその背景

「孤児」を始めとする要保護児童の減少により、養護施設も教護院も母子寮（現、母子生活支援施設）も定員割れを起こしており、職業補導に主力を注ぐ養護施設である中井学園も同じ状況に置かれていると述べているのである。定員開差を抱える中井学園が都議会で取り上げられたことで、所管する民生局は定員を埋めなければならない事態に追い込まれた。こうした危機感が募集のための小冊子の刊行を急かしたのではないかと思われる。

中井学園において、在籍数が定員を大幅に下回る定員開差が生じていたのはなぜか。『事業概要』の「年度別在学状況」は、一九五七（昭和三二）年度以後の在籍数を明らかにしているが、定員に近い一九六九（昭和四四）年度の二九名、一九七一（昭和四六）年度の二七名、一九七九（昭和五四）年度の二七名、一九八〇（昭和五五）年度の三〇名（小六一名、中一一名、中二二名、中三五名、高一五名、高二六名、高三二名を含む）を除き、どの年も定員を大幅に下回っている。一九五七（昭和三二）年、一九五八（昭和三三）年、一九五九（昭和三四）年、一九六一（昭和三六）年に至ってはひとけた台である。

こうした背景は、民生局長が答弁で触れているような、「孤児」を始めとする要保護児童の減少という問題や、年長女子が中井学園を生活の場にして職業補導を受けようとしても、訓練期間が短期であったり、訓練内容に男女差があったり、賃金格差があったりする問題だけでもなさそうである。品川景徳学園の男子の場合、その多くは職業訓練校に通修して得た技術を生かして就職し、給料を得て自立し、成人になったら結婚して家庭を持つという、大まかではあるが、見通しを持って入園していたと思われるが、女子の場合、そうした展望を持てるような広範囲な職場開拓が可能であったのかどうかである。

しかし、問題の背景はさらに別のところにもあったと思われる。そもそも中井学園が年長女子の要望に応えるだけの多様なメニューをそろえていたのかどうか、そして、真に年長女子の社会的自立を目指した施設養護を展開していたのかどうか、である。

中井学園が残留した九名の年長女子をもとに、それまでの戦争孤児施設から、職業補導に主力を注ぐ特殊な養護施設の転換したとき、新事業の重責を担うことになった園長・板山兼光は、前記したように、新たに目指す施設を「職業補導施設」と表現したが、この六文字に、いかなる理念といかなる事業を盛り込もうとしていたのか。

結果的には、与えられた人的・物的条件と住環境を背景として、ほとんど有効な手を打てなかったというべきなのである。職業補導施設の表現から、いかにも専門的な設備を備えた施設を想像するが、自前で職業訓練をするのではなく、そのための各種訓練メニューをすべて園外の関連事業所に依存する形態で、しかも関連事業所は都立の牛込職業訓練所や理容学校など少数で、わずか二、三のメニューを提供するに過ぎなかった。その上、職業訓練所や理容学校での個別試験に合格しなければ入園できなかったのである。

こうした外部事業所に委託するやり方は、児童福祉施設最低基準によると、「やむを得ない事情のあるときか、又はその方が入所している児童の職業指導をするのに適当な場合に限られる」としており、本来であれば、中井学園の内部に自前で各種訓練事業を設け、職業指導員によって訓練が行われるべきであった。しかし実態はもっぱら外部委託であった。

これまで暮らしてきた施設から転園してまで中井学園に入園しようとする年長女子が少数だったのには、こうした背景があったからであろう。確かな展望が見出せず、さしたる期待も持てなかったのである。この問題は、別の角度から改めて取り上げよう。

5　終焉を迎える

（1）高校生・中学生を受入れる

『事業概要』の沿革によると、中井学園は、一九七四（昭和四九）年四月から職業訓練に関係しない高校生、一九七八（昭和五三）年四月から中学生を受入れたとしている。その一方で、同じ『事業概要』の「年度別在学状況」では、高校生は一九六〇（昭和三五）年から、中学生は一九六二（昭和三七）年から受入れている。

こうした事業統計の誤記載が長年放置されていた事情は実に不可解なことであるが、高校進学を希望する養護施設年長女子や養育困難家庭の中学の女子に対し、措置機関からのその時々の要望に、その場しのぎの対応をした結果ではないかと思われる。高校生の場合、学費は東京都の奨学金制度を利用したのであろうか。いずれにしても、定員開差の現状を解消するための消極策のひとつであったことは確かである。

こうした一貫しない場当たり的ともいうべき運営が長年にわたってなされたことで、中井学園は職業補導に主力を注ぐ養護施設としての特殊性を薄め、一般の養護施設とも言い難い、どっちつかずの状況に置かれ、施設養護を複雑化させたのである。

打開策の見出せない恒常的な定員開差問題に突き当たっていた中井学園は、こうした弱点を突かれたのであろうか、自然環境に恵まれた敷地の一部を老人福祉（現、高齢者福祉）事業のために手放す。『民生局事業概要 昭和三八年版』は、一九六二（昭和三七）年九月、中井学園内の「樹木鬱蒼たる約三、三〇〇平方米の敷地に本屋、浴室兼集会室、離れの三棟」の「老人憩いの家・清風園」が開設されたことを写真入りで明らかにしている。

『事業概要』の「年度別在学状況」によると、この年の在籍児童数は職業訓練校生五名、理容学校生四名、中学生二名、高校生一名のわずか一二名である。庇を貸して母屋を取られたようなもので、中井学園は存在感を失いつつあったというべきであろう。

（2）定員の大幅減と年長男子の受入れ

中井学園は、昭和五〇年代の半ばに入って以後、通修生は一名～二名に激減し、大部分が高校生と中学生で占められるようになる。職業補導に主力を注ぐ養護施設としての大きな看板を取り外さなければならないほどの状況に追い込まれていたが、その看板を維持したままでこの苦境を乗り切らなければならなかった。打開策は施設現場からではなく、東京都の所管部署からもたらされた。一九九四（平成六）年版の『事業概要』（以下、『平成六年版事業概要』）は、そうした事情のあらあらを綴っている。

元号が平成になってからの沿革によると、新宿区高齢者在宅サービスセンターとの合築工事のため、一九九〇（平成二）年四月から一九九二（平成四）年一二月三一日まで事業を休止する。改築工事が完了した後、一九九三（平成五）年一月に定員二〇名の年長の男女児童、職員定数一〇名で児童養護施設として事業を再開し、同年三月に年長の男女児童の受入れを開始し、同年四月に開所式を行った、というのである。

定員を二〇名に下げたのは恒常的な定員開差を解消するための措置であるが、創設以来、女子に限定してきた養護施設に男子を加えたのは、施設にとって大改革というべきであろう。しかし、問題にすべきは、年長男子の加入ではなく、表看板の職業補導を取り外したのかどうかである。そして、いかなる年長の男女児童を対象に、どのような施設養護を展開しようとしていたかである。この疑問には『事業概要 平成六年版』が答えている。

「施設種別」に「自立援助機能重視の養護施設」という興味深い一文が添えられているのである。中井学園に限らず児童養護施設はどこも自立支援に力を注ぐようになっていたので、見落としてしまいがちな一文であるが、中井学園の自立援助機能重視は、それまでの職業訓練に主力を注ぐ養護施設の理念を引き継ぐものであったと思われる。そのことを具体的に表現したものが「事業目的」で、「主として義務教育終了児童で、社会での適応力が困難な児童に対し、一定期間自立に向けての生活指導、相談、就職指導、援護、宿泊等の援助を行い社会的自立を助長することを目的としています」としている。

また、「入所対象児童」は、「原則として義務教育終了後なお養護に欠け、自立のための援助を必要とする18歳未満の児童（中学校卒業後就職する児童のほか、高等学校、各種学校等を中途退学し就職した児童で、引き続き指導を要する児童）」としている。

さらに「事業の内容」に、「日常生活の援助・助言」「就学に関する援助・助言（各種学校・定時制高等学校等）」などのほかに、「就労に関する援助・助言（職場定着指導・職場開拓）」を掲げ、「職業安定所等と密接な連絡を取りながら児童の適性に合った就職先の開拓を図っています。職業の選択にあたっては、児童の自己選択を基本にしながら就労意欲を高め、職員が必要な助言・指導を行っています」としている。

それゆえ、職業補導に主力を注ぐ養護施設の表看板を下ろさず、併行して一般の養護施設としての機能を果たせるように中学生や高校生も受入れたのである。しかし、上記の文言は苦肉の策であり、表看板の色彩はよりいっそう薄められたものになっていた。

(3) 運営委託から民間移譲へ、そして廃園

再出発を図った中井学園であるが、取り巻く事情には依然として厳しいものがあった。一九九三(平成五)年四月の開所式から七年後の二〇〇〇(平成一二)年には、四月一日付けで東京都社会福祉事業団に運営委託される。さらに五年後の二〇〇五(平成一七)年には、一一月一四日付け東京都知事名で中井学園の運営事業者の公募を行う。翌年の三月三一日付けで東京都社会福祉事業団への運営委託を終了し、四月一日付けで社会福祉法人青少年福祉センターに民間移譲し、社会福祉法人青少年福祉センター・あけの星学園として再出発する。五九年にわたる中井児童学園の歴史に終わりを告げたのである。職業補導に主力を注ぐ養護施設の表看板を掲げてから実に五〇年の年月が経過していた。

あけの星学園のホームページには、東京都から移譲されたことを綴っているだけで、中井学園の歴史については何も触れていない。中井学園の前史を引き継いだのではなく、まったく新しい児童養護施設として誕生したことを物語っている。

(4) 職業補導施設に相応しい体制を整えていたか

中井学園の歴史は、所管する東京都民生局の福祉行政の消極策によって低迷を余儀なくされた五九年であった。その道のりは一直線とは言い難く、展望を見出せないまま、紆余曲折を経て終焉に至るものであった。

問題にすべきは、中井学園が真に職業補導に主力を注ぐ特殊な養護施設に相応しい体制を整えていたかどうかである。たとえば、

① 転換するに当たって、所管部署は予算措置を講じたか、

② 確固とした理念と処遇方針が確立され、それらが現場職員に浸透していたか、

③　児童福祉施設最低基準に明記された児童指導員や職業指導員が配置されていたか、
④　職業訓練の場の確保・開拓に取り組んでいたか、
⑤　職業訓練を終えた後の就労先の確保・開拓に取り組んでいたか、
⑥　児童福祉施設で暮らす年長女子の要望を把握する努力を重ねていたか、
⑦　食と住に関わる家事と職業補導を結びつける養護を展開していたか、
⑧　確かな展望を持って中高生を受入れたか、

などである。

こうした疑問を抱くのは、中井学園の新規事業が〝目玉商品〟ではなく、統廃合を免れた〝付録〟に過ぎなかったからである。このうち、③の児童指導員と職業指導員は配置されていた形跡がなく、この事実は①、②、④、⑤、⑥に絡む問題でもある。職業指導員が配置されず、その役割を主事輔や保母に任せていたとすれば、表看板の職業補導は内実を伴わないものであったというべきであろう。児童福祉施設最低基準によれば、中井学園には児童指導員と職業指導員がそれぞれ一名配置される必要があった。

⑦の家事はしつけや職業補導の一環としても、掃除、洗濯を除き、通修生には相当の負担であったと思われる。将来、結婚して家庭を持ち、主婦や母親としての役割を果たすことをねらいに課していたとすれば、何ら職業補導とは関係がないのではないか。また、炊事当番は前記した集団赤痢の発生要因にもなるものと思われる。

⑧は『事業概要』の「年度別在学状況」によると、一九七四（昭和四九）年以後、通修生に代わって中高生が多数を占めるようになっている。とりわけ一九八二（昭和五七）年、一九八三（昭和五八）年の通修生はゼロで、全員が中高生である。定員の確保策であったとすれば、何のための職業補導施設だったのか。

⑥の問題はとりわけ重要である。施設現場から年長児童の自立に向けた職業補導の必要性が指摘されていたこと

は確かではあるが、このことと当の年長女子が職業補導施設としての中井学園に魅力を感じていたかどうかは別問題である。

彼女たちが望んでいたのは、全日制高校への通学のほかに、日中働きながら定時制高校に通学することであったと思われる。中卒よりも高卒の資格を得て就職する方が職業選択の幅が広範囲になるのである。それゆえ、働きながら学ぶことのできる定時制高校への通学を用意する方策を講じることが必要だったのではないか。そもそも創業した当初の中井学園が、こうした彼女たちの個別の要望に応えていたのかどうか。

(5) 年史・記念誌のない五九年

中井学園の歴史を振り返ったとき、事業実践の積み重ねを欠落させ、その場しのぎの対応に終始してきたように思えてならない。そのことを端的に示しているのが沿革の記述である。東京都社会福祉事業団に運営委託していた二〇〇〇（平成一二）年四月から二〇〇六（平成一八）年三月の間に刊行された中井学園のリーフレットは、一九四七（昭和二二）年八月を「女子高年齢児童の施設として事業開始」と記載している。

戦争孤児施設として創業した事実に触れず、当初から「女子高年齢児童」の養護施設だったとしているのである。さらに驚くべきは、一九五五（昭和三〇）年九月の職業補導施設への転換について、何も触れていない。なぜ、こうした初歩的な誤記をするのか。史実を歪曲したとは考え難く、施設の歴史的変遷を知らなかったのか、あるいは失念していたかである。いずれにしても、これまで、事業運営に積み重ねがなく、場当たり的な対応に終始してきたことが背景にあるのだろう。中井学園の五九年、とりわけ初めの九年を除いて以後の五〇年は、一直線とは言い難く、底辺を揺れ動きながらどうにか切り抜けてきた歴史であったように思われる。

そうした歴史の特殊性ゆえであろうか、中井学園は年史や記念誌を刊行したことがなかった。年史・記念誌刊行の意義は施設の実践の足跡と業績を後世に残すことにあるとするならば、中井学園の五九年は東京都の児童福祉の歴史、社会事業の歴史から消え去ることを意味する。そうであっても、それぞれの時代を中井学園で暮らし、自立していった当事者を始め、施設養護に奮闘した歴代の現場職員の足跡は消し去ることはできないのである。

おわりに

本章の執筆過程では戸惑いが多く、まとめ上げたという実感がない。あづさ園、萩山学園などと比べて、その歴史が格段に長い五九年ということのほかに、初めの九年とそれからの五〇年に断絶があり、施設養護の実態を体系的につかむことが難しかったからである。筆者のそうした戸惑いは、とりわけ副題に伏した「行方」の二文字に込めている。「職業補導施設」に転換された後の「行方」のことばは、行き着く先を暗示させるものである。

戦争孤児施設としての役割を終えたとされた九年後からの施設のあり方について、いまになってあれこれ取り上げても意味のないことであるが、働きながら学ぶ定時制高校生の受け皿としての養護施設であったら、もっと違う歴史を歩むことができたのではないか。

一九五六（昭和三一）年一二月、三代目園長として着任した土橋喜代の在任中の実績について調査に当たったが、把握できなかった。女性園長として、女子の職業補導施設をどのように運営しようとしていたのか知りたいと思った。なお、土橋は後に児童相談所の児童福祉司に転身し、一九六八（昭和四三）年三月、退職している。

第Ⅱ部　東京都の民間委託施設

第一章
聖十字学園—国会で糾弾された悪徳財団法人と都外委託施設

はじめに

終戦直後に巷にあふれた戦争孤児を目の前にして、こころを痛める個人や団体が彼らの保護に立ち上がった。人それぞれの人生経験や職歴などを踏まえ、その動機には宗教的・人道的・教育的・福祉的なものが混在していた。これらの動機を集約すれば、社会事業の先覚者・留岡幸助が名著『慈善問題』で言及した「怵惕惻隠の情」といえようか。人間性の根底にある他人の不幸をいたむ「慈善」の心と行為である。続けて留岡幸助は、明治中期の「乱麻的社会」で活動する慈善家のタイプを「山師的慈善家」「伴食的慈善家」「名誉的慈善家」「愛国的慈善家」「道楽的慈善家」の五つに分類し、その実態を踏まえた良否を論じている。

序章で述べたように、終戦直後に戦争孤児の保護・育成に携わった施設の草創期を振り返ったとき、創業者の動機と施設養護の展開過程によって大雑把に八つに区分できる。本章で取り上げる聖十字学園を運営する財団法人は、これらの第五に該当する。戦争孤児の保護・育成を掲げて事業を起こしたものの、その名目の裏で営利事業を企むなど、人道や社会福祉に反する実態が曝露され、閉鎖に追い込まれた団体である。創業者の恥ずべき行為が国会やメディアで暴かれ、社会的な糾弾を浴びた上、解散させられた。留岡の分類に従えば、本章に登場する聖十字学園の創業者は、「慈善という美名のもとに、罪悪を遂行」する「山師的慈善家」になる。

「山師的慈善家」の磯川義隆は、一九四六（昭和二一）年四月一日、千葉県印旛郡遠山村大清水に設立した戦争孤児施設・聖十字学園での実績を引っ提げて、中央区日本橋に大人の生活困窮者の救済を名目に聖十字学園（後に財団法人）を興した。団体の事務所を拠点に、神田を舞台に社会事業を語った悪徳を行い、国有財産の売買に絡む経済犯罪にまで手を染めた。その結果、財団法人・聖十字学園は解散を命じられ、社会事業関連の行政機関と社会から駆逐されたが、千葉県印旛郡遠山村大清水の戦争孤児施設・聖十字学園だけは、功罪相半ばする実績下にあって、施設種別の変更と経営者が交替する形で解消を免れたのである。

1　会計検査院の検査から国会問題に

（1）発覚

一九五二（昭和二七）年二月八日付け朝日新聞は「慈善に名をかり不正」の大見出し、「衆院行政監察委　聖十字学園にメス」の小見出しで事件を報じている。磯川義隆は「社会事業の名をかりたインチキ団体」を組織し、社会事業という「美名のもとに、罪悪」を重ねた、というのである。「インチキ団体」とは、磯川が設立した財団法人・聖十字学園で、磯川はそこで「罪悪」に手を染めたというのである。

財団法人・聖十字学園の創業者・磯川義隆とその取り巻きである渡辺敬吉らは、敗戦後の都心の国有地を舞台に、社会事業の名に隠れて「インチキ」を画策し、私腹を肥やした。戦争の犠牲者である戦争孤児や、巷にあふれる路上生活者、貧窮にあえぐ母子を儲けの手段にするという、許されざる不正を働いたとされている。

会計検査院による検査で問題が発覚したことを機に国会で取り上げられるまで、所管する東京都民生局を始め、厚生省も大蔵省・関東財務局も気づかないまま放置されていた。気づかなかったというよりも、うすうす問題に気づいていながら、手を出さなかったというべきか、あるいは手を出すだけの余裕がなかったのか。

国会で大問題になったことから、メディアが大きく取り上げるようになった。その結果、「聖十字学園」のことばは社会に広く知れ渡るまでになった。一九五二（昭和二七）年一月刊行の『社会人』は「常識力だめし」と銘打って、「全国の学校、新聞社、雑誌、其他の公務員試験の問題等採録したもの」のひとつに「聖十字学園」を挙げ、社会常識を問う項目までになった。それほどに「聖十字学園」は知名度が高くなっていたのである。

国会で取り上げられた事件名は、衆議院行政監察特別委員会では「国有財産管理処分関係事件（聖十字学園事件）」、参議院決算委員会決算審査に関する小委員会では「聖十字学園に対する国有財産の売渡に関する件」である。本章では単に事件と呼ぶことにする。

国会が事件を取り上げるに至った発端は、一九四九（昭和二四）年度の会計検査院の検査報告で問題が指摘されたことからである。創業者の磯川義隆が社会事業を舞台に、その内外で暗躍し始めてすでに三年が経過していた。一九五一（昭和二六）年に会計検査院が刊行した『決算検査報告 昭和24年度』第五章　不当事項　第二節　所管別事項第四　大蔵省の「国有財産の売渡に関し処置当を得ないもの」は、次のように指摘している。

「東京財務部で、昭和二十四年三月財団法人聖十字学園に対し、東京都千代田区所在元厚生省東京衛生試験所の土地三、二二二坪、傷損建物二、二四三坪及び工作物を簡易宿泊所、母子寮等の公益施設に使用することを条件として随意契約により価格九、一五〇、〇〇〇万円で売り渡し、右の土地建物を担保として代金の延納を認め、うち三、五〇〇、〇〇〇円は同年十一月に納入されたものであるが、二十五年二月本院会計実施検査の際調査したところ、右財団は土地一、一一二坪、建物八〇坪を価格四、二二七、七二八円で大洋自動車株式会社に、又、土地約三百坪を、その上に店舗を新築し価格四、五四八、〇〇〇円で黒崎某外三一名に転売している状況であるから、前記条件違反として契約を解除すべきものと認め注意したが、まだその処理が取られていない。」

（2）国会で取り上げられる

事件の舞台になった場所は、団体の事務所を置く中央区日本橋に近接する千代田区神田和泉町一丁目（現、神田和泉町二番地）の元厚生省東京衛生試験所の土地および傷損建物の払い下げを受けて設置した事業所と千葉県印旛郡遠山村大清水（現、成田市大清水）の戦争孤児施設・聖十字学園である。本章では以後、創業の経緯を踏まえ、便宜的に遠山村大清水の事業所を三里塚本園、神田和泉町の事業所を東京分園と呼ぶこととする。

国会では衆議院はもっぱら東京分園に関わる国有地の払い下げ問題が、参議院はこれに加えて三里塚本園の処遇問題も取り上げられた。会計検査院による検査報告を受け、一九五二（昭和二七）年六月三〇日に開かれた第一三回国会衆議院本会議で、行政監察特別委員会委員長・内藤隆（富山県第一区選出、民主自由党）が審査した結果を、次のように報告している（衆六三号）。

「国有財産管理処分の不正事件の第二として調査しましたものは、財団法人聖十字学園の事件であります。これは、同学園長磯川義隆及び同理事長渡辺敬吉が首謀者となって、社会事業に名をかり、厚生省東京衛生試験所の焼け跡の土地、建物の払下げを受けたのでありますが、十箇年間は公益事業に供用するという條件を無視して、その一部を売却したり、また磯川園長と渡辺理事長との間で土地や建物を分配したのであります。かような不正事実が判明したのは昭和二十五年二月でありますが、会計検査院の手でこれが発見されたのであります。これにより、国有産管理の主管省たる大蔵省は、翌二十六年二月に至ってようやく契約の一部を解除し、学園が社会事業に供用しておると認めた部分だけを残して契約の更改を行ったのであります。しかるに、学園はこの処置を無視し、その後も残存いたしておりまする土地を売却したり、あるいはまた抵当権を設定するなど、国との契約違反をあえて繰返していたことが、本委員会の調査によって判明したので、関東財務局は、本年四月、学園に対する売買契約を全面的に解除することとしたのであります

本委員会は、この学園の経営する社会事業の実態の実地調査もいたしましたが、社会事業として認められるものは、ただ家出人収容所だけであって、簡易宿泊所、母子寮、太陽の湯等は、名称のみが社会事業のごとく、その実は営利事業であって、とうてい社会事業とは認めがたいものであつたのであります。聖十字学園という、いかにももつともらしい美名を用いて、かかる詐欺的社会事業が公々然と行われていることはまことに奇々怪々でありまして、東京都や厚生省が、かかる実態の調査もせず、軽々しく法人の認可を与えたり、社会事業として認めたり、大蔵省もまた十分な調査もしないで国有財産を低額に払い下げたということは、何といってもその責任を問われなければならないところであります。前に申したごとく、大蔵省もその拂下げの非を認めまして契約を解除し、厚生省も近く法人名義を取消す処分を行うと本委員会に報告がありましたから、本件は、本委員会の調査の結果、不正不当の事実が是正されるに至ったわけであります。」

委員会による実態調査をもとに、列記している社会事業の種目のなかで、社会事業らしいのは「家出人収容所」だけで、そのほかの「簡易宿泊所、母子寮、太陽の湯」などは、「名称のみが社会事業のごとく、その実は営利事業であって、とうてい社会事業とは認めがたい」と結論付けている。所管の東京都を始め厚生省や大蔵省の不十分な調査にも触れ、批判している。三里塚本園に言及していないのは「営利事業」ではなかったということなのか。

（3）謎に包まれた三里塚本園

本章で、前掲の審査結果報告で言及している東京分園より、主に三里塚本園を取り上げるのは、三里塚本園が聖十字学園の名称による最初の「社会事業」であり、しかも千葉県と東京都が戦争孤児などを対象に生活保護法による保護施設として認可後、児童福祉法の施行に伴い、同法に基づく養護施設として認可した経緯からである。さらに言えば、三里塚本園の「社会事業」が、磯川義隆をして東京分園を舞台に悪行に手を染めるきっかけを作ったと思われるからである。聖十字学園の名による社会事業に味をしめたというべきであろうか。

三里塚本園の歴史については、淑徳大学准教授・小倉常明氏（現、東京通信大学人間福祉学部准教授）が「現在の成田市内に存在していた戦災浮浪児収容施設『聖十字学園』に関する一研究」（以下、「小倉論文」）で解明を試みている。小倉氏は千葉県による児童福祉施設（養護施設）としての認可年月日を一次資料によって明らかにし、磯川義隆に代わって実質的に「運営責任者的な仕事を任された」事実上の初代園長ともいうべき太田武雄氏に取材し、史実の一端を浮き彫りにしている。しかし、創立者の磯川義隆が事業に関わるようになった動機、土地・建物の入手経路、東京都民生局の委託施設になった経緯、施設養護の実態、精神薄弱児施設・不二学園への種別変更の経緯など、三里塚本園事業の核心部分についてはほとんど解明していない。

三里塚本園の創設には磯川義隆が関わり、東京分園の創設には磯川義隆の他に渡辺敬吉が関わっている。両名の経歴・職歴は、財団法人の認可申請時に厚生大臣に提出した履歴書をもとに、衆議院行政監察特別委員会で両名が答弁する形で明らかにしている。国会答弁は厳しく偽証罪を問われることから、真実を語った内容と解すべきであるが、後記するように、新聞社で営業畑を歩くなど多彩な職歴を経て終戦を迎えたとされる磯川の履歴は虚偽記載であることが曝露される。したがって、本章では、磯川の経歴について触れるのは最小限に留める。はっきりしているのは、磯川が手持ちの資金を持ち合わせていなかったのに対し、材木商などを営んでいた渡辺には運用するだけの潤沢な蓄財があったことである。

創業を画策した磯川が最初に事業を手掛けることになる千葉県印旛郡遠山村大清水の土地・建物をどのようにして入手し、いかなる動機をもって戦争孤児の施設を創設したのか、その経緯については謎だらけである。そもそも、イエス・キリストの十字架を連想させる聖十字学園と命名した事情も分明ではない。「小倉論文」は、キリスト教会に的を絞って周辺地域を丹念に調べ、磯川義隆が「クリスチャンではなかった」と結論付けている。

ところが、後記するように、創設されたばかりの三里塚本園で、一九四六（昭和二一）年一二月から翌年の一〇月下旬まで一年弱入所していた戦争孤児の山田清一郎氏は、「キリスト教の戦災孤児収容施設『聖十字学園』」で、牧師家族と戦地から復員してきたばかりの指導員と暮らしたと記述している。キリスト者ではないとされる磯川が、キリスト教的施設の創設をたくらみ、キリスト教牧師家族を引き入れたということなのか。

占領期にあって、社会事業を画策する上でＧＨＱや行政からキリスト教施設と見られる方が何かと有利と考え、「聖十字」を隠れ蓑にしたということなのであろうか。そのことを連想させるような資料がある。一九五一（昭和二六）年刊行の『基督教年鑑 １９５２年版』は、神田和泉町の東京分園について聖十字学園名で、施設長をキリスト教牧師の大澤徳則と記載しているのである。ちょうど事件が国会で取り上げられ、磯川が財団法人の理事長を辞任し、法人自体が解散に追い込まれていたころである。クリスチャンであったかどうかは別にして、磯川がキリスト教の看板にこだわっていたことは確かであろう。

なお、付言するが、同時期、戦前に東京市役所に勤務した後、市議会議員を務め、市政改革の分野で活躍した鈴木堅次郎が「財団法人（浮浪児孤児収容施設）」の顧問に就任している。解散を忌避すべく、都政に精通した人物として磯川が招請したのであろうか。

（4）「総合的社会事業」に対する東京都民生局の補助金

財団法人・聖十字学園を自在に動かす地位にあった磯川義隆は、三里塚本園の運営を腹心の太田武雄に任せ、神田の国有地に目を付け、事業の拡大によるひと儲けを画策する。財団法人の認可申請に当初「不賛成であった」（衆八号）磯川が認可申請をするに至ったのは、個人では国有地の払い下げが認められないことを知ったからである。財団法人の認可申請に政財界の有力者や華族の名前を借り、東京都民生局を動かした。さらに、資力のある渡辺敬吉を事業に引き入れて国有地の払い下げに充てる資金を確保した。

東京都民生局長・畑市次郎（任期は昭和二六年九月二七日〜昭和二七年一一月一日）は国会で、都知事名で厚生大臣に提出した一九四七（昭和二二）年一二月六日付け「簡易宿泊所及び保育所用焼跡貸与方依頼について」（民保発第一六八八号）が、「社会事業家の企画する事業は東京都にとって急務であり、しかも総合的社会事業ゆえ、神田の国有地の貸与方特別の詮議により取り計らい願いたい」という文面であったと答弁している（参三号、衆七号）。ここでは「貸与」となっているものの、「特別の詮議」を依頼しているのである。

東京都民生局の要請を受けて、厚生省が財団法人として認可した事情について、厚生省児童局長・高田正巳が政府委員として、次のように答えている（衆七号）。

「すでに施設としてはまあ筋の通った施設を、子供を実際に収容して（略）比較的堅実に経営しておった（略）その経営の実績から見て、個人としてそれを経営さしておくよりは財団法人として経営さした方が適当であろう、こういうふうな認定の下にこれを認可した。（略）いろいろな形式的な書類の要件は備えておった」

高田のいう「すでに施設としてはまあ筋の通った施設」で「比較的堅実に経営して」いた施設は三里塚本園のこ

とである。その「経営の実績」を踏まえて財団法人の認可をしたというのである。三里塚本園での施設処遇に厚生省が問題性を認めなかったということである。

磯川は、前歴で培ったと思われる事務的能力を悪用して「書類の要件」を整え、三里塚本園の処遇実績を示して厚生省を信用させ、財団法人の認可を引き出したが、認可申請の手続き中、厚生省や東京都民生局の職員を恫喝したり、懐柔したりしたという（参二号）。

衆議院行政監察特別委員会委員長・内藤隆は、磯川の提出した履歴書の「大部分」が偽記載であったことを明かしている（衆九号）。東京都民生局長・畑市次郎は国会で、磯川の整えた書類について詳細に調査されていたのか問われ、人物調査を含めて「ほとんどしておらない」といい、「調査が非常に不備であったということを率直に認めなければならぬ」と答えている（衆七号）。終戦後間もない混乱期に、東京都民生局の部署に細密な調査をするだけの人的・物的・時間的な余裕があったとは考えられない。

東京都民生局刊行の「昭和二三年版」と「昭和二四年版」の『管内公私社会事業一覧』（以下、『社会事業一覧』）は、聖十字学園について、所在地：東京都中央区日本橋堀留2の2 セントラルビル内、園長：磯川義隆、経営主体：磯川義隆、事業所：千葉県としている。このころの事業所は三里塚本園だけで、経営主体が磯川義隆から財団法人に変更されたのは、『社会事業一覧』の刊行後である。所在地は上記の中央区日本橋堀留2の2 セントラルビル内で変更はなかったと思われる。

財団法人の認可が下りるのと時期を合わせ、神田を拠点に展開することになる東京分園の事業は、表向きは生活保護法に基づく「浮浪者」や「母子」を対象とした一時宿泊所、食堂、浴場、職業補導施設の運営による生活援護である。東京都民生局長・畑市次郎が国会で答弁しているように、東京分園に三里塚本園を加えると、財団法人・聖十字学園の事業はまさに「総合的社会事業」であった。

東京都民生局は東京分園に対し、生活保護法による補助金を支給している。参議院決算委員会での畑市次郎の答弁によると、一九四九（昭和二四）年度―一八三、〇二五円九七銭、一九五〇（昭和二五）年度―二四九、八四〇円七四銭、一九五一（昭和二六）年度―二〇七、七二六円（一九五二年一月二六日現在）である。

2　国会答弁と解散をめぐって

（1）証人として喚問された磯川義隆と渡辺敬吉

ところが、東京都民生局から補助金を得、共同募金を配布されていながら、東京分園では生活援護事業を民間人や民間団体に委託したり、譲渡したりして権利金や家賃を取り立てていた。これは明らかに法令に違反する悪徳行為であるが、それればかりではなかった。社会事業を営むという名目で払い下げを受けた国有地の一部を民間人や会社に売り飛ばすような重大犯罪を行っていた。国会でやり玉に挙げられた問題は、生活援護における悪徳行為も一部取り上げられたが、当然のことながら主に国有財産の転売であった。

磯川は衆議院行政監察特別委員会で長時間にわたり厳しい追及を受ける。財団法人認可申請の経緯、売買契約時の詐欺行為、およそ社会事業とは言い難い営利優先の事業実態などについて、大蔵省関東財務局長、厚生省児童局長、東京都民生局長らの証言を踏まえ、委員から執拗に突っ込まれる。それでも磯川は、「恥じるばかり」「反省しています」「慙愧にたえない」という答弁を断片的に繰り返しつつ、三里塚本園の事業を持ち出し、自分は社会事業家のつもりでやっている、東京分園も社会事業であると言い張り、終いに「商売で得る利益がなければ社会事業なんてばかばかしくやっていられない」と居直る。

証人として国会に呼び出された協同者の渡辺敬吉は、名ばかりの初代理事長になったものの、事業の方針をめぐって磯川と対立し、一年も経たないうちに手を引く。儲け話だと思っていたら、収益が期待できそうもない、むしろ持ち出しになると気付いたのである。

渡辺の衆議院での答弁は言い訳に終始し、責任を磯川に擦り付けるような答弁を繰り返すが、磯川よりは話の筋が通っているというべきか。「事業で利益を得たら、その一部を社会事業に寄付するつもりで磯川の計画に賛同して資金を提供したのであり、自分は社会事業を行おうとしたのではない」というのである。そもそも社会事業の理念や意義に無理解な人物が間違って社会事業に飛び付いたというべきであろうか。

国会で違法行為が暴かれていた一九五二（昭和二七）年三月、厚生省児童局と東京都民生局の間で財団法人の解散問題をめぐってやり取りされていたさなか、東京分園の事業所を視察した参議院議員・小酒井義男（全国区選出、日本社会党）は、所内に太陽の家教団、聖十字学園太陽の家対策委員会、愛光園設立準備委員会の三つの看板が掲げられていた事実を明らかにし、「看板の塗り替えをやって、その責任の所在をぼかそうというようなことにも私はとれないこともない」と述べている（参二号）。また、別の議員は事務室の建物に礼拝堂の張り紙がしてあった事実を明らかにしている。

これらの偽装工作は厚生大臣による解散命令を回避すべく、いかにもキリスト教団体らしく見せかけて延命を図ろうと画策していたことを示す。磯川は一九五二（昭和二七）年二月一四日の衆議院行政監察特別委員会で、井上良二議員（大阪府第二区選出、日本社会党）の追及に「昨年辞職しましたから現在、関係がありません」（衆八号）と答えている。これが真実だとすると、延命の画策は磯川の意を受けた取り巻きによるものであろうか。

「小倉論文」によると、一九五二（昭和二七）年九月一日付け千葉県知事柴田等宛ての児童福祉施設廃止承認申請書では、財団法人聖十字学園理事長名が竹内行雄になっている。したがって、磯川の辞任は確かなようである。また、廃止の理由として、理事会が財団法人の解散を決定し、財団所有の財産その他一切の事業を不二学園に寄付継承し、全職員もそのまま不二学園に移行して継続執務することとしたため、としている。また、関東財務局は一九五二（昭和二七）年四月一五日付けで聖十字学園との間で取り交わされていた売買契約を解除したことを衆議院行政監察特別委員会に公文書をもって報告している（衆一八号）。こうして聖十字学園は事実上、六年におよぶ歴史に幕を下ろしたことになる。

前掲の『社会福祉人名資料事典』は「磯川らが検挙される」と綴っているが、国有地の払い下げ事件に関わっての「検挙」で、磯川とその関係者だったのであろう。

（2）三里塚本園の土地・建物と施設長

神田の国有地の払い下げを受けた東京分園とは事情が異なり、磯川義隆が千葉県印旛郡遠山村大清水に戦争孤児施設・聖十字学園を設置した経緯は、謎の部分が多い。土地・建物を手早く入手している上に、そもそも国有地だったのかどうかも判然としない。

衆議院行政監察特別委員会で、磯川が厚生大臣に提出した財団法人の認可申請書の履歴書に基づき、委員長の内藤隆が証人として出席した本人に確認の質問をしている。それによると、「昭和十七年に（略）海軍艦政本部三里塚修練道場新設と同時に同道場長を委嘱され」、「高等官三等の待遇」であったという（衆八号）。また、田淵光一議員（和歌山県第二区選出、自由民主党）によると、書類上、海軍が使用していた施設を「払い下げた」ことになっているという（衆七号）。ところが、参議院決算委員会決算審査に関する小委員会で答弁した関東財務局長・井上義海によると、戦時中に海軍が修練道場として使っていた民間の土地・建物で、国の払い下げを受けたものではないという（参二号）。「小倉論文」によると、戦時中に海軍施設として使用される以前は「松根油」を作っていた建物だという。元々は民間の土地・建物であった可能性が高いということなのか。

磯川がこの民間の土地・建物をどのようにして入手したのか。手がかりは、「道場長を委嘱され」た云々の履歴である。これが事実であるならば、「高等官」という官吏の地位を利用し、終戦の混乱に乗じて入手したのか。国会は衆参両院ともに神田の国有地の払い下げについては細密に調査し、当事者に厳しく問い質しているが、三里塚の土地・建物については、磯川が提出した書類をもとに素通りし、詳細に調査の手を加えた形跡がない。

三里塚本園の事実上の施設長（園長）は誰だったのか、実態は定かではない。厚生省児童局が刊行した『児童福祉施設一覧表（保育所、母子寮を除く）昭和二六年一月一日現在』でも、千葉県に届けた書類でも磯川義隆であるが、実質的な施設養護のけん引者とは言い難い。前掲の『社会福祉人名資料事典』によると、「磯川氏は学園に姿を見せず牧師と称する主任及一味職員の手にその一切が委ねられ乱脈の限りを尽くしていた」という。

後記するように、戦争孤児として、三里塚本園で一年弱暮らした山田清一郎氏は、キリスト教牧師の家族や指導員との生活を好意的に回想しており、当時の実相が見えない。

一九四六（昭和二一）年五月から三里塚本園の職員になっていた太田武雄氏が一九四九（昭和二四）年に「園長代理」に就任したものの、間もなく辞任し、以後「一職員として献身した」というのである。国会で磯川の違法行為が暴かれていたことを受け、太田氏は「園長代理」の地位を嫌い、ひたすら現場実践に打ち込んで時の到来を待っていたのであろうか。

「小倉論文」によると、三里塚本園に太田氏が職を得た経緯は、磯川の「従兄弟にあたる」太田氏が除隊して大陸から引き揚げてきて早々、磯川が太田氏に協力を要請したという。ところが、前掲の『社会福祉人名資料事典』では、太田氏の立ち位置を「磯川一派とは何らの関係もない」と強調している。磯川とは距離を置きたかった気持を表現したものであろうか。

3　千葉県の認可施設および東京都の委託施設として

（1）千葉県と東京都の認可を受ける

前掲の『児童福祉施設一覧表（保育所、母子寮を除く）昭和二六年一月一日現在』は、東京都欄の聖十字学園（三里塚本園）について、経営主体：磯川義隆、施設長：磯川義隆、職員数：一一、収容定員：四八、収容現在員：五五、設立年月日：昭和二三年四月一日、児童福祉施設認可年月日：昭和二三年一月一日、備考・他府県所在委託児童収容施設としている。

もう一方の千葉県の聖十字学園（三里塚本園）は、東京都の記載と若干異なり、経営主体：財団法人、職員数：一二、収容定員：一〇〇、収容現在員：六一、設立年月日：昭和二一年四月一日、児童福祉施設認可年月日：昭和二三年一二月一日としている。

この記載には不可解な点が二つある。ひとつは、千葉県の方が財団法人の経営で、東京都が個人経営になっていることである。この違いをどう読み取るべきなのか。前記した「乱脈の限りを尽くしていた」実例のひとつで、実態の把握が困難であったということなのか。いずれにしても、創設当初の三里塚本園が個人経営で、土地・建物が磯川の私物であったことは間違いなさそうである。

不可解なもうひとつは、千葉県と東京都の設立年月日の違いである。千葉県の設立年月日の方が早く、東京都の設立はその二年後である。このことは草創期、千葉県の委託によって戦争孤児を保護して二年後に東京都の委託で戦争孤児を保護するようになったことを示すものである。ところが、実態は一九四六（昭和二一）年四月一日の創設期から東京都も千葉県と同様に戦争孤児を三里塚本園に措置している。このことは東京都の『民生局年報』に示されている。

それによると、「昭和二二年版」（昭和二二年三月現在）―男子一四、「昭和二三年版」（昭和二三年三月三一日現在）―男子五四（逃亡四）、「昭和二四年版」（昭和二四年三月三一日現在）―男子五六（逃亡四名）、「昭和二五年

版」（昭和二五年三月三一日現在）―男子四四、「昭和二六年版」（昭和二六年三月末）―男子四四、女子八（逃亡二名）、「昭和二七年版（昭和二七年三月末）」―男子四七、女子一二、「昭和二八年版」（昭和二八年三月末）―男子三七、女子一一、となっている。なお、「昭和二九年版」（昭和二九年三月末）から不二学園の名称となり、男子二四、女子一一とし、一九五一（昭和二六）年から女子を加えている。

前記したように、前掲の『児童福祉施設一覧表（保育所、母子寮を除く）』および「小倉論文」によると、三里塚本園が養護施設として千葉県から認可されたのは、一九四八（昭和二三）年一二月一日付けで、東京都の認可はそれより早く同年一月一日付である。しかし、東京都も千葉県もそれより以前から戦争孤児を委託措置している。この問題について、衆議院行政監察特別委員会で政府委員として立った児童局長・高田正巳は、養護施設として認可される前年の一九四七（昭和二二）年一月一五日付けで、三里塚本園は生活保護法に基づく児童保護施設として認可されたと答弁している（参二号）。したがって、東京都も千葉県も、児童福祉法による認可以前は、生活保護法に基づいて保護委託していたことになる。

児童福祉法に基づく認可について付言すると、三里塚本園は東京都に続いて千葉県も養護施設として認可しているが、養護施設を二つの自治体が認可するのはあり得ることで、たとえば、治生学園は養護施設として東京都の認可を受けたまま、東京都北多摩郡府中町から千葉県東葛飾郡小金町に移転した後、千葉県の認可も受けている。

参議院決算委員会で証人として答弁した民生局長・畑市次郎は、東京都民生局が三里塚本園に支給した委託費の実態を明らかにしている。それによると、一九四六（昭和二一）年度―二六、三七五円七八銭、一九四七（昭和二二）年度―三一四、八四三円八五銭、一九四八年（昭和二三）度―一、一四七、五三九円、一九四九（昭和二四）年度―一、五二八、五七〇円七五銭、一九五〇（昭和二五）年度―一、七五九、八四七円、一九五一（昭和二六）年度―一、六〇〇、八一五円（一九五二年一月二四日現在）である（参二号）。児童福祉法施行後は、これらの委託費は事務費、事業費、医療費、学校給食費、教育費などの名目で支弁されていた。

さらに民生局長・畑市次郎は、都の補助金のほかに社会事業共同募金中央委員会から三里塚本園に対し、一九五〇(昭和二五)年—三三〇、〇〇〇円、一九五一(昭和二六)年度—二九〇、〇〇〇円、一九五二(昭和二七)年—一四〇、〇〇〇円が配付されていることを明らかにしている(参二号)。また、『共同募金年報』の「昭和24年版」「昭和25年版」によると、東京分園(「浮浪者収容・聖十字学園太陽寮」)にも配布されている。

(2) 現地を視察した国会議員の証言

草創期の三里塚本園の処遇体制について、『社会福祉人名資料事典』で太田武雄氏は、「磯川氏は学園に姿を見せず牧師と称する主任及び一味職員の手にその一切が委ねられて乱脈の限りを尽くしていた」と紹介している。こうした状況下で施設養護をけん引していたのが太田氏だったのであろうか。太田氏は戦前、中国を従軍中に孤児施設・杭州育英堂を見学し、孤児の処遇に関心を抱いた、という。しかし、後掲の山田清一郎氏の作品には、戦地から復員した「石井さん」を登場させているが、すでに着任していたはずの太田氏の名前はない。

磯川義隆は衆議院行政監察特別委員会で、「千葉県における有数な児童福祉施設をやっておって、現に百何名の児童を養っておる」と答弁し、いかにも自らの実績であるかのように強調している。しかし、曲がりなりにも施設養護が維持できていたのは、磯川の手腕ではなく、太田氏ら現場職員の努力によるものであったことは間違いない。

施設養護に対する評価の一方、参議院決算員会決算審査に関する小委員会で、三里塚本園を視察した蟹江邦彦議員(京都府地方区選出、日本社会党)は、施設養護の実態を、次のように述べている(参二号)。

「三里塚のほうも先ほど厚生省の係官から言われたが、必ずしも万全とは思えないような節もあったのですが、

（略）実は三里塚に収容されておる子供たちを実際に調べて見ますると、これも余りいいようにも思わない。というのは、これを非常に酷使しておる、使っておる。そうしてこれらの日日の稼ぎ高を徴収して、そうしてそれで私腹を肥やしておるというようなことも聞いておるし、又事実ここから脱走して来た少年二人が、これがたまたま簡易宿泊所を経営しておるところの木賃宿の組合員の所に泊り込んで来たという。それでいろいろ聞いて見ると、どうも余り使われるので、これではたまらないということで三里塚の道場から逃げて来たというような事実もある（略）」

蟹江が視察したのは、一九五二（昭和二七）年一月から三月にかけ磯川義隆の悪徳行為が国会で取り上げられていたころである。労働酷使や搾取の実態は実際に目撃したことなのか、聴取したことなのか、判然としない。

後記するように、山田清一郎氏の『奪われたいのちの重さ』では、三里塚本園の農作業と「笹川分園」での労働の実態が描かれている。「笹川分園」では明らかな労働酷使や搾取を受けていたが、三里塚本園では、「畑仕事は重労働」で、一一歳の山田氏には「きつかった」が、「みんなが家族のように生活していたので、一日一日が楽しく充実して」いたと回想している。

問題が多発するのは本園にもどってからである。山田氏ともう一人の子どもが小学校に「試験的入学」の形で通学を認められたとしているが、前掲の『社会福祉人名資料事典』で太田武雄氏は、村内の学校には通学できなかったと述べており、大きな食い違いを見せている。通学はほんの一時期の例外で、日中の実態は農作業に従事していたのであろう。暴力やいじめがひどくなり、子どもたちの出入りが激しく、「逃亡」がひんぱんにあり、名前のわからない子どもがいるような状況になった、というのである。

「道場」からの「脱走」は前掲の『民生局年報』に「逃亡」としてその実数が示されているが、実態はもっと多かったと思われる。前掲の作品で綴っているように、山田清一郎氏も三里塚本園での生活に嫌気がさして仲間と「脱走」している。なお、「道場」という表現は、寮舎として子どもたちが暮らしていた建物の旧通称名と思われる。

4　三里塚本園で暮らした体験者の証言

（1）神戸大空襲で母を亡くし、聖十字学園へ

東京都民生局の委託措置児童として三里塚本園で一年弱暮らした山田清一郎氏には、前記したように、戦争孤児としての実体験を綴った『奪われたいのちの重さ』と『俺たちは野良犬か！　それでも生きた孤児たち』の二編の作品がある。山田氏が戦争孤児になり、故郷の神戸から三里塚本園にたどり着くまでの経緯を要約しよう。

一九三五（昭和一〇）年四月、兵庫県神戸市で生まれる。一九四五（昭和二〇）年三月の神戸大空襲で父を、同年六月の神戸大空襲で母を亡くし、「天涯孤独・一人ぼっち」になる。このとき、一〇歳の誕生日を過ぎたばかりの国民学校四年生であった。神戸駅や三ノ宮駅周辺などを根城に路上生活を送り、四人の家出少年と知り合い、夜行列車に無賃乗車して舞鶴、名古屋、広島、門司などを転々とする。神戸駅で「狩り込み」に遭い、保護施設に収容される。

保護施設で農作業に重労働に従事しながら新年を迎えるが、そのころから、戦火で行方不明になった子どもを探す大人がひっきりなしにやって来るのを目にするようになる。暖かくなった三月ころ、保護施設の生活に嫌気がさし、農作業の帰りに仲間と逃げ出し、再び路上生活になる。

その年の秋に入ったころ、仲間二人と上京する。東京駅から上野駅まで山手線の車窓から見える東京は「焼け野が原」であった。上野公園には「たくさんの浮浪者や浮浪児」がいた。上野地下道を根城に路上生活を始める。「新聞売り」や「モク拾い」の仕事を見つけ、浅草、新橋、品川、新宿、池袋などで「商売」を始める。食中毒に罹り、

仲間の一人を亡くす経験もする。神戸に帰る気持ちになっていたときに発熱し、駅の待合室で苦しんで寝ていたところを駅員に見つかり、浅草・東本願寺の収容所に送られ、そこで生活したあと、別の保護施設に連れて行かれる。そこから三里塚の聖十字学園に送られたのは、一九四六（昭和二一）年も押し迫ったころで、一一歳になっていた。

山田氏は、三里塚本園の第一印象を、次のように綴っている。

「牧師さんとその家族、戦地から復員してきたばかりの指導員と私たち戦災孤児五名の家族的なふんいきのある施設でした。建物は新しく大きくて、これから入園する孤児を増やしていくということで、私たちがその『第一期生』でした」

山田氏が東京都民生局の措置で三里塚本園に送致されたのは、一九四六（昭和二一）年一二月末である。三里塚本園の開設が同年四月一日とされていることからすると、「五名」や「第一期生」は腑に落ちない。山田氏の実体験が事実とすれば、三里塚本園の開設は四月一日付けよりもずっと後の年末になる。

キリスト教の雰囲気の漂う「牧師さんとその家族」のもとで暮らす施設養護から、聖十字学園と命名した事情がうかがえる。「戦地から復員してきたばかりの指導員」の着任は、前掲の『社会福祉人名資料事典』で太田武雄氏が伝えていることと符合する。この指導員は山田氏によると、間もなく退職して姿を消す「石井さん」である。ところが、『社会福祉人名資料事典』によると、退職することなく、後に運営の核になる人物として活躍するのが太田武雄氏なのである。

（2）開墾生活と指導員の交代

山田氏の回想によると、三里塚本園の施設養護は、この後、激変する。そのきっかけをつくったのは、「磯川義隆一派」なのか。戦争孤児の施設養護という社会事業に理解を示さず、利潤追求にねらいを定めたような振る舞いに嫌気がさしてのことなのか、牧師家族が姿を消すのである。山田氏の回想は、さらに次のように続く。

「ここでは『自給自足』をする計画で、そのために周囲にある広い荒地を開墾して、春から作物つくりをする準備を今からするのだということでした。復員軍人の石井さんが農家の出身なので、農業にくわしい彼が私たちの指導者でした。毎日、みんなでクワで土を掘り返したり、雑草地を焼いたりして『畑つくり』をしていました。ここはサツマイモにいい土地なので、春になったらたくさんの『サツマを植える』、そしてそれを『乾燥いもにして売るんだ』と、石井さんは張り切っていました。」

一一歳の山田氏にはきつい農作業であったが、それでも「みんなが家族のように生活していたので、一日一日が楽しく充実していました」という。このころの施設は、いまだクリスチャンホームの雰囲気が漂っていたのである。一九四七（昭和二二）年の三月から四月にかけ、三里塚本園は「三十名くらいにふえ」る。『民生局年報』によると、このころ東京都から一四名の要保護の子どもが委託措置されている。これに千葉県の子どもを加えると、ほぼ山田氏の回想に合致する人数になる。山田氏はさらに、次のように綴っている。

「今までのような家族的なふんいきがしだいに無くなり、学園の生活もかなり荒れてきました。ケンカやいじめが多くなったり、物が盗まれたり、部屋の中が荒らされることが、毎日のように起こっていました。」

その上、山田氏が頼りにしていた「石井さん」も退職して郷里の長野に帰り、代わって着任した若い指導員は「ただきびしいだけで、学園の空気もだんだん暗くなっていく感じがしました」というのである。

(3)「分園」での労働、就学、そして「逃亡」へ

続けて山田氏は、これまで「小倉論文」でも、『社会福祉人名資料事典』で太田武雄氏も伝えていない新事実を明らかにする。

「そんな時、この学園の『分園』が、利根川沿い銚子の近くの笹川に開設して、私と鈴木君と、もう一人の三人が、この分園に移ることになりました。しかし、『笹川分園』は、キリスト教の聖十字とは関係がなく、ただの『あめつくり』の工場でした。私たち三人は、『あめつくり』のための労働力にすぎなかったのです。毎日『棒あめ』を紙に包んでいく単純な作業でしたが、朝から夕方まで、他の数人の大人の労働者に混じって働かせられました。わずか十歳前後の『子ども』を労働者として使う園長さん、というより経営者。（略）玄関の門柱には、あめ工場という看板はなくて、『聖十字学園笹川分園』と書かれた大きな板が掛かっていた（略）。」

遠山村大清水の三里塚本園のほかに、利根川沿いの笹川町（現、東庄町）に「聖十字学園笹川分園」という大きな看板の掛かったあめ工場があり、そこに一一歳の山田氏を含めて三人の子どもが働きに出された、という。それまでの施設生活がさらに激変したのである。「園長さん、というより経営者」ということばは、施設養護ともキリスト教とも何ら関係のない、単なる工場長になっていたことをうかがわせる表現である。

しかも、三度の食事が飼い猫のエサと同じ食べ物を与えられ、生涯忘れることのできない屈辱を味わったという。分園で夏までの三か月を過ごした山田氏は、三里塚本園にもどることができ、五年生だった一一歳の山田氏は「思いがけず九月から地元の遠山小学校（現、成田市立遠山小学校）に、（もう一人と）試験的入学すること」になる。大空襲に遭ったころから数えると、二年半ぶりの学校であった。

しかし、その一方で、施設内の状況は荒れており、悪化するばかりである。

「この時期、孤児たちの出入りが激しく、二、三日でいなくなったりする子もいて、名前などわからないくらいでした。暴力や、いじめが絶えずあって、『孤児どうしの仲間意識』は、薄くなっていき、この学園の精神的な支えの中心でもある、『キリスト教の教え』は、どこかに消えてしまっているような日常になっていました（略）とうとうがまんができなくなって、二人で学園を逃げ出す相談をしました。学校に通いはじめてから、わずか二ヶ月にも満たないほどの短期間の学校生活でした」

山田氏の回想で注視すべきは、なぜ、二人だけが地元の小学校に「試験的入学」ができるようになったかである。それから、悪化した施設養護の現場にあって、依然としてキリスト教が施設の「精神的な支え」になっていたらしいことである。それだけキリスト教の雰囲気が寮舎に根付いていたということなのか。

山田氏は三里塚本園から仲間と「逃げ出し」、上野で路上生活を再開する。その後、保護され、東京都の児童相談所の措置で長野県の養護施設・恵愛学園（現、長野県千曲市、児童養護施設・恵愛）で暮らすことになる。そこでやっとのことで地元の学校への就学ができ、猛勉強して卒園後上京し、職を転々としながら定時制高校を経て夜間大学に進学する。二七歳になって念願の中学校教員となる。「天涯孤独の身となってから自立するまでの17年間、生きていて良かったと思えることはほとんどなかった」という。

（4）戦争孤児綴方集への作文掲載

三里塚本園の施設養護で看過してはならないことがある。東京都大田区雪ヶ谷三二六番地に事務所を置く戦災孤児援護協会から一九五〇（昭和二五）年と一九五二（昭和二七）年に刊行された『戦争孤児綴方集 父母を慕いてすすり泣く子ら』『戦争孤児綴方選集 父母よいずこに』の二編の作文集に、三里塚本園の五名の子どもの作文と図画が実名で掲載されていることである。刊行時期はいずれも財団法人・聖十字学園が会計検査院や国会で槍玉に挙げられていたころである。

法人幹部の悪徳を背景に悪評が立っていた聖十字学園の内情に心を痛めた一部の現場職員が、施設養護で暮らす子どもの生活実態を知ってもらおうと作品の投稿・掲載を思い立ち、子どもたちに作文や図画を作成させたのであろうか。あるいは、日本戦災孤児援護協会からの孤児救済援護資金を期待して、法人幹部が作文を指示したのであろうか。

いずれにしても、現場職員が施設養護の一環として作文指導に取り組んでいたことは確かである。「聖十字学園（千葉県）」の施設名で掲載されている作文は合わせて四編で、そのなかからＫ・Ｙの「呼子鳥」を紹介しよう。

「ぼくには父母がいない。前にはいたらしいがぼくは両親を見たこともない。僕が生まれてからもう十なん年という年月も過ぎているのに、一回もみたおぼえがないのだから、ぼくの両親はもう死んでいないだと思う。このようであるから、ぼくは今までどんなにして生きてきたかと思うかもしれない。

けれどぼくはふしぎに思われるような生活をして来たのではない。ぼくをこれまでにしてくださったのは、お父さんやお母さんではなく、よその人の温い心だった。ぼくは歩けないじぶんからこれまで、その人たちの温い手でそだてられてきた。ぼくは十年近く育てられた寮を、ちょっとしたことでとび出して汽車にのって東京に来てしまった。

今考えてみてもどんな事情でとび出したのか思い出せない。東京に幾日かいて、いまいる学園に来てからもう五年もすぎてしまった。

ぼくはお父さんお母さんとよんだ事が一度もない。ずいぶん小さい時からよんだことがないので、今のぼくには、お父さんお母さんなどとよぶのは、なんだか恥ずかしいような気がする。だからぼくにはどうしてもお父さん、お母さんとよべない。

けれでもやっぱり、見もしらないお父さんお母さんでも、お父さんたちのことを考えると、甘いような切ない気持になる。たぶん生きていたなら、お父さんたちも、どこかでぼくの名を呼んでいると思う。」

何とも切ない作文である。一〇年近く暮らした最初の施設を飛び出した後、今の聖十字学園での暮らしが五年を過ぎたという文面から、すでに中学校を卒業した年長児童であろう。

この作文を綴った当の三里塚本園の子どもたちは、法人幹部の犯罪行為によって聖十字学園の悪評が立っていた事情を知っていたのだろうか。ラジオ放送は聴いても、新聞を読む機会はなかったと思われることから、何も教えられていなかったのではないか。

山田清一郎氏は前掲の作品で聖十字学園の実名を挙げ、当時の施設養護を具体的に回想しているものの、法人幹部の悪徳にはまったく触れていない。この問題が国会やメディアで取り上げられていたとき、山田氏はすでに長野県の養護施設・愛恵学園で生活していたので、法人幹部の悪徳については何も知らなかったのであろう。

5「磯川一派」の追放による経営主体の解散および変更

（1）東京都民生局による指導監査

再び財団法人の幹部・磯川義隆による悪徳に絡む問題に目を向けよう。東京都民生局長・畑市次郎は、参議院決算委員会において、同局による定期監査で財団法人に対してどのような指導を行ってきたのかを問われ、次のように答弁している（参三号）。

「これは毎年やっております。で年に二回ずつやるという建前になっておるのでございますが、監査人員も非常に少ないものでございますから、年に一回ずつ……それで二十四年から毎年やっておりますが、聖十字学園の仕事のやり振り、又運営その他等、これは公益法人としてのやり方としては非常にまずい、こういうことは都の方から学園のほうへ直接言っております。委託経営をしてみたり、或いは賃貸借で食堂等を経営することは適当でない。これは直営方針に改めて、そうして社会事業として本来の姿でやるべきだ、こういうことを警告を発しておったのであります。

併しながら、何らこれに対して反省するという色もないので、民生局といたしましては、厚生省のほうに、これはまあ適当な措置を講ずることが適当ではないかというようなことを申しておったのであります。併しながら、このなかには太陽の家、児童の保護施設等もございますので、なかなか簡単に結論が出ないのでございますが、こういうような段階になりますというと、何らかこれは適切な処置を講じなければ、この従来の方式というものは根本的に改革できないというようなことであります」

畑は、東京都民生局の定期監査を、一九四九（昭和二四）年八月二九日、一九五〇（昭和二五）年八月一四日、一九五一（昭和二六）年七月二三日に実施し、運営方法の抜本的な改善について書面や口頭で指導してきたことを明らかにしている。しかし、改善が見られないので、法人の解散まで持って行きたいが、一部の事業は運営できているので、そこまで持って行くのはいかがなものか、というのである。何とも歯切れの悪い答弁なのは、「児童の保護施設」である三里塚本園は、曲がりなりにも施設養護の運営ができていたからである。

東京都民生局は厚生省と合同で、東京分園については一九五二（昭和二七）年の二月一九日～二二日、三里塚本園については同年二月一八日～二一日の四日間、特別監査を行っている。このときの監査結果を踏まえ、東京都民生局は同年四月一日付けで、東京分園については太陽の家への家出人の一時保護委託の打ち切り、三里塚本園については新たな要保護児童の委託措置の停止を決断している。しかし、三里塚本園の問題について民生局長の畑市次郎は、さらに歯切れの悪い答弁を繰り返している（参三号）。

「ただ三里塚の児童の養護施設につきましては、（略）（特別監査で）くまなく現地につきまして調査をいたしたのでありますが、この部分だけにつきまして申し上げますと、別にこの施設が悪いというような結論は出ておらないのであります」

施設養護部門は運営できていると評価しながら、その一方で委託措置を停止するというのである。畑の歯切れの悪い証言を裏付けるような逸話を前掲の『社会福祉人名資料事典』で太田武雄氏が詳しく紹介している。「磯川一派」が姿を消したので、監査にやってきた「係官」には、健全な施設養護に取り組んでいることを理解してもらった、というのである。

なお、東京都民生局による三里塚本園への新たな委託児童措置の停止は、東京分園の一時保護委託の打ち切り問題とは異なる別の要因が絡んでいたふしがある。委託を受けた要保護の子どもたちのなかに占める「精神薄弱児」の増加への対応策と、それに伴う施設種別や不二学園への名称の変更に関わることである。

(2) 聖十字学園から不二学園への変更

「小倉論文」は、「不二学園 太田武雄」名で千葉県知事柴田等宛て児童福祉施設の認可申請書が提出された時期を、一九五二（昭和二七）年一〇月一〇日としている。「設立の趣旨」には、財団法人・聖十字学園の解散に伴い、同財団から財産の寄付を受けたので、新たに児童福祉法による養護施設および精神薄弱児施設を設立し、聖十字学園に在籍する「九拾余名」の「愛すべきこの可憐な子供達」を「ちりぢりに他の施設に移管」せず、「護りぬくべきであると考へる」と記し、ロレッタベンダー博士の言葉を引用している。

前掲の『児童福祉施設一覧表（保育所、母子寮を除く）』は、財団法人・聖十字学園精神薄弱児施設部（定員二〇名）として千葉県の認可を受けた時期を一九五〇（昭和二五）年四月一日、精神薄弱児施設・不二学園として千葉県の認可を受けた時期を一九五二（昭和二七）年一〇月、さらに東京都の委託施設となった時期を一九五三（昭和二八）年五月としている。

前記したように、一九五四（昭和二九）年版『民生局年報』の「昭和29年3月末児童収容保護状況表」の「養護施設（民営）」欄は、聖十字学園の名称が消え、不二学園名で男二六名、女子一一名としている。それゆえ、施設種別を始め、名称、経営団体が変更された後も、東京都民生局はほぼ切れ目なく養護児童を委託措置していたということになる。ただし、「精神薄弱児施設」への転換を見込んで、軽度の知的障害児を対象としていたと思われる。

「小倉論文」および前掲の『社会福祉人名資料事典』によると、「精神薄弱児施設」への転換は、在籍児のなかに少なからず「特殊教育」対象の子どもがいて、施設養護を展開する過程で養護部門と「精神薄弱児」部門に分離して運営し始めていたこと、すでに千葉県市川市に所在する「精神薄弱児施設」・八幡学園が東京都の委託施設であったこと、千葉県および東京都から「精神薄弱児」の受け入れの要請があったこと、などによる。

財団法人・聖十字学園の解散に伴う養護施設・三里塚本園の廃止から新たな不二学園の設立・認可に至る過程には、千葉県および東京都民生局による強力な指導・助言や要請・調整があったと思われる。とりわけ、多くの要保護児童を抱える東京都民生局にあっては、養護施設の閉鎖は痛手であり、不二学園に対し存続のための働きかけがあったと思われる。

名称を不二学園に変更した背景を考えると、聖十字学園に付いて回る暗部を消し去り、〝不二〟という仏教のことばを掲げて再出発を図るという太田武雄氏ら残留した職員の強い意志が感じられる。

不二学園は一九五六(昭和三一)年一〇月、社会福祉法人・大成会となり、知的障害児・者の綜合施設として運営され、今日に至っているが、法人のホームページでその沿革を見ると、前史ともいうべき、一九五二(昭和二七)年一〇月の以前の聖十字学園史を消去している。施設養護の歴史に汚点を残した聖十字学園の前史を沿革から消し去ったのである。

施設種別や名称の変更を進めていた当時の現場の内情を示す資料を紹介しよう。

朝日新聞は厚生省および都道府県を始め、全国の児童福祉施設の協力を得て、一九五六(昭和三一)年二月から六月にかけ「この子たちの親を探そう」のキャンペーンを大々的に張っている。新聞は連日、全国の児童福祉施設に保護され、親を探し求めている一、二四九名の子どもたちを実名・写真入りで掲載しているが、聖十字学園の子どもはわずかではあるが、千葉県に分類されて登場するが、いずれも養護児童と思われる。また、キャンペーンのさなかの同年五月二四日付けおよび六月六日付け同紙に掲載された「全国養護施設一覧」では、東京都にはないが、千葉県で聖十字学園のほかに、不二学園希望寮と不二学園羔羊寮の名称で登場する。ただし、所在地は表記が異なり、聖十字学園は印旛郡遠山村であるのに対し、不二学園の二つの寮は成田市大清水となっている。厚生省の統計資料に基づいて作成された一覧と思われるが、おそらく同一の地名で新旧を指しているのだろう。

もうひとつの資料は、内山喜久雄が一九五四（昭和二九）年に著した『特殊児童：診断・指導の実際』（岩崎書店）である。聖十字学園は財団法人となっていて、精神薄弱児施設部の名称で記載されている。この資料から、閉鎖になる直前まで、聖十字学園は精神薄弱児施設部門と養護施設部門に分かれて施設養護が展開されていたことが読み取れる。

おわりに

聖十字学園問題は国会でも取り上げられ、新聞でも大きく報じられた事件である。しかも東京都民生局が行政側の当事者として登場し、当時の民生局長が国会に証人として喚問されて、執拗な追及を受け、答弁しているような重大問題なのに、東京都公文書館にはこの事件に関する資料は保存されていない。保存年限の規定により、通常の手続きで廃棄されたのであろうが、廃棄の対象として相応しい文書であったのかどうか。東京都公文書館の「歴史的公文書等」に該当するものだったのではないか。

第二章
愛聖園―山口リョウと「精神薄弱児施設」甲の原学院、富士聖ヨハネ学園と継承された六二年

はじめに

戦争孤児施設として〝愛聖園〟という名称の施設に出会ったのは、「社会福祉法人 聖ヨハネ会―その事業と発展の歴史」（ホームページ）に綴られていた一文をたまたま目にしたからである。かつて東京都心身障害者福祉センターで更生相談業務を担当していたとき、「精神薄弱者更生施設」（現、知的障害者入所施設）富士聖ヨハネ学園をいく度か訪問したことがあった。富士聖ヨハネ学園のその後を知りたくて、忍野の寒風と真っ青な空にそびえる富士山の美しい景色を思い浮かべながら読み進めていくうちに、「戦後に誕生した不幸な戦災孤児たちのために昭和27年には養護施設愛聖園が開設され、重荷を負った子供たちと共に歩む聖ヨハネ会の歴史が始まりました」の一文が目に止まったのである。

一瞬、これは何のことだと思った。疑問のひとつは、一九五二（昭和二七）年の開設時期である。このころは、東京都民生局による要保護児童対策が進み、戦争孤児たちの姿が街頭から姿を消しつつあったころではないか。疑

問のもうひとつは、たびたび頁を開いていた東京都の行政資料で、愛聖園は終戦直後の創設ではなかったか、ということである。

改めて資料で調べ直したところ、東京都民生局が一九四八（昭和二三）年三月に刊行した『東京都管内公私社会事業施設一覧』によると、「育児」と「保育」欄に愛聖園という名称で記載され、少なくとも一九四八（昭和二三）年三月以前から事業が開始されており、名称：三河島カトリック救済事業部愛聖園、経営主体：サレジオ修道会、住所：荒川区三河島三―三〇〇五、園長：ボヴィオ・フエリチとなっている。

そして、東京都民生局が一九四九（昭和二四）年一一月に刊行した『東京都管内公私社会事業施設一覧』によると、「養護」欄に名称が愛聖園、経営主体：ボヴィオ・フエリチ、住所：荒川区三河島三―三〇〇五、園長：ボヴィオ・フエリチのほか、「乳児院」欄にもうひとつ、まったく同じ名称と住所で、園長と経営主体が山口リヨの愛聖園が記載されている。

さらにもっと不可解な記載がある。前掲の『東京都管内公私社会事業施設一覧』よりも前に作成された「戦災孤児委託収容施設並児童数調査表」（東京都厚生事業協会 一九四六年三月一日）および「孤児収容並養育現況調」（恩賜財団・同胞援護会 一九四六年九月一八日）の史料をもとに、立教大学文学部教育学科助教授（現、名誉教授）・前田一男氏が独自に作成した「引揚戦災孤児収容施設及収容人員別一覧表（一九四六年一〇月末）」（「解説」戦争孤児を記録する会『焼け跡の子どもたち』クリエイティブ21）に愛聖園が記載され、所在地を荒川区三河島町、保護児童一二名、代表者を空欄としているのである。

名称と所在地が同じなので、前掲の『東京都管内公私社会事業施設一覧』記載の愛聖園と同一と見るべきなのであろう。そうであるならば、少なくとも二人の園長が、同じ住所地で同じ名称の施設を運営し、戦争孤児を保護していたことになる。このようなことはあり得ないと思っているところに、さらにもっと理解を難しくさせるような行政資料に出会った。

厚生省児童局刊行の『児童福祉施設一覧表（保育所、母子寮を除く）昭和二六年一月一日現在』は、養護施設の欄で愛聖園を、設立年月日：一九四五（昭和二〇）年一二月一五日、施設長名：山口リヨウ、住所：練馬区大泉学園町七七八、経営主体：個人、職員数：一七、収容定員：二八、収容現在員：六四、児童福祉施設認可：一九四八（昭和二三）年一月一日としている。設立年月日の一九四五（昭和二〇）年一二月一五日はよいとしても、荒川区三河島と練馬区大泉学園の住所がつながらない。施設長名も山口リヨウとなっている。経営主体も一方がカトリックの団体であるのに対し、もう一方が個人経営である。もともとは何ら関係性のない同名異体の施設なのか。

1　謎を追って

（1）聖ヨハネ会・カトリック三河島教会・マーガレット保育園への問い合わせ

東京都公文書館には社会福祉法人・聖ヨハネ会関連の資料が保存されており、入手した最初の資料には愛聖園に直結するものはなかった。筆者は、社会福祉法人・聖ヨハネ会およびカトリック三河島教会宛て手紙で問い合わせた。

聖ヨハネ会からいただいた返書には、『聖ヨハネ会50年誌 創立の精神を忘れずに』に収められている「富士聖ヨハネ学園 愛聖園で孤児救済活動」と題する一文（以下、『ヨハネ50年誌』）のコピーが同封されていた。そこには、練馬区大泉学園で「あけの星社会事業会」が経営していた養護施設・愛聖園を引き継いだ形で、一九五一（昭和二六）年から一九五八（昭和三三）年にかけて、聖ヨハネ会が愛聖園を運営していたことが綴られていた。しかし、カトリック三河島教会が運営していたとされる愛聖園とのつながりについては何も触れられていない。また、山口リヨウという人物についての記載もない。

カトリック三河島教会からは、ドン・ボスコ保育園長・松永国治氏を通して回答をいただいた。愛聖園は終戦後の宣教活動の一環として取り組んでいた戦災孤児保護、保育所、診療所、寄宿舎など社会福祉事業の総称であり、戦災孤児のための養護施設は、一九四六（昭和二一）年一一月に開設したドン・ボスコ学園で、同学園は一九五三（昭和二八）年に東京サレジオ学園に移管・合併され、練馬区大泉学園の愛聖園とは無関係とのことである。

解明の糸口をつかむどころではなく、混迷を深める一方である。前記したように、東京都民生局が一九四九（昭和二四）年一一月に刊行した『東京都管内公私社会事業施設一覧』の「乳児院」欄には愛聖園という施設があり、住所：荒川区三河島三ノ三〇〇五、代表者（園長）：山口リヨ、経営主体：山口リヨとしている。「山口リヨ」という人物が個人経営で「乳児院」を経営し、場所が三河島カトリック救済事業部愛聖園と同一ということである。

調査を重ねている過程で、筆者は古書店で「社会福祉法人 あけの星会の事業」（以下、「あけの星会事業」）と題する一枚のパンフレットが売られていることを見つけ、さっそく購入した。何と山口リョウと愛聖園について触れているではないか。これによって、やっと養護施設・愛聖園の歴史解明の端緒をつかんだのである。

この間、筆者は、東京都公文書館に保存されている聖ヨハネ会の財団法人の設立認可申請から社会福祉法人への組織変更認可に至る資料（非開示）の開示請求をし、三か月後、利用制限のかかった部分を除き、愛聖園に関わる重要事項の一部を入手した。

さらにその後、山口リョウの経歴などに関わる別の資料が東京都公文書館に保存されていることを知った。「保育園設立認可申請について（練馬区）マーガレット保育園」（以下、「マーガレット開示」）と題するこの資料で、開示請求して三か月後に入手できた資料は、最も知りたかった履歴の大部分に利用制限がかかっていた。施設名や地名などはまったく分からないものの、山口リョウが戦前・戦中から戦後にかけて保育や施設養護などの現場実践に従事していたと思われる履歴が綴られていることをつかんだ。

しかし、これでは雲をつかむような内容である。そこで、体当たりする気持ちで、マーガレット保育園長宛て手紙を書き、資料の在り処について問い合わせた。間もなく事務長の内藤貴裕氏からいただいた電話は、筆者のこれまでの蒐集の苦労を吹き飛ばすような内容である。「創立者の山口リョウが亡くなった翌年、記念誌が刊行され、そのなかに愛聖園の写真も山口リョウの経歴も掲載されている」というのである。翌日、届いたのが、緋色の美しい表紙で覆われた『マーガレット保育園三十五年史 創立者山口リョウを記念して』（以下、『山口記念誌』）である。

（2）山口リョウによる創業

『山口記念誌』の「略年譜」および『西山祐三先生御夫妻を偲ぶ』に転載された諫早女学院長・西山祐三の「女学院卒業の変わり種」（以下、「卒業変わり種」）によると、山口リョウは一九一二（明治四五）年四月二〇日、長崎県西彼杵郡外海町黒崎村牧野郷（現、長崎市）の生まれである。この地域は「キリシタン・カトリック村落」といわれ、山口家も「先祖代々カトリック信仰に生き抜いた」家系である。山口は、父親が小学校の校長を務める四人きょうだいの家庭で育てられ、母親は山口が五歳のときに亡くなっている。一九三三（昭和八）年四月、諫早女学院（当時は諫早高等女塾という名称）本科を経て研究科を卒業（『諫早近代史』によると、本学院は一九七四年三月廃院）している。「卒業変わり種」によると、「シスターになることが憧れの的であった」山口は、「卒業と同時に五島の三井楽町のカトリックの孤児たちの所に行ってシスターの手伝いをしていた」という。山口が手伝ったのはカトリック三井楽教会運営の施設だったのか、あるいは奥浦慈恵院であったのか。体調を悪くして郷里にもどって静養した後、一九三五（昭和一〇）年四月、黒崎村で愛子園に職を得、同時期にカトリックの洗礼を受けている。

一九四〇（昭和一五）年、黒崎村愛子園を退職し、同年九月、鹿児島市の山下愛子園に職を得るが、翌年の一〇月に退職する。『山口記念誌』の「略年譜」は、その後の三年間を空白にしているので定かではないが、療養生活を送っていたか、あるいはシスターになるべく、修道院で修道生活を送っていたのではないかと思われる。

この三年間が山口に転機をもたらしたのかどうか。戦時体制下の東京に生活の場を移し、一九四四（昭和一九）年一〇月、荒川区三河島のドン・ボスコ保育園に職を得る。しかし翌年には「戦時休園」のため退職を余儀なくされ、終戦を迎える。終戦直後の混乱期にあって、山口は、たくさんの孤児や生活困窮者でごった返す三河島カトリック教会の行う救済事業に進んで参加し、主に孤児たちの保護に当たっていたという。

『山口記念誌』によると、一九八二（昭和五七）年に練馬区大泉図書館で開催された練馬区社会教育課主催の家庭教育学級で、山口は「終戦当時、クリスマス・イブに浮浪児の中から一人だけつれてかえって、プレゼントとして育てましょう、とやりだしたのがきっかけで、養護施設を始めた」と語っている。これが一九四五（昭和二〇）年一二月に千葉県松戸市に創立した「戦災孤児収容所愛聖園」である。施設名は聖書の教えから採ったのであろう。前掲の『児童福祉施設一覧表』は創立年月日を同年の一二月一五日としている。

翌年の五月には、愛聖園を荒川区三河島カトリック教会内に移転している。教会内に間借りしたのである。『山口記念誌』には、当時の愛聖園を伝える鮮明な二葉の写真が掲載されている。大部分が就学前の幼児たちで、職員に抱かれた乳児の姿も写っている。当時の愛聖園について『カトリック年鑑一九四八年版』は、職員：六名、孤児：三七名としている。

田代菊雄は『日本カトリック社会事業史研究』で、終戦前後のカトリック社会事業界の動向に触れ、「敗戦時、カトリックの養護施設・乳児院は二〇施設、全国に存在していた。それが、四六年だけでも一〇以上の施設が各地につくられている。それらは邦人修道会あるいは戦前来日の修道会、またはその協力を得ることによって設立されている」と述べている。

東京都民生局は一九四八（昭和二三）年一月一日付けで、個人経営ながら、愛聖園を児童福祉法に基づく養護施設として認可する。一九四九（昭和二四）年三月、愛聖園は間借りしていた三河島カトリック教会から、練馬区大泉学園町七七八に移転する。

『山口記念誌』の「略年譜」では触れていないが、前掲の「あけの星会事業」は山口リョウが個人経営していた愛聖園の事業を財団法人・あけの星会が「引き継いだ」年を一九五〇（昭和二五）年としている。同会は、パリ・ミッションの会のS・カンドウ神父の指導のもとに集まった東京のカトリック修道女によって結成されたもので、一九三〇（昭和五）年ころから、神父の要請によって病者・貧困者の救済活動を続け、一九三五（昭和一〇）年には財団法人・あけの星社会事業会と名称を定め、一九五一（昭和二六）年六月に施行された社会福祉事業法に基づいて法人格を取得し、社会福祉法人・あけの星会に名称を変更している。

創設以来五年にわたって愛聖園を個人経営していた山口が、財団法人・あけの星会に経営を譲り渡した背景には、苦境に置かれていた山口に財団法人・あけの星会が支援の手を差し延べたということなのであろう。あるいは、養護施設として認可した東京都民生局が、経営基盤の確立を図るべく、法人化を助言したのかも知れない。

財団法人・あけの星会に経営を「引き継いだ」後も園長は変わらず山口リョウである。大泉学園に転居した愛聖園を伝える貴重な資料が『山口記念誌』に掲載されている。雑木林に囲まれた園舎の全景写真である。

（3）山口リョウの病気療養と財団法人・聖ヨハネ会との「合併」をめぐって

財団法人・あけの星会の傘下に入って二年後の一九五二（昭和二七）年三月、愛聖園は練馬区大泉学園七七八から、さらに北多摩郡小平町鈴木新田八六五に移転する。また、経営主体も北多摩郡小金井町小金井二八八六で医療保護施設（結核療養所）・桜町病院を経営する財団法人・聖ヨハネ会（理事長・岡村ふく）に変更される。この史実について、前掲の「マーガレット開示」の山口の履歴書は、一九五二（昭和二七）年三月、「〇〇〇に合併」と記載しているが、『山口記念誌』は「東京都下小金井市に愛聖園を移転」としている。事の真相は、園長の身分のまま財団法人・聖ヨハネ会に吸収「合併」されたのである。

このことを裏付けるのが『ヨハネ50年誌』で、「たまたま園長さんが、大病のため入院しなければならない状況になり、運営に困ったところから、カンドウ神父が中心となり、あけの星社会事業会からその解決策として、聖ヨハネ会で経営を引き受けてほしいと強い要望が出され」た、という。山口リョウは桜町病院に入院することになり、療養中は「望月藤太郎夫妻」が園長代理を務めた、という。前掲の「マーガレット開示」は、山口の退職を二年後の一九五四（昭和二九）年三月としており、園長職のまま療養していたのである。

『ヨハネ50年誌』は、当時の桜町病院の事情について、「戦後急激に増えた小児結核患者への対応のために、桜町病院内の一角に特別の小児病棟を建て、治療に専念していたところ、子供の病気の転機も早く、数年ならずして治療効果をあげ、（略）事情は好転したため、病棟は女子の大人の結核病棟に切り替えるなどの処置をした」ころであった、という。

開示された「財団法人聖ヨハネ会設立趣意書」には、当時の桜町病院に関わる注視すべき以下の事項が記述されている。

① 宗教法人天主公教福音史家ヨハネ布教修道会（主管・岡村ふく）の経営に属する社会事業施設・桜町病院を、同修道会から分離させて財団法人による経営に転換する。

② 桜町病院は結核予防法を根拠に、小児結核病棟は児童福祉法に基づく委託施設、大人の結核病棟は生活保護法に基づく委託施設である。

③ 聖ヨハネ会はこれら既存の施設に加えて結核病棟の利用率の向上を図るため、恢復期患者を収容指導するコロニー（病棟四〇）設置の具体化を企画中であり、また別途に児童福祉事業として保護者のない乳幼児の養

護、療育の施設を経営する計画である。

これらの記述から、聖ヨハネ会がこの時期、すでに乳幼児の養護の事業に関わる構想を抱いており、愛聖園の受諾は必然の成り行きであったことが分かる。また、療育施設に関わる回復期患者のコロニー構想は、後の甲の原学院から聖ヨハネ学園の創設につながるものである。

一九五一（昭和二六）年三月一七日付けで財団法人となった聖ヨハネ会は、その一年後の一九五二（昭和二七）年三月二〇日付けで、厚生省社会局に対し、社会福祉法人・聖ヨハネ会への組織変更の申請をし、同年五月一七日付けで、厚生省社会局長から認可を得る。

申請調書の法人の「目的」欄には、「この法人は養護、育成、又は厚生の措置を要する者に対し、その独立心をそこなうことなく、正常な社会人として生活することができるよう、カトリックの教義にもとづく援助又は医療を行うことを目的とする」とある。また、「事業」欄には、医療保護施設・桜町病院、養護施設・愛聖園とある。愛聖園の小平町鈴木新田への移転と社会福祉法人への組織変更の手続きが相前後してなされていた。

「あけの星会事業」は、愛聖園の経営について「聖ヨハネ会の手に委ねられて居りますが本会も財政面に於きまして随時助成する責任を有する」とし、聖ヨハネ会に経営を譲り渡した後も引き続いて資金的な支援をすることを明らかにしている。財団法人・聖ヨハネ会の社会福祉法人への組織変更申請書に添付されている事業計画書には、移転建築資金として「あけの星助成金」が計上されている。また、山口リョウが復職したことも明らかにしている。

『養護施設30年』の資料篇では、「終戦後より昭和52年7月までに廃止された養護施設」の「東京」欄に「愛聖園」があり、最終施設長名が山口リョウとなっているが、愛聖園が廃止される前の一九五四（昭和二九）年三月に退職している。山口が施設長を退いた後、廃園になるまで、誰が園長職を引き継いだかは不明である。

前掲の「マーガレット開示」の学歴欄では、退職前の一九五三（昭和二八）年四月から翌年の三月にかけての一年間、「○○○○に入学」している。『山口記念誌』によると、入学した先は学校法人・日本社会事業学校夜間部の研究科（現、日本社会事業大学）で、聖ヨハネ会に籍を置いたまま、施設養護のしごとと学業を両立させていたのであろう。

前掲の「マーガレット開示」および『山口記念誌』によると、山口は児童福祉法で保母資格が誕生したことに伴い、一九四八（昭和二三）年九月、東京都民生局の児童福祉施設保母講習会を受講し、保母免許を取得している。講習会は保母養成校が設置されていないための暫定的措置で、山口はそれまで従事していた前歴によって受講が認められたのである。

2　事業統計から読み取る

（1）『民生局年報』の統計に示されていること

山口リョウが千葉県松戸市で創設し、個人経営からあけの星会を経て聖ヨハネ会に経営移譲された愛聖園の受入れ児童の実態について、『民生局年報』の事業統計のほか、前掲の「財団法人聖ヨハネ会設立趣意書」に添付されている「昭和25年度 事業成績」「昭和26年度 事業成績」（いずれも「昭和27年3月20日作」）の資料などを参考にしながら見よう。

「昭和二一年度」（昭和二二年三月現在）

男子二〇名（一八歳～一四歳三、一三歳～七歳五、六歳～三歳一〇、二歳～一歳二）、女子七名（一八歳～一四歳一、六歳～三歳三、二歳～一歳三）。

この年の『民生局年報』は「民間児童保護施設」に分類している。

「昭和二三年版」（昭和二三年三月三一日現在）

男子一三名（一三歳以下五、六歳以下七、二歳以下一）、女子二〇名（一三歳以下七、六歳以下一〇、二歳以下三）。

この年の『民生局年報』は「養護施設兼乳児院」に分類している。

「昭和二四年度」（昭和二四年三月三一日現在）

男子一九名（一八歳以下二、一三歳以下六、六歳以下九、二歳以下二）、女子三七名（一三歳以下一二、六歳以下一六、二歳以下九）。

この年の『民生局年報』は「乳児兼養護施設」に分類している。

「昭和二五年版」（昭和二五年三月三一日現在）

男子一六名（一二歳以下三、六歳以下一一、一歳以下二）、女子三五名（一五歳以下二、一二歳以下五、六歳以下二四、一歳以下四）。退所一名。

この年の『民生局年報』は養護施設に分類している。

「昭和25年度 事業成績」では、一九五〇（昭和二五）年度末人員が五五名、月平均人員五六名とある。注視すべきは、月始現在員を「法該当」「非該当」で区分していること、退所に里親委託のあったことが綴られていることである。「法該当」「非該当」とは、措置児童とそれ以外の児童を差していると思われるが、措置外児童の根拠は何か。

「昭和二六年版」（昭和二六年三月末現在）

男子二三名（三歳未満六、四歳未満五、五歳未満二、六歳未満四、七歳未満二、九歳未満九、一〇歳未満一、一一歳未満一、一二歳未満一、一三歳未満一）、女子三一名（三歳未満八、四歳未満六、五歳未満二、六歳未満三、七歳未満四、八歳未満二、九歳未満一八、一〇歳未満三、一五歳未満一、一六歳未満一）、親族引取二名、満年五名。

「昭和26年度 事業成績」では、一九五一（昭和二六）年度一二月末人員が五三名、月平均人員五四名とある。注視すべきは、月別に種別を「捨子」「法該当」「非該当」で区分していることである。「捨子」「法該当」「非該当」の区分はいかなる事情に基づくものなのか。「捨子」は警察からの直送でも、制度的には児童相談所の措置による受入れであったはずである。

「昭和二七年版」（昭和二七年三月末現在）

男子二二名（三歳未満四、四歳未満六、五歳未満一、六歳未満三、七歳未満二、八歳未満二、一一歳未満一、一二歳未満一、一三歳未満二）、女子三四名（三歳未満二、四歳未満五、五歳未満五、六歳未満五、七歳未満二、八歳未満三、九歳未満二、一〇歳未満一、一一歳未満二、一二歳未満二、一三歳未満三、一五歳未満一、一六歳未満一）。

一九五二（昭和二七）年に聲社が刊行した『声』は、このころの愛聖園について、「二歳から一八歳までの家のない子供の家庭であって現在約六十人の少年少女が居る」と紹介し、二歳の幼児が在籍していたことを明らかにしている。

「昭和二八年版」（昭和二八年三月末現在）

男子二七名（四歳未満一〇、五歳未満八、六歳未満二、七歳未満二、八歳未満二、九歳未満一、一一歳未満一、一二歳未満一）、女子三三名（四歳未満七、五歳未満七、六歳未満四、七歳未満二、八歳未満二、九歳未満三、一一歳未満一、一二歳未満二、一三歳未満二、一四歳未満二）、親族引取二名、満年二名。

「昭和二九年版」（昭和二九年三月末現在）

男子二二名（四歳未満三、五歳未満六、六歳未満八、九歳未満一）、女子四一名（三歳未満一、四歳未満四、五歳未満九、六歳未満六、七歳未満六、九歳未満一、一〇歳未満二、一一歳未満一、一三歳未満一、一四歳未満一、一五歳未満二、一八歳未満一）、親族引取二。

（2）事業統計から分かったこと

以上の事業統計から、分かった事実とともに疑問も浮かび上がってくる。

第一に、現員を収容定員六〇名前後で押さえ、大きな変動を生じさせなかったことである。無理をせず、安定的な施設養護を心がけていた姿勢が読み取れる。

第二に、幼児を積極的に受入れていたことである。幼児の養育に手慣れた保母や修道女のほかに、小児科・内科医師の協力を得ることができていたのであろう。

第三に、女子を多く受入れていたことである。『民生局年報』でも明らかなように、当時の乳児院や養護施設に保護される児童は、女子よりも男子の方が断然多かった。女子を多く受入れた事情には、修道女としての活動など宗教的な背景があったのであろうか。

第四に、少数ではあるが、学齢児の就学についてである。東京都民生局が認可した民間養護施設ではあるが、個人経営である上に、途中で三河島から大泉学園に移転したこともあり、大泉学園時代の就学は容易ではなかったと思われる。地域の学校での就学が確保できず、修道女や保母たちによって園内教育がなされていたのではないか。そのように推察されるのは、練馬区大泉学園に二年の施設養護の足跡を残した愛聖園について、練馬区の教育史が触れていないからである。一九五七（昭和三二）年刊行の『練馬区独立十周年記念 練馬区史』でも、一九八一（昭和五六）年刊行の『練馬区史 第三編 現勢編』でも、取り上げている養護施設は石神井学園と錦華学院の二施設だけである。なお、小平町鈴木新田に移転後の就学については改めて取り上げることとする。

第五に、親族引取である。子どもと家庭との調整に積極的に取り組んでいたのであろう。また、統計には示されていないが、里親委託も行っている。

3　聖ヨハネ会における施設養護

（1）小平町鈴木新田への移転

愛聖園の移転に関わる事業計画書によると、「移転経営するための（略）予算にて昭和二六年八月に敷地を購入、同年一一月の中旬より建築工事に着手し、二七年二月下旬までに新築、改築工事を竣工して、児童を移転させ、直ちに移築工事に着手し、之を三月下旬までに完成させる予定」とし、購入敷地を三〇〇〇坪の土地と二棟の既存住宅（三〇坪、一九坪）としている。『ヨハネ50年誌』が「木造二階建てのものを建て」たとし、『小平町誌』では「個人の住宅を買収」したとしているのは、そのような二つの事情を指すものであろう。また、増改築に当たっては、六畳一室四人の定員を三人に改善するために六畳三室を増築し、押入れ、廊下を整備するとし、これらの工事費用として、東京都からの委託料と「英国よりの遺産寄贈金」を当て、受領次第直ちに実施するとしている。

前掲の組織変更の申請調書を踏まえた東京都民生局による「調査意見書」には、「敷地約三〇〇〇坪、建坪約二〇五坪の建物で、環境もよく、設備は児童福祉施設最低基準に合致し、管理運営とも良好な施設である」とし、収容児童現員は五六人で、「将来の見込」欄には「養護施設愛聖園及び桜町病院の経営は資力も豊富にして将来拡張整備され立派な施設となるものと思料せられる」としている。東京都民生局は施設経営に太鼓判を押し、「社会福祉法人として適当と認められる」としている。

また、前掲の組織変更の申請調書に添付された「昭和27年度事業計画書」では、愛聖園について「前年度未完成工事を完遂するとともに、残り資材にて鶏舎、豚舎等を建設するに止め、従業員を整備して、施設内容の充実に努力する」としている。したがって、民生局による調査が行われた段階では、未整備の部分が残されていたことを示している。

移転にはアメリカ軍の大型トラックが使われた。山口リョウとともに大泉学園から保母らも異動したが、直接処遇職員の体制は充分ではなかった。職員数一三名を確保すべく、桜町病院から修道女と「志願者」（カトリックの洗礼を志願する女性）が通勤する形で入り、女性医師や看護婦も自転車を使って応援に入った。「昭和二七年三月末日現在」の「職員数調」によると、一三名の職員は雑役夫一名が男性で、その他の保母、看護婦、炊事婦、洗濯婦、事務員はすべて女性である。桜町病院が総力を挙げて愛聖園の施設養護を応援した。

大泉学園から小平町鈴木新田に移転した愛聖園の場所について、『ヨハネ50年誌』は「小金井ゴルフクラブの北隣の土地」とし、前掲の社会福祉法人への組織変更の申請調書では小平町鈴木新田八六五番地としている。桜町病院から自転車で数分の近さであったということから、現在の小平市鈴木町二丁目辺りと思われる。『東京23区・東京都区分地図 昭和44年版』には愛聖園と桜町病院の表記がある。移転して一七年が経過した愛聖園がこの地域で確かな位置を占めていたことをうかがわせる資料である。『山口記念誌』には、小平移転後の三葉の写真が掲載されているが、就学前の乳幼児の多いことが目に付く。

（2）修道女の回想録

一九五七（昭和三二）年から聖ヨハネ会で施設養護の現場に入り、「主任保母的」な働きをしていた平塚かつゑが、『ヨハネ50年誌』で、「昭和30年代」の愛聖園を、次のように回想している。「昭和30年代」は移転後すでに数年が経過し、養護施設としての基盤がほぼ整っていたころである。

「当時は学童部はだいたい一二、三人で、中学生が四人、残りは学齢前の小さい子供たちで、毎日にぎやかに過ごしました。園では年長組の子供が、豚を五、六匹と鶏もだいぶん飼っていました。ちょうど桜町病院でも、愛聖園でも相当量の残飯が出るものですから、それを飼料にあてていました。子供達の情操教育のためにも役立ちました。

小学校への通学は、はじめのうち、一時間半もかかって歩いて通わなければならない時代がありました。あまり遠いので、学校へ着く前にお弁当を食べてしまう子もいました。

園での生活は家族的で、子供達は職員のことを『お姉さま』と呼んでいました。学校の父兄会には職員が父兄がわりで出席していましたが、子供達から『あの服を着てきてほしい』などと、注文の出ることもありました。学校で子供同士でほめられるのが得意だったのです。持っていくお弁当にしても、三、四年生になると、みんな同じおかずの同じ数で入っている、おそろいのお弁当はいやがる子も出てきました。

毎日の朝晩の祈りは、きちんとしていました。桜町へミサにみんなで出かけました。年長組は信者も未信者も、全員そろって行ったのです。四旬節の十字架の道行にもそろって桜町の聖堂に行きました。帰りはみんな道々話しながら歩いて帰るのですが、プンスマン神父様が、必ずバス通りまで見送って下さったのが今も強く印象に残っています。

進駐軍からは、兵隊さんたちがほとんど日曜毎に慰問に来てくれました。クリスマス、イースター、その他の祝日には、前晩から大量の食糧をトラックで運んで来て、自分達ですべて用意をし、たとえば七面鳥などオーブンで焼いて下さることなどもありました。毎日のミルクは、近くの小岩井牧場から大缶が届き、すべて進駐軍で支払ってくれました。また、基地でのパーティーにも招待されて、大勢の子供も職員も一緒にでかけることもありました。また、帰るところのない園生のために、アメリカへの養子縁組のことも、進駐軍の斡旋で二組が実現しました。

園の管理者は理事長の岡村ふくだったわけですが、理事長が常時、園におられるわけではないから、実際の管理をする人が必要で、望月神父様の、警察署長さんを定年でおやめになったお父様、望月藤太郎さんご夫妻が、職員宿舎の一部屋に住んで、いろいろお世話して下さいました」

(3) 宗教教育と学校教育

運営が軌道に乗り始めた当時を知る貴重な回想である。以下、判明したことを挙げよう。

第一に、カトリックの教義による宗教教育が徹底されていたことである。修道服を着用するシスターと生活を共にし、日常的に「祈り」が繰り返され、聖堂でのカトリックの儀式に子どもたちと職員が全員出席し、年長児のなかに洗礼を受けた者がいた、というのである。宗教教育が子どもたちに好ましい感化を与えることを信条としていたのであろう。『山口記念誌』は、子どもたちが信仰に燃えていた逸話を伝えている。

第二に、幼児が多数を占めていたことで、『ヨハネ50年誌』および『山口記念誌』に掲載されている写真で分かる。幼児を受入れたのは民生局の要望に応えたのか、あるいは長期的な展望を持って養育する構想だったのか。桜町病院の小児病棟と専門医師が、幼児の受け入れを容易にする役割を果たしていたのであろう。

第三に、学齢児の通学について、当初、「一時間半もかかって」通学しなければならなかったのはいかなる事情があったのか。『小平町誌』の通学区域によると、愛聖園の子どもたちの学区は、小学校は第五小学校、中学校は第一中学校であったと思われる。何らかの事情があって学区域外への通学を求められたのであろうか。終戦から八~九年が経過した時代であり、養護施設児童で学籍のない子どもはいなかったはずである。

少なからず在籍していた「精神薄弱児」の就学については、回想録では触れていないので判然とはしないが、就学猶予・免除の扱いを受けていたのであろうか。こうした扱いの問題が、後記する「精神薄弱児施設」への種別変更につながったのである。

(4) 国際養子縁組とGHQの慰問

第四に、アメリカへの国際養子縁組にも取り組んでいたことである。少数ではあるが、GHQ部隊および独立後の米軍の慰問をきっかけになされた試みと思われる。聖ヨハネ会というカトリックの教義を背負う宗教団体を背景にしていたことも取り組みを促進させたのであろう。

第五に、山口リョウが登場しないことである。平塚かつゑが回想している当時は、山口はすでに退職している。山口の在職中の逸話について、筆者が改めて聖ヨハネ会に問い合わせたところ、当時を知るシスターから、理事長の岡村ふくに「経営上の問題」や「知的障がい児の問題」などについて山口が相談していたという逸話を伝えてきた、という。

第六に、海外からを含め、多くの物心両面にわたる支援を受けていたことである。前掲の聖ヨハネ会の資料には一般の寄付金や共同募金の配分が詳細に掲載されている。『Catholic Tokyo』に「Aisei En」が紹介されているが、これによって海外のカトリック団体からの援助の道が開かれていたのではないかと思われる。

回想録で強調しているのは米軍の慰問である。部隊は不明だが、立川基地か横田基地であろうか。『石神井学園史』は、一九五二（昭和二七）年から毎年、埼玉県朝霞町に駐留する米軍ドレイクキャンプの「慈善基金」の支援を受けているが、支援を受けた養護施設に愛聖園、聖ヨゼフホーム、恩寵園が入っていたことを明らかにしている。

聖ヨハネ会という屋台骨がある上に、前掲の財団法人・あけの星会を始め、ララ物資や共同募金などによる支援もあって、愛聖園の子どもたちは、当時の養護施設のなかでは、とりわけ衣食住の面で恵まれた生活を営むことができたのではないか。

4　愛聖園の終焉とその後

（1）「精神薄弱児施設」への種別変更を決断する

愛聖園が歴史の幕を降ろしたのは一九五八（昭和三三）年三月である。社会福祉法人・聖ヨハネ会のホームページでは「発展解消」、『小平町誌』では「転出」としている。この違いは、法人による熟慮の末の決定を内と外から表現したことによるものである。

『ヨハネ50年誌』は、「発展解消」の経緯について、カトリックの養護施設の集まりで、「(施設で暮らす知的障害児)の問題を早急に何とかしなければ」と何度も議論した結果、「呼吸器科に並んで精神科をも専門」にしている「聖ヨハネ会に委託したいとの強い要望」が出されたとし、続けて、次のように述べている。

「わが国では、これだけ多くの精神薄弱児がいるのに、これらの子供を預かる本格的な施設は、いまだ大変乏しい状態でした。『最も小さい者のために』仕えることを目的とする者にとって、この手のかかる不幸な子供たちの世話こそ、修道女にもっともふさわしい務めである、と考えてこの事業のためには、前から部内でずっと考え、祈りつづけて来たことでした。(略)新しく精神薄弱児の事業に専念することを決意した以上、片手間に従来の愛聖園をもそのまま経営していくことはできません。」

都内の「カトリックの養護施設」は、カリタス小百合の寮(杉並区)、聖ヨゼフホーム(西東京市)、星美ホーム(北区)、東京サレジオ学園(小平市)、聖フランシスコ子供寮(大田区)である。この集まりで、愛聖園を「解消」し、施設種別を「精神薄弱児施設」(現、知的障害児施設)に転換し、「発展」させることになった、という。

養護施設と「精神薄弱児施設」の両立ではなく、聖ヨハネ会が保有する精神科医療の資源を活用して一つの事業に集中するというのである。一九五八(昭和三三)年三月、児童相談所の措置変更により、在籍児童の大半を星美ホームや施設内学校を併設する東京サレジオ学園など三か所に分散して転園させたほか、一一名を法人が八王子市中野町に創設した「精神薄弱児施設」に転園させ、一名の年長児は桜町病院の宿舎から高校に通学させることとした。山口リョウが千葉県松戸市に創設したときから数えると、一二年の年月が流れていた。

（2）甲の原学院の創設から富士聖ヨハネ学園へ

社会福祉法人・聖ヨハネ会による「精神薄弱児施設」の建設計画は、早い時期から進められていた。前記したように、カトリック系養護施設からの「要望」がきっかけである。『ヨハネ50年誌』は、法人による決定後の経過について、次のように述べている。

―一九五三（昭和二八）年の暮れに八王子市中野町甲の原の国有地（山林）の払い下げを申請し、一九五四（昭和二九）年五月に関東財務局から承認を得た。申請理由は、結核患者のアフターケア施設（定員五〇名）と精神薄弱児のための施設（定員五〇名）の建設であった。ところが、一九五五（昭和三〇）年三月になって、東京都民生局児童部養護課から、以下の二点の指摘を受け、再検討を求められた。

①　結核患者のためのアフターケア施設と精神薄弱児施設は対象がまったく異なるので、同一施設で取り扱うのは社会通念上からも避けるべきである。

②　結核を恐れる近隣住民から反対の陳情が起きている。―

東京都民生局の指摘通り、地元住民の反対運動が厳しく、払い下げを受けた土地に隣接する精神病院の院長は運動の先頭に立ち、新聞に折り込みチラシを入れて反対のアピールをした。再検討の結果、一九五六（昭和三一）年四月には事業を開始しないと関東財務局との間で交わした契約に違反することになるため、さまざまな妨害を受けながら建設工事を開始し、計画を「精神薄弱児施設」（定員一〇〇名）に変更した。

完成した「精神薄弱児施設」には地名を冠して甲の原学院と命名した。刊行年は不明であるが、甲の原学院の全景写真が入った三枚折りのリーフレットに掲載されている学院配置図を見ると、子どもたちが暮らす寮舎のひとつを「愛聖寮」としている。愛聖園とそこで暮らしていた子どもたちを引き継いだという強い意志の表れであろうか。

甲の原学院のその後であるが、児童のほかに成人を加え、富士聖ヨハネ学園と改名して山梨県忍野村忍草に全面移転したのが一九七五（昭和五〇）年、児童部門を廃止したのが二〇〇八（平成二〇）年九月末日である。愛聖園の名称で創設された戦争孤児施設は児童福祉法に基づく養護施設になった後、甲の原学院に名称変更されて「精神薄弱児施設」になり、さらに富士聖ヨハネ学園に名称変更された後、児童部門が廃止されたのである。児童福祉法に基づく施設養護は、六二年の長きにわたる歴史を刻んだことになる。

（3）山口リョウのその後―保育園長、保護司として

最後に愛聖園の創立者である山口リョウのその後について触れておこう。聖ヨハネ会の運営する愛聖園の第一線を退いた山口リョウは、一九五四（昭和二九）年一〇月、施設養護に精魂を傾注していた練馬区大泉学園町七七八に帰り、愛聖園の建物を転用してマーガレット保育園（現、練馬区大泉学園町六丁目一五番地三四号）を創設して園長になり、その後、社会福祉法人・マーガレット学園の理事長に就任する。『全国社会福祉名鑑』は、マーガレット保育園について、創設年月日：一九五四（昭和二九）年一〇月一七日、認可年月日：一九五五（昭和三〇）年三月一日、定員：七〇、職員数：八と紹介している。

『山口記念誌』によると、山口リョウが死去したのは、一九八九（平成元）年一二月二日である。この日、園児に昼食を食べさせていた最中に突然倒れ、光が丘病院に救急搬送されたが、カトリック関町教会司祭の宮内薫行が病院に駆け付けたときには、すでに「脳死の状態であった」という。愛聖園の創立年から数えると実に四四年の長き

にわたり、施設養護と保育に捧げた七七年の生涯であった。

なお、山口リョウの活動は施設養護や保育に留まらず、更生保護を担う保護司の役職にも就いていた。『山口記念誌』によると、一九八九（平成元）年五月には叙勲（勲五等瑞宝章）を受け、亡くなる八日前の同年一一月二四日に開催された更生保護制度四〇周年東京大会にも出席している。山口を施設養護や保育のほかに、更生保護に立ち向かわせた動機は、愛聖園の創設と同じように、神に仕えるカトリック信者としての使命であったのであろう。

おわりに

筆者は一九七九（昭和五四）年四月からの六年間、小平市鈴木町一丁目にある養護施設・東京都むさしが丘学園（現、二葉むさしが丘学園）に勤務していた。しかし、桜町病院も富士聖ヨハネ学園も知っていながら、その同じ鈴木町の二丁目、直線距離で一キロほどのところで、着任する二〇年ほど前まで桜町病院を経営する法人が養護施設を運営していた史実を知らなかった。筆者が知識不足であったことに尽きるが、施設養護に従事する現場人の話題にもならず、関心をもつこともなく、語り継がれることもなく、そうこうしているうちに徐々に忘れられ、歴史の彼方に埋もれていくのである。施設で暮らした子どもたちに思いを託し、先人が遺してくれた事業には敬意を表し、学び取る意欲と姿勢はいつも持ち続けたいものである。

第三章

六華園―少年保護事業から転換し、個人経営した東福義雄・隆子夫妻

はじめに

児童養護施設に勤務していた四〇年以上も前、その確かなきっかけは思い出せないのだが、筆者は東福義雄という社会事業家の名前と六華園という施設を知っていた。ただ、漫然と知っていたくらいの程度で、詳細を熟知していたわけではない。

戦争孤児施設の歴史を追跡してきた筆者の無知を思い知らされたのは、かつて一〇年ほど勤務していた杉並児童相談所から直線距離にしてわずか五〇〇メートルくらいしか離れていない場所に六華園があったことを確認したことからである。つい数年まえのことである。二〇一七（平成二九）年一〇月の事業開始以来、公益財団法人・カリタスの家子どもの家エランという児童発達支援事業所になっているこの辺りは、杉並区南荻窪一丁目三四番二一号が現在の住所地で、筆者は児童福祉司として在任中、実に閑静な住宅街のなかを何度か自転車で往来していた。六華園のあった場所から南西側の南荻窪二丁目には、子どもたちが通学していたと思われる荻窪小学校もあった。同校は二〇〇九（平成二一）年、宮前二丁目に移転している。

本章をまとめる作業過程で、いく度か遣る方ない思いを味わった。そのひとつは、少年保護事業を担って以後、戦後も昭和五〇年代に至るまで、六華園の経営を側面から支援していた宗教団体に関係資料の在り処について手紙と電話で問い合わせをしたときのことである。古い歴史を有する名だたる宗教団体なので、何か有力な手掛かりがつかめるだろうと大きな期待を抱いていたが、回答が届かない。何度か電話して、やっと二枚の名刺を添えて担当してくれた方から届いた返書を読んで落胆した。戦後の施設史をたどる関係資料が皆無であるばかりか、誠に失礼ながら、六華園が戦争孤児施設の経営に関わっていたことも、仏教思想家として著名な浄土真宗僧侶の東福義雄という人物も、彼が施設長で、妻の隆子とともに運営に携わっていたことも知らないらしいことであった。

歴史の流れのなかに埋没するとは、このようなことをいうのだと、改めて思い知ったのである。歴史的事実が風化していったならば、史実から学ぶことも史実から教訓を得ることもできなくなるのである。故あって施設で暮らすことになった子どもたちからも、養護施設の現場に身を投じ、施設養護を積み重ねてくれた多くの職員からも、学ぶべきことが学べなくなるのである。社会事業史や児童福祉史にとって、これほど大きな損失はない。

施設長の東福義雄の死去に伴い、施設を閉鎖したことから、経営に関わる主要な資料は東京都民生局に引き渡されたものの、保存年限が来てすべて廃棄されたのであろう。東京都民生局に関係資料が保存されていない問題性は別に置くとしても、東京都民生局が認可した民間立の戦争孤児施設の経営に側面から関わっていたと思われる宗教団体には、六華園で子どもたちが暮らした史実を保存する責務はなかったのか。戦前に創設以来、宗教団体の下部組織が経営主体となって支援を続けていたとはいえ、戦後、養護施設に転換してからは個人経営になり、目立たない形で支援していたので、関係資料は保存されていないというのはうなずける。

しかし、六華園を個人経営していた園主が宗教団体に所属していた著名な僧侶で、仏教思想家であり、強烈な信仰心をもって施設養護に取り組んでいたのである。それなのに養護施設・六華園が宗教団体の社会事業史に位置付けられていないのは、なぜなのか。個人経営だったので宗教団体の社会事業史に位置付けないという論拠には説得力がなさそうである。

もうひとつの悔恨は、詳細は後記するが、東福義雄・隆子夫妻のご遺族（長男ご家族であろうか）の住まいと思われる〝東福〟という標札のかかった古めかしい邸宅を探し当てながら、訪ねる機会を逃したことである。ついつい後回しにして不覚を取った。

本章のサブタイトルに東福義雄の妻である隆子を加えたのは、隆子が事実上、六華園の施設養護をけん引していたからである。児童福祉法に基づく、れっきとした認可養護施設でありながら、東福夫妻が個人経営する家塾のような存在であった。当時、大部分の養護施設の経営主体が公立あるいは社会福祉法人の運営になっていたなかで、六華園が個人経営を許されていたのは、宗教団体の下部組織による確かな支援の見通しがあり、東京都民生局が東福夫妻に全幅の信頼を置いていたからであろう。

1　前史―少年保護事業としての創業

（1）東京真宗婦人会による運営

六華園の創立の経緯と当時の状況を記述した資料に、一九二八（昭和三）年九月刊行の『東京築地本願寺社会事業要覧』（以下、『本願寺要覧』）がある。これによると、一八九一（明治二四）年に創立された東京真宗婦人会の主事に就任した本願寺布教使・森川義昭が、一九二三（大正一二）年九月の関東大震災時に恤救救護および教育社会事業に関わる支援を行ったことが創業のきっかけという。婦人保護や女児保護にも尽力し、一九二六（大正一五）年五月二三日、旧少年法に基づく少年保護事業を行う決議をし、青山原宿九二番地に仮舎を設け、少女を収容保護する事業を開始する。一九二七（昭和二）年一〇月には、東京府豊多摩郡井荻町下荻窪六〇番地に新築・移転し、名称を東京真宗婦人会付属六華園とする。この施設の創業に多大な役割を果たしたのが、後記する、歌人で社会事業家として著名な九条武子である。

前掲の『本願寺要覧』は、東京真宗婦人会付属六華園について、職員体制：園長・大谷紝子、保護主任・福原武子、常務理事・福原文儀、輔導員・川上タカ、定員：二五名、現在員：一三名、収容委託：東京少年審判所より、期間：不定、授業時間：午前八時から午後四時、教科目・学科：修身、読方、書方、手紙、算術、唱歌、実科：裁縫、洗濯、手芸、割烹、本所区および巣鴨町に付設裁縫教授所設置、としている。園長の大谷紝子は昭和天皇の叔母に当たり、大谷光明と結婚して浄土真宗本願寺派の大裏方となった女性であるという。

東京少年審判所の審判を受けた少女の保護委託先となり、一般的な教養を授け、もっぱら手仕事（授産）を通して自立させることをねらいとしていたことがうかがえる。精神教育や道徳教育ではなく、実務の方に重きを置く教育方針であったと思われる。

一九三三（昭和八）年に日本少年保護協会が刊行した『少年保護団体要覧』（以下、『団体要覧』）、および一九四二（昭和一七）年に司法保護研究所が刊行した『司法保護団体名鑑』（以下、『団体名鑑』）も、六華園の創業の経緯を紹介している。築地本願寺東京真宗婦人会の九条武子が中心となって関東大震災で被災した「婦人」の救護事業に取り組んでいた、その延長として創業した六華園の事業は、一九二二（大正一一）年四月一七日に公布された旧少年法に保護処分が規定されたことを受け、一九二六（大正一五）年八月二八日付けで少年保護事業団体として認可され、一九二七（昭和二）年一一月に京都本山の助成を得て東京市杉並区荻窪町二丁目一七三番地に新築移転した、としている。

（2）荻窪移転と「御願」の提出

前掲の『団体要覧』『団体名鑑』『本願寺要覧』は、荻窪に移転した年月日および移転先住所の記載に若干の違いがあり、青山原宿から荻窪に新築移転した経緯にも触れていない。これらの問題は、東京都公文書館所蔵の一九二七（昭和二）年二月一日付け「雑書 大正天皇御大喪儀用建物其他物件処分に関する書類」が事実を明らかにしている。東京真宗婦人会会長・九条武子と東京少年審判所嘱託少年保護司・森川義昭の名刺が添付された東京市長（社会局長）宛て提出された「御願」および「六華園の概要」と題する添付書類である。

一九二七（昭和二）年二月付け（日付は空欄）「御願」には、移転の事情について、東京府豊多摩郡千駄ヶ谷町原宿九二で「少女保護事業」を創業したが、「假家屋にて狭隘且不充分につき作業場・収容室を園外にも設け取急ぎ本建築可致準備中に有之候承り候へば」と述べ、大正天皇の葬儀に際して設置した「葬場殿幄舎其他御営造物」の一部を東京真宗婦人会付属六華園に「御下附」願いたいと述べ、「本建築」の設計図三枚を添付している。

続けて、同年三月三日付け東京市長宛ての「御大喪儀建造物御下附追願」は、「本建築」について「市外世田ヶ谷町守山公園裏に敷地を選定し著々進渉中」とし、さらに「御下附建物は假新宿駅構造物全部を賜り度候」と述べている。したがって、当初の世田谷から荻窪に移転先を変更したこと、移転に当たっては「京都本山の助成」だけではなく、大正天皇の葬儀に際して使われた建物が下付されたことが明らかになった。

『実業之世界』の記者が、一九二八（昭和三）年の秋、荻窪に移転して一年後の六華園を取材している。それが「東京真宗婦人会六華園訪問記」である。月刊の経済雑誌で名の知られた本誌が少年保護事業施設に関心を示したのはなぜなのか。「荻窪から約十丁、秋の武蔵野」の「咲き乱れたコスモスの中に二階建ての文化住宅」で記者を出迎えたのは、台所で洗濯をしていた一七、八の少女である。「詐欺、窃盗、横領、放火等、少年審判所から廻ってくる」少女らは、四畳半から六畳くらいの部屋で二人ずつ分散して暮らしており、対応した常務理事・福原文儀によると、「一筋縄では行かぬ頑固な者ばかり」で、ここで一年ほど暮らし、「その成績によって社会に送り出す」が「十中の九までは満足にいかぬ」と語っている。また、世間が彼女らを「異端者扱い」することが少なくないといい、偏見の目で見られていることも語っている。

(3) 創業をけん引した九条武子

九条武子の社会事業への関わりと東京真宗婦人会については、常光浩然の著した『明治の仏教者 下』の「九条武子」(以下、『常光書』)のほか、沢田謙の『明治大正昭和名婦伝:近代日本の先駆』(以下、『沢田書』)が詳述している。浄土真宗西本願寺法主・大谷光尊の次女として生まれた九条武子は、歌人として社会事業家としても知られた存在で、西本願寺仏教婦人会総裁、東京真宗婦人会会長として六華園の創業にも関わっていた。

『常光書』は、一九二八(昭和三)年二月、四〇歳の若さで病死した九条武子が六華園を創設したことについて、「二大偉業」のひとつとし、「父明如上人の二十五回忌を記念して創めたもの。六華とは明如上人の雅号である。ここは境遇に恵まれないために不良化した少女たちを収容して、新しい歩みをさせようとする所。とくに境遇に意を用い、荻窪の平和村につくられ、東福義雄氏夫妻によって引続き堅実な歩みをつづけている」と述べている。なお、「二大偉業」のもうひとつは、現在、社会福祉法人あそか会が運営するあそか病院である。

それに対して『沢田書』は「荻窪の平和村の一角」に移転した六華園を「不良少女たちの感化院」とし、浄土真宗本願寺派学校連合会が編集した『仏教のあゆみ』は「少年院をおつくりになった」と述べているが、法規からすると少年保護事業であり、感化院でもないし、少年院でもない。九条武子は六華園を「一樹の陰」の言葉を用いて「お念仏の家」と表現し、少女たちに「仏さまと仲の良い友だちになるように」と語り続けた、という。

六華園における九条武子の感化実践の逸話は、鹿苑宇宙が『在家のみち』の「如来に遭う」で取り上げているが、同じ逸話を社会福祉法人あそか会理事の西原祐治が二〇一〇年一〇月二六日付ブログ「九条武子—あれって小説だったの」で詳しく紹介している。度重ねて悪さを繰り返す一四歳の不良少女立ち直らせようとする感化教育の実践者としての姿である。

六華園という施設名は、九条武子が父親の雅号・六華から採った、という。後に六華園の運営を引き継いだ東福義雄は、『大乗・ブディストマガジン』に寄稿した「瓦を金となす」で、南無阿弥陀仏の六字の花、雪を意味し、少女たちの身も心も雪のように清くあれとの願いが込め得られている、と述べている。これが九条武子の雅号に込めた想いなのであろう。

なお、六華の呼称は、〝ろっか〟なのか〝りっか〟なのか。前掲の『沢田書』は、なぜか六華園の「華園」にだけルビを付している。他の文献・資料の大部分はルビを付していないが、ルビを付している場合には〝りっか〟〝ろっか〟の両方がある。本章では、本園と姉妹関係にある愛知県名古屋市にある金城六華園にならい、〝ろっか〟とする。

(4) 適任者不在で混迷するなかの着任

一九三三(昭和八)年に日本少年保護協会が刊行した前掲の『団体要覧』は、六華園の事業について、園長:大谷紝子、保護主任:東福義雄、職員:外二名、収容定員:二五名、現在員:一六名とし、初めて東福義雄の名前が登場する。保護状況の欄の学科では、尋常小学校より高等女学校卒業程度までの読方、作文(高等女学校)、算術、珠算(尋常三年程度)、一週二一時間、実科では、和洋裁縫、編み物、刺繍、園芸、養魚、一日五時間乃至八時間とし、その他として、ラジオ体操、散歩などの体育娯楽、オルガン、蓄音機、音楽などの情操教育を行う、としている。養魚は後記するが、東福義雄の趣味を加えたものと思われる。

翌年の一九三四(昭和九)年に東京府学務部社会課が刊行した『東京府管内社会事業施設要覧』は、六華園について、経営主体：東京真宗婦人会とし、主任者：東福義雄、従事員：男一名、女二名、現在収容人員：女一五名、科目：仏前勤行、学科、技芸としている。

前掲の『団体名鑑』は、会長：本派本願寺仏教婦人会総裁・大谷紝子、理事長：築地本願寺輪香・朝倉暁瑞外理事二名、保護主任：僧侶・東福義雄、事務所：東京市杉並区荻窪二丁目一七三番地、収容定員：二〇名、方法：「大御心を奉戴し、仏教精神を宗とし、保護主任夫妻を中心にする純家族的なる生活の下に陶冶訓育を為す」、授産方法：「和洋裁、縫物、刺繍を課し、保護者と協力して洋裁縫、和裁縫技手、女中等に斡旋紹介を為す」としている。「保護主任夫妻を中心にする純家族的なる生活」の一文は、妻の隆子も従事員として加わり、夫婦を中心に据えて六華園の少年保護事業に着手したことを示す。また、「大御心を奉戴し」は、皇室に対する宗教団体としての確固とした意思を表明したものである。

『社会福祉人名資料事典』は、東福義雄・隆子夫妻が六華園の事業に関わることになった事情について、「(創設に関わった九条武子)夫人の死と共に真宗婦人会長大谷紝子夫人が代表となってはいても落着いて実際の運営に当る者なく既に主体者が五名も代っていた。(略)適任者が無くて困り切っていた」ときに「後藤環爾師の特別なる依頼」によって東福義雄・隆子が着任した、と紹介している。東福夫妻を強く推した後藤環爾は、一九二九(昭和四)年に本願寺執行長に就任して以後、本願寺の要職を歴任する人物である。

義雄・隆子の着任は、一九三二(昭和七)年の一二月三一日であるが、その背景については、隆子の綴った実践記録『光に生きる娘たち：保護少女の教化記録』(以下、『教化記録』)の「六華園の概観」が、より詳細に明らかにしている。

「少年法の法規と精神に基づき、仏教精神を奉じて、東京少年審判所、および一般家庭より委託をうけた少女の保護教養を目的に創設され」た六華園の主任者は、それまで五人も交代していて、一年か二年くらい、早いのは三か月か半年で動き、しかも主任者が職を辞した後は、半年から一年ほど「留守まかせになっていた」という。創立者・九条武子亡き後の六華園は、主任者が定着しないため、安定を欠く状態に陥っていたのである。

（5）東福義雄・隆子の経歴

二人の経歴を、『叙勲名鑑』『全国寺院名鑑』『宗教大観 第4巻』『産経日本紳士録 第3版』『青年仏教叢書 第27編』のほか、『政界往来』に掲載された「六華園の朝のひととき＝児童養護に生きる東福義雄氏夫妻＝」の探訪記事などによって明らかにしよう。

東福義雄は一八九七（明治三〇）年一一月二六日、「別格官幣社護王神社の宮司」である島田瑞穂の二男として奈良県北葛城郡河合村に生まれるが、浄土真宗に帰依していた祖父・島田助太郎の「せめて孫の一人は僧侶に仕立てたい」とのたっての願いがあり、「西本願寺所属の末寺」の円明寺（現、奈良県北葛城郡河合町川合六三一）の「近親」の住職・東福潭流の「養子として乗り込んだ」という。養子にはなったが、本人の意志でなかったことは、「子供の時分は坊さんが大嫌いだった」という義雄のことばに示されている。

ところが、その後、義雄に思いがけない出会いが待ち受けていた。当時、大和の法隆寺に修道に来ていた、禅で著名な曹洞宗僧侶の沢木興道が河合村に住んでいて、義雄が一二、三歳のころ、しばしば遊びに行っているうちに、「興道師の感化を受けて、仏門に入ることが、人間としてもっとも尊い生活という信念を植えつけられた」のである。この出会いが縁で奈良県立郡山中学校を卒業後、京都仏教専門大学（現、龍谷大学）に進学した、という。

義雄の呼び名であるが、『叙勲名鑑』が〝よしお〟としているので、字句通り〝よしお〟であろう。ところが、一九七四（昭和四九）年に自費出版した『自然浄土の礼讃 アメリカの自然と文化・入米求法巡礼行記』の著者紹介欄は、なぜか義雄にわざわざ〝ぎゆう〟とルビを入れている。戸籍名はどちらであったのか。なお、後に一生の伴侶となる隆子は、戸籍名はタカで、隆子は雅号であることが判明した。

一九二〇（大正九）年四月に京都仏教専門大学を卒業した義雄は同年、本願寺北米開教使として渡米、サンフランシスコの本願寺開教本部とバークレイの仏教会を兼務する。カリフォルニア州ストックン市の本願寺仏教会に転任し、会堂を建設する。一九二九（昭和四）年、北米開教の任を辞し、カリフォルニア州外国語学校取締法に基づく教員講習会を受講し、カリフォルニア州教員試験日本語科合格、コロンビア大学教育学部に入学して一年間学んで中退、欧州諸国を歴遊して一九三〇（昭和五）年に帰国する。この間、「大無量寿経」を熟読し、開眼する。また、「従来の自然愛好熱」が嵩じて、全米の「山脈、渓谷、砂漠等の殆ど全部を、跋渉踏査」する。アメリカ滞在中、一九〇一（明治三四）年三月二三日生まれで、日本女子大学校国文科を卒業し、一九二四（大正一三）年四月に渡米し、留学中だった隆子と知り合い、一九二七（昭和二）年二月、カリフォルニア州ストックン市で結婚する。

（6）着任の動機と事前相談

一九三〇（昭和五）年刊行の『全国寺院名鑑』を始め、後掲の隆子の著した『教化記録』などを引用しながら、義雄が隆子を伴って六華園に着任する事情を明らかにしよう。

義雄は、アメリカから帰国後、奈良県北葛城郡河合村川合に帰郷し、円明寺の住職をしながら、「科学に関係あるいろんな雑誌や新聞に文章を書いたりして、どちらかといふと高踏的な生活をしていた」が、「仏心仏行を修める覚悟」で、「一個の人間として、はた宗教家としての、本当の修業をし、試練をするためには、全く打ってつけの場所」と考え、隆子を帯同しての六華園就任を決意した、という。しかし、洋行帰りの華麗な経歴の持ち主であっただけに、周囲の多くの者は本心とは思えず、「六華園のやうな地味な仕事」は「不向きだ」と口にしていた。「東福君は本当に落ち着く積りか」と、いぶかる者もいた。

義雄は自らの決意のほどを示すべく、趣味であるゴルフ、テニス、酒、煙草、麻雀、カードゲーム、朝寝の六つを絶って六華園に飛び込んだ、という。なかには、六つを絶ったことを知って、だから六華園というのかと茶化す友人もいた。それにしても、多種多彩な趣味は、僧侶にはおよそ似つかわしくないし、求められている社会事業には無縁なものばかりである。六華園に定住した義雄は後年、荻窪界隈で洋画家の池田淑人と共に二大奇人と称せられていたといわれているが、こうした多趣味も関係しているのかも知れない。

六華園に赴任するに当たって、義雄が相談したのが東京府立松沢病院や戸山脳病院（後に廃院）に勤務していたことのある加藤普佐次郎博士である。加藤は当時、世田谷の北沢で内科精神科医院を開業し、社会事業の先覚者として名高い、千歳烏山の自宅で病床にある留岡幸助の主治医をしていた。加藤からは「奥さんはことに適任だ」と激励された上、膨大な量の私物を友人・知人に預けて身軽になって赴任しようと考えていたことに対し、「そのまま行かれるがよろしい。それであなたが落ち着いて暮らせたら、それでもう占めたものです」と指南を受けた、という。加藤がそのように助言したのは、留岡の創設した家庭学校における、家庭生活＝感化という夫婦小舎制の感化教育実践を間近に見ていたからであろうか。

日本女子大学校在学当時、ゲーテや親鸞に私淑し、九条武子を敬慕していた妻の隆子は、義雄の京都仏教専門大学時代の恩師である宗教民族学の研究者・宇野円空の妻に相談したところ、「何よりもよい仕事です」と励まされた、という。

（7）「ねずみと不良の巣」から「喜びの家」造りを目指す

義雄は荻窪の六華園に着任したときの印象を、『大乗・ブディストマガジン』に寄稿した「六彩の花吹雪――六華園記――」と題する一文で、次のように伝えている。

「私がここの仕事に首をつっこんだのは、昭和七年の暮、時雨しとど降りしきる夕であった。渋谷からトラック二台で、熱帯魚の鉢、五十六箇を湯たんぽであたためながら、着いた時のことは、いまも忘れない。ねずみと不良の巣—まさにそんな印象であった。こんな所に一年も、しんぼうできようとは思えなかった。それが、とうとう二三年を送り迎えたのだから。いまにして思えば、感無量である。私が、六華園に来たとき、せめてここを『清泉道場』『喜びの家』とし、浄土にせねばとおぼろげに願ったものであった。」

「ねずみと不良の巣」という第一印象は、荒れ果てた六華園の様子を率直に表現している。大正天皇の葬儀場で使われた建造物の下付によって新築された園舎なのに、そこで暮らす少女らはひどく荒くれていた。義雄・隆子夫妻による「喜びの家」造りを目指す実践は当初、「不良少女」とその保護者たちとの格闘の日々で、義雄は「さんざんのていたらくだった」と述懐している。少女らの暮らす園舎に「闖入」することになった義雄・隆子夫妻は、少女らをわが娘同然のように育てるつもりで、熟慮の末、お父さま、お母さまと呼ばせるようにした。

しかし、住み込みの「苦しみは想像以上に多く」、翌年の二月四日に義雄は悪性の扁桃腺にり患し、「一〇日間程殆ど絶食状態」に陥り、入院して養生するように勧められた。床に伏している間に、園舎の一階からは、一部の少女らの暴れる物音が聞こえるようになった。ここで入院すれば退却と思われ、負けたことになると悟った義雄は入院を拒否し、問題の少女らを呼びつけて厳しく説諭した。義雄の「荒治療」に少女らはしゅんとなった、という。

義雄は、六華園を引き継いだ翌年の八月に設立された宗教問題研究所の「主要研究員」に就任し、同研究所刊行の『宗教公論』などに論文を寄稿するようになる。感化教育に関わる現場実践と仏教思想に関わる理論研究の二つを兼務することになる。理論研究に力を注ぎながら、もう一方で、「ねずみと不良の巣」を「喜びの家」に造り換える感化教育を推し進める上で、羅針盤の役割を果たしたのが『大無量寿経』である。

「ていたらく」の悪戦苦闘を「二、三年ほど」続けている内に、日常生活に根差した「不良少女」に対する感化教育の要諦を修得した義雄・隆子夫妻は、同じ一九四二（昭和一七）年に教育・養育論と実践報告をそろって刊行する。前者が一〇月刊行の義雄の『父母の教養』、後者が七月刊行の隆子の『光に生きる娘たち：保護少女の教化記録』である。

（8）『父母の教養』の緒言での主張

戦時体制下の六華園とそこで暮らす少女らの生活をもとにまとめ上げた義雄の『父母の教養』は、緒言、本論の第一章「人間教育の真意義」から、第二章「子女の不良化と家庭欠陥」、第三章「子女を訓戒する方法」、第四章「教育の王道と環境の問題」、第五章「近代教育論と宗教」までの硬い文体の教育・養育論から一転して、「付録 実話編」は〝です体〟に変わり、語り聞かせる柔らかな文体である。

「付録」の実話は、少年保護座談会での講演速記録、教育雑誌記者のインタビューに答えた一文、婦人雑誌記者に回答した一文、新聞記者の訪問時に用意した草稿、矯正教育専門家座談会での講演速記録、娘が悪友のために女給になった両親の相談に応えた一文で構成されている。いずれも「生々しき体験の結実」の「直接の苦心談」で、「苦心」の大部分は「家内」に負っているとし、隆子による創意工夫の実践を紹介したものともいえる。

緒言で「近世西洋流」の「子女教育上必要なあらゆる場面を科学的に取り扱っていく」教育指導書が「世に氾濫している」わが国の現状に対し、「一面この種の分析的な観点から、一々子女の個性的な要求を尊重していく教育方法は、実際上、その子女に対する全責任を負ふた天成の教育者として両親の権威といふものを、著しく失墜させる結果を招きはしなかったか。両親が多くこの種の素養を十分に具へかねてゐるところから、知識的、情感的にのみ成長してゆくわが子が何となく面映画ゆく見へ、その躾の上の自信を欠いたために、何時しか彼等がつかぬ人間に成りはててしまった、というやうなことはなかったか」と疑問を投げかけ、次のような問題提起を展開する。

「親子をも対立的な別個の人格と見ていくことも、人生の発展過程に於ける重要な一つの見方に相違はないが、それは概ね近世西洋流の個人主義、自由主義、平等主義思想の帰結といはなくてはならない。これに対して東洋、ことにわが国本来の家族主義、無我主義、恩徳主義の上からは、親子は本来一体不可分なものであって、そこには人格的対立を容さず、親権は常に絶対的で、親は何等気兼ねするところなく、その子を取り扱って可かったのである。そしてこれがまた同じ人生過程にあって、永遠に没却することの出来ない最も根本的な一認識なることを知らなくてはならない。」

義雄は、両親の権威、親権の絶対性を基本に「わが国本来の親子一体主義教育」を強調した本書を、「重大時局下、国民学校その他の教職に任ぜらるゝ諸兄姉の一参考」にしてもらいたいと期待しつつ執筆した、と述べている。戦時体制の真っただ中に刊行されたゆえ、緒言で見る限り、本書は復古的な教育書の範疇に分類されるのであるが、本書刊行の二年前に義雄が「青少年不良化の対策」と題する講演で語った内容と比較すると、落差がある。落差とは、緒言で提起した教育理念が講演で語った処遇場面と食い違うことである。

(9) 実際の処遇場面で心がけ、実践していること

義雄は、『少年保護』『保護時報』『児童研究』『社会事業』の専門誌に、「少女の不良化をどうするか」「少年不良化の原因としての家庭的欠陥」「環境整理に関する諸問題」「彼女等は狂ひたがる」「子女の正しい訓へ方・導き方」

「少年保護団体の多面的機能に関する考察」など、感化教育に関わる数多くの論文を寄稿している。

これらのなかで、六華園が何に力点を置いて取り組んでいるか、大きく収容、保護、感化、養育、教育、矯正、授産の七つに分けて論じている。園舎に押しかけて連れ去ろうとする暴力的な保護者から少女を守らなければならないこと、少女を導き、感化するには従事者は高い人格を兼ね備えていなければならないこと、教育と養育との違いを踏まえ、幼少期から少青年期においては養育も教育も必要であること、感化、教育、養育が内科的な技術とすれば、矯正は外科的な技術で、ときには外科的な荒治療が必要な場合があること、地域住民と融和していかなければならないこと、などを提言している。

これらの主張のはしばしに、『父母の教養』で提起した両親の権威、親権の絶対性を踏まえた「親子一体主義教育」理念と異なる場面が散見される。少女らの考えや願いを尊重し、一人ひとりの個性を踏まえ、実親に替わって愛情をたっぷりかけた処遇を心掛けている。明らかに復古調の教育論や養育論とは対極の立場からの実際場面ばかりである。

隆子がまとめた後掲の『教化記録』は、しばしば義雄の言動を取り上げ、義雄がひとりの少女に「たった一言教へるために、ひと月もふた月の考へることが珍しくない」と述べている。義雄が日々の処遇にいかに熟慮を重ねていたかを示すものであり、このことからも、緒言が戦時体制下の時代状況を強く意識して綴った内容であることがうかがえる。

本書刊行の二年前、ジャーナリストの奈古朝男は六華園を訪問し、「ある不良少女のあるいた道 格子ある花園の少女たち 日本の『格子なき牢獄・六華園』訪問記」と題するルポを『婦女界』に発表している。いささか刺激的な題名から、殺伐とした光景を想起させるが、その中身はきわめて真面目な写真入りの記事で、義雄が『父母の教養』の緒言で述べている復古調の堅い教育論や養育論の主張とは異なる世界が描写されている。

案内する主任・義雄の説明を背景に、厳しい規律の下で、きびきびと日課をこなすのではなく、ゆったりと営まれるごく普通の家庭のような生活を過ごしている実態を綴っている。記者が最も注視した「格子」についても、創業時は「野の中の一軒家」だったため、たむろする「不良青年」の侵入から少女らを守るために備え付けたもの、という説明に得心が行く。

(10)『光に生きる娘たち:保護少女の教化記録』

義雄の『父母の教養』を理論編とするならば、同じく戦時体制下の六華園とそこで暮らす少女らの生活を描いた隆子の『教化の記録』は実践報告編であり、二つの著書は混然一体となって六華園を浮き彫りにしている。『教化記録』は、戦前のわが国の家庭での夫婦の役割をモデルに、感化教育における小規模寄宿舎夫婦制を見事に映し出した実践報告といえよう。

隆子は「はしがき」の冒頭、「ここにはよい井戸と森がある、とひとり悦に入ってゐる無軌道な夫にしたがって、私にも十年の月日が流れました」と綴り、六華園を訪ねてくれたことのある、元愛国婦人会会長で少年保護婦人協会会長の本野久子の励ましを受けて、今日を迎えたことを明らかにしている。そして、締めくくりを「すこしでも子をもつ親たちの参考となり、不遇のため道をふみはづした子女に対する一般の理解をうながしますならば、私のこのうへえなき喜びであります」のことばで結んでいる。

本書は、「六華園の概観」「教化の生活」「蘇生の記録」の三つで構成されている。「六華園の概観」は園の沿革から、着任の経緯、理念や教養方針、感化教育の原則、処遇の現状と課題に至るまで分かり易く説き起し、「教化の生活」では「六華園の概観」で触れられなかった部分を取り上げ、少女らの綴った生い立ちの記録や日記、保護者や卒業生からの手紙、見学者の感想文、外部からの身上相談の手紙などを用いて深く掘り下げて述べている。

「蘇生の記録」は少女らの綴った日記や手紙をもとに、六華園の春夏秋冬の生活を紹介し、隆子がそれらの一つひとつにコメントしている。少女らが頼まれて近所で手伝いをしたり、市場や商店に買い物に行ったりしていることも綴っている。また、少女らが戦線の兵士に送る慰問文や「大東亜戦争」の感想文も掲載され、まさに戦時体制の真っただ中で暮らしている現実を明らかにしている。

六華園の敷地は建物、運動場、花園菜園などを合わせて三一六坪、建物は講堂、事務所、居室である。運営に要する経費は、経営主体の東京真宗婦人会の支援金のほかに、東京少年審判所からの委託費、官公衛の奨励下付金、公共団体の助成金、篤志家の寄付金、課業による収入を当てている。教養の方針および目的は、学校および寄宿舎制度の長所を取り入れ、義雄・隆子を中心とする「純然たる家庭的な日常生活」を営むとし、日課にしたがい、入所した少女の「素質、志望、ならびに境遇に応じて、一面には常に養育的方面をも尊重しつつ、感化矯正の目的を達し、健全なる国民的人格と日本的婦徳を養成する」としている。

この目的を達成するために、宗教教育、技芸指導、学科指導を中心に組み立て、徳育、知育、体育とともに、情操教育から家政教育にいたるまで広範囲に行い、教化教養の実を挙げるとしている。所管の司法当局に提出したと思われる「指導要綱」では、職業指導、学科指導、体育指導、娯楽種類、情操教育、給与状況の順に挙げ、指導者の実名を記載している。体育指導では、静坐と勤行の指導者を義雄が、学科指導では、科目の大部分を隆子と重楽守人が、職業指導では、すべての種類を隆子と関みちよが指導者になっている。

(11) 文部省教化局の推薦図書

「蘇生の記録」に紹介されている少女たちの日記は、前記したように、園内で繰り広げられる炊事、洗濯、掃除、食事、入浴、園庭や花壇の手入れ、手芸、学習、買い物、入浴、園内外での季節の行事、手紙書き、日記綴り、朝夕の勤行など、生活教育を構成する日課を克明に綴ったものである。時には来客があったり、卒業生が訪ねてきたり、同じ杉並区宮前にある浄土宗僧侶・森芳俊が園長を務める被虐待児収容保護委託施設・杉並学園（現、児童養護施設）の宗教行事に招待されて出席したり、東京少年審判所から新しい仲間を迎えたり、義雄や隆子の外出を見送ったり、義雄がほぼ毎日、戦時体制下の時事問題を少女らに分かりやすく語って聞かせたりもしている。

大家族の平穏な日々と自分の想いや気持ちを綴った少女らの日記に、隆子はていねいにコメントを加えて返しているとして、次のように述べている。

「日日少女のしたためる日記は、私どもと娘達との心を通はす大切な通路です。書くことの得手不得手とその子の精神的成長とは、必ずしも正比例いたしませんが、それでもその子が好んで書くことがらやそのかきかたによって、大体めいめいの心の育ちかたが見えます。それをこの十年間、毎日私が皆のを見て一々手を入れ、何か一言批評を加へなくては、満足しない彼女たちです。その間にはほんたうの名文や、たまらなくユーモラスなものもありまして、折々捨てるには惜しいやうな心地もいたすのですが、すべては六華園の日常生活の何よりの反映でもあり、また彼女らの蘇生記録ともは思れますので、近年のものから殆ど手当り次第に、春夏秋冬の季節むきに摘出してみることと致します。」

「蘇生」とはいささか宗教的な表現であるが、今日、社会的養護で使われている立ち直りと同じ意味であろうか。園舎での日々の生活を通して確かに立ち直りつつある事実を少女らの作品が示している。

隆子の『教化記録』を真っ先に推薦図書に選定したのは文部省教化局である。一九四二（昭和一七）年一一月新設の教化局は、戦時体制下にあって、社会教育上有益な図書を選定し、推薦する役割を担っていた。教化局が編集した『家庭教育参考文献目録』は、隆子の『教化記録』を参考文献のひとつとして挙げ、「聖戦下、人的資源確保要望の聲高き折から、世に子女を持つ親達の反省の書、教育の参考書として推薦したい」と述べている。同書はこのほか、下村胡人の名著『次郎物語』や熊野隆治・豊島与志雄の『みかへりの塔』を推薦している。

(12) 霜田静志による高い評価

文部省教化局とは異なる視点から隆子の『教化記録』を高く評価したのは、A・S・ニールの研究で著名な教育学者の霜田静志である。霜田は一九四八（昭和二三）年刊行の『子供に自由を』で、隆子の著書を取り上げ、少女の作文を引用しつつ、次のように述べている。

「この記録を通して、私はそこにまた、叱らぬ教育の効果を見出し、私の教育方法が決して誤りたりするでない実証を得た。最初は東福氏夫妻も、したたか者の不良少女たちに、ずいぶん手を焼いたらしいが、叱って抑えつけてゆかうとする方法でなしに、やさしく愛情を以て導く方法を、あくまで持ちつづけてこられた。そして、つひにこの方法が勝利を告ぐるに至ったのである。（略）

この記録（一少女の作文）は叱らぬ教育が叱る教育よりもどんなに効果的に相手の魂に響くものか、その心理的過程をはっきり物語ってゐる。この少女が叱られなかったために、却ってつらかったといふところは、特に注意に値する。罪を犯して叱られたり罰せられたりすると、それで罪は償われたやうに思ふ。叱責、懲罰によって罪は帳消しになったと感ずる。従って少しも自責の念は起ってこない。しかるに、叱られないと、自分の罪はいつまでも消えず、いつまでも責められる感じが残る。それは他から責められぬため、自ら責めることになるからである。」

『教化の記録』は、隆子の教養の高さとともに、とりわけ教育力・養育力の確かさがいたるところに滲み出ており、少女らをわが子のように可愛がり、感化し、教え導いていたことが読み取れる。このような実績を一冊の文献として残しているのに、隆子は社会事業史でも女性史でも無名である。忘れられた存在になっているのは、六華園での感化教育の成否が隆子の双肩にかかり、少女らの立ち直りと自立に力を尽くしていたのに、夫の義雄の背後に隠れた形になっていたからである。そのことを、前記したように、「はしがき」で「無軌道な夫にしたがって」と述べている。また、隆子は夫のことを「教化の生活」のなかで、「いつも二階の三畳にくすぶって、髯むじゃのお粗末な恰好」で過ごしている、と綴っている。

(13) 著述と社会的活動

六華園での本来業務に関わって、義雄と隆子が担った著述と社会的活動に触れておこう。義雄については真っ先に原稿執筆を挙げなければならない。六華園主任としての任務を果たしながら、仏教思想や感化教育に関する多数の論文・随筆を専門誌に寄稿している。

義雄にとって、「大無量寿経」は人生の羅針盤であるばかりでなく、六華園で取り組んできた社会事業を推し進める上での立脚点でもあった。浄土真宗を信仰する宗教者であり、仏教思想家であることを根底に置いて、社会事業を思考し、実践する人間であった。義雄が六華園二階の三畳の間に「くすぶって」執筆し、仏教専門誌や新聞各紙に寄稿した仏教思想に関わる論文・随筆・随想、単著の一部が国立国会図書館に保存されている。

筆者が確認できたものは、『前進仏教：日本仏教の再出発』に寄稿した「少年保護事業と仏教」（仏教思想普及協会 一九四〇年）、『児童研究』に寄稿した「大無量寿経の教育理論」（日本児童学会 一九四一年七月）などの論文・随想が五三編、『思想文化の諸問題』（有光社 一九三九年）、『犠牲のこころ』（牧書房 一九四四年）などの単著が七冊におよぶ。

義雄の社会的活動では、東京少年審判所少年保護事務嘱託としての任務を抱え、少年保護事業団体主催の会議にも出席し、『東京市養育院月報』の「院報」によると、一九三四(昭和九)年七月三日、少年保護事業団体の一員として東京市養育院付設の感化院・井之頭学校(現、児童自立支援施設・萩山実務学校)を視察している。また、一九四〇(昭和一五)年一一月二五日には全日本司法保護事業大会に六華園主任の肩書で参加している。このほか、各地で少年保護事業に関わる講演を行なっている。

妻の隆子も六華園に着任後、少女らの母親役を務めるだけではなく、本願寺仏教会婦人会会長に就任し、戦後の一九六九(昭和四四)年まで全日本学園の教師を務めている。また、一九四一(昭和一六)年の三月一一日、一二日に浅草本願寺で開催された、刑務教誨司法保護事業研究所主催の第一回司法保護婦人講座を受講している。一九四三(昭和一八)年二月二六日に行われた少年保護職員講習所第五回修了式には、来賓として出席している。

隆子には『教化記録』の単著のほかに、一九三九(昭和一四)年三月の『少年保護』に寄稿した「失敗か成功か」と、一九五六(昭和三一)年五月の『人生』に寄稿した「この子の母は何処にいる」の一文が確認されている。なお、隆子は六華園に着任して九年後の一九四二(昭和一七)年五月二一日に長男を生む。同年七月の『教化記録』刊行と出産が重なっている。

2 児童養護施設への転身—苦難の経営を乗り越えて開花する

(1) 終戦前後の苦難と認可問題

義雄・隆子夫妻は六華園を引き継いで一二年八か月後に終戦を迎える。前掲の「六彩の花吹雪—六華園記—」によると、「しんにこたえて辛かったのは、戦時中であった」とし、司法省から疎開命令が出たり、軍からは園舎の工場化の話が持ち出されたりしたと述べている。しかし、苦難はそれだけで終わらず、終戦後はいっそう苦しい経営になる。

少年保護事業からの転換を余儀なくされ、養護施設として認可される前後の施設の経営状態は最悪の状況に陥っていた。東京少年審判所からの委託少女の入所が激減したことに伴い委託費が入らなくなったこと、代わりに「孤児浮浪児をあずかる」ように要請されたこと、頼みにしていた東京真宗婦人会が「バラバラになり」、援助を望めなくなったことなどで収入が途絶え、「四、五年はタケノコ生活をやった」と述べている。義雄が戦前に道楽で集めた「重要美術品級」の「書画骨董」を売却したり、ララ、ユニセフ、アメリカ仏教会、共同募金会などからの支援を得たりして、どうにかこうにか乗り切ることができた。

前掲の「六華園の朝のひととき＝児童養護に生きる東福義雄氏夫妻＝」によると、神奈川県座間のアメリカ軍四〇六部隊の隊長・ブルンバーグ大佐が、義雄・隆子夫妻の献身的な施設養護にいたく感激して、年二回、部隊のパーティーに六華園の子どもたちを招待してくれたり、クリスマスには部隊員が家族で園舎を訪れ、半日をいっしょに遊んでくれたりして、それがその後もずっと継続された、というのである。

厚生省児童局の『児童福祉施設一覧表（昭和二六年一月一日現在）』は、六華園が東京都から養護施設として認可された年月日を一九四九（昭和二四）年四月一日とし、定員：二〇名、現在員：二九名、職員数：九名としている。終戦をはさんで放り出された多数の戦争孤児の保護のため、東京都民生局は児童福祉施設の認可を順次行っていた。そのような状況下で、六華園は法的根拠と施設種別を異にしているとはいえ、児童処遇の実績を蓄えていたので、法務庁、厚生省、東京都民生局から転換の打診を受けていた。しかし義雄には逡巡があった。逡巡というよりも抵抗というべきであろうか。後記するように、同じ杉並区内で少年保護事業を運営していた東京家庭学校（現、児童養護施設）よりも、六華園の認可時期がやや遅れたのには、そうした心情的事情があったからであろう。

戦争孤児を記録する会が編集した『焼け跡の子どもたち』は、立教大学文学部助教授（当時）の前田一男氏が「戦災孤児委託収容施設並児童数（一九四六年三月一日）」「孤児収容並養育現況調（一九四六年九月一八日）『東京都戦災史』（一九五三年）を基に作成した「引揚戦災孤児収容施設及収容人員別一覧表（一九四六年一〇月末）」を掲載しているが、六華園の施設名はない。終戦後の少なくとも一年間、六華園は戦争孤児を受入れていなかったようであり、園自体の向後のあり方について、法改正を見据えながら熟慮していたのであろう。

（2）転換に応じる

六華園が終戦後の東京都民生局の行政資料に初めて登場するのは、『東京都管内公私社会事業施設一覧（昭和二三年三月版）』であるが、「育児」欄ではなく「少年保護（司法）」欄で、備考欄を「少女」としている。このことは、六華園が公布・施行されたばかりの児童福祉法に基づく児童福祉施設の扱いではなく、依然として少年保護事業施設のままであったことと、東京都民生局の要請に応え、そこに女児の戦争孤児を受け入れたことを示す。

児童福祉法など関連法の公布・施行に伴い、六華園のような少年保護事業の存続が困難になったため、少年保護事業団体を所管していた法務庁は、厚生省所管の児童福祉施設への転換を打診し、働きかけている。そのことを示すものが、法務庁少年矯正局（現、法務省矯正局）の「少年保護団体で児童福祉施設に転換を希望するものの調査書（昭和二三年九月末日現在）」である。この調査書に六華園の記載がないのは、前記したように、園主・東福義雄に転換を躊躇させる気持ちがあったからである。

義雄・隆子夫妻が経営する六華園も加盟していた「関東少年保護協会加盟団体」および「少年保護中央連盟加盟団体」が一致して転換に反対し、一九四六（昭和二一）年一二月二九日付けで厚生大臣および司法大臣に対し、反対の宣言書を提出している。そこには、「少年保護の充実徹底を図るため少年法を改正し保護処分に関する規定を拡充せよ」「少年審判所を拡充強化せよ」」「粗漏杜撰なる児童保護法案を即時修正せよ」「少年保護事業の厚生省への如何計画を即時抛棄せよ」の四項目の要求を書き連ねている。

その後の行政側とのやり取りの詳細は不明であるが、義雄は六華園の転換に応じた。『東京都管内公私社会事業施設一覧（昭和二四年一一月版）』で「養護」欄になっていることから、一九四八（昭和二三）年一〇月以降、一九四九（昭和二四）年三月にかけて転換の手続きをし、一九四九（昭和二四）年四月一日付けで東京都の認可を受けたと思われる。

一九六五（昭和四〇）年に福祉新聞社が刊行した『全国社会福祉名鑑』は、六華園の転換の経緯について、「少年法の改正により、私設保護団体が廃止されたので厚生省所管の児童福祉法による養護施設に転換し」た、という記述になっているが、義雄には苦渋の決断であったと思われる。『養護施設30年』に寄稿した後掲の「貴重な戦前の社会事業精神」で、義雄は転換の背景を「占領軍GHQの指令」とし、転換後について「それで私はすっかり楽になり、家内東福隆子の仕事になりました」と自嘲気味に述べている。しかし、転換に当たって、心中はそのような単純なものではなかったはずで、実践を積み上げ、多くの少女らを自立させてきた司法保護事業を手放さざるを得ない無念さのほかに、何よりも六華園の創業者の九条武子や経営主体の東京真宗婦人会に対する申し訳なさがあったと思われる。しかし、事業の廃止は避けたかったのであり、制度改正と折り合いをつけたのである。

（3）『民生局年報』の事業統計

六華園が『民生局年報』の事業統計に養護施設として登場するのはかなり遅く、一九五〇（昭和二五）年版からである。以下は、一九五四（昭和二九）年版までの年齢別内訳である。

「昭和二五年版」（昭和二五年三月三一日現在）

女子二九名（内訳は一九歳以下一名、一五歳以下九名、一二歳以下一六名、六歳以下三名）

「昭和二六年版」（昭和二六年三月末）

女子三二名（内訳は四歳未満—二名、六歳未満—一名、八歳未満—三名、九歳未満—二名、一〇歳未満—二名、一一歳未満—五名、一二歳未満—二名、一三歳未満—七名、一四歳未満—三名、一五歳未満—四名、一六歳未満—一名）

「昭和二七年版」（昭和二七年三月末）

女子三四名（内訳は五歳未満—二名、九歳未満—五名、一〇歳未満—四名、一一歳未満—三名、一二歳未満—五名、一三歳未満—二名、一四歳未満—三名、一五歳未満—五名、一六歳未満—四名、一七歳未満—一名）

「昭和二八年版」（昭和二八年三月末）

女子三五名（内訳は五歳未満—二名、七歳未満—一名、八歳—二名、九歳未満—一名、一〇歳未満—三名、一一歳未満—六名、一二歳未満—二名、一三歳未満—四名、一四歳未満—三名、一五歳未満—四名、一六歳未満—四名、一七歳未満—二名、一八歳未満—一名）

「昭和二九年版」（昭和二九年三月末）

女子三三名（内訳は五歳未満—二名、七歳未満—四名、九歳未満—一名、一〇歳未満—二名、一一歳未満—四名、一二歳未満—三名、一三歳未満—五名、一四歳未満—一名、一五歳未満—五名、一六歳未満—一名、一七歳未満—二名、一八歳未満—一名、一九歳未満—一名、退所一名）

これ以後の事業統計は、一九五五（昭和三〇）年版からの『民生局年報』の閲覧・入手が困難なため、詳細な把握ができていない。

（4）事業統計から読み取れること

以上の統計から、判明した事実とともにいくつか疑問も浮かび上がってくる。

第一に、一九四五（昭和二〇）年八月から一九四九（昭和二四）年三月までの事業統計に記載がないことである。前記したように、少年保護事業から児童福祉法に基づく養護施設への転換に時間を要したからである。ただし、終戦後の少なくとも一年間を除き、少年保護事業の名目で、少数の女子の戦争孤児やその周辺の「浮浪児」を保護していたのであろう。

第二に、女子専用の養護施設である。女子に限定した戦前の少年保護事業を引き継いだことによる。養護施設への転換時、東京都民生局からは女子に限らず、男子の受入れの要請があったと思われるが、施設設備に難点があり、応じられなかったのであろう。

第三に、創業当初、現員を三〇数名程度に押さえていたことである。住環境のあり様を踏まえ、少人数による家庭的養護を貫こうとしていた姿勢が読み取れる。前掲の『全国社会福祉名鑑』は、一九六五（昭和四〇）年ころの六華園について、「満三歳より一八歳までの女児を収容しており、園長夫妻を中心とした家庭的雰囲気と明朗な環境のもとに心身共に健全な社会人を育成することを目的としている」と紹介している。

一九五五（昭和三〇）年刊行の『杉並区史』は、一九五三（昭和二八）年一月一日現在の六華園について、定員：二二名、現員：三六名としている。定員を超えて少女らを受入れていたのは、東京都民生局の要請に応えたものとはいえ、二二名定員という小規模施設からすれば、いささか不自然な数字である。これに関わる事情を明らかにしているのが、東京家庭裁判所刊行の『東京家庭裁判所沿革誌：創立五周年記念』である。「昭和二四年（新法施行当初）以来昭和二八年末迄の補導委託先概要」は、「六華園 委託年度 昭和二四年 女 収容定員 20名」としている。

旧少年法に代わって新少年法が公布されたのは一九四八（昭和二三）年七月一五日で、この法改正に合わせて家庭裁判所が開設され、補導委託制度が導入された。これにより、六華園は戦前の少年保護事業の実績を買われて補導委託施設として指定された。いかなる手続きによるかは定かではないが、児童福祉法による認可養護施設の一部を活用し、併設の形で補導委託が行われたのである。定員を大幅に超える現員の背景には、このような事情があったからではないか。なお、一九六七（昭和四二）年三月刊行の『杉並区勢概要』によると、六華園はこのころには定員を三五名としている。

第四に、一五歳以上の年長児が少ないことである。義務教育終了を機に家庭復帰や就職などにより退所させたと思われるが、前記したように、新少年法による補導委託施設に指定されたことによる年長女子の委託が予想されたため、年長児を少なくしたのであろうか。なお、一九五四（昭和二九）年二月、『厚生』に掲載された飯野彰の「花園の子供たち―女子孤児寮六華園を訪ねて―」と題するルポによると、高校一年生が在籍している。

第五に、学齢児の就学である。認可養護施設で、宗教団体の援助を受けていたとはいえ、個人経営であったこと、少年保護事業を前史とし、補導委託施設に指定されていたことなど、養護施設児童の就学要件に不利な面がないわけではなかった。しかし、杉並区内には東京家庭学校、杉並学園、カリタス小百合の寮、聖友学園などの民間養護施設が点在し、施設児童の就学に豊富な実例を有していたので困難なことではなかったと思われる。

一方、当時の杉並区内の六華園を取り巻く地域の学校事情は困難を極めていた。学校数が少ないため、児童・生徒がひしめき合っていたのである。通学区であった区立桃井第二小学校は一、八〇〇人を超すマンモス校であったため、一九五一（昭和二六）年七月に新設された荻窪小学校に学区が変更になり、転校したのであろう。中学校は、一九四七（昭和二二）年五月に開校した宮前中学校が通学校であったと思われるが、このころは、いまだ少年保護事業を継続していたので、通学ができていたのかどうか判然としない。

第六に、施設長（園長）を義雄とし、施設養護を取り仕切る主任を隆子としたことである。一九四八（昭和二三）

年に日本婦人新聞社が刊行した『婦人年鑑』は、隆子を六華園主任としている。このほかに四人の保母と数名の助手という職員体制である。

養護施設で助手というのは児童福祉施設最低基準にない配置であるが、多方面に活動の範囲を広げ、不在がちな義雄に代わり、非常勤職員の身分で児童指導員的な役割を担っていたのであろうか。前掲の飯野彰の「花園の子供たち―女子孤児寮六華園を訪ねて―」は、「三人の男の先生（主に大学生）は学習の方をみている」としている。

第七に、経営主体である。東京都内の大部分の養護施設が直営や社会福祉法人での認可であったなかで、六華園は立源寺治生学園とともに個人経営が認められた。社会福祉事業振興会刊行の『全国民間社会福祉施設名簿』は六華園について、経営主体を東京真宗婦人会としているが、支援団体を表記しているだけのことであって、これをもって東京都民生局が経営主体と認定したわけではない。厚生省家庭児童局の『児童福祉施設一覧（保育所を除く）昭和四一年一二月三一日現在』は、六華園の経営主体を「個人」としている。

（5）「喜びの家」の実現

養護施設として認可が下りて一年七か月が経過したころの六華園について、義雄は『世界仏教』に寄稿した「喜びの家」と題する一文で、次のように述べている。

「私の所はいま社会事業界に華やかな養護施設六華園で、小規模ながらいつも四、五十人の世帯です。それが文字通りの『喜びの家』で、四つから十九までの女の子らが喧嘩するものも泣くものもほとんどなく喜声歓声は常に園内に満ち溢れています。学校の成績もだんだん向上、この夏中も一人の病人なし。近辺の人にて、朝夕ここの勤行の声に感心せぬ人はありません。実際、子供らが喜んでいるのですから。これは創立者九条武子の余徳なのか、これに打ち込んでいる職員や家内隆子の力なのか。或は厚生省乃至都の児童課のおかげなのか、はたまた子供らが偉いのか、日本の力か、それとも今では毎日朝から酒のんで碁ばかり打っている私が、二十年前にここに来て、『ここを小浄土たらしめよう』と念願し、それを今も捨てずにいる仏教、とりわけ浄土信仰の現れなのか。（略）」

この一文から、小規模ではあるが、養護施設に転換して「喜びの家」となり、穏やかな日々を過ごしていること、子どもたちが元気に地元の学校に通学し、勉学に励んで成績が向上していること、子どもたちの朝夕の勤行に地域住民が感心していることなどが読み取れる。文意は、六華園の現状を自画自賛しているというよりも、ただただ感謝しているのである。

その一方で、誤解を招きかねないようなことばを綴った箇所もある。そのひとつが冒頭の「いま社会事業界に華やかな養護施設」である。養護施設の何が「華やか」なのか。終戦後の占領期にあって、苦しい経営を強いられ、何とかやり繰りしながら戦争孤児を養育してきた養護施設の同業者のなかには、「華やかとは何事だ」と、冷ややかな目を向けた者もあったであろう。真意は、戦争孤児の保護と養育に孤軍奮闘し、地域住民や報道機関から何かと熱い眼差しを向けられている養護施設と、そこで自立に向けて懸命に暮らしている子どもたちの実情を伝えたくて、思った通りに綴っただけなのかも知れない。

もうひとつは「毎日朝から酒のんで碁ばかり打っている」の一文である。やや誇張して表現したにしても、浄土真宗の僧侶としても養護施設の長としても、あるまじき振る舞いである。日々の施設養護を「職員や家内隆子」に任せて「喜びの家」になり、地域住民からも感心されるまでになった六華園の生活を、感謝を込めて強調したかったのであろう。

養護施設に転換されて間もないころと思われるが、万行寺第一八世住職・本田静芳（釋静芳）が「如月忌（きさらぎき)」のなかで、小学生のとき、築地本願寺のカブスカウトとして六華園を慰問し、シンデレラ姫を演じた思い出を綴っている。荻窪駅から舗装されていない道路を歩いてたどり着いた六華園には、「土の庭や植え込み」があり、「木立に囲まれて、ストーブで暖かかった」と回想している。「土の庭や植え込み」「木立」「ストーブで暖かかった」のことばから、六華園が子どもたちの暮らし向きに配慮していたことがうかがえる。

(6) 東京都民生局の指導監査で高い評価を得る

「喜びの家」と題する一文から五年後の一九五六(昭和三一)年、今度は『大乗・ブディストマガジン』に「瓦を金となす」と題する一文を寄稿する。このころの六華園を、「それ(子どもと職員合わせて「五十人どまりの家」)が現に一都八県の養護施設八十いくつのモデルとして、都児童部の綿密な査察の結果、昨年は九十二点の第一位、この事実は何を意味するか、来年はビリになるか知らぬが……」と綴っている。

東京都民生局が所管する「一都八県の養護施設」を対象とした定期指導監査で六華園が最高点を与えられ、養護施設のモデルになった、というのである。指導監査の観点がどこにあったのかは定かではないが、明確なことは、直営および社会福祉法人経営の養護施設を差し置いて、例外的に認められた個人経営の養護施設が高い評価を受けたという事実である。

しかも、「来年はビリになるか知らぬが」と、いっときの評価であるかも知れないことをほのめかしているが、それが杞憂に過ぎないことを、この一文から一三年後の一九六九(昭和四四)年三月、『政界往来』に掲載された探訪記事「六華園の朝のひととき=児童養護に生きる東福義雄氏夫妻=」が明らかにし、次のように紹介している。

「六華園は、経営する人と、その施設内容とで、全国的にも類をみない最高の特異性をもったものとして有名であり、厚生省、都の民生局では、モデル施設として重視している。」

当時、東京サレジオ学園や都立石神井学園のように、二〇〇人を超える子どもを受入れる大規模養護施設が世間的に注目され、集団を重視した施設養護の面からも、経営効率の面からも肯定されるような風潮のなかで、六華園のような小規模施設は目立つことがなく、とりわけ経営面から過小評価される傾向にあった。そのような風潮に抗するかのように、六華園は小規模であることをよしとし、家庭的雰囲気を重視して「モデル施設」としての評価を定着させていた。

このような長年にわたる高い評価は、義雄の浄土真宗僧侶としての人柄と施設長としての力量にも増して、隆子の多能・多芸さによるところが大であったと思われる。六華園は、戦前の少年保護事業時代に蓄積した生活教育を引き継ぎ、これに学校教育と地域生活を加えて日々の暮らしを成り立たせていたが、随所に隆子の持ち味が生かされたのである。

義雄が日々の施設養護を隆子に任せていたことは、一九七五（昭和五〇）年刊行の『自然美の珠玉』の自序に「この二十年来、私が家内ら助けに毎夕のみに行く荻窪駅西南口前の焼酎（カミヤ）酒場（バー）で…」の一文にも示されている。養護施設長の身分の義雄が毎夕飲みに行くことができたのは、隆子に全幅の信頼を寄せていたからであり、隆子も義雄の振る舞いを是認していたからである。

『養護施設30年』によると、六華園は子どもたちの作文を主体とした「野草」と題する新聞を刊行していた、という。園内の子ども向け新聞だったのか、あるいは保護者を始め、児童相談所や学校などの関係機関向けに配布されていたのか、その辺りの事情は分からない。前掲の隆子の『教化記録』は、少女らの日記、作文、手紙を掲載し、それ綴り方に時間を割いていたことを明らかにしているが、養護施設に転換した後も、隆子は綴り方に力を入れ、それらを生かして新聞作りに取り組んでいたのであろう。
前掲の飯野彰の「花園の子供たち—女子孤児寮六華園を訪ねて—」によると、隆子は「かならず日記をつけさせている」とし、その日記を通して、「いいにくいことや悲しいこと、また愉しかったことなど」を「話合う」ようにしている、という。

（7）全養協分科会で親代り論を展開する

義雄の施設養護に立ち向かう心情と施設職員に求めるあるべき姿勢は、『養護施設30年』に寄稿した「貴重な戦前の社会事業精神」に綴られている。一九五九（昭和三四）年九月一〇日から一二日にかけ、北海道札幌市の定山渓で開催された第一三回全養協施設長研究協議会の「近代的養護施設の労務管理は如何にあるべきか」をテーマに掲げた第二部会第一分科会で、同年四月に目黒若葉寮の施設長に就任したばかりの新進気鋭の後藤正紀が、「施設の職員は夜間一人いればよい。職員はみな通勤すべきだ」と発言したことに、義雄が強く反論したのである。以下は、そのときに発言した主旨である。

「児童福祉は児童憲章にうたわれている通り、家庭を失なった子等に、家庭的な生活を与えるという意味で、保母は親がわりの役めをする者ですから、夜、おしっこやら、時には発病する場合、幾十人の子供に一人の保母では行き届くまいということでした。（略）ともかく社会福祉、殊に児童福祉の職員は決して労働者ではありませぬ、親代わりなのです。親に勤務時間などありますか。子供をよく育てれば、自由時間はいくらでも出てきて、児童福祉の前途はますます明るくなります」

義雄の発言は、戦前の少年保護事業を引きづって、いまだ眠りから目を覚ましていないということなのか。目黒若葉寮の施設運営を率いる立場になって間もない後藤正紀であるが、その主張は養護施設における近代的な労務管理のあり方に一石を投じたもので、単なる思い付きで述べたものでも、個人的な意見を述べたものでもない。社会福祉法人愛隣会・目黒若葉寮の沿革は、一九六二（昭和三七）年に「日本で初めての職員通勤制を取り入れる」としているからである。通勤制の導入は直接処遇職員を長時間勤務から解放するために採った措置であり、夜間勤務や業務宿直を含めた交代制勤務に切り替えたというのである。

義雄の反論に対し、後藤がどう答え、その後、分科会でどのような議論が戦わされたか大いに興味のあるところだが、義雄はこのことについて触れていない。この一文で義雄は、全養協幹部の「骨折のおかげ」で、養護施設職員が「地方公務員なみの俸給をもらう事にな」り、施設経営が大幅に改善されたと高く評価し、「感謝」している。その一方で、「戦前、戦中の社会事業家は身を捨てて不幸な人々を助ける精神から、その仕事に邁進するのが普通」であったが、「今ではそれを就職の場としているようなので、私は都の児童部会でも『それでよいのか』と再々大声叱咤しましたが、なんにもならず、ますますその傾向が進んでいる様です」と嘆いているのである。

後藤から爆弾発言があったので、思い余って立ち上がり、反論した義雄であるが、当時の施設養護を取り巻く時代状況は、義雄の考えを受入れる余地はあまりなく、後藤の主張が支持され、徐々に主流を占めるようになっていく。そのことを示すのが、後藤正紀が一九五九（昭和三四）年一月、『社会事業』に寄稿した「児童収容施設における人事管理について」と題する論文である。

義雄の身体は児童福祉法の事業にどっぷりと浸かってはいても、頭のなかは依然として戦前の少年保護事業のままのようである。個人経営の気安さに安住していたのか、あるいは例外的に認められたに過ぎない個人経営を最上の経営方法と錯覚していたのか。

前記したように、六華園の施設養護は東京都民生局の指導監査で高い評価を受けていたのであるが、その一方で、個人経営からの転換を勧められ、法人化を求められていたはずである。「児童福祉の職員は決して労働者ではありませぬ」などという発言は、個人経営では許されるとしても、法人化された施設ならば是認されることは少数になっていたであろう。

(8) 子ども向けの雑誌と国際児童福祉研究会議への出席

終戦後、戦争孤児施設・養護施設とそこで暮らす子どもたちは、当時、マスメディアから注目され、報道されることが少なくなかった。六華園もその例外ではなく、週刊誌や月刊誌、新聞が取り上げているが、その回数は他の養護施設と比べると多かったと思われる。

筆者の調査では、一九五五(昭和三〇)年一二月の『少女ブック』(集英社)、一九六〇(昭和三五)年一月二〇日の『週刊平凡』(平凡社)、同年九月の『女学生の友』(小学館)、一九六一(昭和三六)年七月三〇日の『週刊明星』(集英社)、同年一〇月の『たのしい三年生』『楽しい一年生』『たのしい四年生』『たのしい六年生』『少女クラブ』『ぼくら』(いずれも講談社)、一九六二(昭和三七)年二月一一日の『週刊明星』(集英社)、一九六三(昭和三八)年一月の『週刊明星』(集英社)、同年三月の『週刊少女フレンド』(講談社)、一九六四(昭和三九)年五月の『平凡』(平凡社)などで、六華園で暮らす子どもたちが取材対象になっている。

掲載の時期が一時期に集中しているとはいえ、六華園の子どもたちがこれだけ多く取り上げられるのは稀有なできごとである。その理由としては、女子だけの小規模養護施設で、子どもたちが地域社会に溶け込み、元気に通学し、成績を向上させて評判になっていたこと、学年別に編集した『たのしい〇年生』を子どもたちが愛読し、投稿していたと思われること(六華園が学習教材として定期購入していたか)、子どもたちの父親役・母親役である義雄・隆子がそろって学識が高く、とりわけ義雄が浄土真宗僧侶で、さまざまな社会的活動を行っていて、数多くの著作物を有する著名人であること、などが考えられる。

六華園が書棚を設けていたことは、前掲の飯野彰の「花園の子供たち―女子孤児寮六華園を訪ねて―」に綴られている。「辞書をはじめ、少女小説、童話、漫画本などもならんでいる。すべてにこまやかな心づかいがはらわれ、ゆきとどいた設備である」という。

マスメディアによって取り上げられたことで、六華園は広く知られた存在となり、養護施設としての評価を高め、施設養護全体のレベルアップに大いに影響を与えた。何よりも子どもたちの生活のはしばしに自尊心が高まるようになり、自信の態度がみなぎり、はつらつとした気風が醸し出されるようになった。

六華園が盛んに子ども向け雑誌で取り上げられていたころであるが、一九五八（昭和三三）年の一一月二三日から二七日までの五日間、東京の産経会館を会場に、国際児童福祉連合と厚生省児童局との共催で国際児童福祉研究会義が開催された。「家庭における児童」を主な議題とする会議は総会と部会で構成され、部会では五つに分かれて討議が行われた。

会議の参加者名簿には六華園長・東福義雄の名前が記載されている。東京都の関係では、民生局の幹部職員や大学研究者のほかに、萩山実務学校・堀文次、立川児童相談所・立山広士、杉並学園・森芳俊、東京家庭学校・今井新太郎、東京育成園・松島正儀、中央児童相談所・石川秀雄、バット博士記念ホーム・大谷嘉朗、二葉保育園・徳永恕などの名前がある。

義雄が加わった部会も、そこでどのような発言をしたのかも定かではないが、「家庭に代るべきものとしての児童福祉施設ならびに里親の役割」をテーマとする第五部会に加わったのであろう。六華園で構築した施設養護の実績を踏まえ、家庭で暮らせない子どものための施設は、家庭と同じような日課とメニューを用意し、愛情をたっぷりとかけて養育しなければならないと主張したのではないか。

(9) 浄土真宗による宗教教育

子ども向けの雑誌ではないが、前掲の『政界往来』に掲載された「六華園の朝のひととき＝児童養護に生きる東福義雄氏夫妻＝」と題する探訪記事は、養護施設として認可されて二一年が経過した六華園の様子と子どもたちの生活を興味深く報じている。

日曜日に訪れた取材記者は、第一印象を「閑静な住宅街の一角を占めた……その環境はまことに広々としてすがすがしく、建物は古びているが、何か、古刹の庫裡を思わせるような奥ゆかしい風格を感じさせる」と述べている。義雄から手渡された名刺には、いくつもの肩書が列記され、表立っての肩書は「本願寺東京駐在六華園園主」という説明を受ける。

六華園における施設養護の精神的支柱に置いたのは「七仏通戒偈」（しちぶつうかいげ）である。義雄はこれを「心を浄め世を思い 人のいたみを身にいたみ やましきことはなすなかれ これぞ仏の教えなれ」と意訳して、子どもたちに唱和させている。「仏心の光を失うことのない人間に育てることが、私の本願」といい、「〝任運無作〟または〝住立空中尊〟が私のモットーであり、心境でもある」と語る。

日曜日の朝は約三〇分間、子どもたちと職員が全員、仏間のある講堂に集まり、僧侶である義雄の先導で、讃仏の偈、親鸞の帖外和讃、念仏回向などのお経を唱和する。文字通り浄土真宗による感化である。こうした宗教教育のほかに、社会的年中行事、子どもたちの自治精神の向上を図るための相談会、誕生会、同窓会、報恩講などを実施している。

義雄がとりわけ宗教教育を大切にしていたことは、一九六三（昭和三八）年一〇月二〇日付け讀賣新聞の「宗教」

欄に寄稿した「幼児の〝人間つくり〟〝心の戒律〟育てよう— 社会悪への予防接種」と題する一文に示されている。学校法人や社会福祉法人から「宗教教育をなくそう」としている国の方針に異をたて、「人間教育の本義を知らぬもの」と手厳しい批判を加えているのである。

案内された記者があちこち回って会う子どもたちから、元気に、ていねいなあいさつが返って来て、「つぶらな瞳、あかるい笑顔、赤い顔、嬉々としてあそぶ幼ない子、掃除に専念する年上の子、六人の保母さんの指図にしたがって、きびきびと立ち働く子、おたがいに和気あいあいとして、まるで、仲のよい一家のようだ。想像した暗いかげなどは微塵もない」と、率直な感想を綴っている。

また、「この四三年間、ここから送り出したものは千人以上にもおよびますが、一人の事故死、病死もなく、ボヤも出さず、中毒、伝染病の類いも出さず、みんな立派に世の中に送り出した、ということを仏さまに感謝しております」という隆子の話を聞き、この種の施設で無事故の記録は「驚異的なものかもしれない」と驚きを隠さない。この隆子の説明は、送り出した子どもたち一人ひとりの消息をつぶさに把握していたことを意味する。

(10) 多岐にわたる社会的な活動

義雄は、戦前は六華園主任として、戦後は園長としての役割をこなしながら、長年にわたり数多くの対外的役割を担ってきた。『産経日本紳士録 第三版』などによると、義雄の肩書はこれまで、司法省嘱託保護委員、全日本司法少年保護団体中央処理委員、日本アメリカ文化協会会員、世界連邦アジア会議運営委員、全日本仏教会常務理事、全日本仏教会国際委員、人権擁護委員会連盟常務理事、原水爆禁止全国協議会常務委員、杉並区人権擁護委員、保護司など多岐にわたっている。これらの多くは、何らかのかたちで社会事業や社会的活動に関わっている。また、カリフォルニア州ストックトン市の名誉市民にもなっている。

これらの肩書は名ばかりではなく、実際に活動に従事し、多忙であったことが隆子の『教化記録』の「蘇生の記録」に示されている。掲載された少女の日記に、「お父さま」がどこそこに出かけた、来客があったなどの綴りがひんぱんに登場する。こうした社会的な活動は戦後も継続され、その数はさらに増えていたように思われる。

終戦直後の異色な活動のひとつに政治結社への参加がある。『結社総覧』によると、一九四七（昭和二二）年五月二二日、八島定を代表者として結成された「立憲仁本党」の顧問に就任している。杉並区堀ノ内一の九八に事務所を置き、五四名で構成されたこの政党は、目的を「本党の主義綱領並に常に新しく加へらるる政策の実行に向って努力し、併せて国民・政策教育に邁進する」としているが、結党の目的が実に不明瞭である。頼まれての就任と思われるが、このような不可解な政党の顧問に就任したのには、いかなる事情があったのか。

その立憲仁本党への顧問就任から数えて二七年後、民社党本部教宣局刊行の『革新』によると、義雄は一九七六（昭和五一）年一一月二五日に開催された「民社党を励ます学者・文化人アピール」に六華園の園長の肩書で名を連ね、旗幟鮮明にしている。

なお、多岐にわたる社会的活動に関連することであるが、一九五七（昭和三二）年一一月二日に死去した徳富蘇峰の葬儀が一一月八日、霊南坂教会で執り行われ、義雄が参列している。徳富は終戦後、公職追放の身となり、隠棲していたが、占領期を脱したころから著作活動を再開していた。また、社会事業にも理解を示し、言論活動を通してさまざまな支援を続けていた。義雄が徳富蘇峰とどのようなつながりを持っていたかは定かではない。

(11) 世界連邦建設運動に関わる

社会的活動のもうひとつは、世界連邦建設運動である。義雄は自著の『大無量寿経講義』の序言で、「大無量寿経」が「世界平和への唯一道としての『世界連邦』の設計図」であると述べている。世界連邦建設運動は、「この地球は人類全体の共生の場である」という共通認識に基づき、国家間の紛争をなくすためために、世界中の国家を統合した世界連邦の成立を目指す運動である。わが国では終戦の一九四五（昭和二〇）年、尾崎行雄ら議員有志が世界連邦建設に関する決議案を国会に提出したものの、後に廃案になる。一九四八（昭和二三）年八月六日には、会長・尾崎行雄、副会長・賀川豊彦として世界連邦建設同盟が結成され、後に東福義雄は理事に就任している。

田中正明の著した『世界連邦その思想と運動』によると、一九五二（昭和二七）年一一月三日から七日にかけて、広島市に於いて世界連邦アジア会議が開催される。そのための第一回の準備委員会を衆議院会館で行い、知識、経済、文化、運営の四つの委員会を設けているが、それぞれに錚錚たる名士が名を連ねている。そのなかの運営委員会には、赤松常子、奥むめお、村岡花子、牧野虎次、安井誠一郎、市川房枝らとともに東福義雄の名前が記載されている。田中は「彼らは名目だけの委員ではなくて、そのほとんどが会議に参加し、会議の原動力となった」としている。

一九六三（昭和三八）年には、二月二二日に東京都が世界連邦平和都市宣言を発し、三月八日に世界連邦全日本仏教徒協議会が結成されたことをきっかけに、他の宗教団体へも呼びかけ、一九六七（昭和四二）年に世界連邦日本宗教委員会が結成される。義雄は進んでこれらの結成に向けた活動に加わっている。

一九六三（昭和三八）年六月、宗教問題研究所刊行の『宗教公論』に、義雄は「仏国土実現のために―世界各国を連邦機構に―」と題する一文を寄稿し、「大乗仏教徒、ことに日本仏教徒こそ、第二次大戦後の今日、『世界連邦運動』の主動者であり、その指導者でなくてはならないことは、私終戦直後からの確信であり持言でもある」といい、「会合の毎に『馬鹿の一つ覚え』のように言いつづけて来た」と述べている。

さらに続けて、この八月二四日から一週間、東京と京都を会場に世界連邦世界協議会の定例総会を開催するほどの成長を遂げたことを挙げた後、次のように述べている。

「『世界連邦は空中楼閣』などという者が勿論まだまだ世界中に多いが、それならば私は『およそこの地上否この宇宙間にそれでない何があるか』と反問したい。仏教入門みたいな談だが、『諸行無常』の空中楼閣に於て、その最善最美を期しその長久を願う外われらの人生に何の営みがあろうか。浄土を願うか、穢土にはかなき身の満足を求めるかは、人それぞれの素質と因縁によることであるが、私は因縁あって浄土教を信じ、昔アミダ仏らが造ったような極楽世界を願うが故に、今これが実現のための必須条件としての『世界連邦運動』を投じているのである。（略）『如是刹』とは阿弥陀仏の国のことで、その国は無量寿経の記録どおり、そこに一人の貧乏人も病人も気ちがいも犯罪人もいず、万人が健康で楽しくて、皆その天寿天命を全とうするから、死ぬことも苦にならず、世界各国が自由自在に往来（ゆきき、往還二廻向）できて戦争などは絶えて起らぬから、軍人も爆弾も一切無用という国である。『そんな国がこの世に在り得るものか』というのが聖人孔子はじめ誰もが懐いている人間古今の迷妄というものであって、それをいつまでも脱しきれない常識家を、阿弥陀仏の極楽浄土を信ずることも、それを願うこともできない哀れな地獄落ちの『疑惑仏智』の徒というのが浄土教というものである。大乗仏教、浄土教、真宗の信仰というものはこれ以外にない。」

われわれの行き着くところは、阿弥陀仏の国であり、それは世界連邦であり、世界平和である、そこでは軍人も爆弾もなく、戦争は絶えて起こらないという。浄土真宗信仰者として、究極の極楽の世界の実現を祈念しているのである。

(12) 原水爆禁止署名運動に関わる

社会的活動のさらにもうひとつは、原水爆禁止署名運動である。朝日新聞社刊行の『十年の逆算：戦後重要記事切抜集 1945—55』は、義雄が全日本仏教会常務理事の肩書で原水爆禁止署名運動全国協議会に加わって活動していたことを伝えている。

一九五四（昭和二九）年三月一日、ビキニ環礁でアメリカが行った水爆実験で第五福竜丸を始め、わが国のマグロ漁船団が被ばくした。乗組員だけでなく周辺海域の魚介類も「死の灰」を浴び、汚染された。これをきっかけに各地で水爆実験への抗議や反対運動が持ち上がり、署名活動が開始された。その原動力となったのが杉並区の杉並魚商組合である。

署名活動の経緯は「原水爆禁止署名運動」（杉並区公式ホームページ）を始め、東京新聞特報部記者・山田祐一郎の「杉並から世界に拡散した『原水爆禁止』運動」「声を上げた一軒の魚屋、公民館を拠点にした『市民の戦い』」、丸浜江里子の『原水禁署名運動の誕生—東京・杉並の住民パワーと水脈』などが伝えている。

杉並区の公式ホームページによると、同年五月九日、二七団体・代表三八名による「水爆禁止署名杉並協議会」が結成された。「杉並アピール」を掲げた署名運動は五月一三日から開始され、六月二四日現在の署名数が二六五、一二四名に達し、七割近い区民が署名したという。同じ杉並区民で、六華園の子どもたちの食生活を用意してくれる近隣の魚屋とも深い付き合いのある義雄が署名運動に参画したのは至極当然のことである。

前掲の丸浜江里子の『原水禁署名運動の誕生—東京・杉並の住民パワーと水脈』は、主体的に署名活動に加わった「水爆禁止署名杉並協議会」の構成団体の一覧を掲載しているが、義雄の名前はない。しかし、前記したように、全日本仏教会の常務理事として、そしてさらに区民のひとりとして運動に関わっていたことは間違いない。

（13）東福義雄の死去時期をめぐる誤謬について

義雄・隆子の晩年で特記すべきは、一九六八（昭和四三）年一一月、天皇家主催の赤坂御苑における園遊会に、七二歳の義雄と六七歳の隆子がそろって招かれたことである。この逸話を、前掲の『政界往来』誌に掲載された「六華園の朝のひととき＝児童養護に生きる東福義雄氏夫妻＝」で、義雄が記者に明かしている。園遊会に招かれた二人は、特別に両陛下および各皇族方列席の場所に招じられ、両陛下と各皇族方よりねぎらいのことばを賜り、義雄は「半生の苦労もいっぺんに消しとんだ思いの感激」を味わったと語っている。

また、時代は前後するが、義雄は一九五七（昭和三二）年に東京都知事・安井誠一郎から都知事銀杯を授与されている。社会事業に関わる永年勤続を称えたものと思われる。

行政資料によって、六華園の閉鎖時期とその背景を知る手がかりは得られていない。唯一の手掛かりといえそうなのは、千葉乗隆編の『新修 築地別院史』である。個人経営の六華園を側面から支えた本願寺信徒集団の歴史を取り上げ、施設の閉鎖に言及しているのである。「昭和三三年、四年頃までは別院と連絡を保ちつつ経営されていたが、やがて活動が低調となり、昭和三六年に東福園長が死去したことにより閉鎖さるるにおよんだ」とする一文である。活動の低調から園長の死去へ、そして施設の閉鎖に至ったと、三つを関連付けて述べているのであるが、それらの根拠を何も明らかにしていない。

その三つのなかで、とりわけ東福義雄が死去したとする「昭和三六年」は明らかな誤記である。なぜ、このような誤謬を犯したのか、誠に不可解な記述である。この後も義雄は園長として健在で、活躍している。義雄が死去したとする「昭和三六年」が誤謬である何よりの根拠は、一九六九（昭和四四）年一一月、「養護施設の園長として社会福祉の発展に寄与した」として勲五等双光旭日章の叙勲を受けていることである。一九七七（昭和五二）年刊行の『養護施設30年』の「全国養護施設名簿」も、園長を東福義雄とし、義雄は同書に前掲の「貴重な戦前の社会事業精神」と題する一文を寄稿している。

(14) 私塾の終焉

東福義雄の所在に関わる不可解な週刊誌記事が残されている。一九五八(昭和三三)年一二月四日付け『週刊女性自身』は、「私たちのミルクで育てた子犬をもらって―六華園の孤児と女性自身が育てた三匹の子犬」と題するルポを掲載しているが、案内する隆子を記者は「園長先生」と表記し、園内で犬を飼う許可を隆子に求めており、園長であるはずの義雄が一度も登場しない。なぜ、このような不可解な記述になったのか。

取材記者の誤認と思われるが、そうではないとすれば、考えられるのは、園長の義雄が長期不在にしていたということである。『大無量寿経講義』の「序言」は、義雄が日本仏教代表使節の一員として、「三十三年ぶり」にアメリカを巡礼したと述べている。記者が取材に訪れたのは、このときだったのか。考えられるもうひとつは、義雄が入院して病気療養していたことである。この間、隆子が園長の代理を務めていたのか。

義雄が死去したのはいつだったのか。そして、義雄の死去によって六華園が閉鎖を余儀なくされたのはいつのことだったのか。このことを確定できる行政資料をいまなお見出せていない。筆者の調査によれば、いずれも一九八〇年代(昭和五〇年代後半)ではないかと思われる。その有力な根拠は、前記したように、一九八二(昭和五七)年刊行の『新修 杉並区史 下巻』が、六華園の園長欄に東福義雄の名を記載していることである。

宗教団体による側面からの支援を受けながら運営されていた認可養護施設とはいえ、あくまでも東福義雄・隆子夫妻の個人経営による私塾の色彩が強かった。だからこそ、二人は後継者を育成する考えを持ち合わせなかったのであり、夫婦の代で終わりにするつもりだったのであろう。夫妻を中心に、子どもたちと共に暮らす家庭的な施設養護を理念としていたがゆえに、どちらか一方が死去したとき、選択肢は終焉だけだったのであろう。

夫の義雄の死を看取った妻・隆子の晩年については把握できていない。判明しているのは、一九六七(昭和四二)

年一〇月、六六歳の隆子が全国社会福祉協議会会長表彰を受けたこと、さらに同年一一月、「保母業務功労」により勲六等瑞宝章の叙勲を受けたことである。夫の義雄よりも二年早かった叙勲は、六華園の施設養護を実質的にけん引していたのが隆子であり、貢献度の高さを裏付けるものといえるのかも知れない。

おわりに

本章の資料蒐集の過程で、筆者は取り返しのつかないことをした。不作為の愚行というべきか。いく度か六華園のあった近辺を歩いていて偶然、南荻窪一丁目三四番地一八号の住所地に〝東福〟という表札を掲げた古色蒼然たる邸宅を見つけた。間髪を入れず、体当たりで訪問を試みるべきであった。ちょうどそのころ、別の施設史に取り組んでいる真っ最中だったので、切りがいいところで、いつでも訪ねることができるだろうと安易に考えていた。それから二か月後、そぼ降る雨のなか、傘を差して〝東福〟という表札のかかっていた邸宅を訪ねて愕然とした。屋敷が跡形もなく消え、空き地になっていて、大手不動産の管理地になっていることを示す看板がかかっているではないか。迂闊であった。このような事態になることを想定していなかった。管理者の大手不動産に電話を入れ、事情を説明して、元住人の東福氏との仲介を依頼したが、あっさり断られた。資料発掘の道はまたひとつ断たれた。

本章では、戦後の施設養護の全体像を浮き彫りにすることができなかったが、確認できたことは、六華園が大切にした小規模施設における家庭的養護の良さである。このことは今日の児童養護施設において何よりも引き継ぐべきことであり、そのために、養育理念を踏まえ、住環境や人の配置などに関して絶えず検討し直し、改善を施す必要があると思われる。

第四章
治生学園―沖一道と日蓮宗寺院に間借りして営まれた施設養護の九年

はじめに

終戦後、ほんの二年足らずであるが、東京都北多摩郡府中町の寺院に〝治生学園〟という戦争孤児施設があった。この史実を知ったのは、目黒区の日蓮宗・立源寺に創設された立源寺治生学園の歴史を調べていたときである。『民生局年報』の事業統計で、同じ名称の施設があることに気づいた。当初は立源寺治生学園の本園だとばかり考えていた。戦争孤児のひとりとして立源寺治生学園で育てられ、立正大学卒業後、同学園の指導員として、人生の大部分を施設養護に捧げられた日蓮宗僧侶の今井正行氏に、両施設の関係を問い合わせたところ、「記憶にないし、聞いたこともない」と、意外な言葉が返ってきた。

創業地である府中町の東郷寺を調べたところ、目黒区の立源寺と同じ日蓮宗の寺院であることが分かった。改めてその事実を今井氏に伝えたが、やはり「立源寺治生学園とは関係がない」とのことであった。区と多摩の違いがあるだけの、同じ日蓮宗寺院で、しかも同時期に創業した同名の戦争孤児施設がまったく別の施設であることを知った。これが戦争孤児施設・治生学園の歴史を調べるきっかけになったのである。

幸いなことに、東京都公文書館に治生学園の事業を興した財団法人に関わる資料が保存されていた。開示請求の手続きを行い、後日、個人情報の部分を黒塗り（現、利用制限の表示）にした記録が開示された。法人設立の経緯を始め、創業の理念や事業計画などの概要を知ることはできたが、肝心の施設養護の実態を示すものはなかった。以後、開示された記録を手掛かりに、わずかに蒐集できた資料をもとに解明作業を進めてきたが、不可解なことが少なくない。解明作業を困難にしている要因は三点ある。寺院が直接運営した施設ではなかったこと、施設が府中町の東郷寺から千葉県東葛飾郡小金町の日蓮宗・平賀本土寺に移転していること、創設から閉園にいたるまで施設養護をけん引した日蓮宗僧侶・沖一道を知る手掛かりがつかめないことである。

1　財団法人の理念と理事長・理事の経歴をめぐって

（1）財団法人設立の経緯および理念・事業内容

戦争孤児施設・治生学園は、財団法人の認可申請中の日本治生会によって、一九四六（昭和二一）年一一月七日、東京都北多摩郡府中町六五一七番地（現、府中市清水が丘三丁目四〇番地の一〇）の日蓮宗・東郷寺の本堂および建物を「借用」して創設された。

東京都公文書館所蔵の「財団法人日本治生会設立許可に関する件」によると、日本治生会が設立者の長瀬貫公名で厚生大臣および文部大臣に、東京都を通して財団法人の認可申請をしたのは一九四六（昭和二一）年一一月二九日付けである。治生学園は財団法人の認可申請前に東郷寺の境内を舞台に施設養護を開始したことになる。

財団法人の設立趣意書には、古めかしい文体で次のように綴られている。

「平和日本の再建は道義精神の発揚、人類平和達成の崇高なる理想を体して天下和順、万人共栄を望む我が七千萬同胞の使命なるや固より言を俟たざるところなり。而して数星霜に亘る戦禍は全ゆる文化財を破壊し幾拾萬の生命を奪ひ去ったのである。一度ひ想ひを全国八百萬に及ぶ戦争犠牲者の上に馳せる時誰か感奮興起せざる者かある可き。

曩に敗戦祖国の焼土に生還せし我等青年仏徒は、昭和二十年十二月五日より九日迄同胞再起街頭運動を起して戦災孤児の為に物心両面の慰問をなし次いで本年四月八日の釈尊降誕会を期して引揚同胞に対し街頭募金施米奉仕等による救済事業に専念し来れるも、将に今、時来りて新たなる組織の下、新たなる構想を以て茲に『民生再建運動』展開の為に本会を財団法人となし、此の種団体の範たらしめんとす。

即ち先づ我等同志相協議し統一ある活動の下高邁なる理念を高揚し古くして新しき永遠の使命感に立脚し仏陀の慈教を仰ぎ、仏光照護の下粉骨砕身せんとす。茲に聊か本会の沿革、結成の趣旨を略記し財団法人設立許可申請の趣旨を明らかにせり。」

特筆すべきは、終戦後、わずか三か月後の一二月五日から九日にかけ、早くも日蓮宗などの青年仏徒が街頭をさ迷う「戦災孤児」に目を向け、「物心両面の慰問」を開始したことである。GHQの指令を受け、東京都民生局（現、福祉局）が警視庁、国鉄（現、JR東日本）などの協力を得て「上野地下道」の「浮浪者」の一斉保護に乗り出したのが一二月一五日であるから、東京都より一〇日も早く「戦災孤児」の救済に乗り出していたことになる。

『日本の社会事業 増補版』によると、青年仏徒らによって行われた慰問活動は、宗派を超えた「日本仏教讃仰会」が主催した「飢餓同胞救済街頭運動」で、「五万円の救恤金を得て」、これを東京都内の戦災孤児に贈った、という。こうした青年仏徒らによる救済街頭運動を通して「民生再建運動」の重要性を痛感した、というのである。

同法人の寄付行為では、事務所、目的、事業内容、理事および監事について、次のように規定している。

第二条─　事務所を東京都北多摩郡府中町六五一七番地および東京都渋谷区幡ヶ谷原町八九一番地の二か所に置く。

第三条─「日本仏教の高遠なる理念に立脚し仏教精神の研鑽とそれが実践昂揚としての各種社会救済事業の開設等民生再建運動に挺身するを以て目的とす。」

第四条─「前条の目的を達成せんか為め左の事業を行ふ。」

①「東京都大山養育院亡収容者に対する葬祭奉仕」

②「戦災孤児収容の為に東京都北多摩郡府中町東郷寺内に『治生学園』を開設し木工業、農業等の授職　をなす」

③「社会道徳昂揚の為に仏教教典の研究、講演会、印刷物の発刊等を行ふ」

④「其の他必要なる事業」

第二八条─「本財団法人設立当初に於ける理事及監事左の如く指名す」

法人役員─理事長・長瀬貫公 常務理事・加藤正見 理事・齊藤文承、三橋和雄、森口清一

監　事─　沖一道、中村願誠

東京都を経由して厚生大臣名で財団法人として認可され、指命書が公布されたのは一九四七（昭和二二）年一月七日付けである。申請から一か月で認可されたことになる。理事長・長瀬貫公名で、財団法人日本治生会としての設立登記が完了したことを東京都長官・安井誠一郎に宛てて届けたのは、一九四七（昭和二二）年四月一一日付けである。

（2）理事長・長瀬貫公の経歴

次に、財団法人役員の経歴について、その概略を紹介しよう。

理事長・長瀬貫公は一九一九（大正八）年、長瀬日環（和歌山県・報恩寺二五世）の次男として生まれている。財団法人・日本治生会を創設した当時は二八歳で、後に財団法人から社会福祉法人に変更された後も理事長職に留まっている。

一九五五（昭和三〇）年一月二五日付け全日本仏教会の定期刊行紙『全仏通信』の記事「二月八日に結成大会『関東甲信越仏教社会福祉事業連盟』」には、準備委員として日本治生会・長瀬貫公の名前が記載されている。

中濃教篤の「日蓮宗世界立正平和運動」および『仏教大年鑑1961年版』によると、一九五五（昭和三〇）年六月、宗務院に世界平和本部が、その翌年に平和委員会が設置され、同年一〇月二五日に中国人俘虜殉難者全国合同慰霊祭が行われた。一九五七（昭和三二）年五月九日、中国人殉難者の三二九遺骨を中国に送還する遺骨送還奉持団が組織され、一行二〇余名に仏教会から長瀬貫公ら五名が加わっている。

長瀬は一九六〇年代には日蓮宗宗務総長、世界連邦日本仏教徒協議会事務局長、全日本仏教会常務理事などの役職に就き、二〇〇二（平成一四）年に死去している。

これらの記録からも、長瀬貫公が日蓮宗僧侶としての活動のほか、宗教者として幅広く社会的活動や平和運動に関わっていた人物であったことが分かる。ところが、こうした日蓮宗僧侶としての長瀬の評価を落とし込めるような誤った証言が残されている。

筆者も出席した憲法の使い方講座で配布された「資料集　戦争の歴史を語り継ぐ連続講座　第6回　府中に戦災孤児収容施設『東光寮』があった　東京大空襲被害者　山崎格さんに聞く」に綴られている証言である。二〇一一（平成二三）年四月五日、東郷寺を訪れた三宮克己氏（故人、元府中市議）が住職から治生学園の歴史について聴き取ったとき（以下、「三宮調査」）、住職が「戦後の長瀬貫公氏は、日本治生会または治生産業（株）という興行や金属工業など宗教活動以外の所にも関わっていた様である」と語った、というのである。

（３）謎に包まれた常務理事・加藤正見の経歴

この住職の証言は誤りで、長瀬貫公ではなく、常務理事で初代園長に就任した加藤正見を指したものであった。そのことを示す資料のひとつが加藤正見の著した『日本人は子孫に何を残せるか』の「著者紹介」である。そこには次のように綴られている。

「大正十一年生まれ。昭和十八年、立正大学文学部哲学科卒業。陸軍予備士官学校を首席卒業したため、中部軍管区司令部参謀部付を経て参謀本部第二部第六課出向など職業軍人なみの従軍経験をし、そのため、戦後一時B級戦犯の追及を受ける。昭和二十一年、戦災孤児救済事業に従事、孤児寮治生学園を経営。昭和二十二年より日蓮宗総本山身延山久遠寺渉外部長に就任。以後、日蓮宗の要職を歴任。昭和三十年代よりライオンズクラブ国際協会の会員。地区ガバナー、国際理事などを歴任。平成四年、財団法人ライオンズ日本財団を設立、理事長に就任。ほかに財団法人オイスカ理事、通産省中小企業安定審議会委員、総理府観光審議会専門委員などを歴任。平成九年度秋の受勲で銀盃を拝受。」

「戦時中に職業軍人なみの従軍経験」をしたために「戦後一時B級戦犯の追及を受け」」、「戦災孤児救済事業に従事、孤児寮治生学園を経営」した加藤正見は、一九四七（昭和二二）年から「日蓮宗の要職を歴任」し、「昭和三十年代」に大転身を遂げる。

当時、二四歳か二五歳の加藤が「孤児寮治生学園を経営」していたことを示す根拠は、いずれも間接的なものであるが、前掲の「理事監事就任承諾書」で、東郷寺に住所を置いていること、後記するように、沖一道らと共に、板橋の養育院に附設の保護所に保護されていた戦争孤児を引き連れ、「借用」した東郷寺の本堂に入居したことのほかに、加藤が創設したばかりの治生学園に保母として就任した女性と結婚した、という証言などである。ただし、結婚話は伝聞であり、真偽のほどは定かではない。

施設長として養護の現場に加わった加藤であるが、自著の『日本人は子孫に何を残せるか』は、序章を含め第一章から第五章まで人生論を語った内容なのに、戦争孤児と共に暮らした逸話も「孤児寮治生学園」の経営者として苦労したであろう体験も抜けている。著者紹介にあるように、施設長職であった期間が五か月に過ぎなかったので、施設長は名ばかりで、現場の施設養護を沖一道らに任せ、もっぱら対外活動に従事していたのではないか。

多摩歴史研究会代表の長尾敏博氏が二〇二二年一〇月に行った調査（以下、「長尾調査」）によると、寺務の白鳥氏が、加藤正見について「布教のために本山からやってきた僧侶の一人」と語っていた、という。「職業軍人なみの従軍経験」をして、本山の身延山久遠寺から「東郷元帥を開基」とする東郷寺にやってきた加藤正見が「孤児寮治生学園」の「経営」に関わるようになったのには、いかなる動機や思い入れがあったのか。

いずれにしても、「昭和三十年代」からの加藤の経歴は、確かに前記の「三宮調査」に直結するものである。さらに加藤の実業家への大転身ぶりを示すもうひとつの資料がある。ノンフィクション作家・森功が二〇二一（令和三）年一一月一六日の『週刊ポスト』に掲載した「〝街金の帝王〟森下安道 洋服屋の客にトイチで貸し付けた草創期」である。森功は前掲の『日本人は子孫に何を残せるか』の著者紹介の一部を引用した後、愛知県名古屋市生まれの加藤正見の「昭和三十年代」以後を、次のように紹介している。

「日蓮宗総本山身延山久遠寺渉外部長を経て一九五四年に今池ビルディングを設立し、政官界から暴力団にいたるまで睨みを利かすフィクサーとして知られるようになる。愛知県出身の元首相海部俊樹や、元自民党幹事長の梶山静六、与謝野馨、玉澤徳一郎など、政界の大物に知己は多い。亡くなったときの葬儀委員長は中曽根康弘だった。バブル期にはゴルフ場経営にも乗り出したが、二〇〇二年六月、今池ビルは商法に基づく会社整理を名古屋地裁に申請し、経営破綻した。」

ここには日蓮宗僧侶の顔も「孤児寮治生学園」の経営者としての顔も見えない。政界の有力者とつながりを持つ実業界の実力者の姿である。加藤の生涯でわずか五か月に過ぎない「孤児寮治生学園」の「経営」は、いかなる意味を持っていたのか。うがった見方であるが、「一時B級戦犯の追及」をかわす手立てにしたのか。『陸軍関係戦犯者名簿』に加藤正見の氏名が記載されているのは、加藤が「一時」的に「追及」を受けたのではなく、まさにB級戦犯として断を下されたことを示すものであろう。

前掲の加藤の自著の著者紹介には削除されている経歴がある。一九五八（昭和三三）年五月の第二八回衆議院議員選挙に愛知三区から保守系無所属で立候補して落選、一九六〇（昭和三五）年一一月の第二九回衆議院選挙に同じ愛知三区から自由民主党公認で立候補して落選している事実である。加藤はこの立候補の経歴をなぜ除外したのであろうか。

保守系無所属で立候補したときの「衆議院議員候補者選挙公報」に綴られた経歴には、B級戦犯には触れず、わずか五か月に過ぎなかった「戦災孤児寮治生学園々長」を加え、現職を「日蓮宗妙福寺住職」と二つの会社の取締役としている。また、公約として掲げた手書きの「主張」には、「戦災孤児寮治生学園々長」の経歴に関係があるとは思えない「中小企業政治対策としての金融緩和、事業税減税」などを綴っている。

加藤正見が死去したのは二〇〇五（平成一七）年九月である。中曽根康弘元総理大臣が葬儀委員長を務めた告別式では、「軍部の参謀本部に属したことから終戦後社会復興やボランティア活動に力を入れて生きてこられた」と紹介された、という。

筆者が加藤正見の経歴にこだわるのは、戦争孤児施設の創設に関わった人物、そのなかでもとりわけ初代施設長の生きざまを知りたいと思うからである。創設の動機や使命は何だったのか。初代施設長に就任したにもかかわらず、わずか五か月で施設養護から撤退したのには、いかなる事情があったのか。そもそも、なぜ、このような経歴の持ち主が法人役員のなかから、戦争孤児施設の初代施設長として抜てきされたのか。

2　初年度事業計画概要と治生学園事業報告書をめぐって

（1）初年度事業計画概要

前掲の「財団法人日本治生会設立許可に関する件」、に添付されている財団法人の初年度事業計画概要は、前掲第四条に規定されている四事業の「具体的方策」を明らかにしている。このうちの①および②の内容を見てみよう。
①では、「仏教的信念を基調とした要保護者死体の処置、法要、運搬、納骨等一切の奉仕」としており、すでに一九四六（昭和二一）年八月から先行実施している。事業実施の場所は主に板橋の養育院である。『養育院八十年史』は、日本治生会による奉仕活動であったかどうかを明らかにしていないが、一九四五（昭和二〇）年三月二〇日から翌年の九月八日までの養育院在院の死亡者が実に二、五四三人の多きに達しており、「当時燃料の不足其の他資材の関係上火葬に付することが困難であったため、止を得ず、その死体を本院構内の東端一隅に仮埋葬した」としている。

一九五一（昭和二六）年三月刊行の『東京都養育院年報 復刊第一号』の「主要記事」には、一九四九（昭和二四）年九月二〇日、「納骨慰霊祭。府中町東郷寺にて510柱の納骨慰霊祭」とある。終戦をはさんで養育院で亡くなった収容者の埋葬に日本治生会が関わっていたからであろうか、東郷寺に納骨し、慰霊したというのである。なお、この五一〇柱はその後、多磨霊園に設置された「養育院合葬塚」に埋葬されている。

②では、「府中町東郷寺内に学園を開設し、戦災孤児を収容し、是に適当なる衣服を給与し、復興再建に必要なる生産事業に従事せしむる行学二道の理想的教育をなす」としている。行学二道は日蓮聖人のことばで、保護した戦争孤児を生活と生産活動を通して育成し、習得した知識や経験を具体的に日常生活のなかで実践できるようにするというような意味である。

保護の予定人員を五〇名とし、生産事業のために「木工場（玩具家具等の製作並に建築技師の養成）」「農場（多角的集約農場）」を設置するとし、この他に寺院の社会的開放などを計画し、活動部隊として「民生再建奉仕団」の設立を構想している。また、学園の創設に必要な「炊事場並作業所修理設備」の見積書も添付されている。

前掲の「三宮調査」によると、保護された戦争孤児のために使われていた建物は「当時海軍が建てていたバラック倉庫のような所」だった、という。また、「会堂が当時はバラックで、その板の内壁に釘で野球のスコアボードが書かれていた」ともいう。既存のバラックの建物に間に合わせの修理を施し、日常生活に用いていたことがうかがえる。

（2）東郷寺の歴史と終戦直後の事情

治生学園の事業のために寺院の建物と敷地を提供した終戦直後の東郷寺は、いかなる事情を抱えていたのか。同寺院の公式サイトは東郷寺の歴史を、次のように伝えている。

—当山は、東郷元帥を開基とし、身延山久遠寺を総本山とする日蓮宗の寺院です。法華経に説かれる「仏子」の自覚を以て信仰を続けられた元帥は、戦争で没した多くの無名兵士の供養と永遠の世界平和を願っておりました。元帥は、自らの没後にこの地に法華経の道場を建立することと、発願の人達の熱心な願いにより寺号を「東郷寺」とする事を承諾。昭和14年11月9日、東郷寺は誕生しました。終戦後、当山第二世の法灯を継承された南部日実上人は、農地解放・本末解体等のあおりを受け消滅の危機を迎えた東郷寺を、寺族とともに守り抜き、昭和29年より東郷元帥の浄願を達成するための第一歩として、戦没者の遺族に対してその供養のための墓所の無料分譲を開始し、現在に至ります。—

東郷寺は終戦直後、「農地解放・本末解体のあおりを受け消滅の危機を迎え」ていた、という。「本末解体」問題は別にして、農地解放と東郷寺はどのように関わるのか。鵜飼秀徳は『仏教の大東亜戦争』で、GHQによって強力に推し進められた農地改革について、「多くの農地を所有し、小作人の檀家を抱えていた寺院は農地開放のターゲットにされ、土地がことごとく払い下げられた。経済基盤を失った寺院は困窮した」と述べている。

GHQの農地改革は東郷寺を直撃し、「消滅の危機を迎え」るほどの大問題だったということになる。この問題に関連して、府中市ふるさと文化財課歴史的公文書担当の岡田禎夫氏は、「戦後しばらくして墓所が拡大されるまでは、東郷氏の別荘地であり、寺社として認識されていなかったかも知れ」ないという。

また、前掲の「長尾調査」によると、終戦当時、住職であった南部日実の長女・南部恵美子氏（九二歳）が、終戦直後の東郷寺について、「縁の下や山門の下に空襲で焼け出された人が集っていた。名古屋の日蓮宗の坊さんが浮浪児を連れて預かってくれと頼みに来た。学園の保母さんと結婚した」と語っていたという。

当時の東郷寺が「消滅の危機を迎え」ていたことを示す証拠とは言い難いが、これらの証言から、経済的に困難な事態に直面していたことは確かと思われる。なお、「名古屋の日蓮宗の坊さん」以下の証言は加藤正見を指すのであろう。

（3）治生学園事業報告書

治生学園の創業に関わる資料のひとつが一九四六（昭和二一）年一一月付け「治生学園事業報告書」で、『府中市教育史 資料編二』（以下、「事業報告書」）に収められている。本資料は、創業時における治生学園の養護理念や施設養護のあらましを知る唯一のものではあるが、不可解な部分が少なくない。

何よりも財団法人の認可を申請している最中、「事業報告書」を、治生学園の創業に照準を合わせて府中町役場に提出したのには、いかなる事情があったのか。学園の児童を地元の国民学校に就学させることから提出を求められたのか。あるいは、町役場および町民の理解や支援を得たいとの思いで、進んで提出したのか。以下、全景略図を含め、「事業報告書」の全文を転載しよう。

1　名称　治生学園
2　経営団体　財団法人（申請中）日本治生学園
3　位置　東京都北多摩郡府中町東郷寺内
4　目的　浮浪児ヲ収容シ健全ナル施設ノ下ニ身心鍛錬ト宗教的情操ノ涵養トヲ図リ再建日本ノ人材養成ヲ目的トス。
5　建坪　木造平屋　総建坪　八十坪

6　設置　宿舎・礼拝堂・作業場・炊事場・食堂・事務室・娯楽室・浴場・保母休養場・便所・運動場・農場

7　年中行事　書初・新年会・節分・降誕会・成績品展覧会・学芸会・花見会・登山・運動会・遠足・花祭・海水浴・映画会・盆祭・月見・彼岸祭・相撲大会・創立記念日・大掃除・成道会・餅搗・農業鍬下シ・祭日等

8　教育施設　家庭教育・学科教育・実科教育

9　日課　六・〇〇―起床、六・二〇―点呼、六・三〇―朝礼、七・〇〇―朝食、八・〇〇―学業開始、一一・三〇―昼食、一三・〇〇―娯楽遊戯作業等、一五・〇〇―談笑会（オヤツノ時間）、一八・〇〇―夕食、一九・〇〇―勉強、二〇・〇〇―就寝

10　職員　園長1名、教務2名、庶務2名、保母5名、炊事3名、医師1名、栄養士1名

11　予算　総額　一金弐拾五万五仟八百円也

（内訳）

作業場建築費　二〇〇、〇〇〇円、宿舎修繕設置費　二〇、〇〇〇円、人件費　三三、六〇〇円（年額）、事務費　一、〇〇〇円（年額）、雑費　六〇〇円（年額）、設置費　六〇〇円（年額）

12　収容人員　九歳―一四歳迄男子二十名

（4）施設養護の目的と事業計画

上記の「事業報告書」から、施設養護に関わる特徴的な点を挙げよう。

第一は、財団法人の名称である。申請中の「日本治生学園」を後に「日本治生会」に修正している。学園では前掲四事業を展開する法人として相応しくないと判断したのか。

第二は、治生学園の名称である。「治生」が法華経のことばであることは、かつて戦争孤児施設・立源寺治生学園(児童養護施設、一九九二年閉園)で育てられ、後に指導員として勤務した僧侶の今井正行氏から教えられた。治生の意味と呼称は、「自活して生活していけるようにそのてだてを立てることで、〝ちしょう〟でも〝じしょう〟でもなく、〝じせい〟である」という。本章では「じせいがくえん」の呼び方を用いる。

第三に、添付の「治生学園全景略図」である。本堂を「孤児宿舎」とし、客殿裏に「炊事場」「作業場」、本堂からやや離れた西側に「事務室」を配置している。この略図と前節(3)の6の「設置」に列記された食堂、運動場、農場などの項目を見ると、境内を多角的に活用しようとしていたことがうかがえる。子どもたちの戸外遊びの場と考えるならば、きわめて恵まれた環境であったことが分かる。

第四は、事業目的を「再建日本ノ人材養成」としていることである。「行学二道の理想的教育」によって、戦争で犠牲になった子どもたちを社会で生き抜いていけるように育成し、戦争で崩壊した社会の再建に立ち上がらせよう、というのである。

第五は、年間行事としてわが国古来の四季折々の伝統行事や仏教行事などを用意し、施設生活に教育的かつ文化的・宗教的な彩りを与えようとしていることである。地元の国民学校への通学を町民に理解してもらうことを意図して伝統行事を網羅したのか。

第六は、「収容人員」を「男子二十名」としていることである。法人の申請で「五〇名」としていたのを少人数に変更したということである。しかし、後掲の事業統計で明らかなように、実際には二〇名を越えて受入れている。この背景には、戦争孤児を送致する側の東京都民生局からの強い受入れ要請があったことが考えられる。

第七は、職員体制である。教務、庶務、医師、栄養士など、当時の児童保護施設としては到底あり得ない配置である。町役場への届け出という性格から、施設養護の現場として望ましい職種を盛り込んだのであろう。この問題は改めて取り上げる。

第八は、予算に関わる問題である。治生学園は間借りした形であるが、寺院に賃料を支払っていたのかどうか。予算の内訳に賃料の項目がないことからすると、財団法人の負担はなかったと考えるのが妥当なのか。無償提供を受ける代わりに、建物の修繕・増改築などにかかる費用を法人が全額負担したということであろうか。

第九は、学園の目的を「浮浪児を収容」すると規定していることである。保護する子どもを「戦災孤児」と規定した前掲法人の寄付行為とは表現を異にしている。後記するように、施設養護をけん引することになる沖一道の信念とも食い違っている。

第一〇は、8の教育施設に「学科教育」、9の日課に「学業」が入っていることである。創業時に園内教育を想定していたことを示すものであるが、後記するように、創設して六か月後に地元校への通学を実現させている。

最後に、「事業報告書」の性格に言及しよう。名称は事業報告書となっているが、いまだ事業を開始していない段階での報告とはいかなることなのか。本来ならば事業計画書とすべきものを、なぜ事業報告書として提出したのか。

(5) 事業統計および行政関連資料が示すもの

次に、治生学園が保護した戦争孤児の年次別の数をもとに、学園事業に関わる内外の事情を、東京都民生局刊行の『民生局年報』および行政関連資料によって見よう。

『民生局年報 昭和二一年版』(昭和二二年三月末現在)

施設名を「日本治生学園」とし、男子一五名、内訳を一八歳から一四歳としている。また、東京都民生局の『東京都管内公私社会事業施設一覧』よりも前に作成された「戦災孤児委託収容施設並児童数調査表」(東京都厚生事業協会 一九四六年三月一日)および「孤児収容並養育現況調」(恩賜財団同胞援護会 一九四六年九月一八日)の史料をもとに、立教大学文学部助教授（現、立教大学名誉教授）前田一男氏が独自に作成した「引揚戦災孤児収容施設及収容人員別一覧表（一九四六年一〇月末）」（『焼け跡の子どもたち』所収）では、「日本活生学園」の施設名で児童数を一五名とし、所在地、代表者を空欄にしている。

この二つの資料で注視すべきは施設名である。前田一男氏作成の資料は、「治」を「活」とした単純な誤植と思われるが、『民生局年報』と共通して施設名に「日本」を冠していることである。当初の届け出で、財団法人名と同様に「日本」を冠していたのを、後に削除したのにはいかなる事情があったのか。いずれも都外であるが、当時、「日本」を冠した施設名として、日本水上学園（神奈川県）、日本児童育成園（岐阜県）がある。

なお、前掲の「事業報告書」では九歳から一四歳まで男子二〇名とし、『民生局年報』の事業統計と年齢の内訳で大きく食い違っている。前者は就学を意図して学齢児に重きを置いたのに対し、後者は創業時の施設整備に労働力として年長児を必要とした実態を示したものだったのではないか。

『昭和二三年版』（昭和二三年三月三一日現在）

男子一七名、内訳を一八歳以下四名、一三歳以下一三名としている。児童福祉法による養護施設としての認可を得て三か月、後記するが、学齢児の通学が開始されて一年が経過したころである。

『昭和二四年版』（昭和二四年三月三一日現在）

男子二四名、内訳を一三歳以下一〇名、一八歳以下一四名としている。一四歳から一八歳の年長児が過半数を占めている。後記するが、一九四八（昭和二三）年度途中で、治生学園は府中町の東郷寺から千葉県東葛飾郡小金町の平賀本土寺に移転しているので、これ以後の事業統計は平賀本土寺を舞台にしたものである。

『昭和二五年版』（昭和二五年三月三一日現在）

男子三五名、女子一名、内訳を男子一九歳以下三名、一六歳以下一九名、一二歳以下一三名、女子六歳以下一名

としている。受入れ数が増え、女子一名を受入れている。

『昭和二六年版』（昭和二六年三月末現在）

男子三一名、女子一名、計三二名、内訳は男子一二歳未満三名、一三歳未満四名、一四歳未満六名、一五歳未満七名、一六歳未満六名、一七歳未満四名、一八歳未満一名。女子五歳未満一名としている。

なお、厚生省児童局刊行の『児童福祉施設一覧（保護所、母子寮を除く）昭和二六年一月一日現在』（以下、『厚生省施設一覧』）では、府中町の東郷寺から千葉県葛飾郡小金町平賀本土寺に移転した治生学園について、定員四〇名、現在員三三名としており、『民生局年報』の事業統計とほぼ合致している。また、千葉県の欄にも治生学園が掲載され、定員二〇名、現在員三三名としている。東京都と千葉県の二重記載の扱いについては改めて取り上げる。

『昭和二七年版』（昭和二七年三月末現在）

男子三三名、内訳を八歳未満一名、一二歳未満四名、一三歳未満九名、一四歳未満七名、一五歳未満三名、一六歳未満六名、一七歳未満二名、一八歳未満一名としている。また、退所では逃亡一名を記載している。

『昭和二八年版』（昭和二八年三月末現在）

男子二八名、内訳を九歳未満一名、一一歳未満一名、一二歳未満三名、一三歳未満二名、一四歳未満五名、一五歳未満四名、一六歳未満三名、一七歳未満五名、一八歳未満四名としている。

『昭和二九年版』（昭和二九年三月末現在）

男子二一名、内訳を一〇歳未満一名、一一歳未満一名、一三歳未満三名、一四歳未満三名、一五歳未満四名、一六歳未満二名、一七歳未満五名、一八歳未満二名としている。また、退所ではその他一名としている。

これ以後については、資料の蒐集ができていないいため、調査が困難である。

以上の事業統計から、以下の四点が読み取れる。

第一に、一九五〇（昭和二五）年から一九五二（昭和二七）年にかけて受入れ数が三〇名台になったことがある。定員の二〇名を維持すべく現員をおおむね二〇名台に押さえていたのは、間借りしている居住環境から多人数の受入れが困難であったからであろう。受入れ数の変化は、三〇名台になった時期と府中町の東郷寺から千葉県東葛飾郡小金町の平賀本土寺に移転した時期が符合することから、移転に絡んでの居住環境の変更による可能性が高い。移転後、千葉県の要保護児童も受入れたことと関係しているのかも知れない。

第二に、学齢児から年長児まで比較的バランスの良い年齢構成になっていることである。施設養護を展開する上で年齢や学年を踏まえた集団編成を重視して措置児童を受入れたのか。また、学齢児が通学する学校の学級編成を配慮していた可能性もあるだろう。

第三に、一時期、男子施設に学齢前の女児を受入れていることである。兄弟と分離できない幼い妹というケースゆえの例外措置だったのであろう。

第四に、「逃亡」数の少なさである。後掲の朝日新聞記事や作家のノンフィクション童話に登場する「逃亡」の実態とは異なっている。その背景については改めて取り上げよう。

3　マスコミで取り上げられる

（1）朝日新聞の記事と作家によるノンフィクション童話

前掲の事業統計とは別に、治生学園における施設養護の一端を知るてがかりになる資料がある。ひとつは、一九四八（昭和二三）年一月二七日付け朝日新聞記事である。「浮浪児が級長になるまで」「若き師に応う」の大見出しのほかに、「むかしは脱走の札つきも」の小見出しがつき、一人の「若き指導者」の養護実践に焦点を当てながら、写真入りで学園の子どもたちの生活の様子を報じている。写真のキャプションは「北多摩郡府中町の治生学園で沖先生を囲むこども達」である。以下、その全文を紹介しよう。

「すさみきった一五人の浮浪児を育てて彼らの世界にとびこんで一年、学校なんかおかしくてタバコをふかし、トバクはする、ケンカは毎日、先生には悪口をうそぶいていた彼らの中からどうして四人の級長を出したか――これはその若き指導者の記録である。」

「都下北多摩郡府中町東郷寺に私立治生学園ができたのは一昨年一一月。都の大山浮浪児一時収容所から七歳から一二歳までの一五人の浮浪児がむかえられた。立正大学を出たばかりの若い主任・沖一道先生（二五）が出迎えたとき、このこどもたちは『先生も社会事業家かい、おれたちが逃げると食えなくなるんだろう』とあびせかけた。引き取る前の身上調査で逃走最高三十回という札付きばかりと知っていた沖先生だったが、この言葉にはさすがに驚いた。沖先生は寝るのも食べるのもこどもたちの部屋でやることにした。浮浪の味のしみこんだこのこどもたちに一ぺんによくなれというのは無理だ。『愛』と『信頼』――二つの燈をかかげて先生はこどもの世界にとびこんだ。

こどもたちはベイゴマ、メンコはもとより伝助トバクを作って『張ったり、張ったり』と呼ぶ子もいた。みんなタバコをすっていた。ケンカは毎日、先生はそれらを決して禁じなかった。かえってメンコを買って与えた。一しょにベイゴマも回した。

一月、二月、美しかった学園のふすまはビリビリにやぶかれ、見るかげもなくなった。一カ月目に常識を無視して全員に外出させたが、その日のうちに帰ってきた。昨年の元日、本堂にこどもたちが集ったとき、今までウソをついて悪かったと思うことをいってごらんときいてみると、一人が『先生おれ池谷引一っていってたけど、本当は高橋秀男なんだ』と本名を告白した。つづいて四人まで本名を申し出た。

このことで先生はちょっと自信がついたそうだが、メンコとベイゴマだけの生活が続いて四月目、『先生いつ学校へやってくれるんだい』とききにきた。もうメンコもベイゴマもあきたというのだ。先生は四月の新学期をまって全員を近くの多磨小学校へ入れた。最年長の一三の子七人は四年に編入させてもらった。すると、学校がいやで学園を逃げる子が続出した。残る子の方が少なくなったこともある。だが、探して無理につれかえることをしなかった。結局延四十数回逃走したが、そのたびにみんな帰ってきた。

そんな月がくりかえされて九月になった。二学期の最初の日、四年の黒田景三（一三）たち四人が級長に選ばれた。四年四クラスの全級長を学園の手で占めたわけだ。今でも時々いなくなる子はいる。だが、学校きらいがその理由ではない。さる一八日にも級長の一人加藤武（一四）がいなくなった。『上野が見たくなったんだよ、ゴメンなさい』と帰ってきた。電車賃がなくなって多磨霊園の駅長さんに借りたというので早速金をはらってきた。ただのりは当然のように考えている浮浪児が正直に申告して来たのだ。

先日四年のこどもたちが先生に『新聞売りかクツみがきやろうよ』と申し出た。『金がないとおれたちの学園がつぶれるだろう』という。調べると先生の帳簿をのぞいたのだ。学園の経費は月二万円、都の補助金が一万二千円、毎月八千円の赤字を先生が後援者の間をかけ回って埋めているのを感づいたのだ。

しかしこどもの気持を尊重して近く袋ぬいの内職をやることになった。だがこの収入はこどもたちの野球チームのためにグローブを買うことになっている。何とかして大学まで―先生はこどもの将来をこう考えている。『このいき方は異端者の道かもしれない。だが一人一人のこどもはのびのびとそして強い子になりつつある。近く全員で劇団つくし座の〝鐘の鳴る丘〟を見に行くことになっている。劇中浮浪児・隆太になる水谷史郎はこの学園の加藤武（一四）の浮浪時代のともだちだ。加藤は水谷に会うのを楽しみにしている』と若い先生は語った」

朝日新聞記事が掲載されて四か月後、こんどは小説家の藤口透吉が実業之日本社発行の少女向け雑誌『少女の友』

に、治生学園の戦災孤児たちの生活を描いた「愛を慕う子供たち」と題する短編のノンフィクション童話（以下、「藤口作品」）を発表する。その内容は、朝日新聞の記事を下敷きにしているのではないかと疑いたくなるほど似通っている。

ところが、藤口透吉が「武蔵野の片隅」の「自然の音の世界からとおくはなれた東郷寺」の「庫裡を借りている私立治生学園」を訪れたのは「刈入れ」の済んだ「秋」である。新聞記者の取材よりも藤口の探訪の方が一足早かったのである。内容が似通っているのは、取材に応じた沖一道の語った逸話に抱いた関心事が共通していたからである。

（2）新聞記事と藤口作品から読み取れること—運営面

新聞記事は、創業して一年と数か月が経過し、東京都民生局から養護施設として認可されて一か月弱後の治生学園の子どもたちの暮らしと学校生活を報じている。その内容は、学園に保護された直後の荒んだ日々を過ごす子どもたちと起居を共にしながら、悪戦苦闘する一人の指導者・沖一道の養護実践を紹介している。

もう一方の「藤口作品」は、治生学園を根城にして戦災孤児たちが「逃亡」など、さまざまな生活体験をしながら前を向いて生きていこうとする息吹を生き生きと描いている。

児童福祉法が公布・施行されたことに伴い、多くの戦争孤児施設が一九四八（昭和二三）年一月一日付けをもって、同法に基づいた養護施設として認可されている。児童福祉法の公布・施行が大々的に報道されていた時期ゆえ、治生学園が認可された養護施設であることを全面に打ち出して然るべきなのに、新聞記事は何も触れていない。

治生学園の前に「私立」をつけているのは、児童福祉法の公布・施行に基づく認可養護施設であることは眼中になく、もっぱら民間施設であることを強調したかったからなのか。「藤口作品」も「私立治生学園」と綴り、児童福祉法にはいっさい触れていない。

新聞記事と「藤口作品」から、学園を取りまく状況で把握できたことを列記しよう。

第一に、最初に受け入れた戦争孤児が「都の大山浮浪児一時収容所」の子どもたちであったことである。「都の大山浮浪児一時収容所」とは、板橋区板橋町五丁目一〇一四番地（当時）の東京都養育院（二〇〇〇年一一月の東京都養育院条例廃止により、名称が消滅する）付設の一時保護所のことで、そこから「一五人」を連れて来た、というのである。この経緯は、運営主体の財団法人・日本治生会の業務に養育院収容死亡者の葬祭奉仕があったことと関連しているのであろう。

「藤口作品」では子ども自身に「大山の養育院」について「浮浪児収容所なんていやなところだった。ただ、ひところにまとめて収容すれば、それで役目がすんだと考えているのだろう。いつもにがい顔をした守衛が看視していた。職員たちは野良犬を追うようにどなってばかりいた。ずらかってつかまるとなぐられた」と語らせている。

第二に、当時の施設長・安永弁哲も東郷寺住職・南部日実も取り上げられていないことである。新聞記者と作家は施設長にも住職にも関心がなかったのか。二代目の施設長・安永弁哲も日蓮宗僧侶であるが、財団法人の設立には関わりがなく、一年後に退任し、立正大学の教授に就任する。しかし業績については謎の多い人物である。住職が登場しないのは、寺院が治生学園の経営に関わっていなかったという事情によるのだろう。

学園と寺院との希薄な関係を物語るような証言がある。筆者も出席した「戦争の歴史を語り継ぐ連続講座 第6回」で配布された資料に掲載されている前掲「三宮調査」によると、「学童疎開中に孤児となった子どもの施設に関わる調査」で訪れた三宮が、治生学園について住職・南部光徹に尋ねたところ、「寺院には何の記録もなく無関係」と言われ、翌年の四月一九日に訪ねたときも「戦災孤児のことは知らない」といわれたという。

三宮が行った「学童疎開中に孤児となった子どもの施設に関わる調査」というのは、治生学園が創設される一年前、同じ府中町に東京都教育局（現、教育庁）が設置した戦争孤児の東光学寮の歴史を調査したことを指す。東郷寺という恵まれた環境下にあった養護施設で、確かに子どもたちが暮らしていた痕跡がありながら、記録がない、無関係、知らないというのは、寺院が単に場所を提供していたに過ぎなかったからであろう。

第三に、新聞記事では沖一道のほか、職員が誰一人登場しないことである。沖一道は財団法人・日本治生会の草創期から関わり、同法人の監事である。前掲の「事業報告書」によれば、職員体制は当時の養護施設としては直営も含めて潤沢な陣容であるが、実態は沖一道のほかに一、二の保母と炊事や洗濯の担当が加わる程度であったと思われる。「藤口作品」では沖一道のほかに「中村先生」の名前が登場する。

第四に、新聞記事では子どもたちの生活の場を「本堂」としていることである。東郷寺が本堂を提供していたことを示す。「三宮調査」によると、住職の南部光徹から、当時の「会堂」が「バラック」で、「その板の内壁に野球のスコアボードが書かれていたのを見て、前にいた人の生活が荒れていたような感じがした」と聞いている。読み取りの難しい証言であるが、子どもたちが暮らしていた「会堂」とはどこのことなのか。ちなみに、「藤口作品」では、子どもたちの生活の場を「庫裡」と表現し、施設養護をけん引する沖一道が子どもたちに、「こゝは諸君たちの家なんだ。君たちが世の中で一番きらいな浮浪児収容所じゃないよ。いゝかね、もう君たちは、ちゃんと家を持っているんだから浮浪児じゃない。決して、自分を浮浪児だなんて考えてはいけない。りっぱな子どもなんだー」と語っている。沖一道の児童観や施設養護観を見事に描いている。

第五に、学園の施設養護に直接関わることではないが、記者が学園の子どもたちを「戦災孤児」とはいわず、「浮浪児」と表現し、「問題児」扱いをしていることである。一方の「藤口作品」では、沖一道の口を通して、「浮浪児」ではなく「りっぱな子ども」であると強調し、子どもたちに向かって、「君たちがわるいんじゃない、敗戦が生んだ社会悪のギセイになったんだ」「君たちはりっぱに生きかえった、いや、生きかえれる力をもっているんだ」と語っている。作家の藤口自身も同様の視点に立っていたのであろう。

（3）新聞記事と藤口作品から読み取れること─隣村への通学

第六に、創業してわずか五か月後に地元の小学校への通学を果たしたことである。戦争をはさんで長欠の状況に陥って学業を断念したり、学校が空襲で焼失し、学籍が不明になっていたりした戦争孤児たちの通学への切なる要望に、町役場が積極的かつ迅速に応えたのである。新聞記事によると、一三歳、一四歳の子どもについて学年を下げて編入させるような思い切ったことも行っている。記事の内容から、沖一道が通学を強く訴えたことがうかがえる。しかし、沖がいくら力説しても、学校長はもちろんのこと、役場や地元民の理解がなければ到底実現できなかったであろう。寺院を生活の拠点にしていたことのほかに、府中町に提出した前掲の「事業報告書」が決め手になったのであろうか。

子どもたちの就学先について、新聞記事では「多磨小学校」、「藤口作品」では「多摩川学校」としているが、当時、府中町にはそのような名称の学校はない。戦後、府中町と隣接する多磨村と西府村が統合されて府中市が誕生しているので、多磨村か西府村に「多磨小学校」と呼ばれる学校があったのか。このことについて多摩歴史研究会代表の長尾敏博氏から貴重な情報をいただいた。一九四七（昭和二二）年の学制改革により、多磨村立多磨国民学校から多磨村立多磨小学校に校名変更があり、同校が一九五四（昭和二九）年の町村合併による市制施行により、府中市立府中第四小学校に校名変更された、という。

これによって、治生学園の学齢児の通学校が朝日新聞の記事通り、多磨小学校であることが判明したが、府中町立ではなく多磨村立の学校である。府中町の東郷寺を生活の拠点にしていた治生学園の学齢児が、府中町に隣接する多磨村の小学校に通うというような越境通学が可能だったのは、なぜか。多磨村立多磨小学校長も加わっての府中町と多磨村の首長間で、越境通学をめぐっていかなる協議がなされたのか。

町村間で何らかの協議が行われたことを想像させるような史実が判明した。稲城市教育委員会が二〇〇八（平成二〇）年三月五日に刊行した『文化財ノート№60』の「小学校教育の始まり」に添付された「学校教育の変遷表」に、誠に興味深い脚注が付いている。一九四九（昭和二四）年に多磨村押立・常久の一部を分離して南多摩郡稲城町に編入したが、それまでの間、多磨村の学区であった押立地区の学齢児を「地理的な状況から」稲城町の学区に「委託児童として通学」させていた、という。

学齢児の通学距離を配慮し、町村を越えた学区外通学が「委託児童」という名目で行われていた、というのである。それにしても、長欠して学業を断念せざるを得なかったり、在籍校が空襲で焼けて学籍が不明になったりしているような戦争孤児を、しかも国民学校高等科（後に新制中学校）年齢の子どもについては学年を下げてまでして通学させていたのは、受入れ校としては超法規的措置であったであろう。したがって、現場の教員たちはもちろんのこと、村民の理解を取り付ける必要もあったであろう。

こうした措置が取られた背景には、治生学園の子どもたちの通学が始まった一九四七（昭和二二）年四月の新学期が、国民学校から新制小学校に改組された日であったことも関連していたのかも知れない。ちなみに、治生学園が創設される一年前の一九四五（昭和二〇）年一一月、同じ府中町に開設された東京都教育局所管の戦争孤児施設・東光学寮の学齢児は、府中国民学校（一九四七年四月から府中小学校、さらに府中第一小学校に校名変更）に通学している。東光学寮の学齢児が治生学園の子どもたちと大きく異なるのは、学籍が明確で、あらかじめ通学校が確定していたことである。

この問題を掘り下げて調査する必要性を感じていた矢先、史料の在り処について多摩歴史研究会代表の長尾敏博氏から情報をいただいた。一九四四（昭和一九）年八月から東京都は都内の国民学校の児童を順次、各地に集団疎開させているが、府中市立府中第四小学校の『創立百周年記念誌』によると、赤坂区乃木国民学校（現、港区立赤坂小学校）の学童を多磨国民学校が受入れたときの宿泊先が東郷寺と西蔵院であった、というのである。

ところが、『資料 東京都の学童疎開 教育局学童疎開関係文書』に掲載されている「学童の事前退去計画資料調査に関する件回答(極秘)」によると、南多摩地方事務所回答の町村別収容箇所数および建物種別（寺）について、府中町は八、六、多磨村は一三、五としている。府中町の六に東郷寺が入っていたのであろうか。

なお、港区が刊行した『平和の願いをこめて2016―今、語り継ぐ戦争の体験―港区戦争・戦争体験集』に掲載の「赤坂区の集団疎開先一覧」によると、乃木小学校は東郷寺の記載がなく、府中町の称名寺、善明寺、高安寺、光明寺に多磨村是政の西蔵院、宝性院となっている。これについて、府中市ふるさと文化財課歴史的公文書担当岡田禎夫氏は、個人的な見解とした上で、「(通学先として）宝性院では遠いことから多磨村側が東郷寺に居住先を移転したものと考えられる」と述べている。東郷寺が疎開学童の宿泊先であったとすれば、治生学園の創設に協力することになった背景が読み取れる。

（4）新聞記事と藤口作品から読み取れること―実科教育、「逃亡」、遊び、偽名

第七に、新聞記事が、前掲の財団法人の事業計画と「事業報告書」に記載されている木工場や農場での「実科教育」「授職」にも、学齢を過ぎた「一八歳以下」の年長児にも触れていないことである。「袋ぬいの内職」の記事は「実科教育」の一端を示しているといえるのかどうか。あるいは、「実科教育」「授職」は名ばかりで、養育院収容死亡者の埋葬作業など、財団法人の他の事業に従事させていたのであろうか。

第八に、都の補助金と後援者に触れていることである。経理は財団法人に関わることで、「先生の帳簿」云々は沖一道が同法人の監事であったこととも関連しているのであろう。後援者にはどのような個人や団体があったのか。

財団法人の事業計画に綴られていた「民生再建奉仕団」が後援活動の部隊だったのか。朝日新聞という全国紙が取り上げた記事であることから、治生学園には日蓮宗の信徒のほか、各方面から何らかの寄付があったと思われる。朝日新聞が取り上げる以前のことであるが、『日本社会事業年鑑 昭和22年版』によると、一九四六（昭和二一）年度、財団法人牛ヶ淵報恩会は治生学園（施設長・加藤正見）への助成を決定している。『共同募金年報』も「昭和23年版」から「昭和25年版」で見る限り、共同募金の児童福祉事業の配分先に治生学園を挙げている。

第九に、子どもたちが頻繁に「学園を逃げ」ていることである。こうした実態は前掲の事業統計の「逃亡」数と大きく異なるが、帰園した子どもを除外した数なのであろう。帰園は、子どもを引き付ける魅力が施設養護にする沖一道ら職員たちにあった証左であろうか。「藤口作品」は、学園を「ずらかる」子どもたちの言動と、帰園した子どもたちを決して叱らず、穏やかに受け入れる沖一道を見事に描いている。

第一〇に、子どもたちの日常生活のひとこまとしてベーゴマ、メンコなどの遊びを紹介していることである。押しなべて遊具や書籍を欠く貧窮の状況下にあった戦争孤児施設では、こうした経費のさほどかからない遊びが行われていたのだろう。子どもたちが棒切れやぼろ布などで野球に興じていたころから、不揃いながらも、バットやグローブなどの野球用具を用いるようになるのは、ララ物資が届くなどして施設全体がやや落ち着き、余裕が持てるようになってからのことである。

新聞記事から読み取れることがさらにある。偽名を語っていた子どもの存在である。こうした実態は当時の戦争孤児施設では決して珍しいことではなかった。偽名を使っていた子どもの多くはそれぞれが何らかの事情を抱えていた。たとえば、親があっても家庭からはじき出された子どもや、自らの意思で親のいる家を飛び出した子どもである。こうした子どもたちは、親に知られて家に帰されることを恐れて実名を名乗らなかったのである。なかには、生活歴や年齢、出身地を偽る子どももいた。

筆者は、こうした事実を戦争孤児施設・久留米勤労輔導学園で暮らした経験を有するA・Y氏から聞いている。養父と実母からひどい虐待を受けていたA・Y氏は「狩りこみ」で一時保護所に保護されたとき、「問われて正直に実家の存在を伝えたので、母親が迎えに来て連れ戻されると思い、また逃げた」と語っていた。

沖一道に「先生も社会事業家かい、おれたちが逃げると食えなくなるんだろう」ということばを浴びせかけた子どもから何を読み取るべきなのか。同じ子どものセリフが「藤口作品」にも登場する。作家の心をえぐる衝撃的なことばであったのだろう。社会事業や社会事業家という言葉の理解度は別にして、少なくとも子どもが自らの立場を卑下し、社会事業の対象であることを認識していたことは確かである。大人ぶって虚勢を張ったことばを浴びせかけられた沖一道は、子どもたちと起居を共にする養護実践の態度で答えたのであろう。「藤口作品」のなかで沖は、熱誠を込めて子どもたちに語り聞かせている。

劇団つくし座の「鐘の鳴る丘」を見に行くことになっているという記事は、翌月一七日の「〝アニキ〟、よかったナ『鐘の鳴る丘』劇外劇」と題する同紙の記事に続く。治生学園の加藤武（一四歳）が街中を放浪していたときの仲間で、劇のなかで浮浪児・隆太役を演じる水谷史郎（一八歳）と再会する場面が写真入りで紹介されている。

最後に「身上調査」に触れておこう。東京都民生局（児童福祉法によって児童相談所が創設され、措置機関になった後は児童相談所）から送付された児童票をもとに、受入れた子ども一人ひとりについて沖が詳細に調べた生活記録と思われる。

もうひとつ、新聞記事が取り上げなかったことに触れておきたい。後記するように、記事が掲載されたこの年、治生学園は夏休み中に府中町の東郷寺から千葉県東葛飾郡小金町の平賀本土寺に移転するが、移転には言及していない。記事が掲載された一月二七日の段階で、移転話は浮上していなかったということなのか。あるいは、沖一道が子どもたちを動揺させないように伏せたのか。

4　移転と事業経営をめぐって

（1）施設長の交代と移転時期

次に、治生学園の経営面に目を向けてみよう。解明すべき点が三点ある。

第一は、施設長の短期間での交代である。初代施設長の加藤正見はわずか五か月で退任し、日蓮宗総本山身延山久遠寺渉外部長に就任している。一九四八（昭和二三）年に東京都民生局が刊行した『東京都管内公私社会事業施設一覧』は、加藤の後任の施設長名を安永弁哲としている。その安永も一年後に退任し、立正大学に復帰している。さらに安永を引き継ぎ、府中町から千葉県東葛飾郡小金町に移転したときの施設長が沖一道である。

東郷寺での二年足らずの間に二人の施設長が退任している。当時の戦争孤児施設では異例な人事である。施設長が頻繁に交代している背景にはいかなる事情があったのか。およそ施設養護を担うに相応しいとは思えない人物が二代続いたのは、なぜなのか。

第二は、移転問題である。一九四九（昭和二四）年一一月刊行の都内の社会事業施設を記載した『東京都管内公私社会事業施設一覧』が治生学園を除外しているのに対し、前掲『厚生省施設一覧』は、東京都の養護施設欄で治生学園について、経営主体：財団法人、所在地：千葉県東葛飾郡小金町平賀本土寺一六〇二、施設長：沖一道、職員数：七名、収容定員：四〇名、収容現在員：三三名、備考欄：他府県所在地委託児童収容施設と記載している。この二つの行政資料から、一九四九（昭和二四）年一一月以前に、沖一道が治生学園の子どもたちを引率して府中町の東郷寺から千葉県東葛飾郡小金町の平賀本土寺に移転したことが分かったが、移転の時期は明確ではない。ところが、一九四八（昭和二三）年一〇月に児童劇場社刊行の『児童劇場 復刊8』に、移転時期を明示する記事が掲載されていたのである。

「壁しんぶん」の欄に、同年九月二〇日、墨田区の教師で組織したわかくさ子供会の第一回研究会が浅草松屋六階のスミダ劇場で童謡劇「ある日の良寛様」を上演したとき、これに招待された「千葉県東葛飾郡治生学園の生徒たちも、佐藤先生指導による『級長』一幕をお礼に演じた」という記事が掲載されている。この記事と前掲の朝日新聞記者によるルポ記事の掲載時期から、治生学園は一九四八（昭和二三）年の八月にはすでに府中町から移転していたことが判明したのである。

この「壁しんぶん」は移転時期のほかに、もうひとつ貴重な二つの事実を伝えてくれている。「佐藤先生指導による『級長』」である。「佐藤先生」は沖一道の協働者と思われる。「級長」は前掲の朝日新聞で紹介された「級長」の逸話につながる。治生学園の子どもたちにとって、小学校で「級長」であることは大きな誇りであった。

（2）施設養護からの法人の撤退問題

第三は、法人の組織替えにからむ治生学園事業からの撤退問題である。前掲の『東京都管内公私社会事業施設一覧』は、治生学園が移転した後も、依然として財団法人運営による東京都の委託児童の養護施設であることを示す内容であった。ところが、財団法人・日本治生会は、一九五二（昭和二七）年四月八日付けで東京都民生局に社会福祉法人への組織替えの認可申請書を提出し、東京都民生局が厚生大臣あて進達しているが、認可申請書の添付書類に治生学園の事業に関する記載を削除している。

東京都作成の申請調書の「目的」欄は、「この社会福祉法人は日本仏教の高遠なる理念に立脚し、生死一如の実践昂揚として要保護者に対し、助産、助葬の二面より援助すること」とし、「事業」欄は、葬祭事業（日本治生会葬祭部、社会事業法による届け出は昭和二五年七月）と助産施設（日本治生会幡ヶ谷産院、児童福祉法による認可は昭和二四年一一月一日付け）の二事業を記載しているだけである。調査意見書の「現況」欄も上記二事業の実績を綴っているだけで、治生学園の事業には触れておらず、「将来の見込」欄には「現状から推して将来共活発な健全な事業の運営を期待される」としている。

組織変更の認可申請をした一九五二（昭和二七）年四月八日の段階で、法人はすでに治生学園の事業から撤退していたことになる。それならば、『民生局年報』で確認できるだけで、一九五四（昭和二九）年版まで記載されている実態をどう読み解くべきなのか。経営主体が交代したということなのか。調査できた限りであるが、『民生局年報』が一九五四（昭和二九）年三月まで治生学園を記載していることからすると、東京都が所管する治生学園の事業は、一九五二（昭和二七）年四月以後、法人経営から個人経営に転換されたのであろう。

このなぞを解明する手がかりが、前掲の『厚生省施設一覧』のほかに、一九五二（昭和二七）年三月に文部省中等教育課が刊行した『六・三制就学問題とその対策・特に未就学、不就学および長期欠席児童生徒について』にあった。いずれも治生学園について、東京都と千葉県に分けて記載している。東京都が所管する治生学園が、前記した通り、経営主体が財団法人となっているのに対し、千葉県が所管する治生学園は、住所、施設長名、開設年月日、認可年月日が東京都と同じ記載で、経営主体を個人、職員数を六、定員を二〇としている。

これらの記載内容から読み取れることは、次の五点である。

① 府中町の東郷寺から小金町の平賀本土寺に移転した後、経営主体はおよそ三年七か月間、東京都所管分の財団法人と千葉県所管分の個人経営の二本立てで運営であった。

② 時期は定かではないが、小金町に移転した後、施設長・沖一道名で千葉県に個人経営での届け出をして認可を受け、千葉県の要保護児童を保護することになった。

③ 財団法人・日本治生会が経営から撤退した後、沖一道は東京都に個人経営に切り替えて引き続き施設養護を継続することを伝達し、改めて認可を求めた。

④　沖一道の個人経営への変更を東京都が確認し、施設養護継続を承認した。
⑤　創業から閉園に至るまで、一貫して沖一道が事業経営および施設養護をけん引した。
上記①②に関わることであるが、児童養護施設が東京都のほかに他県の認可を受けるのは特異なことではない。財団法人（現、社会福祉法人）茨城県道心園は、一九四九（昭和二四）年四月一日、児童福祉法による養護施設として茨城県の認可を受けたのに続き、同月二〇日に東京都の認可を受け、今日に至っている。

5　平賀本土寺に移転した後の施設養護

（1）平賀本土寺の間借りと個人経営

小金町に移転後の治生学園は、新しい寺院を取り巻く住環境や転校先の事情など、府中町とは異なる環境下で、どのような施設養護に取り組んでいたのか。筆者は二〇二〇年一一月一六日、現在の住所である千葉県松戸市平賀六三の平賀本土寺に電子メールで問い合わせた。それに対し同年一二月二日、平賀本土寺寺務所から次のような返信をいただいた。

「治生学園という施設について、当山に永く御給仕している僧侶に確認致しましたが、何も存じ上げないようで詳しいことは全く分かりませんでした。現状我々もそのような施設があったことなどは初めて耳にした次第です。沖上人という方が当山の住職を務めた時期もありましたが、10年ほど前のことで詳細は定かでありません。当山の歴代住職を務めた沖上人と沖一道様とがどのような御関係だったかも不明です。他の当山関係者にも連絡が取れ次第ご確認致します。お力添え出来ず申し訳ございません。また新たに何か分かりましたら改めてご連絡致します。」

又しても東郷寺と同じような内容で、愕然とするばかりある。施設が確かに存在し、そこで子どもたちが暮らしていたことなど忘却の彼方に消え去っているようである。それから二週間後、平賀本土寺寺務所から電話の後、次のような二度目の返信をいただいた。

「この度のお問い合わせですが、本土寺内にこの件についての資料などは出てきませんでした。しかし近隣の住民の方々に伺ったところ、本土寺内の像師堂というお堂で戦後に戦災孤児の方々がいらっしゃったのは間違いないそうです。

また、本土寺の歴代住職に沖鳳亀、沖鳳淳さんという方々がいました。沖一道さんはこの沖家の縁故者だと思われますが、上記の住職と面識があった現住職は沖一道さんについては知りませんでした。本土寺は本山の為、住職が世襲制ではないので、現在沖家とは繋がりがなくこれ以上のことはわかりません。」

平賀本土寺の像師堂に間借りして学園が運営されていたことは近隣住民の証言で確認できた。沖一道が縁故関係にあったと思われる当時の住職を頼って東郷寺から平賀本土寺に移転した可能性も見えてきた。沖一道の縁故関係をたどるべく日蓮宗新聞社にも問い合わせた。インターネットで横須賀市内にある日蓮宗妙印寺の住職が沖一道の親類縁者ではないかと期待し、手紙を送った。しかし、いずれも返信は得られなかった。

治生学園の歴史を掘り起こし、沖一道の足跡をたどる作業は暗礁に乗り上げた。そんなときに、思いがけず常円寺日蓮仏教研究所主任の都守基一氏が、添付書類付きの電子メールを送ってくださった。二〇〇五（平成一七）年刊行の河上順光編著『本土寺物語』の「戦後本土寺の復興」の一頁で、及川真介・都守基一の両氏が河上順光住職から聞き取った記録であるという。そこに、わずか二行に過ぎないが、筆者が確認したいと思っていたことが、次のように綴られているではないか。

「像師堂の横手の屋舎に戦災孤児・浮浪児の収容施設である治生学園（沖一道園長）を開設したが、子供等はお小使いに苦労し境内の松の木の幹を削って松ヤニを採取し、それを売って小使の足しにしたりした」

寺院が「開設した」とも読めるが、「像師堂の横手の屋舎」に間借りしたのである。沖一道が園長であることも確認できた。松ヤニの採取は、子どもたちの旺盛な生活力を物語る貴重な逸話であるが、経営の貧しさを示すものでもある。前記したように、治生学園は平賀本土寺に移転した後、千葉県に加えて東京都についても個人経営への道を余儀なくされた。個人経営は沖一道を苦境に追い込み、学園の存続を困難にさせたのであろう。

委託する側の東京都民生局は、財団法人から個人経営への変更という、安定した経営とは言い難い状況に陥っても、多くの要保護児童を抱えていた事情から、児童福祉法による認可を取り消すことなく、当面、個人経営での運営を承諾し、「他県所在委託児童収容施設」として扱っていくことになったのであろう。

（2）子どもたちの転校先をめぐって

平賀本土寺に生活の場を移した治生学園の子どもたちの転校先について、当時の地図で平賀本土寺周辺を調べたところ、二〇二三年一〇月に創立一五〇周年を迎えた小金町立小金小学校（現、松戸市立小金小学校）であるらしいことが判明した。寺院と学校との距離は、国鉄（現、ＪＲ）常磐線を挟んで直線で一・三㎞ほどである。そこで、学園児童の在籍を確認すべく、二〇二三年一一月一八日、校長の西郡泰樹氏宛て手紙を送った。

返信を待つ間、松戸市立小金小学校が刊行した『創立１３０周年記念誌 黄金』を閲覧した。治生学園で暮らした子どもたちの痕跡を見つけることはできなかったが、「学校の沿革」に、一九四七（昭和二二）年当時の小金小学校と平賀本土寺との関わりについて綴られた興味深い箇所があった。要約すると、次のようになる。

—同年一一月の深夜、小金小学校二階建ての校舎から出火し、平屋校舎三教室と講堂を残し、二階建て八教室と平屋校舎二棟を焼失した。そのため、流山にあった軍の倉庫および柏にあった兵舎を国から払い下げてもらい、町民の協力を得て、一九四八（昭和二三）年に新校舎を建てた。新校舎が完成するまでの間、在校児童は火災を免れて残った教室のほか、近隣の本土寺、東漸寺、大勝院に分散して授業を受けた。

本土寺では、六年生が畳の上にゴザを敷いて、児童用の椅子を机にし、正座して授業をした。授業の合図はお寺の太鼓を利用した。三クラスが別々に学習できた。卒業式には、火災を免れた講堂に本土寺から自分たちの椅子を運び、卒業式を行った。—

この記録から、火災の翌年三月の卒業式には新校舎が完成していなかったことが分かる。それゆえ、治生学園の子どもたちが府中町の東郷寺から小金町の平賀本土寺に転居した一九四八（昭和二三）年の夏休みころは、どうやら小金小学校の新校舎が完成し、授業を受けていた六年生が本土寺を引き払っていたということになる。

（3）校長に代わっての返信

小金小学校長からの返信が得られず、諦めかけていた翌年三月になって、思いがけず、松戸市小金にお住まいの伊師嗣廸氏からお手紙をいただいた。筆者の手紙が転送されてきたので校長に代わって回答するという文面で、次のように綴られている。実名を伏せて紹介しよう。

「(前略) 私は昭和一五年の早生まれ、二十一年に千葉県東葛飾郡小金町の国民学校尋常科に入学、六月に学制改革になり、小金町立小金小学校に改称されました。治生学園からは小五のクラス編成の時、Kさん、少し遅れてUさん、いずれも一歳年上でしたが、二人入りました。長くはいませんでした。世の中は可成り落ち着いて来ており、朝鮮戦争により景気は回復して来た頃でしょうか。小金小は昭和二十二年一一月二九日に焼失し、本土寺にも一時教室を借りたので、治生学園が出来たことには違和感はありませんでした。戦後の闇市、上野の地下道の生活者、浮浪児刈り (ニュース映画) は知っていて、地元では近辺の農家さんが過敏になっていた話も記憶してます。町では学園の年長の方を小学校の事務職に採用してまして、彼は受け入れ児童の融和にも心をくだいてました。駅 (当時は蒸気機関車で一時間に一～二本) で、学園の先生を送ると言ってスーツ姿の中年というよりは若い二人の男性を囲んでいるK君に会ったのを憶えています。彼は私に、アメリカの飴だと云って、口を空けて、ドロップ状の飴を見せたたり、先生がどんなにすばらしい人かを手短に話したりしました。事務の方はUさんと記憶します。(略) 昭和二五年、二六年頃に正規採用されています (略)。本土寺近辺で、私より年上は二人位です。」

八四歳の伊師氏の記憶の確かさに驚嘆するばかりである。小五に進級した時のクラス編成で「一歳年上」の二人とクラスを同じくしたという逸話は、東郷寺から通学した多磨小学校からの転校生であることを示す。二人とも長くいなかったのは、退園したのであろうか。地元農家の人たちが「過敏になっていた」のとは反対に、町役場が学園の卒園生を雇ったという逸話は特筆すべきことで、学園のある平賀本土寺から通勤していたのであろうか。学園の閉鎖に触れていないのは、いまだ話題になっていなかったものと思われる。

治生学園の廃止年月日については、『民生局年報』の「昭和二九年版」以後の事業統計を確認することができず、特定することは困難であるが、少なくとも昭和三〇年代に入って早々ではないかと思われる。そのことを推測させるのが朝日新聞の記事である。

同紙は厚生省および都道府県を始め、全国の児童福祉施設の協力を得て、一九五六（昭和三一）年二月から六月にかけ、大々的に「この子たちの親を探そう」のキャンペーンを張っている。全国の児童福祉施設に保護され、親を探し求めている一、二四九名の子どもたちを実名・写真入りで、連日掲載しているが、治生学園の子どもは一人も登場しない。また、キャンペーン最中の同年五月二四日付けおよび六月六日付け同紙掲載の、厚生省の資料に基づいて作成された「全国養護施設一覧」の東京都の欄でも千葉県の欄でも治生学園が抜けている。さらに、東京都民生局児童婦人部刊行の『昭和32年度 児童福祉並びに母子福祉婦人保護事業概要』にも治生学園は掲載されていない。したがって、治生学園は、一九五六（昭和三一）年ころには廃止されていたのであろう。

廃止の背景には二つの要因があったと思われる。何よりも法人から切り離され、個人経営を余儀なくされたことである。平賀本土寺に間借りし、個人や団体の浄財を頼りに不安定な経営を余儀なくされた施設が、国および東京都や千葉県からの委託費で、三〇名から四〇名の子どもたちの衣食住をまかなうにはかなりの困難が伴ったのであろう。間借りの状態から抜け出すこともできなかったことだろう。

もうひとつの要因は、沖一道が園長を務めながら、一九五三（昭和二八）年五月二八日付で横須賀の日蓮宗妙印寺の住職に就任したことである。この史実は、退任が二〇〇二（平成一四）年一二月七日付けであることも含め、常園寺日蓮仏教研究所主任・都守基一氏が教えてくださった。寺院の住職が養護施設長を務めることには何ら問題はないが、小金町と横須賀市との距離が遠く、往来に難儀したのであろう。

筆者の調査によると、沖一道は治生学園を閉鎖後、妙印寺の住職を務めながら、その一方で、一九五八（昭和三三）年ころから一九六九（昭和四四）年ころにかけ、千代田区有楽町の（株）毎日案内広告社に勤務し、連絡部長から取締役になっていることが判明した。常園寺日蓮仏教研究所主任・都守基一氏によると、沖一道は会社勤務について、「治生産業皆順法の道」に奉職して寺院を支えたと述べているという。また、沖一道の没年月日が二〇一七（平成二九）年一〇月一日（九四歳）であったことも教えられた。

沖一道がけん引した治生学園は、東郷寺でのおよそ二年、平賀本土寺でのおよそ七年、合わせて九年の歴史を刻んで施設養護を閉じた。その九年の間に学園から巣立っていった子どもたちは、その後、幾多の辛苦を乗り越えて自立を果たしたのであろう。

おわりに

本章をまとめる段階に近づきつつあったとき、常円寺日蓮仏教研究所主任の都守基一氏から電子メールをいただいた。沖一道のご子息と電話でやり取りができたが、「治生学園のことは何も聞いていない。没後、自宅を処分したので記録もない」との話であったという。治生学園と沖一道の足跡をたどる作業は、これで途絶えたわけではない。学園の子どもたちが暮らしていた平賀本土寺の「像師堂の横手の屋舎」は無くなっているが、像師堂は樹木におおわれるようにして、いまもなお古色蒼然たるただずまいを見せている。ここにただずんでいると、四季折々の花が咲きこぼれる境内を駆け回っている子どもたちの姿が目に浮かんできた。

主要参考文献

第Ⅰ部　東京都の直営施設

第一章　箱根児童学園

・吉田幾世「戦災孤児を浮浪の群れから救ふために―上野の山の子供たちと語る―」『婦人之友』一九四五年一一月・一二月号
・『民生局年報』「一九四六年版」～「一九五四年版」東京都民生局
・「東京都健民保養所案内 昭和二十一年十月」東京都衛生局医務課予防係
・「宇佐美健民保養所・箱根健民保養所・伊東健民保養所戦災虚弱児委託保養実施要領」「児童施設関係 庶務課」綴り 一九四六年九月六日、一一月二〇日、一二月一九日
・大谷進『上野地下道の実態 生きてゐる』悠人社 一九四八年八月
・『東京都職員名簿 昭和二十五年一月十五日現在』東京都庁 一九五〇年四月一日
・『養育院八十年史』東京都養育院 一九五三年
・『都政十年史』東京都 一九五四年
・『都政人名鑑1962年版』都政新報社 一九六二年
・箱根町教育史編纂委員会編纂『箱根町教育史』箱根町教育委員会 一九七〇年
・今野八千代「さくらんぼ 生活のまど」『保育の友』全国社会福祉協議会 一九七九年五月
・都立養護施設長協議会編『都立養護施設の事業』都立養護施設長協議会 一九八三年
・『誠明学園50年のあゆみ 創立50周年記念誌』東京都立誠明学園 一九八八年
・光明学校の学童疎開を記録する会『信濃路はるか―光明養護学校の学童疎開』田研出版 一九九三年
・東京都那古学園記念史誌編さん委員会『那古学園45年のあゆみ―写真と証言で綴る学園の歴史―』東京都那古学園 二〇〇〇年三月
・藤井常文『戦争孤児と戦後児童保護の歴史― 台場、八丈島に『島流し』にされた子どもたち』明石書店 二〇一六年
・「箱ペディア 箱根温泉 箱ぴた」箱根温泉旅館協同組合公式サイト

第二章　あづさ園

・『戦災援護会東京都支部原議綴り（昭和20年9月～）』一九四五年九月～ 社会福祉法人恩賜財団東京都同胞援護会資料室所蔵
・『子供文集』恩賜財団・同胞援護会東京都支部 一九四六年 日本社会事業大学図書館所蔵
・『民生局年報』「昭和二一年版」～「昭和二九年版」
・『職員名簿 昭和二十一年十二月一日現在』東京都庁 一九四六年一二月一五日

・『東京都政概要 昭和二一年版』東京都 一九四八年
・「参議院法務委員会（第四回国会継続）会議録第三号」一九四九年一月七日
・天野きぬえ「薄幸の子等と共に三十年」『婦人生活』一九四九年四月
・文部省初等中等教育局初等中等教育企画課編『教育委員会月報』第一法規 一九四九年一一月
・『東京都職員名簿 昭和二十五年一月十五日現在』東京都庁 一九五〇年四月
・『東京都職員名簿（昭和26年2月10日現在）』東京都庁 一九五一年四月
・『民生局業務統計年報 昭和二七年版』東京都民生局総務部企画課 一九五二年
・「お星さまとともに！！夜まわり部隊のあとをつけて」『少女』光文社 一九五三年二月
・「健二くんのおくりもの」『小学三年生』一九五三年一二月
・『都政十年史』東京都 一九五四年
・池谷周一「血縁なき親子愛」『主婦の友』主婦の友社 一九五四年三月
・池谷周一『女性の幸福はここに』講談社 一九五八年
・池谷周一「里親先生の愛情の灯—五人の里子を育てる田中穣さんの夫婦愛」『婦人倶楽部』一九五八年五月
・『民生局二十年のあゆみ』東京民生局 一九六三年八月
・『戦後東京都教育史 上巻 教育行政編』東京都立教育研究所 一九六四年
・日本社会事業大学近代社会事業研究会編著『東京都における戦後社会福祉事業の展開』東京都社会福祉会館 一九六五年
・『瑞牆《みずがき》山少年の町天使園概要』刊行年不詳
・高山せい子「組織労働者ってすばらしい」林光編著『母親たちの記録：生命を生み出す母親は生命を育て生命を守ることを望みます』太郎書店 一九六八年
・「あの人この人訪問記—第一三八回—池田九郎さん」『法曹』一九七二年五月
・吉岡源治『焼跡少年期』図書出版社 一九八四年
・吉岡源治『さらば浮浪児青春奮戦記』山手書房新社 一九九一年
・浅羽重雄「東京都小豆沢児童学園のあらまし」『板橋の平和 戦争と板橋—語りつぐ苦難の日々—』板橋区立郷土資料館 一九九五年
・板橋区史編さん調査会編『板橋区史 通史編 下巻』板橋区 一九九九年
・『那古学園45年のあゆみ 写真と証言で綴る学園の歴史』東京都那古学園 二〇〇〇年
・『東京都同胞援護会のあゆみ』社会福祉法人恩賜財団東京都同胞援護会 二〇〇四年
・藤井常文「戦中・戦後の児童養護施設の実態と実践—東京における施設養護を中心に—」『戦争孤児たちの戦後史1 総論編』吉川弘文館 二〇二〇年
・毎日新聞記事「山梨・瑞牆山 戦争孤児がたくましく育った『天使園』」二〇二一年七月一〇日

第三章　沼津児童学園

・積惟勝『子らをまもる―或る養護学園の生活記録―』東文館 一九四四年
・『東京都教育の概要』東京都教育局 都政史料館 一九四七年
・積惟勝『青空を呼ぶ子供たち―戦災孤児育成記―』銀杏書房 一九四九年
・積惟勝編『われらかく育てり―戦災児童の手記』新興出版社 一九五一年
・大蔵省印刷局編『職員録 昭和31年下』大蔵省印刷局 一九五六年
・『全養協20年の歩み』全社協養護施設協議会 一九六六年
・積惟勝『はだかの教育―明日を創る子らとともに―』洋々社 一九七〇年
・積惟勝『集団養護と子どもたち―福祉と教育の統一のために』ミネルヴァ書房 一九七一年
・積惟勝「疎開学寮から養護施設へ」『養護施設30年』全社協養護施設協議会 一九七六年
・積惟勝『陽よ、強く照れ 教育福祉の道50年』ミネルヴァ書房 一九七八年
・『宇佐美児童学園40年のあゆみ』東京都宇佐美児童学園 一九八六年
・『まつかぜ 松風荘40年記念誌』東京都同胞援護会松風荘 一九九二年
・『宇佐美児童学園50年のあゆみ』東京都宇佐美児童学園 一九九六年
・『東京都教育史 通史編四』東京都立教育研究所 一九九七年
・山田稔雄「第一編 那古学園前史」(「第三章 小豆沢児童学園」「終章」)『那古学園45年のあゆみ 写真と証言で綴る学園の歴史』東京都那古学園 二〇〇〇年
・『東京都同胞援護会のあゆみ』東京都同胞援護会 二〇〇四年

第四章 萩山学園

・島田正蔵・松本浩記『学習室文庫 第五期』全三〇巻 中文館書店 一九二八年
・島田正蔵「矯正事務の教育学的考察」『少年保護』司法保護協会 一九三六年九月
・『子供文集』恩賜財団・同胞援護会東京都支部 一九四六年
・『民生局年報』「昭和二一年版」〜「昭和二五年版」東京都民生局
・『孤児名簿(昭和二十二年九月一日現在)』恩賜財団・同胞援護会 刊行年月不詳
・島田正蔵・田宮虎彦共編『戦災孤児の記録』文明社出版部 一九四七年一一月
・森三千代「不良児はどうして救われるか―東京西郊萩山に「少年の村」を訪ねて―」『婦人生活』婦人生活社 一九四七年一一月
・「風の中の真剣な叫び」東京学童新聞 一九四七年一二月一二日
・島田正蔵「不良児の教護」厚生省児童局監修『児童福祉』東洋書館 一九四八年
・朝日新聞記事「浮浪児への二つの在り方」一九四八年四月八日
・島田正蔵「学園の夏季学校」『教育』世界評論社 一九四八年七月

・『戦後記録文学文献目録稿』考査事務参考資料四号 国立国会図書館一般考査部 一九四九年
・山高しげり編 『こどものしあわせ 児童福祉法とはどんな法律か』清水書房 一九四九年
・清閑寺健「母をよぶ声―萩山のこどもたち―」『太陽少年』一九五二年一月
・島田正蔵『教護の特質と指導』東京都民生局児童課 一九五二年六月
・『萩山実務学校五十年史』東京都立萩山実務学校 一九五三年三月
・全国教護協議会編『教護事業六十年』全国教護協議会 一九六四年
・来栖義夫『あたらしい出発―小学生のおはなし日本歴史―14』岩崎書店 一九六五年
・石神井学園養護研究会編『石神井学園史』石神井学園 一九六四年
・吉田久一『社会事業理論の歴史』一粒社 一九七四年
・重松一義『少年懲戒教育史』第一法規出版 一九七六年
・山手茂「児童問題と児童福祉」『日本子どもの歴史』七巻 第一法規出版 一九七七年
・児童福祉法研究会編『児童福祉法成立資料集成』上巻・下巻ドメス出版 一九七八年一九七九年
・東京都公文書館編『東京都職制沿革』東京都 一九七九年
・吉田久一『日本貧困史』川島書店 一九八四年
・秋山正美編『初めて知った戦争 敗戦のあとさき』「戦争と平和」少年少女の記録 七巻 日本図書センター 一九九三年
・木原成一郎「大正末から昭和初期にかけての成城小学校における体育教育の改造―島田正蔵の低学年教育を中心に―」『広島大学学校教育学部紀要』一部一五巻 一九九三年
・『戦争と庶民 第四巻 進駐軍と浮浪児』朝日新聞社 一九九六年
・田澤薫「東京の戦災孤児」『東京都教育史 通史 編四』東京都教育研究所 一九九七年
・木原成一郎「1920年代後半の成城小学校における島田正蔵の『遊戯による教育』に関する一考察」『体育史研究』一四巻 日本体育学会 一九九七年
・長沼友兄「萩山実務学校・子どもと歩んだ100年」『萩山 創立100周年記念誌』東京都立萩山実務学校 二〇〇〇年一〇月
・『社会福祉人名資料辞典』二巻 日本図書センター 二〇〇三年

第五章 七生児童学園

・『民生局年報』「昭和二六年版」～「昭和二九年版」東京都民生局
・『都政十年史』東京都 一九五四年
・朝日新聞記事「この子たちの親を探そう」(1～18) 一九五六年二月二五日～六月六日
・『この子らのために―朝日新聞の親探し運動』朝日新聞社 刊行年不詳
・『東京都の社会福祉事業』東京都民生局 一九五七年
・東京都民生局「七生児童学園の拡充整備」(『知事事務引継』) 東京都公文書館所蔵 一九五九年

・福祉事務所十年の歩み編集委員会『福祉事務所十年の歩み』全社協 一九六一年
・『民生局二十年の歩み』東京都民生局 一九六三年三月
・日本社会事業大学近代社会事業研究会編『東京都における戦後社会福祉事業の展開』東京都社会福祉会館 一九六五年
・『日野市の推移と現況 1967』日野市企画室 一九六七年
・『全日本精神薄弱者育成会要覧』全日本精神薄弱者育成会 一九七六年二月
・東京都公文書館編『東京都職制沿革』東京都 一九七九年
・『創立40周年記念写真集 なお自立へのみちのり』東京都七生福祉園 一九九〇年三月
・日野市戦後教育史編集委員会編『日野市戦後教育史』日野市教育委員会 一九九七年
・『日野市史通史編四 近代（二）現代』日野市史編さん委員会 一九九八年
・『聖ヨハネ会50年誌 創立の精神を忘れずに』社会福祉法人聖ヨハネ会 一九九八年
・東京の満蒙開拓団を知る会・著『東京満蒙開拓団』ゆまに書房 二〇一二年
・『東京都七生福祉園のしおり 平成30年度』東京都七生福祉園 二〇一八年
・厚生省家庭局編『児童福祉施設一覧（保育所を除く）』厚生省家庭局 刊行年月不詳

第六章　中井児童学園

・『民生局年報』「昭和二二年版」～「昭和二九年版」東京都民生局
・『職員名簿 昭和二十一年十二月一日現在』東京都庁 一九四六年一二月一五日
・大谷進『生きてゐる 上野地下道の実態 戦後日本社会生態史第一集』悠人社 一九四八年
・小澤武二編『新生日本記録写真集』日本義肢協会 一九四九年
・朝日新聞記事「孤児にもうれしいヒナ祭」「〃二世の父〃からプレゼント」一九五〇年三月四日
・『東京都職員名簿 昭和二十五年一月十五日現在』東京都庁 一九五〇年四月一日
・朝日新聞記事「孤児達にお人形」「進駐当時の念願果す」「太平洋市長会議に出席のサッター氏」一九五一年一〇月二九日付け
・門川美代子「二つの星のもとにある子等―中井児童学園を訪ねて―」『それいゆ』ひまわり社 一九五三年五月
・読売新聞記事「恵まれぬ子らへの春の訪れ」「雑誌贈る愛の2少女」「新年会費で巡回慰問」一九五四年二月一〇日付け
・読売新聞記事「孤児院（中井）に集団赤痢　20名真性」一九五四年三月九日付け
・読売新聞記事「〃子供を守る学生先生〃」「中井児童学園の引越しに反対」一九五五年二月一〇日付け
・読売新聞記事「中井児童学園の引越し中止」「〃町の皆さん、有難う〃」「願いがかない孤児らこおどり」一九五五年五月二日付け
・『東京都の社会福祉事業』東京都民生局 一九五七年
・『二十世紀の回顧と展望 教育編第1巻』国際通信社 一九五八年
・東京都議会議会局法制部編『東京都議会史 第3巻下』東京都議会議会局 一九六〇年

・金城芳子「我が家の年賀客」『厚生』厚生問題研究会 一九六一年一月
・東京都議会議会局法制部編『東京都議会史 第4巻上』東京都議会議会局 一九六二年
・『事業概要 昭和三八年版』東京都民生局総務部普及課 一九六三年
・八木甚克「おかあさんどこにいるの」『週刊少女フレンド』二巻五一号 講談社 一九六四年一二月
・『全国社会福祉名鑑』福祉新聞社 一九六五年
・「ある少女たちの食生活」『食生活』カザン 一九六五年一月
・『全養協20年の歩み』全社協養護施設協議会 一九六六年
・『東京都議会委員会速記録』東京都議会 一九六八年二月
・「入園のしおり―昭和43年版―」東京都中井児童学園 一九六八年
・『学園の紹介（入園のしおり）昭和44年版』東京都品川景徳学園 一九六九年
・全社協養護施設協議会「養護施設30年」編集委員会『養護施設30年―第30回全養研協記念出版―』全社協養護施設協議会 一九七六年
・文集『つぼみ』三一号～三七号 中井児童学園 一九七八年三月～一九八五年三月
・都立養教護施設長協議会編『都立養護施設の事業』都立養教護施設長協議会 一九八三年
・東京都議会議会局法制部編『東京都議会史 第7巻下』東京都議会議会局 一九八四年
・『事業概要』「昭和60年版」「平成六年版」東京都中井児童学園 一九八五年 一九九四年
・『那古学園 45年のあゆみ―写真と証言で綴る―』東京都那古学園 二〇〇〇年

第Ⅱ部　東京都の民間委託施設

第一章　聖十字学園

・留岡幸助『慈善問題』警醒社 一八九八年
・『民生局年報』「昭和二一年版」～「昭和二九年版」東京都民生局
・『共同募金年報』「昭和二三年版」～「昭和二五年版」中央共同募金委員会
・『東京都管内公私社会事業施設一覧』「昭和二三年版」「昭和二四年版」東京都民生局
・戦災孤児援護協会編『戦争孤児綴方集 父母を慕いて すすり泣く子ら』戦災孤児援護協会 一九五〇年
・『児童福祉施設一覧表（保育所、母子寮を除く）昭和二六年一月一日現在』厚生省児童局 一九五一年
・『決算検査報告 昭和24年度』会計検査院 一九五一年
・『基督教年鑑 １９５２年版』キリスト新聞社 一九五一年
・『社会人』社会人社 一九五二年一月
・「慈善に名をかり不正 衆院行政監察委 聖十字学園にメス」朝日新聞 一九五二年二月八日

・戦災孤児援護協会編『戦争孤児綴方選集 父母よいずこに』戦災孤児援護協会 一九五二年
・「第13回国会衆議院行政監察特別委員会議録 第六号、第七号、第八号、第九号、第一〇号、第一八号、第二五号、第六三号」一九五二年二月一二日、二月一三日、二月一四日、二月一五日、二月二五日、四月二一日、五月二八日、六月三〇日
・「第13回国会参議院決算委員会決算審議に関する小委員会議録 第一号、第二号、第三号、第四号」一九五二年三月一二日、三月一九日、六月三日、七月二五日
・内山喜久雄『特殊児童：診断・指導の実際』岩崎書店 一九五四年
・朝日新聞連載記事「この子たちの親を探そう」一九五六年二月〜六月
・『国有財産の管理処分に関する裁判例集』大蔵省館管財局国有財産第二課 一九六四年
・『全国社会福祉名鑑』福祉新聞社 一九六五年
・『社会福祉人名資料事典』第三巻 日本図書センター 二〇〇三年
・山田清一郎『奪われたいのちの重さ』郁朋社 二〇〇四年
・山田清一郎『俺たちは野良犬か！ それでも生きた孤児たち』郁朋社 二〇〇六年
・小倉常明「現在の成田市内に存在していた戦災浮浪児収容施設『聖十字学園』に関する一研究」『成田市史研究』三三号 成田市教育委員会 二〇〇九年三月

第二章　愛聖園

・『民生局年報』「昭和二二年版」〜「昭和二九年版」東京都民生局
・カトリック教区連盟編『カトリック年鑑 一九四八年版』カトリック教区連盟 一九四八年
・『東京都管内公私社会事業施設一覧』東京都民生局 一九四八年三月 一九四九年一一月
・『基督教年鑑』一九五〇年版 一九五二年版 一九五五年版 キリスト教新聞社
・「社会福祉法人聖ヨハネ会 財団法人聖ヨハネ会設立認可について」一九五〇年 東京都公文書館所蔵
・「社会福祉法人聖ヨハネ会 法人完了届」一九五一年 東京都公文書館所蔵
・『児童福祉施設一覧表（保育所、母子寮を除く）昭和二六年一月一日現在』厚生省児童局一九五一年
・「社会福祉法人聖ヨハネ会 社会福祉法人への組織変更認可申請書進達について」一九五二年 東京都公文書館所蔵
・『声』聲社 一九五二年
・「Aisei En」『Catholic Tokyo』edited by the council of Catholic Men of Tokyo National Catholic Committee 一九五四年
・「保育園設立認可申請について（練馬区）マーガレット保育園」一九五五年 東京都公文書館所蔵
・『練馬区独立十周年記念 練馬区史』練馬区 一九五七年
・「社会福祉法人 あけの星会の事業」社会福祉法人 あけの星会事務所 発行年不詳
・小平町誌編纂委員会編『小平町誌』小平町 一九五九年

・石神井学園養護研究会『石神井学園史』東京都石神井学園 一九六四年
・『全国社会福祉名鑑』福祉新聞社 一九六五年
・『東京23区：東京都区分地図 昭和44年版』日本地図 一九六九年
・顕彰誌編纂委員会『西山祐三先生御夫妻を偲ぶ』私家版 一九七五年 長崎県立長崎図書館所蔵
・『養護施設三十年』編集委員会『養護施設30年』全社協養護施設協議会 一九七六年
・東京都保護観察編集委員会編『東京保護観察』東京都更生保護協会 一九七七年一〇月
・『練馬区史 第三編 現勢編』練馬区 一九八一年
・田代菊雄『日本カトリック社会事業史研究』法律文化社 一九八九年
・諫早近代史編修委員会編『諫早近代史』諫早市 一九九〇年
・『マーガレット保育園三十五年史 創立者山口リョウを記念して』社会福祉法人マーガレット学園 一九九〇年一一月
・前田一男「解説」戦争孤児を記録する会『焼け跡の子どもたち』クリエイティブ21 一九九七年
・『聖ヨハネ会50年誌 創立の精神を忘れずに』聖ヨハネ会 一九九八年

第三章　六華園

・「雑書 大正天皇御大喪儀用建物其他物件処分に関する書類」一九二七年二月一日 東京都公文書館所蔵
・『東京築地本願寺社会事業要覧』一九二八年九月
・「東京真宗婦人会六華園訪問記」『実業之世界』実業之世界社 一九二八年一二月
・『全国寺院名鑑』全国寺院名鑑発行所 一九三〇年
・司法省保護課編『少年保護団体要覧』日本少年保護協会 一九三三年
・『宗教大観 第4巻』讀賣新聞社 一九三三年
・『東京府管内社会事業施設要覧』東京府学務部社会課 一九三四年
・東福義雄「少女の不良化をどうするか」『伸び行く子供をどうするか』日本少年指導会 一九三六年
・東福義雄「子女の正しい訓へ方・導き方」『少年保護叢書 第三輯（子女の保護と善導）』日本少年保護協会 一九三七年
・奈古朝男「ある不良少女のあるいた道 格子ある花園の少女たち 日本の『格子なき牢獄・六華園』訪問記」『婦女界』婦女界出版 一九四〇年三月
・『全日本司法保護事業大会報告書』全日本司法保護事業連盟 一九四〇年
・東京帝大仏教青年会編『青年仏教叢書 第27編』三省堂 一九四〇年
・『司法保護団体名鑑』司法保護研究所 一九四二年
・東福隆子『光に生きる娘たち：保護少女の教化記録』時代社 一九四二年
・東福義雄『父母の教養』教材社 一九四二年
・文部省教化局編『家庭教育参考文献目録』文部省教化局 一九四三年

・霜田静志『子供に自由を』主婦之友社 一九四七年
・『東京都管内公私社会事業施設一覧（昭和二三年三月版）』東京都民生局 一九四八年
・『婦人年鑑』日本婦人新聞社 一九四八年
・『東京都管内公私社会事業施設一覧（昭和二四年一一月版）』東京都民生局 一九四九年
・『民生局年報』「昭和二五年版」〜「昭和二九年版」東京都民生局
・堀内清三編『杉並区名鑑』杉並区区政研究会 一九五〇年
・『結社総覧 昭和26年版 第一巻（東京地区）』日本青年会 一九五一年
・『児童福祉施設一覧表（昭和二六年一月一日現在）』厚生省児童局 一九五一年
・浄土真宗本願寺派学校連合会編『仏教のあゆみ』百華苑 一九五四年
・飯野彰「花園の子供たち―女子孤児寮六華園を訪ねて―」『厚生』厚生問題研究会 一九五四年二月
・『杉並区史』東京都杉並区 一九五五年
・沢田謙「六華園と診療所」『明治大正昭和名婦伝：近代日本の先駆』偕成社 一九五五年
・『十年の逆算：戦後重要記事切抜集 1945―55』朝日新聞社 一九五五年
・『東京家庭裁判所沿革誌：創立五周年記念』東京家庭裁判所 一九五五年一〇月
・東福義雄「瓦を金となす」『大乗・ブディストマガジン』大乗刊行会 一九五六年一〇月
・「私たちのミルクで育てた子犬をもらって―六華園の孤児と女性自身が育てた三匹の子犬」『週刊女性自身』一九五八年一二月四日号
・高田浩運編『家庭における児童―東京国際児童福祉研究会議の報告―』日本児童問題調査会 一九五九年
・鹿苑宇宙『在家のみち』百草苑 一九六〇年
・『産経日本紳士録 第三版』産経新聞年鑑局 一九六二年
・『全国民間社会福祉施設名簿』社会福祉事業振興会 一九六三年
・東福義雄「仏国土実現のために―世界各国を連邦機構に―」『宗教公論』宗教問題研究所 一九六三年六月
・東福義雄「幼児の〝人間つくり〟〝心の戒律〟育てよう― 社会悪への予防接種」讀賣新聞 一九六三年一〇月二〇日
・東福義雄『大無量寿経講義』垂水書房 一九六四年
・『全国社会福祉名鑑』福祉新聞社 一九六五年
・『児童福祉施設一覧表（昭和四一年一二月三一日現在）』厚生省児童局 一九六七年
・『杉並区勢概要』東京都杉並区 一九六七年
・『叙勲名鑑 昭和四二年秋季版』叙勲名鑑刊行会 一九六八年
・「六華園の朝のひととき＝児童養護に生きる東福義雄氏夫妻＝」『政界往来』政界往来社 一九六九年三月
・常光浩然「九条武子」『明治の仏教者 下』春秋社 一九六九年
・『叙勲名鑑 昭和四四年秋季版』叙勲名鑑刊行会 一九七〇年

・田中正明『世界連邦その思想と運動』平凡社 一九七四年
・東福義雄『自然浄土の礼讃 アメリカの自然と文化：入米求法巡礼行記』私家版 一九七四年
・東福義雄『自然美の珠玉』私家版 一九七五年
・『革新』民社党本部教宣局 一九七七年一月
・東福義雄「貴重な戦前の社会事業精神」『養護施設30年』全社協 一九七七年
・児童福祉法研究会編『児童福祉法成立資料集成』下巻 ドメス出版 一九七九年
・『新修 杉並区史 下巻』杉並区役所 一九八二年
・千葉乗隆編『新修 築地別院史』本願寺築地別院 一九八五年
・寺脇隆夫編『続 児童福祉法成立資料集成』ドメス出版 一九九六年
・戦争孤児を記録する会編『焼け跡の子どもたち』クリエイテチィブ21 一九九七年
・『社会福祉人名資料事典』二巻 日本図書センター 二〇〇三年
・西原祐治「九条武子―あれって小説だったの」（ブログ）二〇一〇年一〇月二六日
・丸浜江里子『原水禁署名運動の誕生―東京・杉並の住民パワーと水脈』有志舎 二〇一一年
・「原水爆禁止署名運動」杉並区公式ホームページ 二〇二三年四月一日更新
・東京新聞こちら特報部記者・山田祐一郎記者「杉並から世界に拡散した『原水爆禁止』運動」「声を上げた一軒の魚屋、公民館を拠点にした『市民の戦い』」二〇二四年二月一二日

第四章 治生学園

・『民生局年報』「昭和二二年版」～「昭和二九年版」東京都民生局
・「財団法人日本治生会設立許可に関する件」一九四七年
・『東京都管内公私社会事業施設一覧』東京都民生局 一九四八年 一九四九年
・朝日新聞記事「浮浪児が級長になるまで」一九四八年一月二七日
・朝日新聞記事「〃アニキ〃、よかったナ『鐘の鳴る丘』劇外劇」一九四八年二月一七日
・藤口透吉「愛を慕う子供たち」『少女の友』四一巻五号 実業之日本社 一九四八年五月
・『児童劇場 復刊8』児童劇場社 一九四八年一〇月
・『日本社会事業年鑑 昭和22年版』日本社会事業協会社会事業研究所 一九四八年
・『日本の社会事業 増補版』日本社会事業協会 一九四九年
・『児童福祉施設一覧（保護所、母子寮を除く）昭和二六年一月一日現在』厚生省児童局 一九五一年
・「社会福祉法人日本治生会の設立登記完了及び財産名義変更届進達について」一九五二年
・『養育院八十年史』東京都養育院 一九五三年

・『全仏通信』全日本仏教会 一九五五年一月二五日
・朝日新聞連載記事「この子たちの親を探そう」一九五六年二月～六月
・「社会福祉法人日本治生会の定款変更認可申請及び基本財産処分承認申請について」一九七四年
・『府中市立府中第四小学校　創立百周年記念誌』府中市立府中第四小学校　一九七三年
・全社協養護施設協議会編『養護施設30年』全社協養護施設協議会 一九七六年
・前田一男「解説」戦争孤児を記録する会編『焼け跡の子どもたち』クリエイティブ21 一九九七年
・『府中市教育史 資料篇二』府中市教育委員会 一九九九年
・松戸市立小金小学校創立百三十周年記念誌編集委員会編『創立130周年記念誌 黄金』松戸市立小金小学校創立百三十周年事業実行委員会 二〇〇二年一一月
・加藤正見『日本人は子孫に何を残せるか』グラフ社 二〇〇三年
・河上順光編著（執筆協力 及川真介・都守基一）『本土寺物語』本山本土寺 二〇〇五年
・「小学校教育のはじまり」『文化財ノート』No.60 稲城市教育委員会 二〇〇八年三月五日
・厚生省復員局調査部編『陸軍関係戦犯者名簿』田中宏巳編『BC級戦犯関係資料集』一巻　緑陰書房 復刻版二〇一一年
・資料集「戦争の歴史を語り継ぐ連続講座 第6回 府中に戦災孤児収容施設『東光寮』があった 東京大空襲被害者 山崎格さんに聞く」憲法の使い方講座 二〇一三年八月一八日
・『平和の願いをこめて2016—今、語り継ぐ戦争の体験—港区戦争・戦争体験集』港区総務部人権・男女平等参画担当　二〇一六年
・藤井常文「立源寺治生学園の事跡を訪ねて—石井隆教その同行者・今井正行らによる施設養護の実践—」『日蓮仏教研究』九号　二〇一八年三月
・森功「〝街金の帝王〟森下安道 洋服屋の客にトイチで貸し付けた草創期」『週刊ポスト』　二〇二一年一一月一九・二六日号
・鵜飼秀徳『仏教の大東亜戦争』文藝春秋 二〇二二年

あとがき

執筆を終えるにあたって、感謝を込めて二人の元上司について触れたい。横山恒夫氏と今は亡き笹間薫氏である。お二人とも筆者が二〇代から三〇代初期にかけて勤務した児童福祉施設の施設長であった。障害児福祉や施設養護にずぶの素人である筆者を暖かく育ててくださった。そればかりではなく、本書執筆の遠因ともなるきっかけを与えてくださった。

横山恒夫氏からは、戦後間もなく創設された小山児童学園の前身である大円寺学寮（小山学寮）を率いた小山久仁夫のことをたびたび聴かされた。思い出は尽きないようで、いつも懐かしそうに語り、締めくくりは、小山児童学園が実践面でも経営面でも施設養護の頂点にあることを力説されていた。小山学寮から小山児童学園に連らなる歴史は私の脳裏に焼き付き、忘れることはなかった。

笹間薫氏は、かつて東京都児童相談センターで児童福祉司として活躍された後、私の勤務する児童福祉施設の施設長として着任された。話題の中心は児童福祉司としての活動内容であった。後年、私が児童相談所の児童福祉司として一〇年の勤めを果たした後、進学した大学院で児童福祉司制度の歴史をまとめていることを伝えたところ、長文のお手紙に添えて、養護施設、乳児院、「精神薄弱児施設」など、二七か所の児童福祉施設のリーフレットを送ってくださった。一九七〇年代前後に施設が独自に刊行した資料である。リーフレットに添付されている沿革には、終戦後、戦争孤児の保護に立ち向かう施設の理念と役割に触れている一文があったり、その当時の子どもたちの生活を写した写真が掲載されていたりして、改めて施設の歴史の重みを実感したのである。

最後にもうひとつ、触れておきたいことがある。資料蒐集に取り組んでいる過程で、ある児童福祉施設の沿革に不備のあることに気づいた。社会事業史研究をライフワークにしている端くれとして、親切気を出して施設を経営する法人宛ての手紙で史実を伝えた。施設側からの返答はなかった。返答がないのは良しとしても、施設のホームページは以前と同じで、いまなお加筆・修正した形跡がない。

施設の沿革をないがしろにするのは、先人の実践の労苦を軽視する行為ではないだろうか。そればかりではなく、大切にすべき過去の歴史的事実から学び取る姿勢を放棄するに等しいのではないか。社会的養護の今日あるのは、先人が懸命に取り組んだ現場実践の蓄積と、そこで暮らした子どもたちが労苦の末に社会的自立を果たしていることによるのである。

資料の蒐集に当たり、国立国会図書館、東京都議会図書館、北九州市立図書館、長崎県立長崎図書館、東京都公文書館、国立市くにたち郷土文化館、東大和市中央図書館を始め、多くの団体および諸氏にお世話になった。社会福祉法人・東京蒼生会、築地本願寺伝道企画部・浄土真宗本願寺派東京教区教務所東京仏教学院、浄土真宗本願寺派社会部・社会事業担当部長・秦明人氏、マーガレット保育園事務長・内藤貴裕氏、ドン・ボスコ保育園長・松永国治氏、箱根町郷土資料館長・鈴木康弘氏、松風荘施設長・村松信知氏、多摩歴史研究会代表・長尾敏博氏、常円寺日蓮仏教研究所主任・都守基一氏、松戸市立小金小学校長・西郡泰樹氏、カトリック三河島教会、社会福祉法人・聖ヨハネ会、山田稔雄氏、森時尾氏、高橋幸成氏、佐藤貢一氏、伊師嗣廸氏である。資料の在り処を求めて、訪問したり、ときには電話でぶしつけな問い合わせをしたり、照会状を送付したりして、ご協力をいただいた。多忙ななか時間を割いてていねいに調査してくださり、たくさんの助言をいただいた。また、年史・誌を始め、貴重な古い資料を見つけ出し、送ってくださった方もある。改めて深く感謝を申し上げたい。

二〇二五年三月三日（終戦から八〇年目の年に）

藤井常文

藤井常文（ふじい つねふみ）

1949年、北海道生まれ、1973年、東京都民生局（現、福祉局）に福祉指導（現、福祉）として入都。以後37年間、児童福祉施設・児童相談所などに勤務。明星大学人文学部福祉実践学科で9年間、教員として勤務。2007年から2011年にかけ、映画「大地の詩 留岡幸助物語」（山田火砂子監督　現代ぷろだくしょん）の上映運動にかかわる。現在、東京都児童相談センター児童福祉相談業務指導員。教育学修士。社会福祉士。

＜主要著書＞『谷昌恒とひとむれの子どもたち』（三学出版 2014年）、『戦争孤児と戦後児童保護の歴史—台場、八丈島に「島流し」にされた子どもたち』（明石書店 2016年）、『留岡幸助と自立支援』（玉川大学出版 2022年）、『中込友美と戦争孤児施設・久留米勤労輔導学園—詩を愛し、江渡狄嶺を畏敬した男の挫折と彷徨の旅人—』（けやき出版 2022年）

かつて、東京に、
こんな戦争孤児施設があった

2025年3月1日　初版第1刷発行

著　者　藤井常文
発行者　吉田　実
発行所　株式会社都政新報社
〒160 − 0023
東京都新宿区西新宿7 − 23 − 1　TSビル6階
電 話：03（5330）8788
FAX ：03（5330）8904
振替　00130-2-101470
ホームページ　http://www.toseishimpo.co.jp/
デザイン　クリエイティブ・コンセプト
印刷所　モリモト印刷株式会社

乱丁・落丁は、お取り替え致します。定価はカバーに表示してあります。

ISBN 978-4-88614-290-0 C0036